云南通史

何耀华　总主编

第五卷
近代前期
（公元1840—1919年）

蒋中礼　王文成　主编

中国社会科学出版社

图版1 大理政权领导人杜文秀大元帅印

图版2 杜文秀元帅府旧址

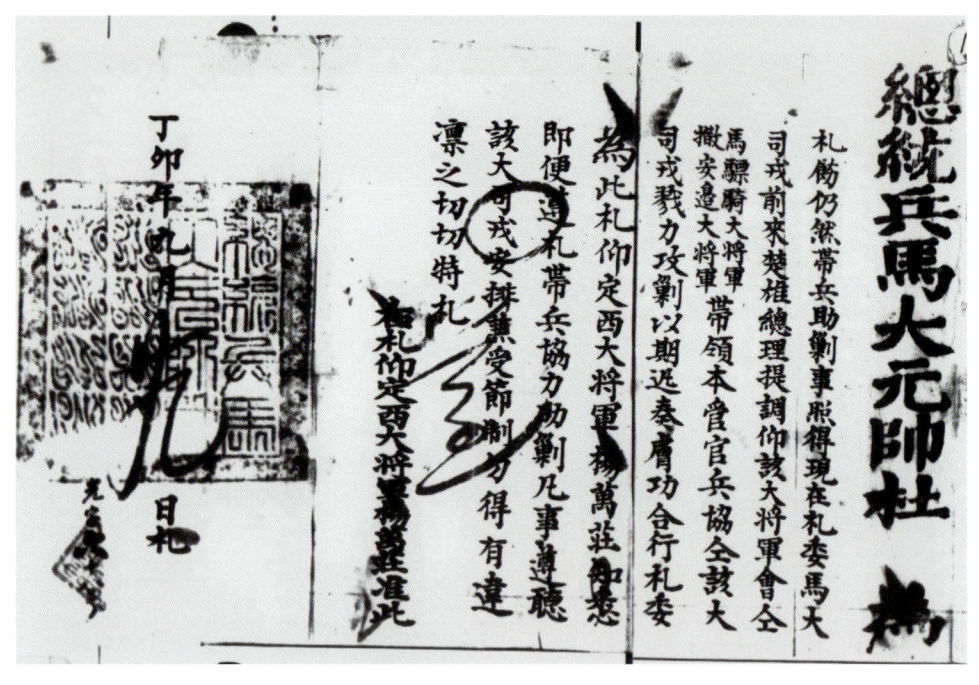

图版 3　杜文秀大元帅饬令（丁卯年九月廿九日）

图版 4　李文学起义纪念碑　　　　　图版 5　李文学画像

图版6 击杀入侵者马嘉理地址——洋人凹

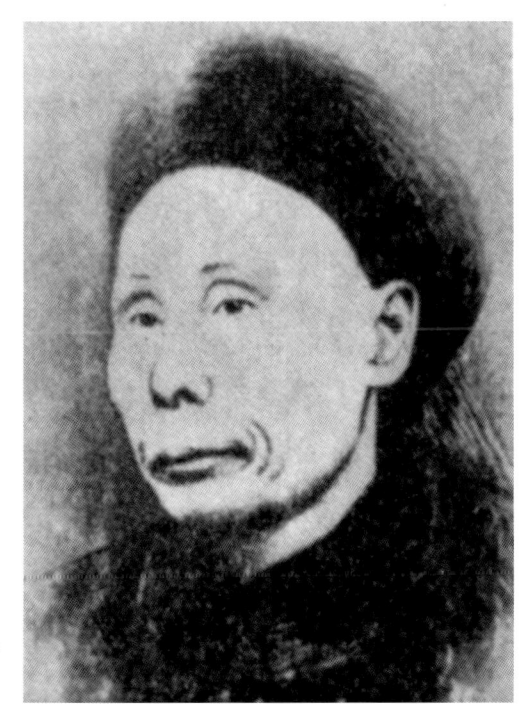

图版7 在中法战争中战功卓著的"黑旗军"领导人刘永福

图版 8　在"昆明教案"中被人民群众捣毁的教堂遗址

图版 9　建于 1899 年的蒙自海关旧址

图版 10　河口海关旧址（地处南溪河与红河交会处，清光绪二十三年建）

图版 11　个碧临屏铁路公司

图版 12　1910 年的昆明火车站站台

图版 13　云南陆军讲武堂旧址，1912 年讲武堂改称云南陆军讲武学校

图版 14　朱德（前排左一）和他的讲武堂同学

图版 15　云南陆军讲武堂学员叶剑英

图版 16 云南陆军讲武堂学员周保中

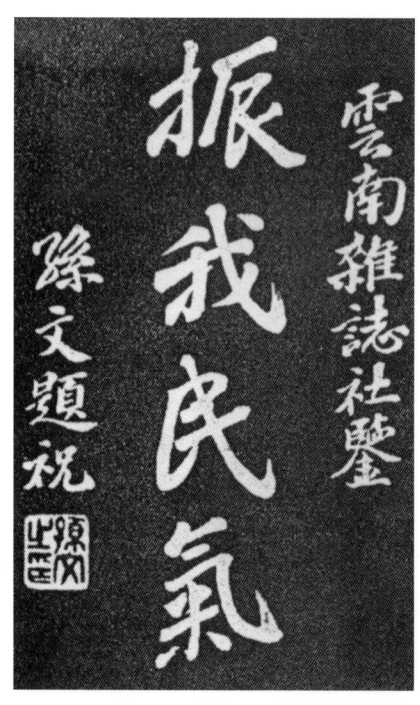

图版 17 《云南》杂志创刊号封面和孙中山为该杂志社的题词

图版 18　1908 年河口起义时使用过的大炮

图版 19　辛亥云南军都督府旧址——光复楼

图版 20　孙中山——护国战争精神领袖

图版 21　护国军誓师处——云南军都督府开武亭

图版 22　护国军第一军总司令蔡锷

图版 23　护国战争时期的朱德

图版 24　中国最早的水电站——石龙坝水电站

图版 25　建于昆明翠湖的第一座自来水厂外景

图版 26　刀安仁在干崖（今盈江）新城引种的橡胶树及纪念碑

图版 27　建于 1851 年的石屏玉屏书院

图版 28　建于光绪末年的建水纳楼彝族土司署

云南通史 · 第五卷

目 录

前言 ······(1)

第一章 鸦片战争前后的云南 ······(5)
第一节 鸦片战争前的云南社会经济 ······(5)
第二节 鸦片战争爆发后的云南 ······(9)
第三节 社会矛盾的加剧和民族关系的恶化 ······(13)

第二章 近代初期云南各族人民大起义(上) ······(17)
第一节 滇西回民起义与大理反清政权的建立 ······(17)
第二节 大理政权前期的军事、政治斗争与社会改革 ······(23)
第三节 大理政权的经济政策及其实施情况 ······(32)
第四节 起义军东征与大理政权的失败 ······(38)

第三章 近代初期云南各族人民大起义(下) ······(54)
第一节 滇东南回民起义及其三次围攻昆明 ······(54)
第二节 李文学起义 ······(64)
第三节 李永和、蓝朝鼎起义 ······(71)
第四节 各族人民大起义失败后的云南社会 ······(77)

第四章 云南人民的反侵略斗争 ······(85)
第一节 英法窥滇与马嘉理事件 ······(85)
第二节 中法战争与云南 ······(96)
第三节 云南人民的反洋教斗争 ······(106)

第五章　云南人民保卫领土主权的斗争 ……………………（115）
 第一节　保卫滇东南边疆领土主权的斗争 ………………（115）
 第二节　保卫滇西边疆领土主权的斗争 …………………（122）
 第三节　保卫滇西南边疆领土主权的斗争 ………………（131）
 第四节　英法对路矿权的掠夺和云南人民的斗争 ………（140）

第六章　辛亥革命在云南的酝酿 …………………………（152）
 第一节　政治经济状况的变化 ……………………………（152）
 第二节　同盟会在云南的活动 ……………………………（160）
 第三节　1908年在云南的两次起义 ………………………（171）

第七章　云南的辛亥革命 …………………………………（179）
 第一节　腾越起义和"重九"起义 …………………………（179）
 第二节　云南军政府及其建设 ……………………………（192）
 第三节　滇军北伐与援藏 …………………………………（202）

第八章　反对复辟帝制的护国战争 ………………………（215）
 第一节　袁世凯复辟封建帝制 ……………………………（215）
 第二节　反袁护国战争的爆发 ……………………………（220）
 第三节　护国战争的进程 …………………………………（226）
 第四节　护国战争的结束 …………………………………（237）

第九章　护法运动与云南 …………………………………（245）
 第一节　护国战争后的四川与云南 ………………………（245）
 第二节　响应护法的靖国战争 ……………………………（254）
 第三节　重庆联军会议与驻粤滇军 ………………………（260）

第十章　近代前期的云南经济（上）………………………（266）
 第一节　农业与农村经济 …………………………………（266）
 第二节　工矿业经济 ………………………………………（278）
 第三节　交通运输和通信 …………………………………（289）

第十一章　近代前期的云南经济（下）…………………………………（305）
　第一节　对外贸易与商业 …………………………………………（305）
　第二节　地方财政体制的形成 ……………………………………（317）
　第三节　货币与金融 ………………………………………………（324）

第十二章　近代前期的云南文化 …………………………………（334）
　第一节　民主思想的传播和民众文化的兴起 ……………………（334）
　第二节　近代教育的产生和初步发展 ……………………………（345）
　第三节　科学技术、史志编修与文学艺术 ………………………（352）

大事记 ………………………………………………………………（362）

参考文献 ……………………………………………………………（373）

后记 …………………………………………………………………（379）

插图目录

图 1　杜文秀称帅后穿用的帅服 ………………………………（21）
图 2　杜文秀起义军使用过的大炮 ……………………………（25）
图 3　大元帅杜文秀墓 …………………………………………（51）
图 4　李文学蜜滴帅府遗址 ……………………………………（65）
图 5　刀安仁故居 ………………………………………………（162）
图 6　李根源 ……………………………………………………（181）
图 7　李根源率领起义军攻打五华山的临时指挥部云南贡院 ………（190）
图 8　云南军都督府颁发的"辛亥革命纪念章" ………………（191）
图 9　护国战争时期的唐继尧 …………………………………（222）
图 10　护国第四军司令部 ………………………………………（248）
图 11　护国第五军司令部 ………………………………………（249）
图 12　护国第六军总司令部 ……………………………………（250）
图 13　护国第七军司令部 ………………………………………（252）
图 14　滇军军长、广东军政府陆军部总长张开儒 ……………（264）
图 15　个旧市博物馆收藏的锡矿石碾 …………………………（281）
图 16　滇越铁路上的"人字桥" ………………………………（294）
图 17　个碧石寸轨铁路机车 ……………………………………（296）
图 18　滇越铁路与个碧石铁路交会点——碧色寨车站 ………（298）
图 19　昆明自开商埠界址碑 ……………………………………（306）
图 20　茶盐古道上的剑川沙溪古镇 ……………………………（309）
图 21　清末实业家王炽次子婚礼迎妆 …………………………（314）
图 22　云南省图书馆成立纪念(1911 年) ……………………（345）

图 23　1903 年云南进士李坤、施汝清、袁嘉谷 ……………………（346）
图 24　云南丛书（封面） ……………………………………………（357）

图版目录

图1　大理政权领导人杜文秀大元帅印
　　　（采自中国近代史资料丛《回民起义》第一册）
图2　杜文秀元帅府旧址（谢本书供稿）
图3　杜文秀大元帅饬令（谢本书供稿）
图4　李文学起义纪念碑（姜定忠摄）
图5　李文学画像（谢本书供稿）
图6　击杀入侵者马嘉理地址——洋人凹
　　　（采自《为了云南各族人民的解放》）
图7　在中法战争中战功卓著的"黑旗军"领导人刘永福
　　　（采自中国近代史资料丛刊《中法战争》〈一〉）
图8　在"昆明教案"中被人民群众捣毁的教堂遗址
　　　（方苏雅摄、殷晓俊提供）
图9　建于1889年的蒙自海关旧址（王文成摄）
图10　河口海关旧址（姜定忠摄）
图11　个碧临屏铁路公司（王文成摄）
图12　1910年的昆明火车站站台（云南省图书馆供稿）
图13　云南陆军讲武堂旧址，1912年讲武堂改称云南陆军
　　　讲武学校（姜定忠摄）
图14　朱德和他的讲武堂同学（云南陆军讲武堂文管所供稿）
图15　云南陆军讲武堂学员叶剑英（云南陆军讲武堂文管所供稿）
图16　云南陆军讲武堂学员周保中（云南陆军讲武堂文管所供稿）
图17　《云南》杂志创刊号封面和孙中山为该杂志社的题词（谢本书供稿）
图18　1908年河口起义时使用过的大炮（姜定忠摄）

图19　辛亥云南军都督府旧址——光复楼（谢本书供稿）
图20　孙中山——护国战争精神领袖（谢本书供稿）
图21　护国军誓师处——云南军都督府开武亭
　　　（采自《为了云南各族人民的解放》）
图22　护国军第一军总司令蔡锷（谢本书供稿）
图23　护国战争时期的朱德（采自《为了云南各族人民的解放》）
图24　中国最早的水电站——石龙坝水电站（云南省图书馆供稿）
图25　建于昆明翠湖的第一座自来水厂外景（云南省图书馆供稿）
图26　刀安仁在干崖（今盈江）新城引种的橡胶树及其纪念碑（王文成摄）
图27　建于1851年的石屏玉屏书院（姜定忠摄）
图28　建于光绪末年的建水纳楼彝族土司署（姜定忠摄）

前　言

《云南通史》第五卷，叙述从1840年鸦片战争到1919年五四运动前70年间的历史。从全国来讲，这是近代前期，即旧民主主义革命时期的历史阶段，包括两次鸦片战争，太平天国运动，洋务运动，中法战争，中日甲午战争，义和团运动，戊戌变法，八国联军入侵，辛亥革命以及北洋军阀统治前期等重大历史事件。

中国近代史是一个非常年轻的学科。20世纪20年代，在五四运动时期文化变革和"史学革命"思想的推动下，才开始有学者运用"近代史"或"近世史"这一概念去表述从1840年鸦片战争到1919年五四运动这一段历史过程。而综观近代中国历史，"中华民族面临两大历史任务，一个是求得民族独立和人民解放；一个是实现国家富强和人民富裕"。[①] 这就是说，近代中国面临的两大历史任务，一个是救亡，一个是振兴。

在过去强调革命，强调阶级斗争的年代，对近代中国面临的两大历史任务，比较强调救亡，所以对近代历史发展的范式、主线，就比较强调救亡。强调救亡是中国近代历史发展的主旋律，强调近代中国的三次革命高潮，这就是所谓"革命化范式"，这是可以理解的。随着思想的不断解放和学术讨论的深入，学术界提出了"现代化范式"的观点，认为"振兴"也应成为近代历史发展的主线。

这部《云南通史》第五卷，即从1840年至1919年的近代历史阶段，吸收了学术界研究的最新成果，不再坚持"救亡"为近代历史发展的唯

[①] 中共中央宣传部理论局：《六个"为什么"——对几个重大问题的回答》，学习出版社2009年版，第26页。

一主线，而将"救亡"与"振兴"相结合，成为近代历史发展的共同主线。不过，我们认为，救亡与振兴虽是近代中国历史面临的两大任务，两个基本问题，但是二者关系不是完全并列的，是有先后次序的。因为没有救亡就谈不到振兴，而救亡的最终目的，是中华民族的振兴。这是本卷历史所遵循的基本原则。

鸦片战争前，云南的社会经济，已有了相当的发展。然而在清代，康雍乾"盛世"以后云南的社会矛盾在逐步加剧，这在嘉庆年间已有明显的反映。进入咸同年间，在太平天国革命运动的影响下，终于导致了云南以杜文秀、李文学为代表的云南各族人民大起义，这在中国农民战争史上是非常罕见的。这就开辟了近代云南各族人民反侵略反压迫斗争的伟大场面。

传统的观点认为，地处祖国西南边陲、多民族山区省份的云南，是一个封闭半封闭的蛮荒之地，历史上在政治、经济、文化方面对全国的影响有限。然而进入近代以后，似乎突然发生了变化，政治上的影响加大了，经济上的影响加重了，文化教育以至军事方面的影响也增强了。这是近代云南的一个显著的、突出的特点。

我们看到，鸦片战争以后，近代中国在列强的侵凌下，是一部悲伤、屈辱的历史。但是在云南，却并不完全如此。面对英、法、日等列强的入侵，云南各族人民在斗争中多次取得重大胜利，至少是局部胜利。胜利次数之多，在全国同类型斗争中是不多见的。例如，马嘉理事件、刘永福抗法斗争、七府矿产事件、片马事件、班洪事件，直至滇西抗战，都取得了不同程度的胜利。这些胜利的斗争，不仅在云南近代史上，而且在中国近代史上都具有一定的历史地位。

近代云南开放较早，清末出现了"五口通商"的局面，即蒙自、思茅、河口、腾越和昆明的"约开"和"自开"通商口岸。在"五口通商"以前，滇西、滇南等地事实上已经开放了，英、法殖民主义把从滇西、滇南进入云南，视为进入中国的"后门"。"五口通商"后，云南对外经济贸易关系打上了深深的半殖民地烙印，但客观上也进一步加强了云南与近代世界市场的联系。海关记载的进出口贸易总值从每年十余万海关两起步，先后跨过了1000万、2000万海关两的大关，并且在1910年至1918年的9年中实现8年出超，累计出超一千六百多万两。云南茶叶在全国茶叶出口不断萎缩的背景下逆势上扬，咖啡、橡胶等在云南引种成功，传统的马帮运输驮建了近代铁路，并与铁路一道，支撑着近代云南对外开放中的人流、物流、资金流，近代云南因此成为中国四大侨乡之一。

在市场机制的作用下，在对外开放和洋务运动的刺激下，云南近代工业上了台阶。19世纪70年代以后，云南近代工业开始出现。到20世纪初以及辛亥革命、护国战争时期，滇越铁路通车、个碧石铁路修建，矿冶业此消彼长，云南民族工业在国内、国际市场的激烈竞争中快速发展，肥皂、火柴等行业兴起并取代洋货，制革、制茶等多个行业引入机器生产，在工业化道路上迈出了新的步伐。因而昆明出现了中国第一座水力发电站（石龙坝水电站），近代云南创造诸多"第一"的经济建设项目，也先后从这里开始。

在民族危机不断加深的同时，云南各族人民国家意识、民族意识进一步觉醒，传承和弘扬传统文化，与学习、传播新思想、新文化、新技术并举。编印大型地方文献、特色文献，创办新式报刊，开展近代天文学、地理学等基础学科研究，创制蜚声海内外的"云南白药"，在思想文化、科学技术领域取得了一系列成就，涌现了经济特科"状元"（第一名）袁嘉谷等历史文化名人。特别是改革教育、培养人才方面，在求强求富、推行"新政"、编练新军的背景下，云南以军事学校为标志、以留洋回国学生为骨干的文化教育事业有了较为迅速的发展。出现了在中国历史上著名的军事学校——云南陆军讲武堂，培养了一大批杰出的军事人才。

辛亥云南起义，云南不仅是响应辛亥武昌起义较早的地区，而且昆明起义武装斗争的规模仅次于首义之区的武昌。辛亥建立的云南军政府在当时各省新政权中是很有权威的，因而较为顺利地进行了一系列资产阶级性质的改革，并派兵支援邻省，都取得了相应的成就。

反袁护国战争首先爆发于云南，粉碎了袁世凯复辟帝制的企图，更是从云南开始影响全国的重大事件。以云南为起点的政治事件，波及全国，影响全国，就是从反袁护国战争首开其端的，这是云南各族人民的骄傲，也凸显了近代云南在中国历史发展过程中的分量加重了。

随着云南政治、经济、文化的演变和进步，在军事方面也有了明显的成绩。在辛亥革命以后，云南新军转化为滇军，为辛亥起义、护国战争立下了汗马功劳。在辛亥滇军入川、入黔、入藏以及护国讨袁战争中，虽然有时仗打得很艰苦，然而却不断取得胜利，基本上所向无敌。因而民国初年有"滇军精锐，冠于全国"之说。唐继尧时期，滇军一度卷入混战，却在一个时期仍然所向披靡，一度威震西南。这些都为后来滇军在抗日战争中的杰出表现奠定了基石。

护国战争虽然最终难以改变中国半殖民地半封建的社会性质，然而它再次证明近代中国资产阶级共和国方案的破产。中国人民获得真正民族的解放、国家的富裕，必须重新寻找新的力量，从而为新时代的发展揭开了序幕。

近代前期的云南，即旧民主主义革命时期的云南，已让人们改变了落后、蛮荒的印象，开始了经济近代化、政治民主化的历史进程，而且显示了各民族人民在救亡、振兴斗争过程中的团结奋进精神，取得了明显的进展，为后来中国历史的发展创造了诸多有利的条件。

第一章

鸦片战争前后的云南

第一节 鸦片战争前的云南社会经济

一 云南古代历史的发展给近代云南打下了深深的烙印

近代云南是由古代历史发展而来,古代云南历史的发展给近代云南打下了深深的烙印。

第一,在历史上的云南,早期人类活动及社会经济发展的重心,是沿着"中—东—西—东"的顺序转移的。所谓"中"指滇中地区,以元谋人为代表的人类早期活动的地区。所谓"东",指以滇池为中心的滇东地区,依据考古发掘和文字记载,先是古滇文化,爨文化的发展地区;后是元明清时期滇文化的发展地区。所谓"西",指以洱海为中心的滇西地区,这是唐宋时期南诏、大理文化的发展地区;而在这之前,滇西地区还出现了以哀牢国为代表的哀牢文化。

古代云南的历史,事实上是沿着"中—东—西—东"的顺序发展的,其重心最后落脚于以滇池为中心的滇东地区。

第二,史前时期,云南是人类最早的发祥地之一。其代表就是在中国可以确定的最早的人类化石,即170万年前的元谋人。云南古猿以及元谋人之后的旧石器、新石器文化的多次发掘,使云南史前文化成为国际人类起源研究中的新亮点,成为云南早期人类活动的重要内容。

第三,秦汉时期已经表明,云南是多民族起源之地,并已纳入了祖国的版图。公元前3世纪,楚人庄蹻入滇,带来了长江中游的文化和生产技术,促进了云南经济的发展,也推动了云南与内地的联系。随后中原王朝在"西南夷"地区设官置吏,标志着云南直接纳入了祖国的版图,成为祖国大家庭不可分割的组成部分。尽管以后的年代,有着动乱的历程,但始终不能改变历史形成的这个格局。

第四，唐、宋时期的南诏、大理政权时期是云南古代历史发展的又一亮点。南诏、大理时期，云南社会、政治、经济、文化中心，由滇池地区转移到洱海地区。它们曾与中原王朝有过战乱和矛盾，却始终是祖国不可分割的一部分，并且成为中原王朝在西南的屏障。南诏、大理时期在文化艺术方面的成就，是云南文化史上璀璨的一页。

第五，元明清时期，云南正式成为一个行省，云南社会政治、经济、文化中心，再由洱海地区转移到滇池地区，并为近代云南的发展奠定了坚实的基础。

古代云南社会历史的发展的特点及其进程、留下的遗产，给云南近代历史发展打下了深深的烙印。既制约着云南的发展，也提供了云南进一步发展的基石。然而，进入了近代的云南，亮点更多，在祖国历史上的地位更重要，也更为突出了。

二 清代前期的云南

清代是中国历史发展的一个重要阶段，康雍乾盛世时代所创造的辉煌业绩，是中国古代社会的一个耀眼的亮点，至今尚为世人所关注。

17世纪中叶清王朝建立以后，顺治年间，清军进入云南，控制了全省。康熙年间，清政府平定了吴三桂的叛乱，巩固了在云南的统治。雍正年间，清王朝进行了大规模的改土归流，削弱了少数民族土司势力，加强了对云南的统治。乾隆年间，清军制止了缅甸王朝向云南的扩张，保卫了西南边疆。

自康熙年间平定吴三桂之乱后，清政府为巩固在云南的统治，曾采取了若干有利于经济发展的措施，鼓励开垦荒地，清丈土地，核定赋税，实行摊丁入亩、地丁合一的政策。在康乾盛世时代，形成了相对稳定的社会局面。云南农村经济有了明显的发展，并持续到道光、咸丰年间。顺治初，云南有田地在册数为500万亩，康熙以后渐次递升，至咸丰元年（1851年）为940万亩，[①] 几乎增长了一倍。耕地面积增加较快的原因之一是清政府实行绿营兵制，士兵长期驻守一定的地域，关、哨、塘、汛星罗棋布，深入山区及边地，开发了不少土地。此外，明清之际传入云南山

---

① 梁方仲编：《中国历代户口、田地、田赋统计》，上海人民出版社1981年版，第380页。

地耐旱作物玉米和马铃薯的广泛种植，也是农业经济发展的重要原因。随着经济的发展，人口也增加了。乾隆二十三年（1758年）云南人口数为2022252人，至嘉庆二十五年（1820年），增至6067171人，不到100年增加约两倍，成为云南历史上人口增长的高峰期。[①] 上述人口并不完全是自然增长，其中有登记方面的原因，而少数民族人口入籍的并不多。不过，自然增长肯定还是比较高的。

农业经济的进步还表现在农田水利工程兴修方面。从清康熙到道光、咸丰年间，修竣治理的水利工程，有一定规模者，有滇池海口及其相关河道。在大理、楚雄、东川、永昌府等地区也大兴水利，还移民垦殖，使这些地区得到进一步的开发。

云南矿冶业有悠久的历史，所谓"滇南大政，惟铜与盐"。明清两代，铜、银、锡、铅、金等金属产量居全国之冠。到了清代，云南银、铜作为全国流通铸币原料的主产区之一，矿业的开采和冶炼受到清政府的重视。除官办厂矿外，还鼓励开办私营矿冶业。据（道光）《云南通志·食货志》记载，从康熙四十四年（1705年）到嘉庆十一年（1806年）的100年间，仅铜矿全省即有144个。18世纪中叶到19世纪初，滇铜产量一直在年产1000万斤以上。其中，1773年、1774年，全省年产铜都在1200万斤以上。[②] 而银矿，著名者在滇省内也有10多个，如鲁甸乐马银矿，阿佤山茂隆银矿，工人达2万—3万之多。云南盐矿亦甚丰富，乾隆时期年盐课达四十余万两，是财政的一大收入。

清代前期云南的商业也有较大发展。昆明是云南商业重镇，繁华的街道众多，城内有南正街、三牌坊、四牌坊、马市口、辕门口、东院街、西院街、福照街、长春街、树皮坡、东门正街、粮道街、书院街等，城外有南门外的三市街、云津街、太平铺、盐庙街等，东门外有金牛街，西门外有永平街、庆丰街等。街道集市分工集中，商业贸易已有了相当的发展。此外，大理的三月街，丽江的骡马会，普洱的茶市，永北（今永胜）的茶马市，个旧、东川等地的矿产交易都很活跃。外省的江西、湖南、广东、四川、贵州、陕西、山西、河南等地的商人也有

[①] 邹启宇等主编：《中国人口云南分册》，中国财政经济出版社1989年版，第78页。
[②] 周钟岳、赵式铭等修：《新纂云南通志》卷一四六，《矿业考》，民国三十八年云南印刷局印行。

来云南经商者。

  总之，康乾时期，云南也出现了"盛世"景况。然而，到嘉庆以后，云南也逐渐进入由盛转衰的过程。以云南矿业为例，到嘉庆年间，产量剧减，"遂不得不请减京铜二百万斤，始能措办。（嘉庆）二十二年开始采买四川乌坡厂铜以济滇铜之不足，至于外省来滇购买的，自无铜可发。到了道光初年，合全省所产并乌坡买来的两项，也不足供应各方的需求了。"① 而农业经济也出现了危机，农村土地逐步被豪强占夺而畸形集中。例如，昆明官渡大地主罗奇"约占官渡所有田地的二分之一，且呈贡、晋宁、昆阳等处都有他家的田地"。② 大理的地主们在大量掠夺土地的同时，加征田租，"佃户向地主租地，缴纳的田租是好田每亩大米3斗，坏田2斗。比清代前期的每亩收租1斗，增加了2倍"。③ 而且，来自官府的捐赋亦不断加重，"军费不足，则加赋税；赋税不足，则抽厘金；厘金不足，则逼捐输。以致猛虎伤人，哀鸿遍野，民穷财尽，户破家亡"。④ 社会矛盾与民族矛盾日益加剧。

  社会矛盾与民族矛盾的加剧，在嘉庆年间已有明显的反映，并爆发多次的人民群众的反清起义。如1796年，威远厅牛肩山一带拉祜族人民的起义；1797年，滇黔边区罗平等地的布依、壮、苗、汉、彝族人民的起义；1799年，缅宁（今临沧）大黑山拉祜族人民的起义；1801年，滇西北澜沧江上游傈僳族人民的起义；1810年，宾川等地爆发的白莲教起义；1817年，元阳地区爆发的哈尼、彝、汉、回族人民的起义；1820年，在永北（今永胜）爆发的傈僳、彝、汉、傣、回族人民的起义等。嘉庆年间爆发的多次人民起义，虽然较之咸丰、同治年间云南各族人民的起义来讲，规模较小，时间较短，而且较为分散，然而社会矛盾与民族矛盾的激化，却已有了相当程度的表现。

---

 ① 严中平：《清代云南铜政考》，中华书局1957年版，第43页。
 ② 昆明市志编委会：《昆明市志长编》卷六。
 ③ 李培林：《云南近代农业概述》，见《云南近代经济史文集》，经济问题探索杂志社1988年版，第136页。
 ④ （清）马如龙：《晓谕滇垣绅民》，见《昆明市志长编》卷六。

第二节　鸦片战争爆发后的云南

一　清末云南的政治制度

1840年鸦片战争以后，中国逐渐演变成为半殖民地半封建社会，云南也不例外。不过这种演变过程，云南较之沿海要缓慢一些。但云南与英、法殖民地缅甸、越南相邻，是列强入侵中国的"后门"，因而半殖民地半封建社会的演变过程，较内陆地区又要快速一些。

清末云南政治制度没有较大的变化，清政府到云南实行总督、巡抚制，设云贵总督和云南巡抚。云贵总督名义上是云南、贵州两省的最高地方大员，而实际上重点还是在云南。到20世纪初，因云贵总督与云南巡抚在职权上重复较多，清政府遂裁撤云南巡抚衙门，其职权完全并入云南总督署，因而云贵总督就成了云南唯一的最高地方大员，独揽了云南军政大权。

而随着1889年蒙自被迫开关以后，思茅、蛮允、腾越相继开关，昆明则于20世纪初自开为商埠，这样英、法等国相继在蒙自、思茅、腾越、昆明等地设立领事馆。在通商口岸设海关，中央政府则在云南加派外交特派员，昆明还设置了商埠清查局。

清代行政区划基本上沿袭明制，省下设道、府（州）、县，但增设了"厅"的建制（直隶厅、直隶州），有省、道、府（厅、州）、县4级，直隶州（厅）的规制与知府相同。清代在云南设有4个道：粮储道、盐法道、巡警道、劝业道。巡道（行政建置）有4个：迤东、迤西、迤南、临开广道（又称蒙自关道），分别管辖所属府、厅、州、县。后撤临开广道，保留迤东、迤西、迤南，故云南又有"三迤"之称。清代云南有14府、5直隶州（后增为6直隶州）、6直隶厅、12厅、26州、41县、2对汛督办。在边疆和少数民族地区设有二十多个宣慰司、宣抚司、安抚司、长官司等。

清代前期，特别是雍正时期，实行大规模改土归流，基本上实现了澜沧江、伊洛瓦底江"江外宜土不宜流，江内宜流不宜土"的改流部署和策略。正如江应梁指出："清初改土归流云南是重点，改不了而仍然保留下来的最多最大的土司区也是在云南。"① 经过改土归流，云南境内的土司还剩有宣慰司一、宣抚使五、副宣抚使二、安抚使三、副长官司三、土知府四、土知州四等，② 总共22家。这仅就大土司而言，而小土司保留较多。然而这些地区的土司势力也逐渐削弱了，有的被降了级。直到新中国成立之初进行民主改革，土司制度才完全消灭。

到20世纪初，清政府实行编练新军、废科举兴学堂、改变官制、振兴实业为主要内容的"新政"，云南的政治制度有了新的变化。1901年光绪下谕全国停止科举考试，设立学堂和派遣留学生。云南从1902年开始派遣留学生，其中留日学生居多。1908年开办云南全省自治局，置官绅局长1人，下设考订、编查、文书、庶务4科和自治研究所。各地成立自治传习所、宣讲所。1909年正式成立谘议局，云南议员设68人，议长张惟聪，副议长张世勋、段宇清。为推行新政还先后设立了财政公所、交涉公所、学务公所、提法公所、劝业公所、警务公所、督练公所、清理财政局、宪政调查局等。而新军的设置，也改善了云南的军事力量，1909年在云南成立新军第十九镇（相当于师），镇下设两协（相当于旅）。然而出乎清政府意料的是，新军由于受民主革命思潮的影响，成为1911年云南辛亥起义的重要力量。

清末"新政"所引起的一些制度上的变化，不能说毫无作用，但为时已晚，无法挽救清王朝灭亡的命运，很快辛亥革命就爆发了。

二　鸦片战争后的云南经济

鸦片战争后，云南社会经济每况愈下，作为封建经济几个重要支柱的农业、手工业、铜矿业和食盐业等增幅减缓，有的进入衰退时期。

从19世纪初开始，云南农业生产较快发展的势头消失了，逐步走向停滞和衰退。这一变化过程，明显反映在与农业生产密切相关的农业耕地和人口两个方面。首先从耕地面积来看，从乾隆十八年（1753年）至嘉庆八年（1803年）的50年中，全省耕地面积从75425顷增至92893顷，增幅为23.2%，而从嘉庆八年至道光三十年（1850年）的47年中，耕地

---

① 江应樑：《明代云南境内的土司与土官》，云南人民出版社1958年版，第1页。
② （清）魏源：《圣武记·雍正西南夷改流记》，中华书局1984年版。

面积从 92893 顷增至 94000 顷,①增幅为 11.9%，增长幅度大大低于前一时期。再从人口情况来看，从乾隆五十一年（1786 年）至嘉庆二十四年（1819 年）的 33 年中，全省人口从 341.3 万增至 600 万，增幅为 75.8%。而由嘉庆二十四年至咸丰元年（1851 年）的 32 年中，全省人口从 600 万增至 710.3 万，增幅仅为 18.4%，②增幅减缓。

鸦片战争以后，我国逐步沦为半殖民地半封建社会。地处祖国西南边疆的云南，社会、经济、文化发展落后，交通闭塞，农业和手工业紧密结合，仍是社会的基本特征。19 世纪中叶，云南一些地区的家庭手工业逐步向手工作坊和手工工场转变，在诸如纺织、制茶、冶铜、榨糖行业中，出现了一些规模不等的手工工场和手工作坊。但是，由于"外国资本主义侵入截断了中国资本主义发展的正常道路"。③这些手工作坊和手工工场，基本上未能发展为近代资本主义企业。

云南铜矿开采和冶炼业历史悠久，由元至清，不断发展壮大。清代乾隆年间（1736—1795 年）发展到鼎盛时期。据记载，乾隆八年（1743 年）至嘉庆七年（1802 年）的 60 年中，全省年均产铜量为 1000 万余斤，其中乾隆三十八、三十九两年，全省年产铜都在 1200 万斤以上，④达到了年产量的最高峰。到嘉庆年间开始逐年减产，至道光年间，情况进一步恶化，全省主要铜矿的年产量只及乾隆年间产铜量的四分之一左右，到了咸同年间，"京运每况愈下，寻至停办数十年"。⑤

食盐是人们日常生活中不可缺少的必需品，它所提供的税收，是历代封建王朝财政收入的重要来源之一。因此，历来为封建王朝所重视，对它的产销实行严格的控制和垄断。云南盐矿主要产区在迤西，其次是迤南。到光绪初年，产量锐减，"销盐不及承平之半"，⑥所上缴税收也骤然减少。云南盐课自嘉庆八年（1803 年）起定额，每年征收正课、养廉、井

---

① 《新纂云南通志》卷一三八，《农业考》。
② 转自李培林《云南近代农业概述》，见云南经济研究所编《云南近代经济史文集》，第 123 页。
③ 汪敬虞：《论中国资本主义两个部分的生产力》，《近代史研究》1983 年第 3 期。
④ 周钟岳、赵式铭等修：《新纂云南通志》卷一四六，《矿业考》，民国三十八年云南印刷局印行。
⑤ 周钟岳、赵式铭等修：《新纂云南通志》卷一四六，《矿业考·铜矿》。
⑥ 周钟岳、赵式铭等修：《新纂云南通志》卷一四八，《盐务考》二。

费等银37.3万两。至道光初年，每年仅征收31万余两，咸丰六年（1856年）以后，"盐井悉为贼（按指杜文秀起义军）踞，间有未失者，亦为武弁把持，盐官无从过问"，[1] 因而给清朝云南地方政府的财政收入以沉重打击。

在云南社会经济出现全面衰退的同时，鸦片的种植、贩运和吸食却在全省范围内悄然兴起。道光初年，鸦片开始在云南边疆地区种植。到鸦片战争前夕，鸦片的种植与吸食在不少地区已较为普遍，当时就有人指出，"云南地方寥廓，深山邃谷之中，种植罂粟花，取浆熬烟，其利十倍于种稻。自各衙门官亲、幕友、跟役、书差以及各城市文武生监、商贾、军民人等，吸烟者十居五六。并有明目张胆，开设烟馆，贩卖烟膏者，其价廉于他省"。[2] 鸦片战争以后，清政府屈服于外国侵略者的压力，承认鸦片贸易的合法化，并鼓励国内种植鸦片，希望以此抵制外国鸦片的大量输入，从而使鸦片在全国城乡泛滥成灾。云南边疆不少地区，土地肥沃，气候湿热，适于种植鸦片。到光绪年间，"云土"已闻名全国。鸦片危害至大，既损毁人民身心健康，又助长了官场的腐败，并冲击了农业生产，导致粮食减产，加剧社会的不稳定。

财政以经济为基础，又反作用于经济。鸦片战争前后，云南经济的衰退，导致了云南财政的危机。19世纪60年代初，在云南各族人民反清起义的猛烈冲击下，清朝云南地方当局的财政已濒临崩溃的边缘，这正如当时署理云贵总督潘铎所指出的那样："云南向来藉资外省应解京铜之铜本运费等项，共银八十余万两，户部按年指拨各省解滇，贫民藉以谋生，此所以养云南之民也。兵额四万七百余名，俸饷银七十三万六千余两，本省地丁等银所入不敷，豫（预）先一年咨部请拨，或四五十万两，或六七十万两不等，此所以养云南之兵也。粤匪（按指太平天国起义军）滋事以来，长江阻隔，铜不运京，各省不拨铜本者十年，部拨滇饷十仅一至；民失养则为匪，兵失养则抗官，渐积十年，已难挽救。"[3]

---

[1] 周钟岳、赵式铭等修：《新纂云南通志》卷一四八，《盐务考》二，民国三十八年云南印刷局印行。

[2] 云南省历史研究所编《〈清实录〉有关云南史料汇编》卷四，云南人民出版社1986年版，第747页。

[3] （清）奕䜣领衔纂修：《钦定平定云南回匪方略》卷一四。

第三节　社会矛盾的加剧和民族关系的恶化

一　此起彼伏的各族人民反清起义

鸦片战争后，中国社会在政治、经济方面发生了一系列深刻的变化。对外国侵略者的多次战争赔款进一步加重了人民的负担，封建地主阶级（在一些少数民族地区是封建领主阶级）敲骨吸髓的剥削和掠夺，使广大农民和农奴挣扎在饥饿线上，铜矿业的衰落和萧条，形成了成千上万的失业大军，太平天国运动的兴起和蓬勃发展，在全国和云南引起了巨大的震动，引起了强烈的反响。在这种形势的影响和推动下，云南社会的阶级矛盾和民族矛盾进一步激化，各族人民自发的反清起义方兴未艾，很快在全省范围内形成了一个反清斗争的高潮。

咸丰三年（1853年），镇南州（今南华）波罗村彝族农民杞彩顺、杞彩云兄弟领导彝族、汉族农民举行反清起义，后加入李文学起义军。咸丰五年（1855年），姚州（今姚安）彝族联合金沙江沿岸的汉、回族人民举行反清武装起义。同年，广西直隶州（今泸西）壮、汉、回、彝等族人民联合举行武装起义，次年围攻开化府城（今文山），后转战罗平、师宗等地。同年，他郎厅（今墨江）哈尼族在田四浪领导下举行起义，活动于今景东、镇沅、景谷、普洱一带，攻城略地，屡败清军。这支起义军后来加入了李文学起义军队伍。咸丰六年（1856年），弥渡县瓦卢村爆发李文学领导的以彝族为主体的有汉、苗、回、哈尼、傈僳、傣等族人民参加的反清起义。同年，以杜文秀为首的回民起义军攻占大理府城，建立了以回族为主体，联合滇西各族人民的大理反清政权。同年，会泽回、彝、汉等族人民举兵反清，杀官攻城。咸丰七年（1857年），路南彝族人民起义，攻克州城，杀绅士，囚官吏，没收地主土地、房屋。同年，马如龙、马德新领导的迤东南回、彝起义军围攻省城昆明。同年，云南县（今祥云）大古者乡龙道人领导彝族人民举行反清起义，联合回民起义军攻占云南县城。同年，嵩明、寻甸、呈贡、昆阳、陆凉（今陆良）、宜良等州县的彝、苗、汉、回等各族人民纷纷起义，杀官攻城。同年，平彝（今富源）彝族联合回族人民起义反清，进攻县城。咸丰九年（1859年），汉民李永和、蓝朝鼎在大关县牛皮寨发动起义，随即转战四川。同年，阿迷州（今开远）彝族头人李开、陆泰在回民起义军支援下，起兵反清，曾先后两次攻占阿迷州城。新平县傣族土目刀成义率众起义，后来加入李文学起义军。

以上云南各族人民的反清起义，汇合成一股巨大的人民起义的洪流，猛烈地冲击着清王朝在云南的统治，它们和太平天国革命遥相呼应，互相支援，成为以太平天国革命为代表的全国反清革命高潮的一个组成部分，也是云南近代革命斗争史上的第一次高潮。

二　回汉民族关系

云南是全国回族分布较多的一个省区。在云南，回族同汉族与其他民族之间，通过在经济、文化上的长期交流，互相取长补短，共同为开发云南和保卫云南作出了自己的贡献，他们互相和睦相处，情如兄弟。对回汉两族人民之间的深情厚谊，腾越（今腾冲）回民歌颂道："回汉在腾，和睦素著，诗书之士，砚席与同；田畯之家，畔耕有让。同心贸易，曾分管鲍之金；把臂订交，只少朱陈之雅。何尝此疆彼界，何尝别户分门。"①但是，这种良好的回汉民族关系，在清代嘉庆年间（1796—1820年），就开始恶化起来，而进入道光（1821—1850年）、咸丰（1851—1861年）时期以后，回汉冲突事件接踵发生，从而对云南社会经济造成严重的破坏，对两族人民的生命财产造成了巨大的损失。

从嘉庆五年（1800年）发生耿马悉宜厂回汉流血冲突以后，又连续发生了云龙州白羊厂事件（1821年）、缅宁（今临沧）事件（1839年）、永昌事件（1845年）、巧家厅汤丹厂事件（1847年）、姚州事件（1847年）、南安州（今双柏）石羊厂事件（1854—1855年）、昆明事件（1856年）等一系列流血冲突，从上述一系列流血事件发生的经过和结果来看，反映了以下几个特点：

（1）事件发生的直接原因一般都较为细微，如果有关方面处理得当，问题并不难得到解决。但是，在多数情况下，由于大汉族主义和狭隘地方民族主义作祟，双方头人从中挑拨煽动，加之当地政府处理不公和有意挑拨离间，遂使事态愈演愈烈，以至于发展为严重的流血冲突。例如白羊厂汉回砂丁发生流血冲突的起因，只是由于一汉民砂丁在回民炉户曹碉门口

---

① 中国史学会主编：《中国近代史资料丛刊》，《回民起义》Ⅱ，神州国光出版社1952年版，第13页。

解大便而引起双方口角和斗殴。纠纷发生后，汉方的"客长"和回方炉户借题发挥，小题大做，各自策划和纠集数百人进行械斗仇杀，结果酿成了双方死伤百余人的惨剧。[①] 又如曾引起楚雄府"全郡沸然"的南安州石羊厂事件，原先是由于汉回厂绅争矿引起冲突，而作为知州兼厂委的崔绍中为了保住他的乌纱帽，竟不择手段地采取"汉强助汉，回强助回"的两面派手法挑拨离间，遂使事态不断扩大，以致引起楚雄府范围内一连串械斗仇杀悲剧的发生。

（2）从悉宜厂事件到昆明事件的50年间，流血事件的次数愈来愈频繁，后果愈来愈严重。从流血冲突发生的次数来看，嘉庆五年（1800年）发生的悉宜厂事件，是清代云南有文献记载的第一次汉回流血冲突事件。自道光二十五年（1845年）永昌事件后，回汉民族流血冲突层出不穷，而且遍及全省各地。从流血冲突的后果来说，悉宜厂事件中回民18人被杀害，汉民数人被砍伤；白羊厂事件中双方共有90人被杀害；石羊厂及其相关的一连串流血冲突中，双方数以千计的人民被杀害，大量房屋财产被毁灭；在昆明事件中，城内外近万名回民遭杀害。

（3）在清朝云南各级地方当局的策划和指使下，有的流血冲突最后演变为官兵和团练勾结起来屠杀回族人民的惨案。典型的事例如永昌事件和昆明事件。道光二十五年（1845年）九月初二，迤西道、永昌府、保山县等地方当局指使官军和哨练互相配合，在一夜之间将城内四千多回民屠杀殆尽，制造了震惊全省的永昌事件。咸丰六年（1856年）四月，由云南巡抚、按察使、团练头目等军政要员密谋策划，"以回人欲反"为借口，兵练勾结，搜杀昆明城内外回民，"不论良莠男女老幼，悉殄灭之"，[②] 使近万名无辜回民惨遭杀害，制造了更为严重的流血惨案。以上两次惨案，充分暴露了清政府在云南奉行压制和仇视回族政策的面目。

（4）一系列惨痛的教训擦亮了广大回族人民的眼睛，使他们逐步看清了清政府破坏民族团结、仇视回族人民的真面目，从而不断提高自己的斗争水平。自从发生悉宜厂流血冲突事件后，在相当长的时间内，作为多次流血冲突的主要受害者的回族人民，对清政府存有幻想，总认为只要向

[①] （清）岑毓英、陈灿纂修：《云南通志》（光绪）卷一〇六，《武备志·戎事》，中州古籍出版社1985年版。

[②] 马观政：《滇恒十四年大祸记》，《回民起义》I，神州国光出版社1952年版，第294页。

政府当局提出申诉，问题就会得到公正解决，冤案就会得到平反昭雪。因此，每次流血冲突发生以后，他们都没有例外地向各级地方政府直到中央政府提出控诉。但是，得到的回答往往使他们大失所望。一次次控告的失败，大量血淋淋的事实教育了回族人民，使他们认识到光靠诉讼斗争手段是不可能求得任何冤案的公正解决的。他们在探索新的斗争手段，而且他们也终于找到了这种斗争手段，那就是武装反抗。永昌事件发生后，为了报仇申冤，虽然还有一些回族上层人士如杜文秀等人继续主张并实行诉诸法律解决的办法，但在回族中却有一部分人主张并实行武装反抗，这就是张富、黄巴巴领导的武装起义。杜文秀等人赴京控告的失败再一次教育了回族人民，也教育了以杜文秀为代表的一批回族知识分子，使他们终于丢掉了对清政府的幻想，走上了武装起义的道路。武装反抗逐渐成为回族人民反清斗争的主要形式，这对促成后来全省各族人民反清大起义的局面具有重要意义。

第二章

近代初期云南各族人民大起义（上）

第一节 滇西回民起义与大理反清政权的建立

一 滇西回民起义前夕的云南形势

楚雄府南安州（今双柏）石羊、马龙两银厂汉回矿主因争矿引起械斗仇杀，当地政府采取了"见临人（按指临安府建水县汉民）势强，则召临人杀回人；见回人势强，又使回人以杀临人"，"暗中挑拨，意在两伤，藉邀功利"①的政策，使事态不断恶化和扩大，造成严重的后果。石羊厂事件又在滇西乃至全省范围内引发出一连串更为严重的汉回流血冲突。

咸丰六年（1856年）三月，临安"厂匪"（按指汉族地主阶级武装团练）攻入楚雄府城，"尽杀府城回民，老弱鲜得免者"。当时，回汉械斗仇杀事件遍及楚雄各属，"全郡沸然"。在此严峻形势下，提督文祥奉命自大理率兵三百东下弹压。②四月，临安"厂匪"在野蛮屠杀了楚雄府城内外数以千计的回民后，"满载所掠而东"，至安宁，谣传他们将进省城搜杀在逃的楚雄回民，致使昆明形势顿时紧张起来。与此同时，新兴（今玉溪）回人武举马凌汉率回众千余由海口到昆明，"声称杀厂匪复仇"。马凌汉率部追击"厂匪"于昆明东郊的小板桥，杀毙数十人，尔后凯旋回踞昆明顺城街清真寺。清云南地方当局不仅没有采取有力措施平息冲突，化解矛盾，而是囿于对回族的成见和偏见，顽固坚持其仇视回民的

---

① 马观政：《滇垣十四年大祸记》，《回民起义》Ⅰ，神州国光出版社1952年版，第293页。
② （清）岑毓英、陈灿纂修《云南通志》（光绪）卷一〇七，中州古籍出版社1895年版。

立场，妄图以清军团练（包括"厂匪"）互相勾结进行武力镇压的办法来迫使回民屈服。结果事态更加恶化和严重。马凌汉所部与临安"厂匪"在小板桥激战之后，云南巡抚舒兴阿、按察使青盛及奉旨练团的黄琮等人即着手策划在全省范围内"剿回"的阴谋，向各府厅州县下达了"聚团杀回，须横直剿灭八百里"的密令。① 居住在昆明城内和近郊的无辜回民首当其冲，四月十六日至十八日三天内，在厂匪与团练的搜杀下，"数千户回民无辜被戮"。② 这就是震惊全国的昆明四月屠回惨案。此后，在"奉宪灭回"的旗号下，滇南的建水，滇西的鹤庆、丽江、剑川等州县，相继发生了由当地政府和地主团练勾结起来野蛮屠杀回民的严重事件，在全省范围内掀起了一股屠回的恶浪。

　　双手沾满昆明回民鲜血的临安"厂匪"回到建水以后，又立即把屠刀指向临安府城的回民，再次制造了一场屠回惨案。当日屠杀情景，时人写诗描述道："四月晦日（阴历四月三十日）厂客来，翌日回人罹凶灾。回人奔窜城不开，延颈受刃吁可哀……书生乞命跪长街，头随哭声落尘埃。乳媪流血尸横阶，婴儿食乳犹在怀。"③ 为防不测，在一月多前楚雄回民惨遭杀害时，建水回民就"日夜筑墙浚濠，为守御计"④。当省城四月事件发生后，他们推举回龙武生马如龙为首领，积极进行武装自卫准备。在"厂匪"血洗府城时，全郡回民纷纷集结到回龙和曲江两个根据地，严阵以待。当临安府镇派兵勇进攻回龙时，此地回民群众后发制人，给进犯者以重创，并击毙进犯军的头目、守备沈裕后，取得了自卫反击斗争的胜利。建水回民庄严宣告："只论良莠，何分回汉……至于义闻宣昭，共歼魁首；大兵所向，罔治胁从，倘能捆献元凶，尤当厚加优奖……"⑤当时活动于滇东南各地的回民反抗者还有以下几支队伍：昆明、海口一带由马凌汉、杨振鹏领导的回民队伍；澄江徐元吉领导的回民队

---

① 马观政：《滇恒十四年大祸记》，《回民起义》Ⅰ，神州国光出版社1952年版，第294页。
② 同上书，第295页。
③ 中国史学会主编《中国近代史资料丛刊》，《回民起义》Ⅱ，神州国光出版社1952年版，第61页。
④ （清）岑毓英、陈灿纂修：《云南通志》（光绪）卷一〇七，《武备志·戎事》，中州古籍出版社1985年版。
⑤ 中国史学会主编《中国近代史资料丛刊》，《回民起义》Ⅱ，神州国光出版社1952年版，第55—56页。

伍；宣威、曲靖等地马联升领导的回民队伍；寻甸马荣领导的回民队伍；河西、新兴地区田庆余等领导的回民队伍。在斗争中，逐步形成了以马如龙、马德新为首，以曲江馆驿为主要根据地的滇东南回民武装自卫反抗中心。

在滇西，以鹤丽镇标千总张正泰为首的汉族地主武装团练与地方政府当局狼狈为奸，密谋策划并制造了多起屠杀回民的严重事件。张正泰，昭通人，咸丰初年，以营兵随鹤丽镇总兵福升调武汉抵抗太平军，因作战卖力被提拔为镇标千总。咸丰五年（1855年），张正泰擅撤所部自安徽返滇，回到鹤庆后，飞扬跋扈，总兵福升不能制。六年三月招集无赖子弟，烧香结盟，成立"合义堂"，自任首领，并出布告扬言"剿灭回子八百里"。① 昆明四月事件后，张正泰积极执行舒兴阿剿回密令，"遂率勇杀鹤庆回民，次及丽江、剑川，复攻破剑川属之三岭村，聚歼殆尽"。② 尔后，他原拟南下血洗大理地区的回民，而大理汉绅乃至知府唐惇培也主张请求张部前来大理驻防，但因迤西道林廷禧反对而未果。张正泰丧心病狂屠杀回民的暴行，引起了大理回民的恐惧，也加剧了大理的紧张局势。大理地方当局为了掩人耳目，在提督署召集汉回绅士会议，名为商议汉回互保，实则是官吏和汉族团首密谋策划灭回阴谋。地方当局要汉回绅士分别前往城隍庙和清真寺盟誓互保，但谁都心里明白所谓互保是靠不住的。事实上，双方都在所居街口竖立栅栏，互保变成了互防和互斗，事态更加严重。

对于云南地方当局指使地主团练在滇西剿回、灭回的阴谋，滇西地区的回民大众是有所警惕的，他们积极进行武装自卫反抗的准备。咸丰二年（1852年）春，在大理，回弁杨长寿、杨腾云等"阴蓄川陕回众数百于城内四牌坊礼拜寺，日购薪米"，秘密进行反清活动。官方获悉后，派都司和鉴等前往探查，和鉴入寺后被杀，"提道惶惑，不知所措，城几陷"。③ 咸丰六年（1856年）初，姚州回众六七千人攻占镇南州的沙桥和灵官桥等处，并向州城进攻。同年五月，他们围困清军副将福兆所部于鹦鹉关，

---

① （清）杨琼：《滇中琐记·杜文秀之乱》，《滇中琐记》民国元年排印本（未正式出版）。
② （清）岑毓英、陈灿纂修：《云南通志》（光绪）卷一○七，《武备志·戎事》，中州古籍出版社1985年版。
③ 马观政：《滇恒十四年大祸记》，《回民起义》Ⅰ，神州国光出版社1952年版，第26页。

后又用计占领姚州城。① 八月，大理回民杜万荣等以张正泰逐杀北路回民，"阳则求官保护，阴实联络党羽"，积极进行武装起义的准备。② 杜文秀赴京控告失败后，即丢掉幻想，走上了武装反抗的道路。他活动于永平、大理、蒙化（今巍山）一带，以从事小本经营为掩护，暗中积极进行活动，在永平曲硐"阴以兵法部勒回民"，在蒙化小围埂，同蓝金喜、马金保等成立起义秘密组织"忠义堂"，为反清起义进行思想和组织准备。大理地区回民自卫反抗中心正式形成，并在斗争中不断发展壮大。

清政府为了镇压太平天国革命，纷纷从各省调集军队同太平军作战。1851—1856年，云南军队奉命抽调出省"协剿"的人数达五千余名，总督恒春统兵在贵州镇压苗族起义，省内"存兵不厚"。③ 太平天国革命爆发后，云南京铜停运，部拨滇饷基本不能兑现，给予云南财政以沉重打击。云南军事力量的削弱，财政收入的锐减，极大地削弱了清王朝在云南统治的实力，在客观上为云南各族人民反清大起义的爆发提供了有利条件。

二 大理政权的建立及其政治纲领

张正泰率团练疯狂杀回和大理地方当局积极策划灭回阴谋相配合，使大理局势急剧恶化，回民反抗者与汉族地主团练的尖锐对立处于一触即发之势。咸丰六年八月初八（1856年9月6日），以"（大理）北乡民团赴城听官点视"为导火线，引发大理汉回双方的武装冲突。经两日激战，双方各有胜负，死伤甚重。回军占据大理城西、南两面，汉军占据大理城东、北两面。④ 在斗争进入关键时刻，大理地方当局终于撕去伪装，公开站到地方团练一边。正当双方战斗处于势均力敌之际，杜文秀、马金保等率领蒙化千余名回民起义军赴援大理，使回军力量大增，在军事力量对比上取得优势。迤西道林廷禧、太和县毛玉成被杀，大理府知府唐惇培伪装出走，参将怀唐阿自杀身亡，团练和官军一败涂地。经七昼夜激战，于农

---

① （清）岑毓英、陈灿纂修：《云南通志》（光绪）卷一〇七，《武备志·戎事》，中州古籍出版社1985年版。

② 马观政：《滇恒十四年大祸记》，《回民起义》I，神州国光出版社1952年版，第27页。

③ （清）奕䜣领衔纂修：《钦定平定云南回匪方略》卷二，第2页。

④ 马观政：《滇恒十四年大祸记》，《回民起义》I，神州国光出版社1952年版，第29页。

历八月十八日，回民起义军完全占领大理城。

回民起义军攻占大理后，起义军领导集团内部，围绕着推举义军最高领导人的问题，展开了激烈的争论。有的领导人"自矜有功"，自以为首领之位非己莫属。而杜文秀却不然，认为起义胜利后的首要问题不是推举谁当首领的问题，而是能否妥善对待并处理回汉关系问题。他告诫大家说："欲做大事，必须收拾人心，不宜专尚威力。且汉众回寡，尤须重用汉人。"① 杜文秀的上述见识，确比其他领导人高明，加之他因曾赴京控告而在回民中享有崇高威望，因此被大多数起义军领导人认为"识略迈众，可当大任"。咸丰六年九月二十五日（1856年10月23日），大理回民起义军领导人一致推举杜文秀为"总统兵马大元帅"，并决定建帅府于提督署，宣告了以杜文秀为首的大理反清政权的诞生。杜文秀拜帅后，即任命了新政权的主要军政领导人：委任蔡发春为扬威大都督，负责指挥各路军事，委任马金保为中军将军，刘纲为平东将军，陈义为镇西将军，马良为平北将军，朱开元为平南将军，蓝金喜为奋勇将军，杨德明为左翼将军，宝文明为右翼将军，马天有为前军将军，沙谦（原名吕藩）为军师，以上为军事方面的主要领导人。委任张子经为总理军机正参军，马国忠为总理军机左参军，马印图为总理军机右参军，以上为行政方面主要领导人。委任沙昆山、马朝珍为伊斯兰掌教。以杜文秀为首的大理政权的建立，标志着云南各族人民的反清斗争进入了一个新阶段。

大理政权建立后，面临着一系列需要解决的问题和难题。杜文秀及其战友们认为，新生的大理政权必须集中力量解决影响全局的两个重大问

图1 杜文秀称帅后穿用的帅服
（云南省博物馆藏）

---

① 马观政：《滇恒十四年大祸记》，《回民起义》I，神州国光出版社1952年版，第29页；（清）岑毓英、陈灿纂修：《云南通志》（光绪）卷一〇七，《武备志·戎事》，中州古籍出版社1985年版。

题：一是确定并公开宣布自己的政治纲领，使起义军民明确斗争目标和实现目标的手段与途径，以此来团结和鼓舞人民；二是加强军事斗争，使新生的大理政权能迅速站稳脚跟，并不断发展和壮大。

大理政权建立时，杜文秀就曾公开宣布了以下政治主张："连回汉为一体，竖立义旗，驱逐鞑虏，恢复中华，剪除贪污，出民水火。"① 这就是大理政权的政治纲领。这一纲领有两个要点：一是指出了起义军民斗争的目标，即"驱逐鞑虏，恢复中华"，推翻清朝统治；二是强调回汉团结，即"连回汉为一体"，这可以说是实现目标的基本手段，对于反清斗争的目标和手段，随着斗争形势的不断发展和深化，杜文秀给予了越来越明确的阐述。笼统地把推翻清朝统治作为斗争目标，这对于一个地方性起义政权来说未免不大切实可行，所以后来杜文秀就把它明确地解释为"收复全滇"，并表示"全滇不取，亿兆难安"，② 也就是说，斗争目标是推翻清朝在云南的统治。

鉴于历史的教训，杜文秀在认识上重视并在实践中认真解决回汉团结的问题。杜文秀在分析永昌事件发生原因时指出："汉回互斗起于细微，实由永昌文武官员并云南大吏酿成屠杀之惨祸，而殃及全省。咎多在官，而不在民。"③ 这就抓住了问题的实质，较为深刻地揭露了清政府实行仇回、剿回政策的反动性。基于上述认识，杜文秀谆谆教育回族人民，正确对待汉族，团结汉族和其他各族人民，把斗争矛头对准清朝在云南的统治。同时采取措施，制止民族间的仇杀，不断改善回汉民族关系。杜文秀关于各民族团结、平等、共同对敌的主张，在他于咸丰十一年（1861年）颁布的具有法律效力的《管理军政条例》中得到了体现。该条例明确规定："族分三教（按指回族、汉族和其他各民族），各有根本，各行其是。既同营干事，均宜一视同仁，不准互相凌虐。违者，不拘官兵，从重治罪。"④

杜文秀关于民族平等、团结反清的政治纲领，得到了回族、汉族和其

---

① 马观政：《滇恒十四年大祸记》，《回民起义》I，神州国光出版社1952年版，第8页。
② （清）杜文秀：《兴师檄文》，《回民起义》II，神州国光出版社1952年版，第131页。
③ 马观政：《滇恒十四年大祸记》，《回民起义》I，神州国光出版社1952年版，第7—8页。
④ （清）杜文秀：《管理军政条例》，《回民起义》II，神州国光出版社1952年版，第118页。

他各族人民的拥护，在大理政权的军政要员中取得了较为广泛的共识，从而在实践中能够得到较认真的贯彻执行。咸丰十一年六月，扬威大都督蔡发春在攻克永昌府城后，针对当时部属有人热衷于劫掠的情形，告诫大家说："财、色为挫人志气最毒之物，要图大事，而志在劫掠，亡灭无日矣！兹与尔等约：汉人多而回人少，安可自树大敌！今后禁止虐待汉人，且必须重用汉人。"① 著名回族将领、大司空李国纶于同治五年（1866年）奉命驻防腾越后，执法公正，从不偏袒回族，"抵腾日，首惩三营回弁"，"回民犯法者，必按法惩治"。② 由于大理政权重视改善民族关系，并在实践中取得成效，故能在较短时间内，基本上制止了民族仇杀现象，实现了回族同汉族以及其他各民族团结反清的政治局面。在大理政权的著名将领中，有不少人是汉、白、彝等民族，如：文武兼备的大司寇李芳园和能征善战的大司略董飞龙，分别是宜良和保山汉族；战功卓著的大司卫姚得胜是丽江白族；曾多次率部支援大理政权的"彝家兵马大元帅"、大司藩李文学是弥渡彝族。在大理政权的军队中，"汉兵十之七八，回兵十之二三"，③ 彝、白、纳西、傣、景颇、傈僳等各族人民也大量参加。由于以上原因，大理政权诞生以后，很快就成为以回族为主体、有汉族和其他民族参加的各民族联合反清政权。

第二节 大理政权前期的军事、政治斗争与社会改革

大理政权存在的 18 年，可分为前后两个时期。前期 10 年（1856—1866 年）是大理政权建立和发展时期，为上升时期。后期 8 年（1867—1874 年）是大理政权从兴盛走向衰败的时期，为下降时期。兹将前期大理政权军事、政治、经济情况分述如下：

一 大理政权的军事斗争与清政府的围剿

咸丰六年至十一年（1856—1861 年），起义军积极展开军事攻势，攻

---

① 马观政：《滇恒十四年大祸记》，《回民起义》Ⅰ，神州国光出版社 1952 年版，第 229 页。
② 中国史学会主编：《中国近代史资料丛刊》，《回民起义》Ⅱ，神州国光出版社 1952 年版，第 229 页。
③ 同上书，第 142 页。

城略地，为巩固和发展新生的大理政权进行不懈的斗争。在此期间，清云南地方当局对大理政权采取以军事围剿为主的政策。在大理北、东、西、南四条战线，双方展开了围剿与反围剿的激烈战争。

北路战线。起义军攻占大理后不久，张正泰所部团练即对大理发动猛烈进攻，企图重新夺回大理。咸丰六年（1856年）九月中旬，张部进抵大理城下。在敌强我弱的形势下，杜文秀领导起义军民进行了英勇的自卫反击战。义军将领马金保率领一支精干小部队，缒城而下，对敌军进行突击。张部素无纪律，在义军反击下，溃不成军，被迫退守邓川德源。义军夺回上关，创造了以少胜多的战绩。次年，张正泰又先后两次攻上关，均被义军击败，后退回鹤庆，邓川、浪穹遂为义军占领。[1] 咸丰七年至八年，张正泰所部与大理义军周旋于浪穹（今洱源）、邓川、剑川、鹤庆一带。张正泰"以勒索军费失众望，以耽溺声色失军心"[2]。张部内讧，部将王郁文、杨举拥兵分据丽江和邓川，与张对抗，大大削弱了张正泰的实力。咸丰九年（1859年）三月，张正泰被其政敌署鹤庆州知州干君元密谋杀死，其部土崩瓦解。次年，义军马金保、杨德明、陈义、姚得胜、虎应龙、张裕泰等连克鹤庆、剑川、丽江、云龙和永北（今永胜）等地。至此，大理北路的府、厅、州、县，悉为义军攻占。

东路战线。咸丰七年（1857年）春，提督文祥自镇南移驻云南县，指挥清军向大理进攻。三月，总兵福升、副将福兆等陷红岩，逼赵州（今凤仪），四月，参将福申攻宾川。闰五月下旬，马如龙、马德新率迤东南回众围攻昆明，省城告急，总督恒春自杀，文祥撤福申军驰援昆明。七月，义军克弥渡，截断福升等部的后路，使之腹背受敌而遭惨败，福升只身逃至云南县。是时，云南县大古者乡龙道人领导的彝族起义军联合杜文秀义军攻占云南县城，文祥与总兵福升、迤西道宋延春、大理府知府侯晟等退守镇南。八月，义军蔡发春部攻克蒙化厅，继而，义军又连克元谋、姚州、大姚等州县。

咸丰十年（1860年）二月，署云南提督褚克昌从镇南向大理发动进攻，此即清军所谓的第二次"西征"。褚军陷姚州、大姚、云南后，又分

---

[1] （清）岑毓英、陈灿纂修：《云南通志》（光绪）卷一〇七，《武备志·戎事》，中州古籍出版社1985年版。

[2] 马观政：《滇恒十四年大祸记》，《回民起义》I，神州国光出版社1952年版，第30页。

兵攻红岩、弥渡、宾川，攻势甚猛。为了打退清军的进攻，杜文秀致函马德新求援。马德新与马如龙商议决定由马如龙率部驰援。三月，马如龙率部从曲江起程，取道通海、嶍峨（今峨山），出易门，到南安州（今双柏）。时宜良汉族诸生李芳园亦率部自安宁至南安州，与马如龙联合。四月二十二日，马李联军攻克楚雄府城，旋即又攻占广通、镇南（今南华）、定远（今牟定）等县。义军攻占楚雄，截断了褚军的后路。与此同时，杜文秀命扬威大都督蔡发春率部2万余，自顺宁、云州东下，在杨德明等部配合下，相继收复红岩、弥渡和云南县（今祥云），与马如龙所部对清军形成东西夹击之势。七月二十四日，蔡发春在义军虎应龙、保文明等部协同下，攻下宾川太和村褚克昌大营，取得全歼褚部的胜利。①

南路战线。咸丰七年至十年（1857—1860年），义军蔡发春等部连续发动攻势，先后攻占蒙化（今巍山）、云州（今云县）、顺宁（今凤庆）、缅宁（今临沧）和威远（今景谷）等府厅州县。同治元年（1862年），攻占南安州（今双柏）礓嘉和景东，开拓了大理政权的南部疆域。

西路战线。咸丰七年正月，永平曲硐回族联合漾濞和保山县回族起义军，攻占永平县城。咸丰十一年（1861年），起义军先后攻占永昌、云龙、龙陵和腾越等府厅州县，奠定了大理政权的西部版图。

总之，咸丰六年至十一年（1856—1861年），起义军积极开展军事斗争，在各条战线取得了一系列重大胜利，巩固和发展了大理

图2　杜文秀起义军使用过的大炮
（谢本书供稿）

政权，奠定了大理政权的版图，使其统治区域包括了迤西全部和迤南的一部分地区，其版图四至如下：东到楚雄、广通、元谋，西至永昌、腾越、龙陵、云龙，南抵云州、顺宁、缅宁、景东、威远，北达剑川、鹤庆、丽江、永北。

大理政权与清朝云南地方政权之间，经过四年左右的激烈军事斗争

---

① （清）岑毓英、陈灿纂修：《云南通志》（光绪）卷一〇八，《武备志·戎事》，中州古籍出版社1985年版。

后，从同治元年（1862年）以后进入了以政治斗争为主、军事斗争为辅的时期。由于杜文秀在政治上满足于在云南建立一个"效法南诏，历年八百"的地方政权，因此他曾对已投降清政府的马如龙作了如下许诺："各守疆界，各行其是。乘此机会，罢兵息民"。① 此后杜文秀放弃了向敌人的统治中心——昆明展开军事进攻的计划，采取了避重就轻的南下作战方针。在同治元年至三年（1863—1864年），起义军大司马杨德明等部先后攻占了景东、镇沅、他郎（今墨江）、威远（今景谷）、普洱、思茅等滇西南的府厅州县，但并不巩固，不久又纷纷被清军夺回，南下战略以失败告终。②

同治元年至二年（1862—1863年）间，云南出现了两起重大事件：一起是同治元年冬至第二年春，太平天国石达开部进入滇东北地区，拟北渡金沙江入川，曾先后围攻宣威、平彝（今富源）、镇雄、东川、昭通、鲁甸等府州县，并一度攻占巧家厅和永善县，在全省引起很大震动；另一起是，同治元年九月，署临沅镇总兵马如龙以临安参将梁士美反对抚回为理由，率部前往讨伐，致使省城防守空虚，武定营参将马荣遂乘虚率部进驻昆明，于同治二年正月（1863年3月）举行兵变（史称为"马荣之变"或"灯霄之变"），杀死上任不久的署云贵总督潘铎，一度控制昆明。上述两起事件发生后，牵制了清军很大一部分兵力，如大理政权趁此有利时机，集中优势兵力，迅速出兵昆明，那么夺取昆明的可能性不是没有的。可惜杜文秀等领导人不善于审时度势，东进夺取昆明，而是继续坚持其南下军事行动，遂丧失了攻占省城的良机。

二 招抚与反招抚

咸丰初年，云南各族人民反清起义纷纷爆发以后，清朝云南地方当局由于受到财力和兵力严重不足的局限，不可能进行大规模的军事镇压，而只能采取剿抚并用的应付策略。对迤东南回民起义军实行以抚为主的策略，而对迤西杜文秀为首的大理政权则实行以剿为主的策略。

清朝云南地方当局在对大理政权实行以军事围剿为主的同时，也曾对

---

① （清）杜文秀：《覆杨振鹏书》，《回民起义》Ⅱ，神州国光出版社1952年版，第107页。
② 中国史学会主编《中国近代史资料丛刊》，《回民起义》Ⅱ，神州国光出版社1952年版，第298页。

杜文秀等人进行了三次试探性的招抚活动，结果都以失败告终。

同治三年（1864年）初，马如龙等迤东南回民起义军领导人投降清政府后，清朝云南地方当局希望用招抚马如龙等的老办法去招抚杜文秀。由督抚等军政大员授意，马如龙和马德新积极配合，在同治元年至三年，曾先后四次派人赴大理"议和"，对杜文秀进行劝降。马如龙、马德新等受抚后不久，署云贵总督潘铎请马德新向杜文秀转达以下意图："若杜文秀罢兵，吾可力保其无虞。设不吾信，吾将拔数县以居回民，使之自卫。"马德新照办了，表示"愿往迤西安抚回众"①。同年春，马如龙派马载堂赴大理"议和"。马载堂到大理后不仅不能说服杜文秀受抚，反被杜文秀以同乡同族关系留在大理做官。②

先是，马如龙和马德新曾多次致函杜文秀，要他退出城池，听官办理。且经马如龙派署督标中军副将杨振鹏直往大理劝谕。事行，则马德新亲往安抚。不行，则马如龙力任剿办。③ 马如龙在致杜文秀的信中，要杜文秀在和与不和之间尽快作出选择，如果愿意"和"，则照迤东和迤南办理，"何处首领即予何处官职"；如果不愿意"和"，"则卧榻之侧，岂容他人酣睡，官处必发兵西向。此时两迤（按指迤南、迤东）既和，迤西孤立"。④ 对于马如龙咄咄逼人的最后通牒，杜文秀毫不含糊地予以拒绝。他在复信中说："昨接来函，传集面议，无一应者"，"不和亦道也。省垣之和，兄不敢非之。迤西之不和也，亦无烦相强"，并在信中向杨振鹏挡驾，说大理方面不和的意见已决定，不麻烦他再来大理了。⑤ 但是，杨振鹏还是不死心，仍然赴大理劝降，结果一无所获。马如龙对杜文秀拒抚十分恼火，原想立即带兵讨伐，但由于徐之铭和马德新劝阻而未行动。第二次议和又失败了。

同年冬，徐之铭、马德新派回人武进士田庆余赴大理招抚，由于受到

---

① 《钦定平定云南回匪方略》卷十四，《回民起义》I，神州国光出版社1952年版，第362页。

② 荆德新：《云南回民起义史料》，云南民族出版社1986年版，第213页。

③ 《钦定平定云南回匪方略》卷十六，《回民起义》I，神州国光出版社1952年版，第368页。

④ 中国史学会主编《中国近代史资料丛刊》，《回民起义》II，神州国光出版社1952年版，第99—100页。

⑤ 同上书，第107页。

杜文秀的坚决拒绝而无功返回。田庆余从大理归来后报告说："若将大理、永昌、丽江三府裁撤汉官，皆给回人安设土司，即永不滋事。"① 这个主张为云南地方当局所拒绝。上述三次对杜文秀的招抚先后失败后，清朝云南地方当局又积极策划对大理政权发动军事进攻。同治二年（1863年）六月，署布政使岑毓英奉命率部进攻迤西，署提督、鹤丽镇总兵马如龙留守昆明。十月，岑毓英攻下楚雄，既而进逼镇南。次年二月，岑部大败于镇南后，岑毓英令副将李维述退守楚雄，自己则逃回昆明。②

岑毓英的失败又引起了清朝云南当局与大理政权的和谈。这次和谈是由马德新亲自出马进行的。同治三年（1864年）三月，马德新到大理后，劝杜文秀说，接受政府的官职比自组小朝廷可靠，因为政府在镇压了太平军以后，必然要集中兵力进攻大理。杜文秀不仅不为所动，且反驳说：以一个合法运动的领袖，竟放下武器去接受一个平凡的职衔，他深为这种人感到羞耻。杜文秀反劝马德新留下在大理做官，答应给他一个地位比清政府给予他的职务高得多的官职，但被马德新拒绝了。③ 马德新的大理之行虽然不能实现劝杜文秀受抚的目的，但他却同杜文秀达成了所谓"东西分界"的协议，协议规定双方"各守本境，不相侵犯。"该协议由于遭到岑毓英和马如龙反对而未能付诸实行。马德新大理之行的失败，宣告了清政府妄图招抚杜文秀的计划彻底破产。

三　"帅府"管理体制的建立

大理政权实行大元帅领导下的帅府体制。总统兵马大元帅杜文秀总揽军、政、财大权，由他领导的帅府是处理军机、财政、人事等日常军政事务的最高行政机关。帅府内设有一军机会议，其成员由"见识宏大、老练谨慎官员"数人组成，凡有大小文武军机事务，由元帅召集商议，提出处理意见，再定夺施行。它是一个咨询性的机构，大理政权建立后，杜文秀即先后委任了一批高级军政官员，各级官员的选拔实行保举和委任相结合的制度。大理政权成立后经过数年紧张、激烈的军事斗争后，开始进入了一个相对稳定的发展时期。同治元年（1862年）夏，杜文秀指出：

---

① 《钦定平定云南回匪方略》卷二十。
② 云南省历史研究所：《研究集刊》1982年第2期，第208页。
③ 吴乾就：《关于杜文秀的评价问题》，《学术研究》（云南）1961年创刊号。

"现在迤西边患已息，内政就绪，府厅州县安堵如常，士农工商各归本业。"① 在有利形势下，军政制度建设问题已被提上重要的议事日程，各项规章制度得以逐步建立并不断完善。咸丰十一年（1861年）杜文秀颁布《管理军政条例》，规定了各级军政机关的职官任免、职权范围、财政制度、官员奖惩等内容，为军政制度的建立和各项改革提供了政策依据。

（1）职官制度。大理政权建立时，由大元帅杜文秀任命了一批中央级的文武官员，开始建立初步的职官制度，后来不断充实完善，到同治三年（1864年），建立起较完善的职官制度。文职以总理内阁军机大冢宰为首，其下属各级为：总理军机大参军，总理军机正参军，总理军机左参军，总理军机右参军，军机大参军，军机正参军，大参军，左参军，右参军，礼科参军，吏科参军，户科参军，兵科参军，刑科参军，盐场参军，参议，参谋，行参，承审司，主治，主政，从事，主簿，司务，硝局，兵营官庄，兵营税务，首领等。武职以大经略（原为"扬威大都督"）为首，其下属各级为：大司、大将军、大都督、二都督、四都督、中郎将、大翼长、翼长、监军、冠军、领军、都指挥、指挥、先锋、都统制、统制等。宗教（伊斯兰教）职官有：都掌教、掌教、都掌教典籍等。

作为大理政权高级军事将领的大司，大约在同治二年（1864年）开始设立。大司名号很多，先后担任各种名号大司的人数多达百余人。根据有关资料记载和杜文秀外甥提供的一首六句七言诗，经杜文秀先后委任的大司名号至少有45种。现省去"大司"二字的重复，这45种大司的名号如下：戎、马、征、伐、武、定、营、空、疆、军、旅、镇、勋、平、制、卫、农、衡、寇、阃、藩、靖、徒、成、骑、略、辅、功、令、中、劲、隶、理、胜、招、屯、信、越、垒、律、户、共、和、庸、章。②

（2）人事制度。人事任免，采用委任和保举相结合的办法。《管理军政条例》规定："保举官员须审查才能，酌量功勋。果然堪受此职，方可保举前来"，如有不论才能和功勋而滥行保举者，一经察觉，被保举者罢职，保举官视其滥保官员的多少，给予降级至撤职处分。府、厅、州、县

---

① 中国史学会主编：《中国近代史资料丛刊》，《回民起义》Ⅱ，神州国光出版社1952年版，第107页。
② 吴乾就：《云南回族的历史和现状》（中），《研究集刊》1982年第1期；杨光眉：《杜文秀大理政权职官制度初探》，《云南民族学院学报》1981年第1期；荆德新著《杜文秀起义》，云南民族出版社1991年版，第162—163页。

地方，如文武官员同城镇守，"文则管理刑事，武则管理军务"，如一人镇守，则刑事和军务兼管。文武官员，无论一人独镇一城，或两人同镇一城，都要保举当地公正人士，"饬令管理一切钱粮税课各项银钱，并支销一切公用公费，须每月造册禀报镇守官吏……"实行精兵简政，规定府、厅、州、县各衙门"不须多养闲人"，不准任用猾吏，制定各级官员的奖惩办法。①

（3）财政制度。由中央到地方，设立专门机构和配置专人管理财政，并制定出有关财政收支的报批、监督和赏罚制度。中央财政的管理机构是"银库"和"上府"，规定："府、厅、州、县及各盐井、各军营解来银两，数有若干，先向银库挂号，交入上府。如银库支用，又向上府请领。一年至年终，银库共请领若干，共用出若干，铜钱若干，逐一造册申报元帅。又将一年至年终所收各府、厅、州、县、盐井、军营解来银两若干，银库请领出费用银若干，逐一核算，有无余存，悬榜晓谕，并知会各处。"②银库与上府分工明确，既互相协作，又互相制约和监督，并接受元帅和各级官员的监督。各地镇守官吏不直接管理地方财政，规定"镇守官……每月支用钱文若干，须禀请批示，以便按数支用"③。从中央到地方的财政管理，具有公开性和制度化特点，这是当时较好的财政管理制度。

（4）廉政规定。大理政权要求各级官员须"廉洁自持"，制定出若干较为严厉的规定来惩治各种贪官污吏。这些规定如：凡私吞地方钱粮税课者，视其数量多少，除追缴外，分别给以降级、倍罚并罢职的处分；书吏、差役等人员，如私索民间银钱者，按其数量多少，给以杖罚、追赃、拟绞、拟斩等处分；镇守官如收受贿赂者，视其情节轻重，除追缴外，给以罢职、抄家、拟绞、拟斩等处分；贪污地方钱款者，除追缴外，给以降级、撤差、罢职等处分；地文文武官员，不准与百姓买卖牲畜什物等，不准压市、压价估买，违者，给以降级或拟斩处分；不准文武官员估娶民间

---

① 中国史学会主编：《中国近代史资料丛刊》，《回民起义》II，神州国光出版社1952年版，第111—113页。
② 同上书，第111页。
③ 同上书，第113页。

妇女作妻妾，违者，罢职。①

（5）军队纪律。起义军领导人杜文秀，自始就很重视起义军的纪律问题。咸丰六年八月，在蒙化回民起义军赴援大理时，被推举为黑令官（即军法官）的杜文秀"定行军律例"，并根据该律例的有关规定，对2名临阵逃跑的起义军战士处以死刑，义军纪律"于是肃然，从此无人逃矣"。②咸丰十一年，杜文秀颁布的《管理军政条例》，其中"关于行营执行二十三条"，规定了起义军官兵应遵守的纪律，规范了起义军将士对待和处理有关民族、军民、官兵、上下级之间相互关系的行为准则。如对军民关系有如下明文规定："有拆毁庙宇、扰害民房者，斩"；"兵丁有无故下乡，滋扰良民者从重治罪"；"兵丁有纵放牲口，践踏田间粮食，或事出无意，将牲口充公，人治罪。若系故意纵放牲畜，践踏田禾者，立斩"；"官兵有强买估卖者，从重究惩"；"官兵若有纵放兵丁，沿途拉夫者，立斩"；"官兵若有倚势占奸，强夺民女为妻者，立斩"。③

（6）改革历法、服饰和发型。满洲贵族入主中原以后，为了树立它的权威，在全国范围内强迫各族人民放弃其在历法、服饰、发型等方面的传统习俗，而去接受满族的习俗，因而在许多地方激起了人民群众的强烈反抗。大理政权建立后，就正式宣布"改正朔，蓄全发，易衣冠"。④所谓"改正朔"，就是废除以清朝皇帝年号纪年，实行用甲子纪年；所谓"蓄全发"，就是禁止剃短发（此是清朝统治者强迫人民改行的满族发型），恢复明代民间流行的长发发型；所谓"易衣冠"，就是禁止穿着清朝统治者强制推行的满族服饰，恢复明代民间流行的服饰。"所以表示恢复祖国之意"，⑤具有反清复明性质。大理政权规定，凡民间使用的书册、契约、墓志等一律用甲子纪年，违者严惩不贷。关于改革服饰，大理政权规定："衣冠悉用前明制度"，"有私戴冬大帽、羽缨纬帽、穿长褂者，杀

---

① 中国史学会主编：《中国近代史资料丛刊》，《回民起义》Ⅱ，神州国光出版社1952年版，第112—113页。

② 同上书，第8页。

③ 同上书，第118—119页。

④ 马观政：《滇恒十四年大祸记》，《回民起义》Ⅰ，神州国光出版社1952年版，第29页。

⑤ 同上书，第8页。

勿赦。"① 同治二年（1863年），大理政权文武各官联名禀请杜文秀"进位改制"，杜文秀作批示说：对于"进位"，鉴于时机不成熟，应予谢绝；对于改制，则认为"至衣冠，原有古制……及今改制，尤属合宜"，并表示衣冠改制可从明年（1864年）春节开始实施。② 关于改革发型，咸丰十一年（1861年）义军攻占永昌府城后明令宣布，从明年正月初一日起，人民一律蓄长发，禁止剃短发，并规定每蓄发一人缴银5两，责成专人办理，凡不蓄发者，以反抗论罪。③ 清朝云南当局的文书档案中多称杜文秀起义军为"发逆"，或"长毛贼"，这也是对大理政权认真推行人民蓄全发改革的一个佐证。

第三节　大理政权的经济政策及其实施情况

以杜文秀为首的大理政权，采取一系列政策措施，积极促进社会经济发展，故能在频繁的战争条件下，基本上做到了既保证战争需要，又在一定程度上恢复和发展生产，并使人民群众的生活有所改善。

一　农业经济政策

杜文秀等大理政权的领导人懂得农业的重要性。起义军每攻占一个城池或地区后，首先是关注安定人心、稳定社会秩序，其次是恢复和发展农业生产，为此大理政权采取了以下主要措施：

（1）采取具体办法帮助农民恢复农业生产。如：招民垦荒，以扩大耕地面积；④ 向贫苦农民发放耕牛、籽种；⑤ 使民以时，在农忙季节，不调动军队，以免影响农业生产；⑥ 严禁士兵下乡骚扰，妨碍或破坏农业

---

① 李玉振：《滇事述闻》，见荆德新编《云南回民起义史料》，云南民族出版社1986年版，第196页。
② 杜文秀：《杜文秀令》，《近代史资料》1958年第3期。
③ 张铬斋：《咸同变乱经历记》，《云南回民起义史料》，第89页。
④ 中国史学会主编：《中国近代史资料丛刊》，《回民起义》II，神州国光出版社1952年版，第229页。
⑤ 马观政：《滇恒十四年大祸记》，《回民起义》I，神州国光出版社1952年版，第47页。
⑥ 中国史学会主编：《中国近代史资料丛刊》，《回民起义》II，神州国光出版社1952年版，第286页。

生产;①鼓励农民多积肥，以增加粮食产量。②

（2）减轻农民负担。大理政权建立之初，就正式宣布："田赋征粮米，除丁银。"③清代农民负担的赋税，包括公粮（即田租）和口粮（即人头税，又称丁银）两部分，故又称为地丁银，此外，还有随粮科派的所谓"公件银两"（作为地方应办公事和官吏的"养廉"之用）、"厘谷"等苛捐杂税。大理政权废除"公粮"外的各种苛捐杂税，这就大大地减轻了农民的负担。据记载，各地农民的公粮负担如下：在剑川，田分上、中、下三等，每亩缴公粮分别为5升、4升和3升；④在浪穹，田分上、中、下、下下四等，每亩纳粮分别为5升、4升、3升和1.5升；⑤在保山，田分三等，每亩纳粮分别为270斤、202.5斤和135斤。⑥各地农民缴纳公粮的数量不尽相同，有较轻和较重之分，但总的说来，比起在清政府统治下的负担还是轻得多了。减轻农民负担，还表现在对农民征派夫役数量的严格控制上。《管理军政条例》明文规定："带兵官沿途需用夫役，带兵一百名，准其用夫二十名；每千名，准其用夫二百名"，即把军队行军时用夫数量控制在军队人数的20%，如违反规定，"多用至十名或二十名"，一经发现，"统带官降一级，其余军官罢职，兵丁首恶者拟斩"。⑦大司空李国纶于同治五年（1866年）奉命进驻腾越后，为了减轻农民负担，"酌定应需夫役数……其余大小苛敛一律豁免"。⑧

（3）兴修水利。杜文秀重视水利建设，亲自提倡农民防洪挖沟。那时候黑龙桥的河道很弯曲，在杜文秀手上改直，减少了灾害。⑨大理政权

---

① 中国史学会主编：《中国近代史资料丛刊》，《回民起义》II，神州国光出版社1952年版，第119页。
② 中国少数民族社会历史调查资料丛刊《云南回族社会历史调查》（二），云南民族出版社1986年版，第115页。
③ 马观政：《滇恒十四年大祸记》，《回民起义》I，神州国光出版社1952年版，第29页。
④ 《云南回族社会历史调查》（一），云南人民出版社1985年版，第114页。
⑤ 同上书，第195页。
⑥ 吴乾就：《云南回族的历史和现状》，载云南省历史研究所《研究集刊》1982年第2期，第194页。
⑦ 中国史学会主编《中国近代史资料丛刊》，《回民起义》II，神州国光出版社1952年版，第117页。
⑧ 同上书，第229页。
⑨ 吴乾就：《云南回族的历史和现状》，载云南省历史研究所《研究集刊》1982年第2期，第226页。

的各地军政官员也都较重视水利建设。在龙尾关（今下关），义军组织人民修水渠，引苍山斜阳峰下的鸦舌箐水北上灌田，使下关以西约二万亩干旱农田受益。在永北，镇守该地将领前凝大将军虎应龙，领导永北南路寄官等村的农民群众，经一年多时间，开挖十余里长的山洞，从期纳引水来灌溉当地十八村的耕田。山洞开通后，由于进水一面低于出水一面，引水未成。正当兴工改造之时，虎应龙奉调离永北而使该项工程中断。引水虽未实现，但是当地人民群众并没有忘记虎应龙领导人民兴修水利的德政。① 大司衡杨荣在驻防宾川时，曾派人勘测引大厂水入古底，沟道已测定，将要开工，后因他调离宾川而未果。②

二 手工业和矿业政策

手工业和矿业是迤西传统的重要产业。大理政权建立后，为了解决军费来源，重视发展手工业和矿业。"那时大理城内外的人民，不论汉回，多从事手工业和商业，作为他们的主要谋生手段"。③ 通过对缅贸易，每年从缅甸进口大宗棉花，使迤西纺织业由于获得充足原料而得到长足发展。为了扶持纺织业的发展，大理政权还采取了加强技术指导和给予免税的优惠政策。当时大理建立了纺织坊，杜文秀从保山金鸡村请来织布技师张伊缄来大理教人民织布。④ 在商税方面，除了每驮货物征商税银七两外，"就没有任何征派，以至今日大理城的老人，不论回、汉，谈起来都不知道在杜文秀统治时期有什么负担"。⑤ 至于在农村，"耕种的，开矿的，各自照常营业，不感觉赋税的烦苛。"⑥

迤西拥有食盐、白银、石磺等丰富的矿产资源。大理政权重视发展矿业，在盐、银、铜、石磺等矿业原有基础上又加以进一步的发展。据记载，1873年以前，在今大理州范围内（当时为大理政权辖区的一部分）

---

① 中国史学会主编：《中国近代史资料丛刊》，《回民起义》II，神州国光出版社1952年版，第92—93页。

② 《云南回族社会历史调查》（二），云南人民出版社1985年版，第115页。

③ 吴乾就：《云南回族的历史和现状》，载云南省历史研究所《研究集刊》1982年第2期，第187页。

④ 同上书，第187—188页。

⑤ 同上书，第192页。

⑥ ［法］罗舍著、李耀商译：《云南回民革命见闻秘记》，牛街清真书报社印，第23页。

开矿业较发达，有乔后盐矿、漾濞小庄银厂、柏木铺铜厂、马厂无鼠银厂、永平马沙坝铜碛洞、云龙白羊厂银矿、鹤庆白银厂、凤仪（赵州）石磺厂等①。大理政权建立后不久，杜文秀即派其胞兄、龙韬大都督杨占鹏率部驻防浪穹乔后盐井，其任务是"售盐征课，以济军饷"。杨进驻盐井后，将厂区改造为南北两城，"南城为场署衙门，以居文武官员，售盐征课，并驻军队，以资保护。北城设八十灶房，以八十灶户移居于内，而为煎取盐筒之所，并设伪都督府于其中。"② 杨占鹏苦心经营乔后井期间，该井年均产盐12万担左右，年征税课银约18万两，③ 为大理政权筹措军饷作出了重要贡献。盐井税课向来是云南地方政府重要的财政收入之一，在咸同年间，杜文秀起义军与清军为了争夺迤西盐井的控制权，曾多次展开了激烈的拉锯战，盐井几易其手。咸丰十一年（1860年）十二月，义军攻克禄丰县城及黑、琅、元、永各盐井后，"设伪职，率匪踞之，胁降灶户，广招客商，煎盐抽课，为足用计"。④ 大理政权在云龙州开设白牛厂银矿，杜文秀还经常请这个厂的厂长去大理商议军国大事。⑤

三　商业与对外贸易政策

回族向来有善于经商的历史传统。在清代，云南交通沿线和其他商品经济较为发达地区的回族农民，半农半商的情况是比较普遍的，有不少回族商人还常年从事于对缅甸、印度、越南等国的贸易。大理政权成立后，在频繁战争的环境下，为了增加财政收入和筹措军饷，大理政权始终重视发展商业和对缅贸易。事实上"由于商业的繁荣，税收很旺，加上和缅甸通商的盈利，这二者成为杜文秀的财政收入的主要项目"。⑥ 当时滇川和滇缅间的商贸活动得到恢复和进一步的发展。与四川的商业往来，输入的货物主要是棉花、丝绸、药材、瓷器等，输出货物主要是茶叶、食盐等。同缅甸贸易，出口商品主要有粉丝、碗、盆、石磺等，进口商品主要

---

① 《云南回族社会历史调查》（二），云南人民出版社1985年版，第3页。
② 同上书，第106页。
③ 詹承绪：《杜文秀政权经营时期的乔后盐井》，《民族与现代化》1987年第4期。
④ （清）岑毓英、陈灿纂修：《云南通志》（光绪）卷一〇九，中州古籍出版社1985年版，第22页。
⑤ 云南省历史研究所：《研究集刊》1982年第2期，第227页。
⑥ 同上书，第192页。

有棉花、缅刀、英国毛呢等。此外，与西藏的商业往来也有一定程度的发展，从云南运往西藏的商品有茶叶、棉货、大米、蔗糖、铁器等，从西藏运入云南的商品主要有药材、羊绒、皮货等。为了扶持和推动商业以及对缅贸易的发展，大理政权的做法如下：

（1）实行轻微的商贸税收政策。为了招徕商人前来经商，大理政权实行很轻的税收政策，对川商运来的药材、丝绸和其他商品，规定每驮货物纳税七两银子后，即可通行各地，不再上税。① 对从缅甸进口的棉花，海关收"十分值之三"的税收，而从西藏运来的药材、皮毛等商品，其税率仅为十分之一。②

（2）大力保护滇川和滇缅两条通商道路的安全畅通。云南洱海地区和四川的商业联系，自古以来就比较密切。大理政权建立后，川商畏惧不来，杜文秀发布命令，鼓励川商前来经商，并派军队在重要交通关口进行保护，如果大理政权辖区内发生商人货物因被劫而受损失，则由大理政权负责给予赔偿，"结果川商陆续进来，后来的人更多了"。③ 滇西和缅甸之间频繁的商贸活动，由来已久，在大理政权建立后的一段时间里，由于受到连绵不断的战争的影响，曾经一度中断。这种不正常的状况，对大理政权或缅甸政府方面来说都不利，双方出于对经济利益的考虑，都迫切希望尽快恢复并发展相互之间正常的贸易往来。同治二年（1863年），镇守腾越的大理政权著名将领、大司平马兴堂"以连年兵争，民穷财尽，募饷无由，非疏通缅甸商务、引外国资金输入不可。乃遣使与（李）珍国通好，结停战通商规约，各安疆界，不相侵犯"。从此，滇缅商务得以恢复，但8个月以后，由于马兴堂的货驮被劫，而经李珍国饬查又无结果，于是上述"规约"被中止执行。④ 此后直至大理政权失败为止的十多年内，滇缅之间的商贸往来基本上处于时断时续的状态。

（3）"为商者，建行店以安之"。⑤ 为了促进大理城商业的兴旺发达，杜文秀把从南门外至五里桥一带辟为商业区，盖了大量商行，供川商和外

---

① 《云南回族社会历史调查》（一），云南人民出版社1985年版，第111页。
② 荆德新：《杜文秀起义》，云南民族出版社1991年版，第196—197页。
③ 《云南回族社会历史调查》（一），云南人民出版社1985年版，第111页。
④ 中国史学会主编：《中国近代史资料丛刊》，《回民起义》II，神州国光出版社1952年版，第227页。
⑤ 马观政：《滇恒十四年大祸记》，《回民起义》I，神州国光出版社1952年版，第61页。

商使用，并令四川籍商人蒋正发负责管理。"对商人招待特别周到，使各地来的商人都有住处。印度和缅甸的商人来大理是从杜文秀开始的"。①

（4）直接参与商贸活动。大理政权除了大力提倡、鼓励和扶持商贸活动以外，还直接参与商贸活动，这主要表现在经营棉花、石磺等商品进出口贸易与开办商号两方面。因为缅甸产的棉花，每年要向云南输入相当大的数量，而云南迤西盛产的石磺，每年也要大量输出到缅甸，经营这两种商品的进出口贸易可以获得丰厚利润，因此大理政权积极地参与了这两种商品的经贸活动。滇西赵州、蒙化等地盛产石磺，石磺是颜料、药品等的主要原料，每年都有相当数量向缅甸出口，经营者得利颇丰，后杜文秀将其"收归国营。土人采得石黄（磺）一驮，给工银一两，运至缅甸，换得一驮棉花，即可值银六七十两，约有五十倍以上之利息，为军需国用所从出焉"。② 大理政权为了经营棉花生意，在保山、腾越和缅甸瓦城（曼德勒）等城市都开有花纱店。在缅甸瓦城开办的"元兴"和"元发"两个棉花商号，在"瓦城第二十九条街，规模很大，帮助经营的回人不少"，杜文秀的妹妹小老娘赴缅后亲自经营该商号。③ 同治十二年（1873年），云南巡抚岑毓英派人前往瓦城查封上述两个商号，结果查明这两家商号全部财产共合银三四万两，便以所谓"叛逆财产"的罪名将其全部没收。实际上，这两个商号的财产当不止此数，其中不少部分肯定已被有关管理和查封人员中饱私囊。④ 大理政权经营与缅甸贸易的规模是相当大的，这可以从以下一个实例得到证明。同治七年（1868年）二月，汉练王正开、王诚兄弟攻破镇安所后，"获回商货驮骡马千余头"。⑤

大理政权重视发展社会经济的政策，取得了良好的社会经济效果，主要表现在三个方面：首先是恢复并发展了社会生产，使大理城在迤西不仅成为政治中心，而且也是经济发展中心，"当时大理有一万多户（人口），九街十八巷处处热闹，南门外还盖了大量商行，供川商和外商用。城内多

---

① 云南省历史研究所：《研究集刊》1982年第2期，第227页。
② 何慧青：《杜文秀建国十八年之始末》，中国回教救国协会云南省分会编印，云南省社会科学院图书馆藏，第42页。
③ 《云南回族社会历史调查》（一），云南人民出版社1985年版，第136—137页。
④ （清）岑毓英：《岑襄勤公奏稿》，光绪二十三年武昌督粮署刻本卷九，第28页。
⑤ 中国史学会主编：《中国近代史资料丛刊》，《回民起义》Ⅱ，神州国光出版社1952年版，第230页。

数回族和部分汉族都从事商业、纺织等业，当时商业是很旺盛的"。① 其次，农业、手工业和矿业的发展和对缅贸易的繁荣，使大理政权的财政收入和军事开支有了保障。最后，在频繁的战争环境下，仍然使人民群众的生活有所改善，受到了人民群众的普遍赞扬，他们说："杜文秀对商业很注意，通商的地区是边疆和缅甸……由于对外通商增加人民的收入，所以时有'白旗手上生活好'的说法。"② 由于大理地区的手工纺织业十分发达，所以纺织工人的生活也是比较富裕的。根据调查材料统计，当时一个自纺自织的工人的日均工资约为 93 文铜钱，一个纺纱工人的日均工资约为 35 文铜钱，以当时市场物价（大米每斤 4 文多，小麦每斤 3 文多，筒盐每斤 15 文，红糖每斤 16 文）③ 来衡量，他们的生活水平是可观的。由于在农村实行扶持农业和轻徭薄赋政策，使农民在生产和生活上得到了较大的发展和改善，因此，农民群众对大理政权是很感激的，他们赞扬说，那时钱文好找，五谷丰登……那时是财神下凡，对农民只收粮，不收银钱，正税外无附加，无苛派……故老百姓说，杜文秀的政治好！④

第四节　起义军东征与大理政权的失败

一　起义军东征

从同治六年至八年（1867—1869 年），起义军在击退清军大规模的军事进攻后，顺理成章地将自卫反击战转变为进攻战，发动了以夺取昆明，推翻清朝在云南的统治为目标的东征战役。

同治二年（1863 年），劳崇光被任命为云贵总督后，极力主张"以回攻回"，企图以军事围剿来消灭大理政权及其起义军，但是，由于云南"地方残破，饷糈难筹"而心有余力不足。

同治五年（1866 年）八月，当四川协滇饷银四万两解到昆明后，劳崇光立即拨三万两给署理云南提督马如龙作为"西征"军费，令他马上着手进行讨伐杜文秀起义军的准备工作。经一番精心策划后，清军分三路

---

① 《云南回族社会历史调查》（一），云南人民出版社 1985 年版，第 111 页。
② 云南省历史研究所：《研究集刊》1982 年第 2 期，第 227 页。
③ 同上书，第 189、226 页。
④ 同上书，第 93、227 页。

对义军展开进攻：以中路军为主力，分两支向西推进，一支从楚雄出发进攻镇南州和赵州，另一支从大姚进攻宾川州，共同目标是夺取大理；南路军，从景东、普洱进攻蒙化、威远、云州、缅宁；北路军从四川会理攻取永北。南北两路为偏师，其任务是配合中路军的攻势。以上三路清军于同治五年底分头开拔。作为总指挥的马如龙，亲自率领约9000兵练于同治六年正月离昆明西上。但马如龙出师不利，当他行军至禄丰时，就得到总督劳崇光病死的消息。在震惊之余，马如龙深感进退两难。为了稳住军心，马如龙暂驻禄丰，以静观事态的发展，同时命令前线部将杨振鹏、李维述、杨先芝、合国安等"速即带兵扎营，以堵为剿"；令候补游击张御鹤率领1000名兵勇回省城驻防。① 三月，马如龙移驻定远，于定远、楚雄一带往来指挥策应。在起义军的猛烈反击下，清军纷纷溃败，杨振鹏部首先失利于宾川，既而，杨先芝、合国安部退守大姚，李维述部被迫自镇南撤回楚雄。五月，鉴于败局已定，马如龙遂命李维述留守楚雄，他本人以"积劳成疾，暂行回省就医"为幌子，灰溜溜地回到昆明。不到半年时间，劳崇光、马如龙之流的所谓"西征"就这样以失败而告终。

起义军击退清军的进攻后，一方面出于乘胜追击敌军的需要，另一方面也由于得到马如龙部回族将领合国安、杨振鹏等传来"省城空虚""愿作义军攻打省城内应"等信息，于是，遂有"攻省城之志矣"。② 在义军发起攻势之初，杜文秀先后发布了《帅府布告》、《誓师文》和《兴师檄文》等文告，阐明起义军东征的目的、军纪和有关政策。关于义军东征的目的，文告中指出："此次出师，纯为满人夺我中夏，主政二百余年，视人民为牛马，以性命如草木，伤我同胞，灭我回族，是以用彰天讨，罪有应得"，"收复全滇，除残暴以安良善"。规定起义军要严守以下纪律："戒勿滥杀"，"战胜攻取之际，毋肆掳掠，毋贪财货，毋凌妇女"。宣布对清朝军政人员实行区别对待的政策，即："遇官吏顽梗不服者，杀之。良善被挟者，抚之。诸恶元凶，法所必诛，严加惩办，理宜不赦"，"凡尔城乡绅耆，远近士民……或率众而来归，或开门而效顺，定当量才而录

---

① 马观政：《滇恒十四年大祸记》，《回民起义》Ⅰ，神州国光出版社1952年版，第413页。
② （清）岑毓英、陈灿纂修：《云南通志》（光绪）卷一一一，中州古籍出版社1985年版，第40页。

用,不别户而分门。"①

起义军攻势凌厉,势如破竹。同治六年(1867年)六月,杨荣等攻克定远,七月马国春、李芳园等占领大姚,刘诚、刘纲、马清等自镇南东下,以上三支起义军,联合围攻楚雄府城。起义军对楚雄的围攻由于受到清军李维述部的顽强抵抗而一时难以攻下,遂临时调整作战部署,除以马国春等部继续包围楚雄外,其他各部则绕到楚雄后路,截断清军退路。刘诚等部继攻下黑、元、永、琅等盐井后,又拿下广通和禄丰县,控制了昆明的西路。杨荣等部连克元谋、武定、禄劝和罗次等州县,扼住了昆明的北路。至此,楚雄已陷于孤立无援境地,终于在当年冬月二十一日(公历12月16日)被义军攻占,李维述诈降,后逃回昆明。

义军攻克楚雄后,立即以三路向昆明挺进:一路由杨荣、米映山、马旭等指挥,于同治七年(1868年)正月下旬攻占富民后,进入省坝,驻扎于省城西北郊的团山、大普吉、梨烟村、夏家窑一带;一路由刘诚、刘纲、马清等指挥,在占领安宁后,于同年正月二十九日攻占碧鸡关,进驻省城西郊的高峣、梁家河、普坪村等地;一路由马国春、安文义等指挥,于同年二月,先后攻克易门、晋宁、昆阳后进入昆明附近,驻扎在南门外的万寿宫(即江右馆)一带。至此,起义军队从西、北、南三面完成了对昆明的军事包围。

杜文秀重视此次东征战役,把它看作与清军的一次重大战略决战,因此派遣了13位大司参与指挥,投入了义军大部分精锐力量参战。关于这次东征义军人数,有关文献记载说是二十余万,号称四十余万,但实际上是十多万,因杜文秀在东征开始后发布的《帅府布告》中曾说:"今统十万之众,假以北(东)伐。"② 杜文秀任命大司戎马国春和大司藩安文义为东征大军的正副总指挥,总指挥部设于昆明东南郊的江右馆。义军包围昆明之初,驻防昆明的清军实力十分薄弱,仅有马如龙所部的1.5万人,③ 并且清军中的不少回族将领纷纷倒戈,投向义军,如署鹤丽镇总兵杨振鹏与武进士田庆余相约,献出昆阳和新兴二州城,参将马天顺引义军

---

① 中国史学会主编:《中国近代史资料丛刊》,《回民起义》II,神州国光出版社1952年版,第123—132页。
② 同上书,第123页。
③ 同上书,第383页。

占领嵩明、寻甸两州城，守备张元林投诚后献出澄江府城。可见，当时形势对义军十分有利。马如龙为了安定军心，稳住阵脚，毫不手软地将准备向义军投诚的部将合国安、马元龙等人处死，这才基本遏住了其部属"朝出队，暮反旗"的危局。① 义军包围昆明后，虽然形势有利于己而不利于敌人，但是由于受到死心塌地地效忠于清政府的马如龙的顽抗，长期未能攻下昆明城。

义军东征之役，由包围省城昆明和争夺迤东粮道这样两个战场组成。但是，由于义军久攻昆明不克，双方在昆明城下长期处于对峙局面。为了打破僵局，争取主动，双方都把精锐部队投入争夺迤东粮道的战斗。对于清朝云南地方政权来说，从昆明到曲靖尔后出省的这条交通大道，是它同中央政府保持联系并获得粮饷、武器弹药供应和财政支持的必经之路，能否保得住，关系着它的生死存亡，因此，势在必得，决心不惜任何代价地为保住这条生命线而斗争。而对于起义军来讲，如果不能夺取这条交通大动脉，从而截断清军与中央政府的一切联系，也就不可能取得夺取省城昆明的胜利，因此也必然要竭尽全力地去夺取它。

从同治三年起，岑毓英所部就一直驻守在迤东重镇曲靖，拥兵自重，这是清朝云南地方军中最大的一支主力部队，约有3万人。同治七年（1868年），岑毓英奉命率部西上作战，其主要任务是保持昆明至曲靖的粮道畅通无阻，曲靖防务则交由新任云贵总督刘岳昭所部接管。刚从贵州调防云南的刘岳昭率领的这支有五千多人的湘军，多年来与太平军和贵州苗族起义军作战，是清军中一支战斗力较强、装备较好的部队。刘岳昭进驻曲靖后，又从贵州添募五营练勇约三千人，进一步增强了在他指挥下的清军的战斗力。以上就是清军在迤东交通大道沿线的布防情况。起义军这方面，在完成对昆明的包围后不久，又占领了嵩明和寻甸二州城。嵩、寻二州地处昆明和曲靖之间，既是省城东面的屏障，又是迤东大道的西段，战略地位十分重要。鉴于此，杜文秀任命其女蔡杜氏（扬威大都督蔡廷栋之妻）为监军，并令大司寇李芳园和大司平马兴堂辅助，"分带土著回众及被胁汉民共三万余人，同守嵩明州城"。② 寻甸州城则由大司理马天顺、大司成马文成等部驻守，所部约在万人左右。驻防嵩、寻的义军和清

---

① 马观政：《滇恒十四年大祸记》，《回民起义》I，神州国光出版社1952年版，第286页。
② 《钦定平定云南回匪方略》卷三十八，神州国光出版社1952年版，第7页。

军之间为争夺迤东粮道，展开了尖锐复杂的争夺战。为了加强迤东战线，扬威大都督蔡廷栋、大司衡杨荣、大司卫姚得胜等部义军，曾多次参加了争夺杨林、大板桥等迤东粮道重要据点的战役。同年二月，清廷任命原云南巡抚刘岳昭为云贵总督，原云南布政使岑毓英为云南巡抚，并责成刘、岑直接指挥保卫省东粮道的军事。在清廷严令催促下，岑毓英率所部赴援省城，其部驻防于杨林、大板桥、邑市等战略要地，他本人则率部出宜良汤池进驻七甸。二月中旬，岑部攻占小板桥、官渡，截断了东征义军大本营江右馆与呈贡间的联系。下旬，义军为了夺回小板桥，由马国春、杨荣、马旭、刘诚等部向清军发起反攻，但反攻失利，马旭阵亡。接着，岑毓英又陷金马市、古亭庵、牛场坝、小大黑土凹，打通了省东粮道。三月，义军李芳园、蔡廷栋、马得才等部自嵩明、寻甸前来攻杨林，另一支义军从官渡前来支援，但始终未能攻下杨林。闰四月上旬，岑毓英部又陷石虎岗，控制了由宜良、呈贡到昆明的要道，四个月后，清军又连陷呈贡和晋宁，打通了滇南赴省城的交通线。十月十四日（11月27日），大司治张元林以澄江降清军，同月，岑毓英进驻昆明。

　　刘岳昭所部在省东一带的作战，不如岑毓英部那样顺利，其原因有二。一是初到云南，地理环境不熟悉；二是其军饷系四川拨指，而川督崇实与刘岳昭不和，他攻击刘岳昭"巧取四川之军饷，而欲拥兵自卫，以与滇练争雄"。[①] 故往往不按时解送军饷。七月，刘部进攻寻甸，但久攻不克。十一月，四川候补道刘岳曙（刘岳昭之兄）奉命率果后营后军2800名由黔抵曲靖后，归刘岳昭调遣。刘岳昭当即命刘岳曙赴援寻甸。刘岳昭亲往寻甸州城附近的凤梧山坐镇指挥，指挥清军与义军在果马、塘子一带展开激战。是月下旬，杨荣、马兴堂等率义军万余来援，大败清军于寻甸城外，刘岳昭逃回曲靖。刘岳昭的寻甸之败，对清军的打击是沉重的，岑毓英认为"此次寻甸失利，贼匪分窜马龙、沾益、邑市等处，全局几至动摇"。刘岳昭因此受到清廷"革职留任处分"[②]。

　　同治八年（1869年）二月，杨荣、姚得胜等率嵩、寻得胜之师万人反攻杨林清军，一举攻克杨林，一度截断省东粮路。义军乘胜追击，猛攻

[①] 马观政：《滇恒十四年大祸记》，《回民起义》Ⅰ，神州国光出版社1952年版，第439页。
[②] （清）岑毓英、陈灿纂修：《云南通志》（光绪）卷一一一，中州古籍出版社1985年版，第30页。

大板桥，又分兵攻克十里铺、小偏桥、羊方凹、牛街庄、兴福寺等据点，前锋距义军大本营江右馆仅六七里。①此后的三个月，双方激战于小偏桥、十里铺一带。四月下旬，清军攻下萧家山、十里铺、长坡、小偏桥等地，接着又夺回杨林。清军攻陷杨林后，杨玉科和岑毓英所部又会攻嵩明。嵩明是义军在省东最强大的战略据点，有3万余重兵驻防。在敌军围困下，"城中粮尽，火药亦罄。芳园度不能支，乃讽蔡杜氏曰：'事危矣，非降不能得生，非挟汝为质，彼不吾信，莫若姑降，俟有机会图之未晚'。氏允诺"。②五月初四，李芳园和马兴堂挟蔡杜氏率众降清军，嵩明遂失。寻甸孤立无援，初九日，义军守将马天顺献城降清军。蔡杜氏等被解送昆明后不久，李芳园被杀，蔡杜氏交马如龙看管，后亦被杀，马兴堂被安置于杨玉科营效力。嵩、寻的丧失，标志着争夺省东粮道的战斗以义军的失败而结束，清军因此得以集中兵力，加强昆明地区的攻防力量，从而使义军围省部队由于孤立无援而陷于不利地位。

义军围省大军总指挥马国春于同治八年（1869年）春夏间因染疾病故后，杜文秀委其婿蔡廷栋为统制，指挥昆明地区军事。截至是年八月，清军已先后攻占富民、禄劝、罗次、武定、元谋、易门、广通等州县，截断了昆明地区起义军的后路。在此危急关头，大司疆段成功因向蔡廷栋、安文义借粮被拒而降敌泄愤，于八月十三日率所部五千多人投降岑毓英，向敌人交出了西岳庙、双龙桥、南坝、玉皇阁等二十多处义军据点。③"一柱偶折，全厦皆倾"，段成功的叛变投敌，使昆明近郊二百余座义军营垒全线瓦解。十四日，岑毓英、马如龙联合攻下江右馆，蔡廷栋与安文义退守棉花行。在马如龙软硬兼施下，蔡廷栋缚安文义投降马如龙。是日夜，马村起义军突围，前往西郊的土堆集中，继续坚持战斗。土堆是义军在昆明城郊的最后一个据点。清军集中优势兵力对土堆发动猛烈进攻，受到了义军将士的顽强抵抗。经过近三个月的激烈战斗，终因寡不敌众，土堆失守，义军将士全部壮烈牺牲。

---

① （清）岑毓英、陈灿纂修：《云南通志》（光绪）卷———，中州古籍出版社1985年版，第41—42页。

② （清）岑毓英、陈灿纂修：《云南通志》（光绪）卷——二，中州古籍出版社1985年版，第41页。

③ （清）岑毓英、陈灿纂修：《云南通志》（光绪）卷———，中州古籍出版社1985年版，第41页。

东征战役历时近两年，其间包围省城昆明达一年零十个月之久，曾一度对清王朝在云南的统治造成严重威胁。然而，这次战役最终以起义军的失败而结束。究其失败原因，有主客观两个方面。就客观原因来看，主要是太平天国革命被清政府镇压下去以后，全国处于革命低潮，清朝中央政府已有可能加强它在云南的经济和军事力量，从而使双方力量对比发生了有利于清军而不利于起义军的变化，这是导致义军东征失败的主要原因。从主观原因来说，主要有两方面：其一，发起东征战役的时机选择不当。在太平天国失败后全国革命形势处于低潮的情况下发动东征战役，显然不合时宜，这是由于杜文秀不能正确估计形势而导致的结果。其二，任用东征大军统帅人员不当。杜文秀既不愿赴前线指挥军事，又不能按照"任人唯贤"的原则任命东征大军的领导人，因囿于内部派系成见和种族偏见，不愿和不敢任命堪任统帅重任的杨荣或李芳园等人，而是先后任用战绩平平、声望一般的马国春、蔡廷栋为东征军总指挥，任用他的女儿蔡杜氏为驻防嵩明的"监军"。

起义军东征的失败，是大理政权从兴盛到衰落的重大历史转折。由于10余万东征大军的几近全军覆没，生还者仅十分之一，[①]这就严重削弱了大理政权赖以生存和发展的军事实力，从此，形势急转直下，起义军被迫从战略进攻转入战略防御。

二 大理政权的对外关系与刘道衡"使英"

自19世纪60年代起，英国和法国就分别把缅甸和越南作为侵略我国的跳板，企图首先进入云南并取得侵略特权后，再把它的侵略魔爪伸到我国整个西南地区。同治七年（1868年），英法两国分别派遣"代表团"或"探险队"到云南进行活动，并同大理政权有所接触。所谓大理政权的对外关系，就是指大理政权在这年同英法两国的首次也是仅有的一次接触。

同治五年，法国人组织了一个探险队，拟对从澜沧江下游湄公河通航云南的可行性进行探查，以为尔后侵略云南作准备。该队从西贡出发，经柬埔寨、老挝进入云南西双版纳，再经思茅、他郎（今墨江）、临安（今建水）到昆明，最后在同治七年二月到达大理。探险队进入云南后，沿

[①] 张本元：《杜文秀传略》，《孟晋》民国十三年（1924年）十一月一日创刊号。

途受到当地政府官吏的殷勤招待，或送赠款，或借路费，或开给放行路条。但是，在它到达大理后却受到了大理政权的冷遇。杜文秀指责该探险队在云南探查道路、测量地形、绘制地图是别有用心，目的是为侵略云南作准备。因此，杜文秀拒绝接见该队代理队长安邺，并下令立即把安邺一行驱逐出境。① 后来，安邺供称："安邺先生被叛党首领接待极坏，只好匆促离开叛党的都城大理，遭受极大危险。"②

此后，法国政府更加对大理政权采取敌视态度。同治八年至十二年（1869—1873年），在法国政府支持下，法国军火商堵布益曾三次运军火给岑毓英和马如龙，并帮助岑毓英在昆明建立3个小型兵工厂，派遣法国军士2人为云南清军教习开花炮队。③

同治七年（1868年），被认为是"当代最大胆的旅行家"的英国人顾巴，从上海溯长江而上进入云南，为英国商品打入云南市场的可能性进行考察。当他从维西进入大理时，因在鹤庆杜浪村受阻而未能如愿。同年四月，英国人斯来顿率领一个代表团，在得到腾越大理政权军政主要领导人、大司空李国纶的允许后，从缅甸进入腾越，与李国纶进行关于恢复滇缅贸易的谈判。在大理政权建立初期，从滇缅贸易获得的丰厚利润，成了大理政权财政收入的主要来源之一。而缅甸方面通过对云南大量输出棉花，获益匪浅。但后来因受到腾越民团首领李珍国等部的极力破坏和阻挠，致使滇缅贸易陷于停顿，给大理政权和缅甸双方均造成重大经济损失。现在英缅政府派团前来进行恢复滇缅贸易谈判，符合双方的利益，当然会受到大理政权的欢迎。双方在腾越会谈的结果是，一致达成恢复滇缅贸易的原则协议。但因永昌民团首领王正开、王诚兄弟在上年四月已攻占潞江坝，隔断了腾越和永昌间的交通联系，致使上述协议未能付诸实施。④ 斯来顿一行在腾越待了近两个月后返回缅甸。

大理政权在同英、法的接触中，同意进行平等互利的贸易往来，但在政治上保持了警惕性，不给侵略者以任何可乘之机，维护了祖国的尊严和

---

① 田汝康：《有关杜文秀对外关系的几个问题》，《历史研究》1963年第4期。
② ［法］安邺：《东京问题》，中国史学会主编《中法战争》第1册，上海人民出版社1953年版，第412页。
③ 参见吴乾就《关于杜文秀的评价问题》，《学术研究》（云南）1961年创刊号。
④ 黄嘉谟：《滇西回民政权的联英外交》，台北"中央研究院近代史研究所"编印、发行，1976年版，第113页。

主权。

　　我们在谈及大理政权的对外关系时，不可不涉及刘道衡"出使"英国的问题。因为，这个问题现在已成为评价大理政权对外关系得失和杜文秀历史功过的一个重要因素。刘道衡，字济卿，经名哈桑，回族，云南文山人。幼年因世变弃学，放浪流离15年，后以姻戚关系，"父事扶风氏"。① 大约在大理政权东征战役后，刘道衡归诚杜文秀。同治九年（1870年），刘道衡上书杜文秀，建议派使者赴英法求援，"请大英、大法二大国速灭清朝以定中华……安心永为二大国不侵不叛之臣，而更为之效死"。他毛遂自荐地请求杜文秀"假衡（按即刘道衡）以尺寸之书，专衡以远使之任"。对以上刘道衡的建议，杜文秀既不加以批驳，也不表示采纳，而只是大加赞扬其文采，批示说："宏阔横肆，雄快精确，浩浩荡荡，四千余言。读之令人色动神扬，有吞吐乾坤之想，洵足古文好手，乱世奇才，书生俗儒，那（哪）能办此。"② 对事关主权的大是大非问题，杜文秀竟作了以上含糊其词的批示，这不能不说是他在政治上的一个失误。

　　同治十年（1871年）九月，腾越乌索义军将领柳铁三背着大司空李国纶等，派遣由他的岳父马似龙和刘道衡二人组成的回民代表团去缅甸活动，目的是请求英国帮助打通从缅甸至腾越乌索的通商道路，但遭到英方的拒绝。失败后，马似龙返回腾越，刘道衡则继续留在缅甸活动。不久，刘道衡的赴英求援计划获得英缅、英印殖民当局的支持，遂组成了以他为首的8人赴英"使团"。他自称是杜文秀的"义子"，英国人则称他为"哈桑亲王"。英缅政府之所以极力支持刘道衡"使英"，乃是由于当时"缅王曼同坚持派遣使团赴英问题激怒了英缅政府，刘道衡的'使英'计划突然变成了英缅政府抵制曼同的一种手法"。③

　　刘道衡一行在两名英印政府官员的陪同下，于同治十一年四月

---

　　① 一般认为，"扶风氏"系指马如龙，但田汝康先生认为是指"腾越乌索寨的柳映苍（即柳铁三）"。详见田汝康《杜文秀对外关系以及刘道衡"使英"问题的研究》，载云南民族研究所编《民族学报》1981年第1期。

　　② 中国史学会主编：《中国近代史资料丛刊》，《回民起义》Ⅱ，神州国光出版社1952年版，第169—171页。

　　③ 田汝康：《杜文秀对外关系以及刘道衡"使英"问题的研究》，载云南民族研究所编《民族学报》1981年第1期。

(1872年5月)抵达伦敦。刘等先后向英国印度事务部政务次官凯约翰递交了《上英王表》和两封刘道衡的亲笔信，并献四箱大理石[①]。《上英王表》说："臣等深慕大德，远献愚忠。如蒙俯纳，遣发飞龙之师，愿效前驱，襄成逐鹿之志。"[②] 乞求英国出兵援助大理政权抗清。刘道衡又在信中补充说，"若贵国不肯发兵到中华……目下只须贵国派一二能员贵官，由阿瓦暗地进入大理，会我父亲，看我情形，若大理可以共图大事，只须暗地助我枪炮，助我银钱"，并恬不知耻地强调说明所献四箱大理石含有"献土称臣"的意义。[③] 印度事务部乃至英国政府，对刘道衡一行一开始就不感兴趣，"理由虽然说是要遵守条约，不愿意搞坏与清政府的关系。实际上是当时伦敦政府对云南的情况一无所知"。[④] 因此，印度事务部的态度是设法卸掉刘道衡这个包袱，尽快把他打发走。它给刘道衡"使团"两件复函：一件是对《上英王表》的答复，指出对于请英出兵援助问题，"因事极严重……且英国现与中国皇帝友好，更不容破坏此项友谊的神圣性"，表示拒绝；另一件是表示英国不同意派官员赴大理进行观察，并指出对所献带有政治意义的四箱大理石，"英政府实在不能接受，必须予以辞退"。[⑤] 至此，在未经杜文秀授权的情况下，刘道衡在伦敦"献土称臣"的罪恶活动以失败告终。刘道衡一行灰溜溜地离开英国经土耳其返回缅甸。从此以后，刘道衡在英缅殖民当局的庇护下，在缅甸结束了他可耻的一生。

三 大理政权后期的斗争及其失败

起义军东征失败后，交战双方攻守易势，清军由防御转入进攻。岑毓英在总结清军以往屡遭失败的原因时指出，"忽近图远，致官军后路屡被

[①] 田汝康：《杜文秀对外关系以及刘道衡"使英"问题的研究》，载云南民族研究所编《民族学报》1981年第1期。

[②] 黄嘉谟：《滇西回民政权的联英外交》，台北"中央研究院近代史研究所"编印、发行，1976年版，第179、182—184页。

[③] 同上。

[④] 田汝康：《杜文秀对外关系以及刘道衡"使英"问题的研究》，载云南民族研究所编《民族学报》1981年第1期。

[⑤] 黄嘉谟：《滇西回民政权的联英外交》，台北"中央研究院近代史研究所"编印、发行，1976年版，第187页。

贼乘",提出"必将东南贼匪先行扑灭,再以全力进剿大理,庶无内顾之忧"①。在上述先迤东南后迤西的战略方针指导下,岑毓英会同刘岳昭对清军的作战部署作了较大调整,首先把进攻重点放在迤东南,由岑毓英和马如龙负责指挥,迤西军事由杨玉科和李维述指挥,其主要目的是巩固清军后方,尽量消耗起义军的有生力量。

　　清军在迤东南的作战,由于受到起义军的坚决抵抗而进展迟缓。同治九年(1870年)二月,岑毓英亲自指挥对澄江的进攻,但久攻不下。驻防澄江的起义军将领是大司卫姚得胜,上年五月嵩明失守后,他从嵩明来到澄江。岑毓英硬攻无效,转用收买凶手刺杀姚得胜的办法,于同治十年(1871年)二月占领澄江。接着,岑毓英又进攻曲江。曲江为临安府建水县属,时有"临安之贼悍甲通省,而曲江之悍又甲临安"之说。②清军在这里受到了最顽强的抵抗。直至同治十一年(1872年)九月,岑毓英采用议和的方式解决了曲江。

　　马如龙指挥对新兴(今玉溪)和大小东沟义军的进攻也并不轻松。他于同治九年三月与田仲兴会攻新兴,屡战失利,田仲兴中炮毙命,马如龙亦受枪伤。③五月,新兴起义军主将田庆余战死,新兴失守。同治十年三月,小东沟起义军将领合国治被叛徒出卖牺牲,小东沟沦陷。8个月后,马如龙借助法国的开花炮,才攻下大东沟。

　　澄江、曲江、新兴和大小东沟是迤东南起义军的主要据点,那里的起义军曾给予岑、马所部以重创,拖住了他们的手脚,使其不能按照原定计划尽快结束战事,从而在客观上援助了迤西起义军的斗争。岑毓英和马如龙用了两年半左右的时间,才勉强结束了在迤东南的军事,岑毓英始能转赴迤西战场。

　　面对清军的全线进攻,大理起义军只能集中兵力进行重点防御,在北路固守姚州(今姚安),中路力保镇南(今南华)和云南(今祥云),另以杨荣统率一支精悍部队,往来驰援各战略要地,主动出击,予敌以重创,对其余非重点防守地方,能守则守,不能守就放弃。凡起义军重点防

---

　　① 《岑襄勤公奏稿》卷四,第20页,光绪二十三年武昌督粮署刻本。
　　② (清)岑毓英、陈灿纂修:《云南通志》(光绪)卷一一三,中州古籍出版社1985年版,第41页。
　　③ 同上书,第7页。

御的城镇，双方战斗既激烈又持久，清军须付出重大代价后才能攻下，如清军攻占姚州、镇南、云南等地，情形都是如此。同治九年上半年，杨荣向清军发动了一次攻势，清军"相继接战失利，营垒多陷，于是云、赵、宾、蒙、浪、邓同时告急"。① 起义军一举收复了邓川、浪穹（今洱源）、云南、红岩、弥渡等地。

在杨荣部的猛烈攻势面前，负责指挥迤西清军的杨玉科和李维述又起内讧。岑毓英从中调解，明确划分他们两人的作战任务，令杨玉科专办鹤、浪、宾、邓、丽和大理等地的军事，令李维述专办镇南、云南（今祥云）、蒙化和赵州等地军事。② 根据上述分工，李维述部进攻的目标多是起义军重点设防的据点，因此进展得缓慢。他在同治八年八月攻下楚雄后，又经一年攻坚才拿下镇南，后再经一年苦战，才夺取云南。由他负责攻取的赵州和蒙化，如果没有杨玉科部的援助，是很难攻下来的。至于杨玉科所部，在同治九年四月攻陷姚州、宾川后，就北取鹤、剑、浪、邓，进逼上关，又自浪穹分兵攻占乔后、永平、曲硐、漾濞，切断了永昌与大理的交通联系。总之，杨玉科部的攻战较为顺利，之所以如此，主要由于上述地方多为起义军非重点防守的据点。同治十一年（1872年）五月，杨玉科派遣间谍张铭斋游说驻守下关的起义军将领董飞龙翻旗。五月七日，下关失守，上关也于同日陷落。至此，大理藩篱尽失，外援被截断，形势更加险恶。在严峻局势面前，大理政权领导集团分裂为抵抗派和投降派，前者以杜文秀为首，后者以杨荣为代表，内部斗争日趋激烈。

早在大理城失守的前一年（即1871年），实际掌握大理政权军政大权的杨荣早就暗中进行叛变投敌活动。同治十年（1871年）九月，他在上关同杨玉科结为"兄弟"，杨玉科许以"保举官职"，杨荣则作如下保证："只望兄能将永平攻破，并漾濞等处联取，弟断不救援。"③ 随着时间的推移，杨荣等人的投降活动从秘密走向公开。当10余万清军兵临大理城下时，杨荣作为大理政权和谈代表团的首席代表，同杨玉科进行

---

① （清）岑毓英、陈灿纂修：《云南通志》（光绪）卷一一二，中州古籍出版社1985年版，第2页。
② 同上书，第13页；《岑襄勤公奏稿》卷三，第8页。
③ 马观政：《滇恒十四年大祸记》，《回民起义》I，神州国光出版社1952年版，第55页。

谈判。在谈判中，杨玉科宣布了岑毓英提出的如下条件："大理人民的生命财产可以保全，但不能赦免杜文秀的罪责。又军需浩繁，大理人民必须贡献一部分捐款。"① 其主要内容有二：一是交出杜文秀，二是大理"贡献""捐款"以作"军需"。对此，杨荣等欣然接受。同时，杨荣又派大冢宰马仲山向杨玉科投递"归顺献城文凭"。杨玉科当即发给免罪"示谕"谓："回目杨荣悔罪投诚，实属深明大义，可以嘉善，自应俯准。"②

在形势日趋险恶的情况下，杜文秀没有惊慌失措，而是继续领导起义军民进行顽强斗争。同治十一年（1872年）五月，清军进攻赵州，杜文秀亲率义军万余驰援，不幸作战失利，赵州沦陷。七月二十一日，杜文秀亲率数万义军将士向来犯清军发起反攻，从五里桥至观音阁，战线横亘数里，反击不胜，清军逼进大理城下。③ 至九月，清军已攻下大理近郊的三塔寺、东岳庙、五里桥、敌楼、上下兑、鹿角庄、丰呈庄、南门街等处。十一月，清军以火药轰塌东南城墙后冲进城内，至十七日已攻占东南半城。二十日，清军发起总攻，以27门法国开花炮排列在城墙上，向城内军民猛轰。二十五日，杜文秀指挥起义军万余人作最后决战，激战一昼夜，起义军寡不敌众而失利。此时，大理城内"子弹告竭，食用俱尽"，④ 义军主力几乎丧失殆尽。形势的进一步恶化，迫使杜文秀必须对其最后归宿作出选择。他在向杨荣等人表示了"情愿拼舍一身，以救数万生灵，命荣等献之投降"的意愿后，⑤ 于十一月二十六日率同家属服毒自杀，他在未死之前，令杨荣派人将他送往杨玉科军营，以便他当面请求杨玉科免杀大理起义军民。他被送到杨玉科军营后，已经不省人事，对杨玉科的提问已不能作出清楚的回答，当即被杨玉科杀害。杜文秀服毒后去见杨玉科是一种自相矛盾的行为，一方面他不愿向敌人屈膝投降，决心以死殉职，因此在去见杨玉科之前预先服了孔雀胆。另一方面对杨玉科等封建统治阶

---

① ［法］罗舍著、李耀商译：《云南回民革命见闻秘记》，北京牛街清真书报社印，第84页。
② 马观政：《滇垣十四年大祸记》，《回民起义》I，神州国光出版社1952年版，第56页。
③ （清）岑毓英、陈灿纂修：《云南通志》（光绪）卷一一四，中州古籍出版社1985年版，第14—15页。
④ 马观政：《滇垣十四年大祸记》，《回民起义》I，神州国光出版社1952年版，第42页。
⑤ 同上。

级代表人物抱有幻想，请求他不要屠杀数万起义军民，因此他决定去见杨玉科。

十二月初四，岑毓英风尘仆仆地赶到大理，驻扎南门外五里桥。他同杨玉科密谋后，制订了一个血洗大理城的恶毒计划。根据这个计划，他首先命令城内回民在三日内交出所有武器，并呈报丁口清册，然后又勒令他们交出30万两银子的买命钱。但是，当回民按照他的要求交出武器和银子后，岑毓英并没有履行诺言，而是照旧执行其屠城计划。十二月九日，岑毓英使用阴谋诡计，背信弃义地处决了杨荣、蔡廷栋、马仲山等13名大理政权的高级军政人员，旋即开始对大理城内外起义军民进行屠杀。经过三天两夜的野蛮屠杀后，岑毓英才下令封刀。关于这次惨遭屠杀的起义军民人数，据岑毓英供称："而贼数万之众或死于战，或死于城守，或死于火焚，或死于水溺，凶酋悍党悉数歼除。"① 杨玉科承认："搜剿连日，始将逆酋悍匪一律歼除……斩首万余级。"② 赵藩在其所著的《岑襄勤公年谱》中指出，"凡两昼夜歼寇四万计"。法国人罗舍著的《云南回民革命见闻秘记》则认为，"（大理）原有住民五万人中，被屠杀者竟有三万人"。③

图3　大元帅杜文秀墓（蒋中礼摄）

大理城的陷落标志着大理政权的失败，但是斗争并没有止息，其他一些地方的起义军民仍旧继续坚持斗争。

---

① 《岑襄勤公奏稿》卷六，第40页。
② 中国史学会主编：《中国近代史资料丛刊》，《回民起义》Ⅱ，神州国光出版社1952年版，第519页。
③ （清）赵藩：《岑襄勤公年谱》卷三，光绪己亥（1899年）刻本，第16页；［法］罗舍著、李耀商译：《云南回民革命见闻秘记》，北京牛街清真书报社印，第87页。

同治十一年（1872年）五月，李维述所部清军攻下蒙化（今巍山）厅城后，即全力围攻蒙化厅属的大小围埂。当时，大小围埂这两个回族聚居村共有2000户回民。十二月十五日，清军经半年多的包围，才将大围埂攻克，半月多以后，又将小围埂拿下。同治十二年上半年，清军先后攻占了锡腊、猛郎、顺宁、乌土寨、云州、马家村、小猛统、腾越等地。

清军在进攻腾越时受到了起义军民的猛烈抵抗。这里由大司空李国纶驻守，是大理失守后坚持斗争最久的地方。李维述部在攻陷小围埂后，即奉命往攻腾越。四月，岑毓英又遣徐联魁率部增援腾越。五月三日，清军以地炮轰倒东南面城墙后冲进城内，是日夜，李国纶等义军将领率部众千余人突围至离城60公里的乌索，腾越厅城沦陷。乌索是起义军宁西大将军柳铁三长期驻守之地。先是，铁三已降于李维述，待李国纶突围至乌索后，他又联合李国纶抗清军。同治十三年（1874年）五月十六日，乌索为清军攻破，李国纶、柳铁三又率部突围至西北面的云峰山。此地石岩矗立，地势险要，但也难于长期坚守。清军封锁了云峰山，并断其汲道和退路。李国纶等终因粮弹罄绝而无法坚守下去，遂自云峰山堕岩突围，柳铁三突围时被俘，后牺牲于腾越厅城。李国纶逃到橄榄坝黑山门，因患疟疾暂住于马家村后澡塘，"亟亟图再举"。后因叛徒告密，被路过此地的清军都司丁槐捕获，于同治十三年（1874年）七月初四日被杀害。大司空李国纶，系保山县施甸回族，是起义军中战功卓著的著名将领，治理腾越五载，政绩突出，深受当地人民爱戴，曾被时人誉为"仁信智勇严，兼而有之"。[①]

以杜文秀为首的大理政权，自1856年占领大理至1872年大理失守，历时16年，至起义军在腾越的最后失败，共经历18载。在18年斗争历程中，它团结滇西各族人民，曾先后攻占云南省西部和西南部府厅州县城池53座以及广大农村，"燎原之势几覆全滇"，给清朝在云南的统治以沉重的打击。

大理政权曾进行了某些较为进步的社会经济、政治改革，采取措施恢复和发展社会生产，减轻人民负担，改善民族关系，这一切正是它所以能

---

① 中国史学会主编：《中国近代史资料丛刊》，《回民起义》Ⅱ，神州国光出版社1952年版，第235页。

够坚持反清斗争达18年之久的原因所在。它阻止外国侵略势力进入迤西，维护了祖国的独立和领土完整。杜文秀领导的各族人民的反清运动，在云南人民革命斗争史上谱写了光辉的一章。

第三章

近代初期云南各族人民大起义（下）

第一节 滇东南回民起义及其三次围攻昆明

一 滇东南回民起义

在滇西回民举行反清武装起义的同时，滇南、滇东的广大回族人民也纷纷起来进行武装自卫。滇南的建水、澄江、新兴（今玉溪）、昆阳等地，以及滇东的嵩明、寻甸、宣威、沾益等地，都先后爆发了回民反清武装起义。

在石羊银厂争矿械斗的汉民和回民，大多数是临安府建水县人，汉民以建水西庄人居多，回民则以建水回龙人和馆驿人为主。多年来，这里的汉民与回民因争矿而结仇很深。咸丰六年（1856年）三月，西庄汉民团首黄鹤年致信楚雄临安汉民厂客（又被称为"厂匪"）头目潘德、黄殿魁等，要他们赶快回乡防范回民。回龙回民听说潘德等要回来与他们为敌，都很紧张。四月，潘德等率厂客回乡途经昆明时，与马凌汉率领的回民打了一仗，继而又对昆明回民进行血腥屠杀后，于四月二十三日回到建水，翌日潘德、黄殿魁、林五代等率厂客、团练闯入临安府城搜杀回民。回民无论男女老幼，惨遭杀害者达千人以上，只有少数幸免者逃到回龙躲避。这一严重事件实际上是当地政府在当局的纵容和支持下发生的。

回龙是个回民聚居村，位于临安府城以东5公里处，有人口二百多户。府城回民被杀后，该村回民深知他们将是厂客、团练下一个打击的目标，因此，他们积极进行武装自卫的准备，并推举该村武生马如龙为首领。马如龙（1832—1891年），原名献（又作现），后改名如龙，字席珍，号云峰，乳名阿老。马如龙与其兄马云珍都曾任过矿场的客长、练首，并多次与西庄练首黄鹤年、黄殿魁等因争矿而相仇杀。他臂力过人，武艺高强，在村人拥护下，义不容辞地担起了率众御敌的重任。

六月，临安知府方俊、署总兵伊昌阿令守备沈裕后率部，在西庄团练配合下进攻回龙。兵练攻入回龙后，由于忙于掳掠而为回众所乘，杀其先锋林五代等人，进攻被打退。马如龙率回众乘胜追击，杀沈裕后于刘家寨。为了报"厂匪"搜杀回民之仇，马如龙也如法炮制，烧毁了城郊多处汉民的住房和寺庙。马如龙在取得武装自卫斗争的初次胜利后，即联合馆驿回民向府城进军。总兵伊昌阿束手无策。方俊和署知府熊家彦急调各属团勇驰援。石屏在籍知府朱在勤和知州黄培林率领五千人前来援助，击败回众于东门外泸江桥。① 兵练再次进攻回龙，回民失利，马如龙率回众撤至回龙以北90里的馆驿。馆驿位于曲江坝东南部，有回民村寨麻栗树、金家庄和大摆等三处，地形险要，易守难攻。在这里，以马敏功、金亮采为首的回民起义军曾多次击退清军、汉练的进攻，为了团结各民族共同反清，他们公开提出了"联汉、联夷，消灭满清，建立中华"的主张，② 受到当地各族群众的拥护，在馆驿站稳了脚跟。两支回民起义军在馆驿的会合，增强了起义军的力量，马如龙把这里的土城改筑为石城，进一步巩固了城防，这样，就使馆驿成了迤南回民反清起义军最强大的根据地。同年十一月，清军千总陈文元率部进攻曲江，被义军打败。此后，金亮采往援石屏，马如龙赴救蒙自的沙甸和开远的大庄。马如龙所部在击败了官军、团练后，进驻开远。后又驰援盘溪，攻克盘溪后，回众公推马敏功的叔父马体祥为统领。上述回民起义军在自卫反击作战中取得多次胜利，打击了官绅灭回的嚣张气焰，鼓舞了回民群众自卫反抗斗争的士气。

咸丰六年（1856年）四月，宜良县江头村回民高举反清义旗，联合昆阳海口、新兴北城、澄江西山村回民围攻县城。云南巡抚舒兴阿遣参将德瑞、知县夏家畴，会同游击巴哈布所部300人前往解围。义军阵斩外委张奏凯后，撤离县城。不久，义军又向东山坡清军发起进攻，失利后退守江头村，后撤退到澄江草店。③

临安"厂匪"窜至省城附近后，原拟先到昆阳州海口"灭回"，然后

---

① （清）岑毓英、陈灿纂修：《云南通志》（光绪）卷一〇七，中州古籍出版社1985年版，第16页。
② 昆明市志编委会编：《昆明市志长编》卷六，第107页。
③ （清）岑毓英、陈灿纂修：《云南通志》（光绪）卷一〇七，中州古籍出版社1985年版，第3—5页。

再向昆阳、新兴、河西等地回民寻衅，最后回临安。此一消息传到海口后，当地回民惊恐万状，于是共推杨三阿洪（即杨振鹏）为首领，召集回族精壮三百余人，日夜严防。龙门九村回民壮丁500人，在石狗头村回族武举马凌汉的率领下赴援海口。当"厂匪"知道海口回民已有准备后，只好临时改变计划，转向省城回民开刀，伙同团练制造了骇人听闻的昆明"四月事件"。六月，巡抚舒兴阿使副将申有谋与参将谢周绮、知府淡树琪会剿海口回民起义军，双方激战于彩凤山。义军诱敌深入，大败清军，阵斩淡树琪等人，取得了自卫作战的胜利。咸丰九年（1859年）二月，马凌汉等率回军攻占昆阳州城，杀署知州吴襄隆，与海口义军互为犄角。

省城"四月事件"后，回人徐元吉在澄江府河阳县（今澄江）西山宣布起义。府城官绅以消除内患为借口，尽杀城内回民。五月，徐元吉率回军屡攻府城，知府福瑞、知县郑天泰向省城求援，巡抚舒兴阿命开化（今文山）、威远（今景谷）兵500人赴援，府城得以保住。咸丰七年正月，副将申有谋奉命前往澄江招抚，"元吉佯受抚"，"由此出入府城无忌"，四月起义军进城。尔后，元吉联合马复初、田庆余等先后进攻晋宁、呈贡、江川等州县。[①]

新兴州回民主要聚居于龙门九村，即龙门、大营、东营、西营、观音山、中所屯、果园村、马鹿塘、石狗头九村。咸丰六年（1856年）四月，省城回民被杀后，龙门九村回民为了自卫，纷纷搬迁到大营、东营和西营集中居住。六月，汉族地主团练进攻龙门九村，九村回民在马敏等人的领导下，进行自卫反抗。自夏至冬，双方战争频繁，胜负难分。十二月，总兵申有谋奉命赴新兴提出回汉和解。于是，"九村首事马敏等与汉族约，和汉安回，设立四乡公局，治理上四乡民情之事，举汉回中公正明决者董理之"。[②] 暂时维持了当地汉回相安的局面。

咸丰十年（1860年）四月，河西县（今通海）团练进攻大小回村（即大小东沟），马永、马成麟等领导回众抵抗，击退敌人的进攻。不久，团练再次来攻，大小回村在新兴回众支持下，予敌人以重创。团练却又趁

[①] （清）岑毓英、陈灿纂修：《云南通志》（光绪）卷一〇七，中州古籍出版社1985年版，第20页。

[②] 中国史学会主编：《中国近代史资料丛刊》，《回民起义》Ⅱ，神州国光出版社1952年版，第67页。

虚攻入下回村，下回村村首、武进士田庆余率回众反击失利，全村回民三百余人被杀，房屋被烧毁。五月，田庆余率领一支百余人的回军，在龙门九村回民的大力支持下，夜袭新兴州城成功。占领州城后，田庆余"署衙理事，安抚良民，逆者诛，顺者从，在（再）不诬杀一人，以善治安，与汉回同处，管理下四乡"。① 九月，总督张亮基遣回绅马椿龄至新兴招抚，被田庆余拒绝。

咸丰六年（1856年），滇东地区"自杨林以至平彝（今富源），遍地皆贼"，② 回民的自卫反抗斗争方兴未艾。这里回民反抗斗争的主要据点有嵩明、寻甸、宣威、沾益等地。以上各州均地处交通干道的沿线，战略地位十分重要。寻甸的罗冲和塘子地处嵩明、寻甸二州交界处，是回民聚居村寨，嵩、寻回民义军的主要根据地。昆明"四月事件"的发生，引起了嵩、寻回众的警惕，他们行动起来，加紧进行武装自卫的准备。出于斗争的需要，他们不拘泥于单纯自卫防御，而是主动出击，袭击杨林、易隆等清军驻地，并多次围攻嵩明州城。巡抚舒兴阿令同知孔昭钤率兵进驻杨林，两次对罗冲回众发动进攻，但均以失败告终。把总魏垣祥、外委李万清、武举黄殿魁等被义军击毙。九月，清军游击袁得华再次对罗冲、塘子义军进行围剿，由于寡不敌众，且粮道被截断，义军作战失利，被迫"呈请就抚"。③ 但后来的事实证明，义军的所谓"呈请就抚"只是一种暂时退却的权宜之计。一年以后，嵩、寻回民义军在马俸率领下，一举攻克嵩明州城。在此后的四年多时间，嵩明州城四易其手，义军同清军展开了激烈的争夺。

宣威和沾益二州是滇东的重要屏障，滇东交通大道的必经之地，因此，成为起义军同清军在滇东争夺的另一个重点。咸丰六年四月以后，"灭回"恶浪波及宣威，宣威汉族地主团练准备对回民大打出手。该州黎山回民群众不愿任人宰割，积极进行武装自卫的准备。州地方当局派练目陈应弟率部前往镇压，杀为首者四括扒（外号）等人。是年冬，陈应弟率练兵驻扎官营，再次对回民进行清剿。时值鲁甸回族青年马联升、丁亮

---

① 中国史学会主编：《中国近代史资料丛刊》，《回民起义》Ⅱ，神州国光出版社1952年版，第67页。

② 《钦定平定云南回匪方略》卷二，第6页。

③ （清）岑毓英、陈灿纂修：《云南通志》（光绪）卷一〇七，中州古籍出版社1985年版，第12页。

洪等人到黎山。马联升武艺高强，且善于谋略，激于对团练穷凶极恶进攻回民的义愤，遂挺身而出，领导黎山回民进行抗暴斗争，获大胜，从敌人手中夺取官营。此次反击战的胜利，使马联升声威大震，被黎山回民首领拥戴为"谋主"，成为当地回民反清武装斗争的主要领导人。① 十二月，秀头梁子回众攻占倘塘，杀练首徐双有，并乘胜攻占位于滇黔接壤处的可渡、新天堡两个驿站。当时，云贵总督恒春奉命率军自黔返滇，路过宣威，"闻宣威州倘塘回匪蠢动，就近发兵往剿，仍委员相机抚之"。②

七年初，马联升到永安铺、松韶关、卡郎等回族村寨，发动和组织回民自卫武装力量，时值护迤东道贾兴诏玩弄招抚回民之际，遂智取沾益州城。同年冬，新任云贵总督吴振棫、云南帮办军务张亮基率部先后进入云南，吴振棫驻曲靖府城，张亮基驻宣威州城。先是吴振棫率川军2000名路过松韶关前往曲靖时，遭到回民武装伏击，回民武装警告吴振棫说："地方清平，何带兵为？退兵则放尔上省，如不退，则杀尔喂狗！"吴振棫被迫将其所部撤回宣威，他自己"轻骑简从"赴曲靖。十二月，倘塘回民武装与沾益州梭草塘回民武装协同作战，两次进攻宣威州城，但均遭失败，被迫退守永安铺。永安铺位于州城以南30公里处，是南通曲靖、昆明、北达四川、贵州的要冲，为一回族村寨。回民武装在此地修筑围埂、隘口、烽火台等防御工事，是宣威回民反清武装的一个重要根据地。由于永安铺战略地位重要，从咸丰八年（1858年）二月至四月，张亮基集中兵练对它发动了四次进攻，前三次进攻被回民武装击退，第四次进攻则得逞。在第四次进攻中，张亮基坐镇板桥指挥，由臬司徐之铭、游击张玉春、寻沾营参将麟志等统带兵练近万人，向永安铺发动猛烈进攻。回民武装因粮援断绝，且力量对比敌强我弱，遂被迫通过知州程杰转递"求抚呈词"，并得到了张亮基的批准。③

咸丰九年（1859年）二月，永安铺回民反清武装重新恢复活动。从二月至十一月，总督张亮基令知府杨江、署知州觉罗明图、参将麟志等率兵练，多次向永安铺进行围剿。五月，马联升、丁亮洪率部从沾益赴援。

---

① 马品松：《宣威回族的反清武装斗争》，《杜文秀起义论集》，云南大学出版社1993年版。
② （清）岑毓英、陈灿纂修：《云南通志》（光绪）卷一〇七，中州古籍出版社1985年版，第15页。
③ 缪光绪：《三朝纪略》，转自荆德新编《云南回民起义史料》，云南民族出版社1986年版，第360页。

九月以前，在义军顽强抵抗下，清军未能攻下永安铺。十一月，清军攻克永安铺。"官军攻剿九逾月矣，前后大小数十战"，费九牛二虎之力，方攻下永安铺。① 回民反清武装突围到黎山、卡郎一带，继续进行斗争。

沾益、宣威二州接壤，两地回民反清武装在同清军汉练的作战中，互相支持，密切配合，尤其是马联升率领的回民反清主力队伍，经常转战于宣沾两地，以机动灵活的作战方式打击敌人，消灭清军和团练的有生力量。在同时期内，清军也对回民反清武装驻守的沾益州城发动了一连串的猛烈进攻。自四月以后的四个月内，总督张亮基命署知府许濂、署副将袁得华、游击何占标等率军四次进攻州城，均被回民反清武装打退。十月，"官军攻剿沾益日久无功，城中粮亦垂尽"，回民反清武装也难于继续坚守州城，于是马联升"使人具呈求抚"，并得到了总督张亮基的批准，清军始能进驻州城。② 放弃州城后，马联升北上转入宣威州活动，继续坚持反清斗争。咸丰九年（1859年）冬，宣沾两地回民反清武装作战失利后，被迫采取了表面上求抚而实则转移作战的策略，保存实力，继续坚持斗争。

从咸丰六年至十一年（1856—1861年），滇南和滇东的广大回民群众在武装反抗清军和团练的斗争中逐步发展和壮大起来，和滇西杜文秀起义军遥相呼应，互为声援，在全省范围内形成了一个声势浩大的各族人民反清运动的高潮。在此期间，滇东南回民武装，先后发动了三次大规模围攻省城昆明的战役，把全省反清运动推向了新的高潮。

二 迤东南回军三次围省战役

正当滇西杜文秀起义军大力发动攻势积极攻城略地时，迤东南回民起义军在马如龙、马德新等率领下，先后发动了三次包围省城昆明的战役，给清王朝云南地方政权以沉重打击，在客观上支援了滇西杜文秀起义军的斗争。

咸丰七年（1857年）夏，马德新、马如龙、徐元吉等领导滇东南"回夷悍匪数万"向昆明进军，围困省城，其目的是为昆明等地无辜被杀

---

① 《钦定平定云南回匪方略》卷七，神州国光出版社1952年版，第819页。
② （清）岑毓英、陈灿纂修：《云南通志》（光绪）卷一〇八，中州古籍出版社1985年版，第26页。

回民申冤报仇，要求惩办"灭回"的罪魁祸首，马德新是此次围省回军的主要领导人。马德新（1794—1874），字复初，大理人，出生于伊斯兰经学世家，青年时赴陕西攻读伊斯兰教经典，1841—1849年去麦加朝圣，遍游埃及、土耳其等国，学习伊斯兰教神学和天文科学。以上经历使他在云南回族中享有崇高威望，成为全省著名的伊斯兰教领袖。回国后，被聘为建水县回龙清真寺教长，马如龙是他当时的学生。滇东南各地起义军首领马如龙、徐元吉、杨振鹏等都很敬重马德新。

马德新等率领回军经晋宁、呈贡向昆明推进，沿途都没有遭到很大的抵抗。在路过晋宁、呈贡时，马德新等曾"遣使禀总督，请办倡首灭回者，以服众心，即行解散"，但是被总督恒春断然拒绝。[①] 咸丰七年（1857年）闰五月二十二日，回军大队挺进至昆明城下。在回军抵省前，督抚会同团练大臣出告示，禁止城外居民迁入城内，并声称决不闭城。团练大臣黄琮扬言，省团60万人，如有寇警，可保无虞。但当回军逼近昆明城下时，省团召之不来，来即奔溃，当局失信于民，速将四面城门关闭，当回军到达时，城外杀声震天，汉民或被杀，或投滇池、盘龙江而死者不可胜数，南门外的繁华商业区被付之一炬，"火光烛天，逾月不息"。[②] 人民的生命财产受到了惨重的损失。总督恒春束手无策，惟知一死了之，于六月初一与其妻自缢于总督署内。巡抚舒兴阿早在回军抵省前夕，即以病为辞，奏请两月病假，将巡抚关防交布政使桑春荣兼署。

围省回军以城南五里的江右馆为大本营，分扎于大树营、王家桥、堡基、马街子、碧鸡关、红庙、西坝等处，形成合围省城之势，昆明外援断绝，粮食供应受阻，以致斗米市价银20两，一文铜钱仅能购蚕豆2枚，华山树皮、翠湖浮萍被饥民食尽，城内饿死者枕藉。时值雨季，淫雨连绵，病疫流行，居民病死者不计其数。直至八月十五日，署武定营游击褚克昌打通从富民至昆明的粮路，粮食才开始运入昆明，"于是人民稍安"。[③]

在滇东南回民起义军进军昆明途中，马德新、马如龙等起义军领导人

[①] （清）岑毓英、陈灿纂修：《云南通志》（光绪）卷一〇八，中州古籍出版社1985年版，第21—22页。

[②] 马观政：《滇恒十四年大祸记》，《回民起义》I，神州国光出版社1952年版，第295页。

[③] 《钦定平定云南回匪方略》卷六，神州国光出版社1952年版，第8页。

扬言"止欲报仇，不敢为逆"，当其兵临昆明城下时，只是围而不攻，"计图坐困"。① 十月，新任云贵总督吴振棫进驻曲靖，由于他深信回军围省只是为了报仇，并非叛逆，并且考虑到清军"饷匮兵单，剿难尽剿"，因此决定派迤东道汪之旭等进省议抚。② 汪之旭等至江右馆同马德新等磋商后，双方于咸丰八年（1858年）正月签订了和解合同，并由马德新等出具"不复滋事甘结"。③ 四月，马如龙、徐元吉等遵约撤军，分别返回曲江和澄江。至此，迤东南回民起义军第一次围省之役宣告结束。七月，经吴振棫、张亮基奏准，赏给马德新四品顶戴，令其管理云南清真寺事务，其余回军头人马敏、马如龙、徐元吉、马添喜等收标差遣，以千、把总拔补。④ 为了安抚回众，经吴振棫奏准，清廷给予"散贴告示倡议杀回"的昆明团练总头目黄琮、窦垿以革职治罪处分。

但是和解合同在执行过程中困难重重，遇到严重阻力。御史陈濬、尹耕云奏劾吴振棫办理失当，贻误地方。云南官僚地主阶级知识分子朱廷珍、孙清云等指责吴振棫的招抚是"城下之盟"，"金币盟城下"，在处理善后问题上，窦垿拒绝在关于汉回城内外街道房屋的划分、从前被难回民遗产抵拨等事项上签字。⑤ 八月下旬，散练勾结游匪入城抢劫，并杀毙回弁4人、回妇2人，显然也是反对和解的一种表现。在回族方面，和解合同签订后，杨振鹏、马如龙等分别攻下昆明九甲和武定州城后对当地汉民进行报复，在客观上进一步加剧了原来就很紧张的汉回民族关系。事实上，吴振棫的招抚仅能做到省城解围，远未能平息回族人民反抗民族压迫的斗争。在各方面压力下，吴振棫深感问题棘手，不得不在咸丰八年十二月托病辞职。吴振棫辞职后，清廷以张亮基代理云贵总督，以徐之铭为云南巡抚。

张亮基上台后，鉴于吴振棫因主抚难行而被迫引退的教训，遂改行先剿后抚政策，于是撕毁了墨迹未干的汉回和解合同。

---

① （清）岑毓英、陈灿纂修：《云南通志》（光绪）卷一〇七，中州古籍出版社1985年版，第21—22页。
② 马观政：《滇垣十四年大祸记》，《回民起义》Ⅰ，神州国光出版社1952年版，第296页。
③ 《钦定平定云南回匪方略》卷五，神州国光出版社1952年版，第9页。
④ 《钦定平定云南回匪方略》卷七，神州国光出版社1952年版，第2页。
⑤ （清）岑毓英、陈灿纂修：《云南通志》（光绪）卷一〇七，中州古籍出版社1985年版，第31页。

虽然在咸丰八年四月省围解除，但"贼仍盘踞江右馆及各隘口不退，其窜扰各府州县亦犹固也"。①留驻省城回军由马德新管带，后马德新将军事交马永主持。江右馆为驻省回军大本营，马永即驻于此。九年正月，为了除掉心腹之患，总督张亮基密令练目谢连科暗袭碧鸡关回营，又令政府军会同团练进攻城郊各回营。三月，清军攻占江右馆后，令马德新将在省回军遣回原籍。兵练的突然袭击，使回军伤亡惨重，残部撤回澄江，滇东南回众的第一次围省，由于张亮基的背信弃义而失败。

咸丰十年（1860年）二月，张亮基令署提督褚克昌"西征"。褚军攻势很猛，连下云南县和弥渡，前锋已抵赵州。大理政权面临严重威胁，杜文秀请求迤东南回民起义军给予援助。杜文秀的请求立即得到马德新和马如龙的响应。四月，马如龙率部攻下楚雄，六月夺取镇南，截断了褚克昌所部的后路。同时，杜文秀命蔡发春、杨德明等赴援赵州，虎应龙、保文明等进攻宾川，对褚克昌的宾川大营进行夹击。七月下旬，义军攻克宾川太和村，褚克昌战死，其部全军覆没。②褚军被消灭后，马如龙率部东归，一路攻下禄丰、安宁，并留军驻守，他本人回馆驿养伤。

咸丰十年（1860年）十月，马德新、徐元吉等又率迤东南回众至晋宁、呈贡，要求张亮基遣使议和立约。张亮基因褚克昌西征军失败而受到沉重打击，遂被迫由主剿转为主抚，于是派布政使邓尔恒和同知孙钧赴呈贡与马德新等商议。邓尔恒答应了回众领导人的以下要求：回人首领委任六营正职，先赏给顶戴；其部下精壮充补省标额兵；查还回人产业，并割给东道街（即顺城街），以便回民建房聚居；回弁入城可暂时借住皇华馆。③二十日，邓尔恒回省城报告，徐元吉即率回军跟进至昆明城下。徐元吉等回军领导人进驻江右馆，其部分扎于大树营、金马寺、西岳庙、东庄、石虎冈、大小板桥等处。迤东南回众再次围困省城，其意在于迫使张亮基批准邓尔恒等对回众许下的各项承诺。

张亮基的抚回，受到巡抚徐之铭等的反对。徐之铭指使从九品单功定煽动昆明绅士李祖植等，大闹督署，怂恿散练请求张亮基不要抚回，抢劫

---

① （清）岑毓英、陈灿纂修：《云南通志》（光绪）卷一〇七，中州古籍出版社1985年版，第39页。

② 吴乾就：《云南回族的历史和现状》，《研究集刊》1982年第1期，第194页。

③ （清）岑毓英、陈灿纂修：《云南通志》（光绪）卷一〇八，中州古籍出版社1985年版，第3页。

并毁坏署内什物，杀毙前来弹压的通海县知县雷焱。① 张亮基被迫搁置抚回之议，并托病辞职，将督篆交徐之铭兼署。②

十一月初二日，徐之铭遣参将何自清进攻江右馆，回军主将徐元吉战死，次日清军攻下江右馆，回军败退回澄江、馆驿，迤东南回军第二次围省失败。

围省回军失败的消息传到馆驿后，马如龙即率部赴澄江。十一年（1861年）十月、十一月，马如龙率部克晋宁，取呈贡，又连败清军于官渡和小板桥，直驱昆明城下，仍以江右馆为大本营，其部分别扎于小坝、大树营、小龙村、王家桥、普吉、碧鸡关、板桥等处，形成合围省城态势。此为迤东南回众第三次围省。

原来顽固坚持剿回的巡抚兼署总督徐之铭、署提督林自清等人，这时由于"贼势浩大，兵单饷竭，终不能支"又转而主抚了。③ 而马如龙等迤东南回族起义军领导人则认为其报仇的目的业已达到，现在政府既然"易剿为抚"，对以往他们戕官踞城的行为不但不予追究，反而奖赏官阶，因此决定"一抚则顺"，投降清政府。④ 同治元年（1862年）二月初一、初三两日，署提督林自清（即何自清）两次出城与马如龙相见，马如龙表示"今愿率众投诚"，林自清说，他将商请巡抚兼署总督徐之铭"奏定抚局"，二人遂歃血为盟，结为兄弟。初七日，徐之铭遣署澄江府知府岑毓英去见马如龙时，马如龙重申前请，于是抚局底定。二月中旬，城外汉回各营撤退，徐之铭亲赴江右馆面见马如龙，令他妥速安抚各地回众。二十四日，板桥、杨林回营撤退，省围解除，马如龙带领回军头人杨振鹏等数十人入居城内。同时马如龙传令交出回军所占据的新兴、昆阳、晋宁、呈贡、嵩明、富民等州县，并"请委牧令视事"。和议定后，清廷批准徐之铭以下奏请：马如龙以总兵用，赏戴花翎；杨振鹏以参将用，赏加副将衔，赏戴花翎；其余回目、夷目分别以参、游、都、守补用有差。⑤

---

① （清）岑毓英、陈灿纂修：《云南通志》（光绪）卷一〇八，中州古籍出版社1985年版，第49页。

② 同上书，第58页。

③ 《钦定平定云南回匪方略》卷十，神州国光出版社1952年版，第3页。

④ 同上书，第314页。

⑤ （清）岑毓英、陈灿纂修：《云南通志》（光绪）卷一〇九，中州古籍出版社1985年版，第25页。

马如龙等受抚后，徐之铭刊行告示于各府厅州县，通知各地照例办招抚事宜。此时澄江的回回掌教马德新闻信以后，"亦率众请降，乞委府县视事"。经徐之铭奏准，清廷下令赏给马德新二品伯克顶戴，责令其约束回众。至是，"滇中抚局于是大定矣"。① 不久，驻防寻甸、沾益一带的回军领导人马联升也接受招抚，经徐之铭奏准，马联升以参将用。

迤东南回民起义军主要领导人马如龙等，在第三次围省时投降了清政府，从此以后，他死心塌地为清政府效劳，成为清政府"以回攻回"的得力工具，为血腥镇压全省各族人民反清运动立下汗马功劳。由于马如龙等人的叛变，迤东南回族和其他各族人民的反清运动基本上被扑灭了，滇西以杜文秀为首的各民族反清起义军，由于失去了迤东南回民反清武装力量的配合与支援，陷于孤立无援的境地，在对敌斗争中陷于不利地位。

第二节　李文学起义

一　起义过程及建立政权

咸丰六年（1856年），滇西哀牢山地区爆发了彝族农民李文学领导的各族人民反清起义，起义后建立了农民革命政权。它与杜文秀起义互相支援，联合抗清，结成了密切的同盟关系。

李文学（1826—1874），又名李正学，彝族，原籍云南哀牢山区南涧县小李自摩村，姓字，其父时全家迁居弥渡县瓦卢村，改姓李。李文学家境贫苦，从10岁起就给当地庄主（地主）当奴仆，备受欺凌与虐待，使他自幼养成了不畏强暴的反抗精神。咸丰五年（1855年），哀牢山区发生严重旱灾，五谷不收，然而地主照样逼租，官差照样催粮，广大农民群众生活在水深火热之中。在这一年，李文学家屡遭不幸，他的父亲在打猎时为野兽所伤而致死，妹妹又被活活饿死，在连续惨死两个亲人的沉重打击下，他的母亲因不堪忍受，而服毒自杀，后因抢救及时而幸免于难。李文学在原太平军战士王泰阶和李学东的启发和引导下，毅然走上了武装起义的道路。

咸丰六年四月七日（1856年5月10日），李文学在王泰阶、李学东、

---

① （清）岑毓英、陈灿纂修：《云南通志》（光绪）卷一〇九，中州古籍出版社1985年版，第28、30页。

杞绍兴等人协助下，率领以彝族为主的彝汉农民5000多人，在瓦卢村后山天生营誓师起义。起义群众高呼"铲尽满清脏（赃）官，杀绝汉家庄主"，并一致推举李文学为"夷家兵马大元帅"。①李文学发布誓师檄文指出："我哀牢夷民历受汉庄主欺凌。……自满贼入主，汉庄主与之狼狈为奸，苛虐我夷汉庶民，食不就口，衣不蔽体……本帅目睹惨状，义愤填膺，爰举义师，驱逐满贼，除汉庄主。望我夷汉庶民共襄义举，则天下幸甚，我哀牢庶民亦幸甚！"誓师毕，李文学率领起义群

图4　李文学蜜滴帅府遗址（谢本书供稿）

众向附近的蜜滴村进军，将该村潘、白、李3个汉族庄主分子处死，收缴粮食一万石、银一万两、金一千两，以其作为起义军饷。② 这是李文学起义军为实践其反封建政治纲领而打响的第一枪。

天生营起义后，哀牢、蒙乐、六诏山区的彝、汉、苗、回、傈僳等各族人民积极响应，踊跃参加起义军，在短短几天内，起义军队伍增加到1万人左右。不久，李文学亲自率领起义军，开赴赵州（今凤仪）红崖狙击清军。经激战，义军击毙击伤清军五千余人，继而又在伏击战中大量杀伤敌人，取得了以少胜多的胜利。③

红崖大捷后，李文学在蜜滴村建立了农民起义政权，李文学、王泰阶、杞绍兴、李学东等人组成起义政权的领导核心。蜜滴政权建立不久，李文学召集领导集团开会研究政权建设问题，与会者一致同意王泰阶提出的关于"暂订帅府职制"的建议，并作出以下决定：帅府军政官员，文

---

① （清）夏正寅：《哀牢夷雄列传》，《李文学传》，中国社会科学院民族研究所图书室1982年编印。
② 同上。
③ 同上。

为参军，武为将军，各有副职协助；武官之首为上将军，与文官之首的参军共同统领各都督；驻守重要地方的将军称都督，各设副将军辅助。根据上述决定，李文学任命王泰阶为参军，杞绍兴、刘柄贤为副参军；李学东为上将军，鲁得盛为副上将军。又设左右将军和督粮官，以李学明为右将军，鲁发美为副将军；罗自美为左将军，李明学为副将军；鲁东应为督粮官，阿里白、笪荆、鲁安林为副将军。在起义军控制下的军事要地派驻都督，在副将军协助下，管理所辖区域。都督府为蜜滴政权的地方政权机关，初期设有右、左、南3个都督府，李文学任命徐东位为右都督，字安东为副将军，驻守鼠街、龙街及蒙乐山以西保甸等地。任命副参军杞绍兴兼左都督，字阿乌为副将军，驻守南涧、猫街及蒙乐山北部公郎等地。任命杞彩顺为南都督，杞彩云（彩顺之弟）为副将军，驻守阿雄、西塞露（西舍路）等地。后来又增设五个都督府，即：者干都督府、磣嘉都督府、戛色都督府、因远都督府和新抚都督府。①

二 蜜滴农民政权的主要政策

为了巩固和发展哀牢山根据地，实现"铲尽满清脏（赃）官，杀绝汉家庄主"的政治纲领，蜜滴政权制定并实行了下述一系列方针和政策：

(1) 关于巩固和发展蜜滴政权的战略方针。在新政权建立初期，经王泰阶提出，李文学认可，蜜滴政权逐渐形成了一整套巩固和发展自己的战略方针，其要点是："养民，实府库，修武备，固守礼社江之西，经略哀牢山迤西之地"；"西图思（茅）普（洱）广阔之地"；东进"合杜帅之众，齐驱满贼"。② 概括起来是这样三句话：巩固哀牢山根据地，积极向西拓展思茅普洱地区，向东联合杜文秀起义军，抗击清军。在这一战略方针指导下，蜜滴政权制定并实行了一系列政策措施，开展了艰苦卓绝的军事斗争。

(2) 实行反封建的土地政策。没收庄主（地主）的土地分给农民，废除封建地主阶级土地所有制，实行农民土地所有制。蜜滴政权规定，农民不必向地主缴租，每年只需向起义军缴纳年收获量二成的公粮，且荒年

---

① （清）夏正寅：《哀牢夷雄列传》，《李文学传》，中国社会科学院民族研究所图书室1982年编印。

② 同上。

不缴。这项土地政策受到了广大农民群众的拥护,他们说:"不图今日复见天日"。蜜滴政权在实践中较认真地执行了这一政策,据记载,副参军兼左都督杞绍兴,在"凡夷军所辖之地……力行庶民原耕庄主之田归庶民所有,不纳租,课赋二成之则"。①

(3) 推行民族团结政策。哀牢山区是个多民族地区,这里居住着彝、汉、回、哈尼、傈僳、白、傣、布朗、苗等各族人民。深受民族压迫之苦的各族人民迫切要求各民族之间实行平等、团结的民族关系。受尽民族压迫与剥削摧残的李文学等蜜滴政权的主要领导人,懂得实行平等、团结的民族政策的重要性,因此,蜜滴政权建立后就认真推行"不别夷汉,汉夷同利"的民族政策。在反清旗帜下,以李文学为首的蜜滴政权十分重视并认真实行联合各民族人民共同反抗清政府反动统治的政治主张。首先,它以积极、主动的态度,与杜文秀起义军结成联盟,在反清斗争中密切配合,互相支援,并且李文学还曾接受了杜文秀给予"大司藩"的封号。其次,它先后联合了镇南州马街地区杞彩顺领导的彝族起义军。第三,争取、团结了以下三支暂时被清军利用的由少数民族头人领导的民族武装,即:戛色(今新平县戛洒)刀成义领导的傣族武装,因远(属元江)杨承熹领导的白族武装,他郎(今墨江)王崇周、白简领导的哈尼族武装。第四,对哀牢山下段思陀、瓦渣两土司采取暂时结盟策略,争取其在反清斗争中采取中立态度。实行团结、平等的民族政策,联合与争取各族人民共同反清,这是李文学起义军不断发展壮大、能够坚持反清斗争18年的一个重要条件。

(4) 建立常备军制度,实行兵农合一的军事政策。蜜滴政权实行常备兵制度,规定帅府常备军二千人,都督府常备军一千人,全部常备军人数,初定为五千人,后增至万人左右。为了既要减轻人民负担又要保障军队的物资供应,实行"军不忘农"的兵农合一政策,规定军队"收庄主田亩耕之,则军不忘农,可以战,粮不全取于民,民可以养","帅府、督府近郊之庄主田亩,悉收为军耕"。除常备军外,还建立民兵制度,规定对18—40岁的男女公民进行军事训练,"战则集之,不战则耕。男作

---

① (清)夏正寅:《哀牢夷雄列传》,《李文学传》、《杞绍兴传》,中国社会科学院民族研究所图书室1982年编印。

战，女任运，男女各有其职"。① 这种兵农合一、常备军和民兵相结合的军事体制，以及较好地解决军队物资供应的办法，就保证了李文学起义军在对敌斗争中具有较强的战斗力。

（5）实行扶持生产的经济政策。针对清政府对蜜滴政权统治区域实行经济封锁，禁止盐铁运入的情况，蜜滴政权实行垄断贸易办法，鼓励人民发展畜牧业、纺织业和狩猎业，规定"由帅府总收皮、毛、麻、麻布，与汉商贸易盐铁，则帅府之用不取于（民），而民得利"。② 为了确保军械、弹药和农具的生产，亦由起义政权实行统一经营。王泰阶、李学东和杞绍兴等向李文学建议："礼社江畔之崖穴多藏火硝，可命杞彩云副将军监制火药，以供军用；磴嘉有汉绅原营铅铁矿，今已收之，可命杞彩顺都督集锻工广其营，制刀、枪、戈、矛、弹丸、锄、犁、斧，以实军械，利民耕。"③ 李文学采纳了上述建议。杞彩顺不辱使命，在其镇守磴嘉期间，哀牢山区起义军民所需的军械与农具，"悉取自磴嘉"。杞彩顺之弟杞彩云奉命召集火药工匠百余人，在礼社江边岩穴取火硝制火药，不仅保障了李文学起义军的火药供应，而且还支援了杜文秀起义军。④ 帅府派遣副参军兼都督杞绍兴经常前往磴嘉和礼社江边进行视察，以示对制铁业和火药业生产的重视。

由于贯彻执行了上述一系列较为正确的方针政策，蜜滴政权不断得到了巩固和发展。蜜滴政权在其巩固和发展过程中，重视处理好以下两个关系：

第一，与田四浪起义军的关系。李文学起义军始终注重团结田四浪领导的哈尼族起义军。田四浪（1820—1870），又名田四、田政，封建统治阶级则诬称他为"田四乱"或"田四滥"，籍贯镇源凹壁下村（今墨江县凹壁村），哈尼族，幼年丧父，家境贫寒，曾做过庄主（地主）长工，受尽欺凌，稍长，靠贩盐谋生，富于正义感，好打抱不平。咸丰八年

---

① （清）夏正寅：《哀牢夷雄列传》，《李文学传》、《王泰阶传》，中国社会科学院民族研究所图书室1982年编印。

② （清）夏正寅：《哀牢夷雄列传》，《李文学传》、《杞绍兴传》，中国社会科学院民族研究所图书室1982年编印。

③ （清）夏正寅：《哀牢夷雄列传》，《李文学传》，中国社会科学院民族研究所图书室1982年编印。

④ 同上。

(1858年），为反抗官商勒索和官军镇压，田四浪率众起义，"纠众负隅于四选崖（威远厅属）一带，界在元江、他郎、缅宁之间，四出焚掠，互相援应，均为迤南大患"，"其田四滥一股人数不下数千，巢穴皆凭绝险"。① 在田四浪领导下，起义军多次击退了官军、团练的进攻，先后攻占了按板、恩乐、新抚司（均在今镇源境内）、者干（今景东大街）等地，发展成为哀牢山中段的一支较大的反清起义军。李文学采纳杞绍兴、王泰阶等提出的与田四浪合作抗清的建议，派王泰阶、李学东、杞绍兴等赴按板拜会田四浪，表示"愿拥戴其为副帅，共除满贼"，并请他前往者干与李帅会盟。田四浪当即表示欣然同意。咸丰八年（1858年）六月二十四日，田四浪偕其副将军普顺义、何成至者干会盟。李文学与田四浪发誓愿共率夷众，"除满贼，为夷家除害"。次日，田四浪向李文学请求，把王泰阶参军和徐东位都督给他做助手。开始，李文学不愿意，但在李学东上将军的劝说下，李文学还是同意了，于是王泰阶等随田四浪返回按板。② 从此以后，直到同治九年（1870年）王泰阶作为得力助手一直跟随田四浪副帅。

第二，与杜文秀起义军的关系。杜文秀起义军，是当时云南全省各支反清武装起义力量中最强大的一支。因为存在共同的敌人，出于斗争的需要，李文学起义军与杜文秀起义军，结成了密切的联盟关系。李文学起义军自始至终都很重视与杜文秀起义军的联盟，在诸如红崖、镇南、楚雄、蒙化等重要战役中，李文学起义军都主动配合与支援杜军，为取得对清军作战的胜利作出重要贡献。然而，李文学起义军实行与杜军联盟的过程并非一帆风顺，曾经遭到了来自领导集团内部少数人的竭力反对。副参军刘柄贤为首的少数人，以李文学起义军支援杜军作战有功为借口，主张李文学称王，向杜军争地盘，并散布"回回受满汉欺转而欺夷"等流言来蛊惑人心，其实质就是反对与杜军联盟。这种错误主张，受到了以王泰阶、李学东为首的大多数领导人的驳斥和抵制，王泰阶等指出，刘柄贤等人的主张，"恐伤夷回两家的和气，为满贼所乘，

---

① （清）夏正寅：《哀牢夷雄列传》，《杞彩顺传》，中国社会科学院民族研究所图书室1982年编印。

② （清）夏正寅：《哀牢夷雄列传》，《李文学传》、《王泰阶传》，中国社会科学院民族研究所图书室1982年编印。

殊为不当",认为"吾帅为帅,为民除暴谋利,则无论汉回夷之民莫不争附之……有民何患不王,苟无民,虽王亦亡"。经过激烈斗争,王泰阶等人的正确主张终于挫败了刘柄贤等人的荒谬主张,李文学"罢称王之议",① 从而,维护并坚持了与杜军的联盟。从此以后,李文学始终不渝地坚持与杜军的联盟。

三 起义军失败

咸丰六年至同治五年(1856—1866年)是李文学起义军较为顺利发展的时期,它在鼎盛时期的版图已经超过哀牢、蒙乐、六诏山区的范围,其四至为:东起镇南的马街、新平的戛色,越过礼社江以东;西至蒙乐山以西的镇源,包括哀牢山上、中段全部和下段的一部分,以及蒙乐、六诏山的一部分;南抵元江的因远、他郎的通关哨;北达南涧的公郎。其统辖区域包括今天云南省的南涧、弥渡、南华、楚雄、双柏、景东、镇源、墨江、新平、元江10县的全部、大部或部分地区,总面积达三万多平方公里,居住着彝、汉、哈尼、傈僳、白、回、苗、布朗、傣等十多个民族。

同治三年(1864年),太平天国首都——天京陷落,全国革命形势开始转入低潮。五年后,杜文秀起义军围攻昆明的10余万主力遭到全军覆没。从此大理政权由进攻转入防御,全国和全省革命形势的逆转,使得李文学起义军进入艰苦危难的斗争时期。同治九年(1870年)九月,清军2万人向哀牢山西部重要战略据点的通关哨发动进攻,义军反击失利,参军王泰阶战死。腊月,清军乘胜进攻田四浪驻守的"过得岩"(在阁者江边),田四浪突围时被俘,后被杀害。参军王泰阶和副帅田四浪的先后牺牲,使起义军遭受巨大损失,李文学悲痛欲绝,"自此鲜出议事,文武事宜,悉委诸于李学东、杞绍兴"。②

同治十一年(1872年)春,清军围攻下关,杜军势危,李文学率3000人驰援,途中遭清军狙击,部将李学明战死,李文学被迫退至南涧

---

① (清)夏正寅:《哀牢夷雄列传》,《李文学传》,中国社会科学院民族研究所图书室1982年编印。

② (清)夏正寅:《哀牢夷雄列传》,《李文学传》、《王泰阶传》,中国社会科学院民族研究所图书室1982年编印。

时，南涧已落入清军手中。清军悬赏重金擒拿李文学，侍卫将军李明学叛变，擒李文学向清军献降。同治十三年三月二十八日（1874年5月13日），李文学被押至南涧牛街乌龟山凌迟处死，年仅48岁。①

同年四月，清军李芳梅、张宗久率部七千余人进攻蜜滴。在上将军李学东的指挥下，蜜滴军民同仇敌忾，英勇抗击敌人的进攻，歼敌二千余人，但由于敌强我弱，加之副参军刘柄贤叛变后做敌人内应，致使起义军民抵抗失败，蜜滴陷落。李学东突围后，率五百余人上山，继续坚持斗争。李学东"深匿山林崖穴，负隅顽抗"，②开展出没不定的游击战，屡次袭击清军。光绪元年（1875年）十月，清军参将李芳梅路经琵琶箐去楚雄的消息为李学东获悉，李学东遂事先设伏兵于琵琶箐，将李芳梅这个双手沾满哀牢山起义军民鲜血的刽子手击毙。李芳梅被杀后，清军调兵遣将，妄图一举消灭李学东的队伍。但是，李学东所部深居山里，神出鬼没，令清军穷于应付，终未能实现其聚歼李学东起义军的阴谋计划。清军转而采取招降办法，企图以高官厚禄来收买李学东，但被李学东拒绝。在严重挫折面前，李学东坚信"满贼终必败亡"，坚持反清斗争的意志不曾稍减。光绪二年（1876年）六月，李学东积劳成疾，患痢疾无治，病死于镇南州（今南华）属大古木村后山的大涧洞。他的病逝，引起了起义军民的巨大悲痛，附近彝族群众闻讯后，成群结队地前往大涧洞来向李学东的遗体表示哀悼和致敬。③至此李文学起义完全失败。

第三节　李永和、蓝朝鼎起义

李永和、蓝朝鼎领导的农民起义，发轫于云南昭通府，旋即转战四川，在四川发展壮大，活动范围遍及滇、川、鄂、陕、甘等省，纵横驰骋五十余州县。由于与清军主力决战失利，余部被迫退入陕西，与进入该省的太平军联合作战，进入甘肃后失败。

---

① （清）夏正寅：《哀牢夷雄列传》，《李文学传》，中国社会科学院民族研究所图书室1982年编印。
② 王衮：《爱乐山域夷变纪略》，中国社会科学院民族研究所图书室1982年编印。
③ （清）夏正寅：《哀牢夷雄列传》，《李学东传》，中国社会科学院民族研究所图书室1982年编印。

一　云南首义

云南省昭通府，位于滇、川、黔三省毗连地区，居住着汉、彝、回、苗等各民族人民，为多民族杂居地区。太平天国革命爆发后，清政府为了筹集军饷镇压革命，和全国其他地方一样，在这里不断增加人民的赋税负担，大批农民和手工业者破产失业。当时，滇、川商道关卡林立，商贩裹足，商贸萧条。自咸丰初年以后，在地方政府当局的纵容和挑动下，昭通地区和云南其他各地一样，普遍发生了"汉回械斗"的流血事件，造成社会动荡，人心惶惶。咸丰八年（1858年）昭通府大关厅严重干旱，粮食歉收，广大贫苦人民"无吃无穿"，① 挣扎在饥饿线上，成千上万的人们被迫铤而走险，走上武装起义的道路。

作为李蓝起义的序曲，蓝朝鼎于咸丰八年（1858年）春在贵州省威宁州（今威宁县）观音山打响了武装起义的第一枪。蓝朝鼎（1826—1861），贵州省威宁州稻田坝迤北丘人，② 自幼在家务农，长大后从事商业活动，他性格豪爽，好交游，经常往来于稻田坝和昭通府城之间，同昭通府的李永和、卯德兴、訾洪发、唐友耕等人关系密切。蓝朝鼎在事先同李永和等人取得联系后，于咸丰八年三、四月间在观音山率众起义。起义群众一百多人，他们多是威宁州稻田坝和恩安县（今昭通市）八仙营的农民。观音山三面悬崖峭壁，只有一条羊肠小道可以通行，易守难攻，是起义者理想的根据地。起义群众提出了"打富济贫"的口号，把打击目标对准了当地的贪官污吏、地主豪绅和土官土目。在驻扎观音山期间，蓝朝鼎曾率领起义军攻打黑土河安姓土目，将所获粮食分给当地贫苦农民，还曾与昭通府县的地主民团作战。同年秋天，蓝朝鼎率义军转移，经恩安县前往大关厅屯上，与李永和领导的起义军会师。③ 两支起义军队伍的会合，大大加强了起义军的力量。

---

① 转自孙澍《李、蓝农民起义初期史实考》，《大关县文史资料》1992年第1辑。
② 蓝朝鼎原籍贵州省威宁州稻田坝迤北丘，清初期远祖移居于云南省昭通府恩安县（今昭通市）八仙营，到他的祖父时又迁回威宁原籍居住，其父蓝翠璋时又曾率全家一度迁居恩安县八仙营，不久又迁回威宁蓝家丫口居住。参见张宁《蓝朝鼎身世及其起义原因的探讨》，《昭通师专学报》（社会科学版）1992年第4期。
③ 张宁：《蓝朝鼎身世及其起义原因的探讨》，《昭通师专学报》（社会科学版）1992年第4期。

李永和（1836—1862）昭通府恩安县农民。咸丰八年（1858年），恩安县天旱，李永和率领贫苦农民揭竿而起。起义后，李永和因痛恨满洲贵族的统治而毅然剪去了清朝统治象征的长辫，故时人称之为"李短搭搭"。九月，李永和等率领起义群众往攻大关厅城未克，遂前往大关县河东乡（今天星乡）屯上，"啸聚屯上，响应杜文秀"。① 不久，蓝朝鼎率领的起义军前来屯上会师。起义军以屯上为根据地，积极扩军建政，不断发展壮大。起义军提出"不交租，不纳粮，杀尽贪官污吏"和"打富济贫"等政治口号，曾打退了清军左营游击常德所部的多次进攻，并在大关、盐津、永善和彝良一带，打击地主、土目等封建势力，将所得粮食、财物分发给当地贫苦农民。九年春，凉山奴隶主派武装匪徒到大关厅关河地区烧杀抢掠，严重威胁着当地人民大众的生命财产，起义军奋起将其驱逐出境，为民除害。当时大关厅民间流传着这样一首民谣："要得吃得饱，穿得好，只有跟着李短辫子跑。"② 在屯上，年仅23岁的李永和"因稍知书识字，众遂推尊之"，为"顺天王"，蓝朝鼎被推为"大元帅"。③ 起义军在屯上设立"五牌"建制，以李、蓝为首领，唐友耕（又名唐泽波，入川后叛变投敌）为先锋，卯德兴、蓝二顺、吴四探子、谢大德等分任"五牌"之长，并确定了入川作战的战略意图。同年七月，四川宜宾知县、千总率兵入滇境诱杀义军胡、杨二将，李永和等义军领导人遂决定入川报复。④ 在屯上根据地一年左右时间，起义军在各方面都获得了较大的发展，人数增加到五六千人。咸丰九年（1859年）秋，起义军自屯上转移北上，开始实施向四川进军的战略计划。行军至大关厅落雁（今属盐津县），因受清军和民团堵截，双方发生激烈战斗。关于此次战斗情况，近年在盐津县兴隆乡凤凰村发现的《张氏族谱》有如下记载："清咸丰九年秋，李永和、蓝朝鼎进驻落雁。族人张润沛领其弟润桂及侄张金品、张金鼎等人，率领团人三千人追剿。于九月十六日深入敌营中，被敌军六千人团团围住，在激战中全军覆没，张氏叔侄死于乱军中。"⑤ 这是

---

① 《大关县志》卷一，大事记，第1383页，《昭通旧志汇编》（五）。
② 孙澍：《李、蓝农民起义初期史实考》，《大关县文史资料》1992年第1辑，第142—143页。
③ 邹知白：《李永和蓝朝鼎起义始末》，1955年4月14日《光明日报》第3版"史学"。
④ 同上。
⑤ 孙澍：《李、蓝农民起义初期史实考》，《大关县文史资料》1992年第1辑。

义军进军四川途中的第一仗。落雁大捷后，义军继续向前推进，到达滇川边境的牛皮寨（今属盐津县）。义军在牛皮寨短暂驻扎，进行整编和扩军。在整编中，义军由"五牌"建制扩编为"五营四哨"，由卯德兴、李永甫、李永成、张国富、谢大德、周绍勇、郭富贵、蔡昌龄、张才弟、宋国迁、曹灿章、谢华瑶（女，即谢大脚）等18位头目分领，拜余老尚师为军师，并拜李永和为"盟主"，仍称"顺天王"。此时，四川温如玉、马沉盛等股起义军前来投靠李、蓝义军队伍。① 经过牛皮寨整编后，义军得到进一步的发展壮大，人数增加到一万人左右，已为进军四川做好准备。

二 入川后的发展与受挫

咸丰九年（1859年）九月，李永和、蓝朝鼎率领起义军从老鸦滩（今盐津县属）进入四川后，六天内连克筠连、高县、庆符三县，紧接着渡过金沙江，进逼叙州府（今宜宾市）城下。在府城下，义军对赴援清军展开激战，将清军副将马天贵击毙。但是，由于义军未能截断清军的水道增援，加之义军先锋唐友耕的叛变投敌，致使围城50多天而未能攻克，遂解围北上。从十一月至第二年正月，义军攻势凌厉，先后攻克犍乐、自贡两个盐场，获得大量物资供给和兵源补充。在盐工和农民的踊跃参加下，义军队伍猛增至10万余人。上述两个盐场是四川的主要产盐区，其盐课收入为清廷和四川省的重要财源，义军对它的占领，无疑是给予清政权的一个沉重打击。咸丰十年（1860年）二月，义军撤离自贡盐场后分两路进军作战：李永和率领部分义军前往犍乐盐场一带驻防，在此建立根据地；蓝朝鼎所部则向青神、眉州（今眉山县）挺进，准备夺取成都。六月，蓝朝鼎所部义军前锋进抵川西平原上的夹江、崇详、大邑、灌县等地，设在崇庆州元通场的蓝朝鼎大营，距成都只有70里，成都为之震动。② 四川地方当权派发生内讧，成都将军有凤与总督曾望颜互相攻击，彼此推诿战败责任。为了稳住四川阵脚，清廷令驻藏大臣崇实赴川查办。清廷又以太平军翼王石达开所部转图西南，向四川推进，乃令湖南巡抚骆秉章赴川督办军务。

---

① 孙澍：《李、蓝农民起义初期史实考》，《大关县文史资料》1992年第1辑。
② 邹知白：《李永和蓝朝鼎起义始末》，1955年4月14日《光明日报》第3版"史学"。

十月，李蓝义军各部在富顺县北的牛佛渡会师，这时义军人数已增至30多万。第二年初，义军各部从牛佛渡分路出征：李永和、卯德兴率部进驻铁山地区，然后待机北上，与蓝朝鼎所部互为犄角；蓝朝鼎、蓝朝柱、訾洪发等率领的义军主力向川北进发，目标是夺取绵州（今绵阳）；周绍涌、曹灿章、蔡昌龄等部向川东推进，以牵制清军主力。三月，李永和所部义军再克青神，继而围攻眉州（今眉山）。是月下旬，蓝朝鼎所部义军开始围攻成都北面重镇绵州，与李永和部义军对成都形成南北夹击之势。

咸丰十一年（1861年）夏，骆秉章率湘军万余人入川，后又调湘军5000人赴川增援。骆秉章为了进一步增强其军事实力，在四川一些地方大量招募勇丁，并奏准清廷给他以就地抽厘卖官以筹措军饷的特权。① 由于蓝朝鼎过低估计敌人的力量，未集中兵力尽快攻下绵州，而是分散兵力，四面出击，以致攻城义军师老兵疲，围城四月仍未攻克。八月，骆秉章在做了较充分准备后，开始对围攻绵州的义军发起进攻。义军武器装备远不如骆部湘军，且粮食紧缺，双方激战半月后，义军伤亡惨重，被迫解围南撤，经绵竹、什邡、彭县退守丹棱，与李永和部义军靠近。骆秉章倾全力攻丹棱。李永和部因受到敌人牵制，不但不能增援丹棱，而且被迫从已围困8个月的眉州城下撤至青神。十一月十一日，蓝朝鼎率部从丹棱突围后，在丹棱县麻柳沟不幸阵亡，年仅35岁。义军余部在副将蓝朝柱率领下，转战川东、川南，后又北上攻克陕西省的宁远厅（今镇巴），这是最早进入陕西的李蓝义军。

义军丹棱之败，使骆秉章得以集中力量攻击驻守青神的李永和所部义军。十二月，李永和、卯德兴率义军从青神突围，撤至铁山。同治元年（1862年）三月，铁山地区缺粮，难以继续在此坚守，于是李永和与卯德兴各率领一部分义军从铁山撤退，李部转移到富顺、隆昌交界处的天洋坪，卯部则退入宜宾县八角寨。不久，李部弃天洋坪来八角寨，与卯部会合。八月，清军以优势兵力攻占八角寨，李永和、卯德兴率部突围后，在犍为县龙孔场与清军激战时，受伤被俘，后在成都就义。所部义军将士5000多人，没有一人投降，除半数阵亡外，其余被俘后全部被

---

① 邹知白：《李永和蓝朝鼎起义始末》，1955年4月14日《光明日报》第3版"史学"。

杀害。①

三 转战陕西、甘肃

以周绍涌、曹灿章为首的东路义军,攻占涪州府(今涪陵)鹤游坪(今属垫江县),将其作为根据地。一年多后,由于蓝朝鼎、李永和两路义军先后失败,形势逆转。在不利形势下,同治元年(1862年)夏,义军放弃鹤游坪分军作战,曹灿章部攻梁山、垫江、邻水、大竹,后经大巴山进入陕西,与在陕西的太平军会合;郭富贵部,八月间攻入湖北竹山、竹溪谷两县,后转战陕南,又复入四川攻广元,十一月在同湘勇作战中师溃被俘,后就义于成都;同年九月,周绍涌率部北上进入陕西,十一月,在大竹师溃被俘,后在成都就义。至此,李蓝义军入川作战三年后,被清军各个击溃,只有少部分义军退入陕西,继续坚持斗争。

同治元年五月后,蓝朝柱、曹灿章、蔡昌龄等部义军辗转进入陕西南部。他们与在陕西的太平军扶王陈得才、遵王赖文光、启王梁成富等部配合作战,于同治二年(1863年)八月,攻克陕西重镇汉中府城。十月,蓝朝柱率部北上西安以西的周至,威胁西安。正当此时,太平天国都城天京危急,在陕太平军各部奉命驰援,遂先后撤离陕西东归。太平军撤离后,李蓝义军余部孤立无援,处境更为艰难。同治三年(1864年)二月,清军乘机进攻周至,经激战,清西安将军多隆阿受伤后毙命,义军损失也很惨重。义军被迫从周至南撤,行到汉阴县,遭到当地团练袭击,蓝朝柱不幸阵亡。余部在蔡昌龄率领下,与太平军启王梁成富部组成联军,全军2万余人,继续与清军作战。八月,联军转战甘肃,不久,攻占阶州(今武都)。同治四年(1865年)二月,提督胡中和指挥清军进攻阶州。五月,蔡昌龄作战牺牲,梁成富被俘后就义,清军占领阶州。

震撼全国的李永和、蓝朝鼎起义,从云南首义到进军四川,最后转战陕甘,历时六年,先后转战云南、四川、湖北、河南、陕西、甘肃六省,曾经攻占五十余州县,最盛时起义军人数达到30余万众。这次起义的规模和影响仅次于太平天国和捻军,给予清王朝在四川等省的封建统治以沉重打击,在客观上支援了太平天国革命和全国各地人民的反清起义,在中国近代史上占有重要地位。

---

① 参见隗瀛涛等著《四川近代史》,四川社会科学院出版社1985年版,第78—79页。

第四节　各族人民大起义失败后的云南社会

一　统治阶级的反攻倒算

在云南各族人民大起义被镇压下去后，清朝统治阶级对起义人民特别是回族人民，进行了疯狂的反攻倒算。采取的主要措施是，以"叛产"、"逆产"罪名，对起义回民的房地产予以全部没收，剥夺了成千上万回族人民的基本生存条件。同治十二年（1873 年）七月，云南巡抚岑毓英给同治帝的奏折称："查迤西地方叛产颇多，当此百姓凋零，乏人耕种，若任其荒芜，不惟国赋虚悬，且旷废可惜。臣现拟檄饬迤西道陈席珍，督饬各府厅州县认真清查。叛产较多之处，安置无业勇丁，酌量分给耕种，照纳钱粮；并酌提变价，为该处昭忠祠、书院各修费；其余招佃耕种，每年收获租息，除纳钱粮外，分作该处膏火卷金之资，并分给阵亡伤废家属养赡，余项添发孤贫口粮……其叛产较少之处，毋庸安置勇丁，惟酌分为修理昭忠祠、书院，并留备膏火、卷金之资，其余招佃纳租，分济伤亡各弁勇家属。"① 在此前不久，岑毓英就已向迤西道陈席珍发出札饬，提出了处置"叛产"的具体办法：对顺宁、云州、蒙化、赵州、太和、永平、宾川、永北 8 个"叛产"较多的地方，"叛产""以五成分给无业官勇，饬令携家前往自行耕种，照纳钱粮；以二成五分别变价租息，作为该处昭忠祠等处修费暨书院膏火、卷金之资；其余二成五，勿论房产田地，均由地方官督同公正绅耆招佃耕种，每年收获租息，除纳钱粮外，分给历年随征阵亡及带伤残废家属，如有余项，添发孤贫口粮，俟至十年后，该伤故弁兵等子孙成立，即行停止"。其他迤西州县"叛产"较少，其处置办法是："毋庸安置兵勇，只以一半分别变价租息，为昭忠祠等处修费及书院膏火、卷金；以一半招佃纳租，养赡伤故弁兵家属。"②

十二月，昆明设立"善后总局"，各厅州县设立"清查局"或"公局"，作为清查和处理"叛产"的机构，由政府官员主持，邀请当地绅耆

---

① 《岑襄勤公奏稿》卷八，第 38 页。
② 《逆产全案》（《逆产全案》是杜文秀为首的大理政权失败后，清朝政府没收云南县［即今祥云县和弥渡县、宾川县部分地区］回族人民房地产的登记册），见中国少数民族社会历史调查资料丛刊《云南回族社会历史调查》（二），第 131 页。

参加。上述机构秉承同级地方政府当局的意旨行事。也有一些厅州县没有设立"清查局"或"公局",而由地方政府直接查办。

清查和处理"叛产"的工作在滇西是普遍进行的。被没收的回民的房地产大体是这样被分赃的:位于城市及其郊区的房地产条件较差的一部分由兵勇攘夺,其余作为公田,拨给寺庙和书院,或分给被招抚归业的回民耕种。

在大理,城内原起义军将领占有的住宅大院,城破后被清军将领抢占一空。"更有城外回产,北乡如新兴、美哨、喜州、末用,东乡如近城各村,南乡如大毘、呈末、洱滨、军卫等铺,所有回村之田亩,概被军官杨玉科、段瑞梅、丁槐、黄河洲、李福兴……占据。"[①]其中霸占最多的是杨玉科。大理知府范琼章为了讨好杨玉科,将大理城内府学署、明伦堂、杜公祠、中和书院、崇敬书院、府仓库,并居民57家迁走,以回产抵还,共得地基四百余方丈,送给杨玉科建房用。杨玉科遂在此建成大宅一院,共有房间一百三十余间。后杨玉科被调往湖南任职,便将其新建大院改为书院,取名"西云书院",意为迤西杨云阶(杨玉科的字)捐建之书院,同时把他霸占的回民房地产和盐灶(计有牛街田地1300余亩,大理城内铺房60余间,大理城郊下兑、丰呈庄等村"叛产"田430余亩,乔后盐灶52处)一并捐给该书院,从而使他捞取了"乐育英才"的美名。[②]

在云南县(今祥云),被没收的"叛产"计有:田400多丘,房屋地基200余块,山10余岭,坝塘10余座。[③]在剑川,回民耕地被全部没收。在洱源、士庞、鸡鸣、三枚村回民的耕地被全部没收。在蒙化和永平,回民的耕地被没收后作为"公田"。

在被清军官兵和地方豪强霸占的所谓"叛产"中,大都是回民的房地产,但也有一部分是汉、白、彝等族人民的房地产。"事因乱平之始,各军官自谓挟有功劳,视榆城(大理城——引注)不论汉回人民,皆为

---

① 中国史学会主编:《中国近代史资料丛刊》,《回民起义》Ⅱ,神州国光出版社1952年版,第312页。
② 《云南回族社会历史调查》(一),云南人民出版社1985年版,第149页。
③ 同上书,第144页。

有罪之人民，物业皆有罪之物业，其所取求，一任自由。"① 蒙化厅甸中的贺、姚、戴三家都是汉族，他们的地产同样被没收。在鹤、丽、剑、邓、浪等处，"各军官假占逆产为名，而汉族之被夺者居大多数"②。

在滇南和滇东，由于军事结束较早，岑毓英在那里率先实行没收"逆产"的政策。同治十一年（1872 年）二月，岑毓英攻下澄江府城后，下令城外回族聚居的西山村和西街子"濠墙屋宇，一律毁平，永远作为荒地。其逆回未忍全诛，择其老弱年幼者，编管下左所，不准（在）城内并西山村、西街子等处居住，其逆产饬归入公"③。同年五月，清将张保和将邱北县曰者乡 100 名"降者"（回族）强行迁往大庄、沙甸，"交马维其等管束"。④

对于九死一生的回民孑遗，清政府地方当局除了没收其房地产业外，又采取种种野蛮措施进行迫害：

其一，禁止在城市居住。同治八年（1869 年）十一月，刘岳昭、岑毓英奏准将昆阳州城内 100 多户"投诚回人"，分别押解到新兴州（今玉溪）九村和呈贡县安江村安置。十一年四月，马如龙将新兴州城内回民降众迁往龙门九村居住。十三年五月，岑毓英强行把寻甸州城三四千户"降回"迁居，或安置在城外农村，或迁往原籍。⑤

其二，强迫分散居住。在腾越乌索坝金家湾，"由十户汉族夹着一户回族居住"，黄家园"每寨安置一家（回民），五六家（回民）住在一起的，就被分散居住"。⑥

其三，对归业回民，只分给少量条件不好的耕地，并加以种种限制。保山县被招抚归业的回民，每 5 家分给 8 亩田，共发一张田契。腾越厅被招安归来的回民，不论男女老少每人分给 1 亩耕田。该厅 4、5、6、7 区共有回族难民 144 人，每人分给三四等田 5 斛（即 1 亩），合计 144 亩，

---

① 中国史学会主编：《中国近代史资料丛刊》，《回民起义》Ⅱ，神州国光出版社 1952 年版，第 313 页。
② 荆德新：《杜文秀起义》，云南民族出版社 1991 年版，第 246 页。
③ 中国史学会主编：《中国近代史资料丛刊》，《回民起义》Ⅱ，神州国光出版社 1952 年版，第 271 页。
④ 《钦定平定云南回匪方略》卷四十四，神州国光出版社 1952 年版，第 15—16 页。
⑤ 《钦定平定云南回匪方略》卷四十四，第 2 页；卷五十，第 3 页。
⑥ 《云南回族社会历史调查》（一），云南人民出版社 1985 年版，第 133—134 页。

共发一张执照。在顺宁（今凤庆），对归业回县城的回民，地方当局不发还田地，听其自谋生路。①

其四，变本加厉地实行歧视回民的政策。清军攻占大理后，当地土豪恶霸在大理城南门口立起一块刻着"不准回民进城"字样的石碑。剑川一回民因姓马而不准参加科举考试，后改姓杨才准应考。在保山县，禁止当地回民以保山籍贯参加科举考试，规定回民不能做绅士，结婚时不许吹打，清真寺房顶不得出角。②

其五，不尊重回民的宗教信仰和风俗习惯。杜文秀大理政权时期，大理城内共有清真寺48所，起义失败后只有1所被保存下来，其余清真寺或被霸占作他用，或被拆毁。地方当局明令禁止回民宰牛，因此保山回民要吃牛肉，只能在夜里偷着宰杀。③

二 社会经济浩劫与倒退

云南各族人民反清大起义失败后，由于统治阶级对起义军民进行疯狂报复和瘟疫肆虐，全省人口锐减，社会经济遭到严重破坏而濒于崩溃，云南社会进入更加黑暗的时期。

据统计，全省人口在道光十年（1830年）为6553108人，至光绪十年（1884年）为2982664人，④ 54年间减少3570444人，减幅为54.5%。从1830年至杜文秀起义爆发前的1855年的25年中，是云南社会相对和平发展时期，全省人口在此期间应有所增加，因此全省人口锐减应是发生在1856—1884年间，这正是大起义爆发及其失败以后的时期。近20年的战争破坏和战后十余年的瘟疫流行，在全省夺去了数百万人民的生命。同治十二年（1873年），镇压云南各族人民大起义罪魁之一的云南巡抚岑毓英承认，"自军兴以来，各属久遭兵燹、饥馑、瘟疫，百姓死亡过半……现查各属百姓户口被害稍轻者，十存七八，或十存五六不等，其被害较重者，十存二三，约计通省百姓户口不过当年十分之五。"⑤ 省城昆明和滇

---

① 云南省历史研究所：《研究集刊》1983年第1期，第130—134页。
② 同上书，第121—130页。
③ 同上书，第123—130页。
④ 王文韶等修，唐炯等纂：《续云南通志稿》，《食货志·户口》。光绪二十七年（1901年）刊印。
⑤ 《岑襄勤公奏稿》卷八，第16页。

西地区是大起义的中心地区，也是战争持续时间最长和受战争破坏最严重的地区，因此人口减少的程度最为严重。1830—1884 年，云南府人口从 1448101 人减至 254295 人，大理府人口从 802015 人减至 143630 人，楚雄府人口从 575473 人减至 180007 人，永昌府人口从 539262 人减至 270925 人，以上各府人口分别减少 1193806 人、658385 人、395466 人、268337 人，减幅分别为 82.4%、82.1%、68.7%、49.8%。①

云南回族人民相当普遍地参加了反清起义，并成为起义军中的骨干力量，在长期激烈的斗争中付出了惨重的牺牲代价，因此战后回族人口锐减的情况尤为突出。由于文献资料的缺乏，我们不可能统计出回族人口减少的确切数字，而只能列举出若干地区回族人口减少的情况，由此可见一斑。大理城郊的五里桥是个回族聚居村，原有回民 300 户，起义失败后，大半遭到杀害，少数幸免于难。下兑原有回民 70 多户，清军攻下该村后，除有 3 户因投降清军而被保留外，其余的均被杀害。蒙化厅永建地区原有回民 3000 多户，2 万余人，除回辉登的二三十户因投降清军而免遭杀害外，其余大部分被杀害，少部分逃脱虎口，整个永建地区在战后只有 176 户被保留下来。永平县曲硐原有回民千余户，起义失败后，成年男子大多被杀，青年妇女多被清军官兵强占为妻妾。保山县原有回民 9000 余户，分散居住在城内和 53 个村寨，经道光末年两次遭到兵练屠杀后，所剩无几。咸丰十一年（1861 年）杜文秀起义军攻占保山后，迁龙陵等地回民 200 多户来保山城里居住，使保山城内回民增到 3000 多户，起义失败后，这里回民除被杀和死于瘟疫外，总共只剩下 30 多户。腾越厅观音塘原有回民 200 多户，起义失败后，只剩下 10 余户。乌索原有回民 200 多户，后又从外地迁来 1000 多户，起义失败后，只剩下 20 多户。②

大起义失败后，全省人口锐减的直接恶果表现在，很多地方由于严重缺乏劳动力，致使大片农田荒芜，出现了众多的无人村、独家村。据岑毓英于同治十二年（1873 年）给皇帝的奏折说："又查各属，自遭兵燹，百姓死亡过半，田地荒芜，各州县征册亦多遗失，积欠钱粮，无从著追……臣拟请将同治十一年以前民欠钱粮，吁恳天恩概行豁免。"同治帝批准了

---

① 《续云南通志稿》，《食货志·户口》。
② 参见云南省历史研究所《研究集刊》1983 年第 1 期，第 123—131 页。

岑毓英的请求，准予将同治十一年以前的民欠钱粮概行豁免。① 十三年，岑毓英遵旨查明全省荒熟田亩成数，并奏准"自同治十三年起，予限十年，将滇省各属钱粮，按照此次清查已种田亩成数，分别征收，其荒芜田地，各按成数，将应纳钱粮暂行豁免。"② 在此情况下，清朝统治阶级不得不对云南人民作出让步，在一定程度上减轻了人民的负担。

但是，当十年限满，即到光绪十年（1884年）时，据云贵总督岑毓英奏称，"若将应征钱粮照常征收，民力实有未逮"，因此，经奏准，将全省各属已查明"永荒田地"应征银48387两、粮3123石"暂行豁免，再行宽限十年"。③ 然而再过十年以后的情形又是怎样呢？据时人昆明绅士张涛在其所著的《滇乱纪略》一文中写道："省城自咸丰六年丙辰起，至同治八年己巳先后十四年，回汉死亡者十之七八，民间捐输助饷数万万……民少而贫，元气大伤。乱定迄今又二十年，省城内外仍一片瓦砾。"④ 省城昆明的恢复尚且如此艰难而缓慢，那么省内其他重灾区的情况就不言而喻了。

三 浩劫后的部分恢复

勤劳勇敢的云南回族人民，没有屈服于清朝统治者的歧视和迫害，经过不屈不挠的斗争，又重新站起来了。

按照清朝云南当局的政策，应允许成千上万流落异乡的回族人民"归籍复业"。光绪二年（1876年）七月，云贵总督刘长佑对太和县（今大理）回民要求复业的"公呈"，曾作如下批示："据禀情形殊堪悯恻，仰善后总局速即妥议章程，分别安抚，勿令日久失所为要。"同年八月，云南善后总局批示："具呈各情均悉，仰候饬各地方官认真清查妥为安置，毋使流离失所，该士民即自行前往归籍可也。"⑤ 上述批示承认回民复业要求为合理，准予复业。但在执行中因阻碍重重而难以落实。要求归籍复业的太和县回民苏云山等，被当地土豪劣绅王士楷等"齐团驱

---

① 《钦定平定云南回匪方略》卷四九，第7—17页；《回民起义》I，第525页。
② 《〈清实录〉有关云南史料汇编》卷四，第295页。
③ 同上书，第295—296页。
④ 马观政：《滇恒十四年大祸记》，《回民起义》I，神州国光出版社1952年版，第277页。
⑤ 《云南回族社会历史调查》（一），云南人民出版社1985年版，第183、185页。

逐"。① 河阳县（今澄江）西山村、西街子回民要求复业，被地方当局出告示禁止，规定"嗣后不准再于西山村、西街子二处地方起盖房屋，以符奏案。倘敢违抗，定即查办不贷。"② 在蒙化厅（今巍山）地方当局原先实行招安政策时，尚有部分回民领回少量生产资料，以后政策变了，地方当局在厅衙门内立起一块大理石碑，上面写着："永不准回民复业"。③ 事实上，只有那些较早"归顺"清政府的回民，和曾对清政府统治有功的个别回民得以名副其实的"归籍复业"，大多数回民是难以真正复业的。

成千上万的回民，由于被剥夺了在本乡本土生存的权利，被迫离乡背井，过着悲惨的生活。例如，同治十二年（1873年），杜文秀起义军将领马麟玉（马二将军），率领一支回民起义军官兵从腾越逃亡至中缅边境的班弄（在今沧源佤族自治县境内），随后，顺宁、耿马、腾越、保山等地又有不少回民迁移来这里，经数十年的发展，至光绪末，居住在班弄的回民已增至数百户，数千口人（具体户口数有三种说法：700户；500户，3000多人；350户，2550人）。④ 又如，杜文秀起义失败后，滇西一带的回民纷纷逃亡到勐海、中甸、德钦、陇川等地落籍，和当地的傣族、藏族、佤族等兄弟民族和睦相处，在语言、服饰和生活习俗等方面，深受当地兄弟民族的影响，以致被人们称为"傣回"、"藏回"、"保黑回"（又称"佤回"）。⑤

在杜文秀起义失败后的一个相当长时期内，滇西以及全省其他一些地方，曾出现了一个回民大逃亡、大迁移的局面。这种局面的出现，一方面给回族人民带来了无穷的灾难和痛苦，正如民初一位回族遗老所描述的那样："回惨遭难，劫后余生多系鳏寡孤独，产业无归，且飘浮零落，单衣贫食，觅利奔驰，苦度岁月，诚所谓'无告穷民'。"⑥ 但另一方面，却又

---

① 《云南回族社会历史调查》（一），云南人民出版社1985年版，第183、185页。
② 中国史学会主编：《中国近代史资料丛刊》，《回民起义》Ⅱ，神州国光出版社1952年版，第272页。
③ 云南省历史研究所：《研究集刊》1983年第1期，第127页。
④ 云南省历史研究所：《研究集刊》1982年第2期，第303—304页；《云南回族社会历史调查》（四），第28—29页。
⑤ 荆德新：《杜文秀起义》，云南民族出版社1991年版，第248—249页。
⑥ 马观政：《滇恒十四年大祸记》，《回民起义》Ⅰ，神州国光出版社1952年版，第62页。

迫使回族人民在苦难中奋起，以加倍的苦干精神去重建家园。回族人民的大迁移、大流动，在客观上，促进了回族同其他民族之间在经济、文化上的联系和交流，有利于民族融合，并使回族亦商亦农，亦工亦农的传统农业经济得到进一步加强，他们长于经商、开矿的传统经济优势得到发扬光大。

　　云南回族人民经过三十多年的艰苦奋斗，到清末民初，其经济、文化得到了恢复与发展。在经济方面，云南各地先后出现了一批影响较大的回族商号和马帮，他们通过在省内经商和去缅甸、泰国、越南、老挝等国进行贸易，逐渐积累了较雄厚的资金，然后投资于工矿业和商业，对发展云南社会经济作出了重要贡献。大理、蒙化、永平等地的回民用"赎买"的办法收回了一部分被没收或被霸占的耕地。以经堂教育为主要内容的云南回族文化也得到了恢复和发展。在回族富商的大力资助下，完成了三十卷阿拉伯文《古兰经》的刻版和印刷，适应了全省回族经堂教育迅速发展的需要。[①] 在回族经济、文化恢复和发展的同时，云南回族人口也在逐渐增加。据《蒙化乡土志》（清末抄本）记载：蒙化厅永建地区的回族人口，"最盛莫如乾嘉间，计大小一十八寨……约三千余户，二万余丁口。至道光末，回汉忽相仇。寻于咸丰初，杜逆首祸……迄同治壬申、癸酉始平之，则几无噍类矣。承平至今凡四十年，休养生息，渐臻蕃（繁）庶，稽其户口，虽未盈千，亦不下六百一二十户"。[②] 但仍远未恢复到清朝乾嘉时期的水平。蒙化回族人口从浩劫中缓慢恢复的情形，也是全省回族人口逐渐恢复的一个缩影。据统计，到清末民初，云南省回族人口恢复至10万余人。云南回族人口的缓慢增加，是当时云南社会经济缓慢恢复的标志之一。

---

　　① 参见杨兆钧主编《云南回族史》（修订本），云南民族出版社1994年版，第221—222页。

　　② 转引自云南省历史研究所《研究集刊》1983年第1期，第125—126页。

第四章

云南人民的反侵略斗争

第一节　英法窥滇与马嘉理事件

一　马嘉理事件的发生

经过两次鸦片战争及其以后签订的《江宁条约》、《天津条约》和《北京条约》，中国的门户从此大开，英、法等西方殖民主义国家的商品，如潮水一样地涌入。时人评论说："据我们所有的资料，当时中国国际经济关系的任何方面，英国都占着优势"。其中如"在旅华外侨方面，照中国海关报告，1880年以前，英国侨民计占50%以上"。"据贸易统计所示，中国对英直接贸易，自19世纪60年代有记录时起至1874年，占中国贸易总额40%"。① 但代表商人利益的英、法政府认为，仅从中国沿海打开通道，其商品势难大量地进入中国内地，所以，寻求经由印度半岛、中南半岛而入我国的商道，就成为它们极力追求的目标。

英、法政府要经由印度半岛、中南半岛而进入我国的西南，其设想早在鸦片战争之前就已提出来。法国主教百多禄，在1787年给法皇路易十六的奏议里，就毫不掩饰地说过，如果能在交趾支那建立一个属于法国的殖民地，则不仅可以从这一地区得到天然的资源，还可以"建设一条达到中国中部去的商道"。"建设中国中部的商道将使我们获得那个人们不认识的国家（中国）的（种种）财富。"② 英国在占领印度并侵入缅甸后，其欲建筑铁路、公路，或开通航道以达云南的倡议，已不以纸上谈兵

---

① 雷麦著、蒋学楷等译《外人在华投资论》，商务印书馆1937年版，第329—330页。
② 《一七八七年百多禄主教上路易十六的奏议》，中国近代史资料丛刊《中法战争》一，新知识出版社1955年版，第364页。

为满足。1864年初，司空士受派沿萨尔温江北上，勘察该江能否通航。但进至掸邦边境，即为缅军所阻。同年冬，在缅甸政府同意后，瓦特孙率队，历时五月，对该江的航道和沿途所经的陆路进行了探查，认为该江上游滩礁甚多，雨干两季水位涨落不一，不适宜通航。由退役军官斯普莱父子所倡议，起于仰光，中经江洪（今景洪）、思茅而达广州的斯普莱铁路，1867年初，由英印军工程师威廉士，就其缅甸境内的一段作了初察。其报告送达英印政府后，该政府和英国印度事务部均认为，这项勘察仅限于缅甸境内的一段，如继续勘察和动工修建，还将涉及大量经费筹集和与缅甸政府关系的协调等复杂问题，乃决定停止勘察。

英、法政府认为筑路或通航，仅限于在中南半岛的有关国家是不可取的。1867年秋，经法国政府安排，组成以特拉格来为总办、安邺为帮办的澜沧江勘探队，就澜沧江流域交通、商务进行考察。这个20多人的勘探队，在云南境内活动了半年之久。鼓噪多年的斯普莱路既然作罢，英国政府在对伊洛瓦底江曼德勒至八莫的一段两次测勘后，认为不仅可以通航，而且还可以省时省费，与滇、缅古商道相接。这就是英印、英缅政府所说的八莫路。1868年初，经大理起义而建立的大理帅府的同意，以英缅政府驻缅京的政治代表司拉登为团长的考察团到达腾冲，着重对滇、缅贸易中断的原因，恢复贸易的可能，杜文秀政权的政治地位等作了了解。该团试图东至保山、大理，大理帅府驻腾官员以战争原因不能前往而加以劝阻后，即在腾冲停留四十多日后返缅。① 1867年，顾巴以英属印度加尔各答英商商会的代表身份，由上海、汉口、重庆、雅安进入巴塘、里塘，次年夏到达德钦、维西。因被清军所阻，而不能前去大理。1869年，他改变路线而由印度东进，但前进至中印边界我国西藏一侧时又受阻而作罢。顾巴的两次探路，后以日记体《由中国到印度之游记——湖北高原》成书。这本书设想，当滇缅、印藏商道开辟后，可"以重庆为中国西部商业中心"。②

英缅政府鉴于司拉登之行收效甚微，于1873年7月，建议另组一个探路队进入云南。1874年4月，英国印度事务部同意了这个建议。英印政府认为，该队人员的组成，除考察人员外，应有一定的武装作护卫，并

---

① 王绳祖：《中英关系史论丛》，人民出版社1981年版，第75—76页。
② 《新纂云南通志》卷一六八，《外交考》五。

决定由柏郎上校为该队的负责人。

以柏郎为头目的这个探路队,其"主要目的是勘查各条商业路线,确定那些开发旧时商业路线所遇到的障碍和改进路线的方法;并对于最好的交通运输工具,各种商业捐税,保护商人安全实际可行的办法,以及经营商务似乎最适宜的代理机关等,提出报告。探路队队员尽量收集旅途经过各地的情况,资源、历史、地理和商务的情报,以及他们有机会和办法可以观察到的一般事物或科学兴趣的资料。"① 这个探路队要进入云南,面临着组队和获取护照的两个问题。

关于这个探路队的组队和入滇后对中国官员们的贿赂情况:"此次之行,乃自曼德雷起程者。人各从四仆,及护军一队。初,印督以率兵同行恐启华人、缅人之疑,不许。予以携馈华官厚礼,且山径为盗薮,易被劫夺告之,乃派印兵十五人为护军"。其"所携礼物,大批合华人之嗜好,有澳洲马二头,硕大无朋,余如犀角、象牙、燕窝、钟表、珠石等物,不可胜数。珠石一宗,则因以饵蛮人者。计其价值,约共英金三千镑云"。"同行有通译李君,安德生君(医生),福德君,随员十二,仆役三,印兵十五,共三十九人。爱君(绘师爱礼斯)则约会于八莫。"② 另据记载,这个探路队还有"一百五十名缅人组成的一支警卫队"。"当最后集结的时候,所有属于这个远征队的人数为一百九十三名"。③

英印政府认为,探路队要以如此庞大的阵容进入云南,中国政府显然不会同意。于是,经由英国政府,饬令英驻京公使威妥玛设法予以解决。威妥玛认为"可以想法使这个探路队凭护照进入中国边疆",④ 于是以有三四名官员欲经缅来华游历为幌子,从中国政府骗得了护照一张,并使总理各国事务衙门同意,由英使馆派译员一人,前往中缅边境的云南一侧作为向导。英驻上海领事馆职员马嘉理,被威妥玛选为这个向导人。

时年29岁的马嘉理,其父为驻印英军军官。他于1867年来华,曾任台湾、烟台等地领事,1874年调上海英领事馆任职。1874年8月,马嘉理率随从数人由上海起程,中经汉口、湖南、贵州至昆明,12月抵达腾

---

① 《讷茨布罗克致艾登》,《英国议会文书》1886,卷56。见于乃仁等编《马嘉理事件始末》,德宏民族出版社1992年版,第23页。
② 《一千八百七十五年英员入滇记》(译英国亚洲报),《外交报汇编》,第18册。
③ [美]马士:《中华帝国对外关系史》卷二,商务印书馆1963年版,第314页。
④ [英]伯尔考维茨:《中国通与英国外交部》,商务印书馆1959年版,第150—151页。

冲。1875年1月，经蛮允（今芒允）去缅，与在八莫等候的柏郎会合。他由沪经昆入缅，"一路各官均极相好，云贵督宪特派一武弁送到边界。所遇地方官员迎接款待，相待殷勤"。① 马嘉理在昆明时，人们除"群聚观之"外，还提出了"此来何为"的疑问。离昆后，"迤西沿途人心惶惶"。② 在腾冲，由于马嘉理"出游叠水河，图形势，腾人噪而逐之"。③ 这与清政府官员的态度形成鲜明对比。

马嘉理离腾西行后，有关英军将从缅入滇的消息相继传来，说其"统军者为英国参将柏郎，马嘉理为之向导，将长驱直入腾越"。④ "有洋人数十，将来腾越设立洋行。又闻有洋兵二三百人，携带军火，欲藉通商为名，袭据腾城。"⑤ 素来爱国爱乡的腾越十八练各界人民，当即作出了针锋相对的反应，他们两次致函腾越镇左营都司李珍国（驻今梁河）。前函谓："此番渠等之来，全腾之祸福攸关。""倘能设法驾驭，使渠等不敢入境，则阁下一人之鸿裁，诚为全腾万家生佛也。"后函称，全腾绅民经集议，"共联总团，众心一举，以御外侮而安百姓"，已商定"合厅齐团，相约七司联为一气，使外匪无从得入"。"务祈阁下定于初六七日前来会团，预为防备，以固梓乡"。⑥ 是时，李珍国在勐卯（今瑞丽）得信后即将他的安排函告腾越称："将诸山野贯一律调齐，大加犒赏，取具刀标木刻为凭，并令各司出具印结，均交蛮允收存。"在"腊撒、陇川、章凤街三处，传聚诸路野贯，以牛、马、银物按数给之，亦各欢喜，各于要隘堵截"。又"令雪列官蔺小红及各路山贯堵截各口，谅难逃脱"。同时考虑到腾越至"蛮允路途遥远，碍难援应"，他嘱咐腾越各界，"若蛮允有事，

---

① 佚名：《探路日记》，《小方壶斋舆地丛钞》，上海著易堂印行，第七帙，第四册。

② 陈度：《有关马嘉理案日记》，《爱景斋日记》卷八。转引自于乃仁等编《马嘉理事件始末》，德宏民族出版社1992年版，第244页。

③ 李根源：《纪马嘉理案》，《曲石文录》卷二。

④ 陈度：《有关马嘉理案日记》，《爱景斋日记》卷八。转引自于乃仁等编《马嘉理事件始末》，德宏民族出版社1992年版，第244页。

⑤ （清）岑毓英：《滇督岑毓英奏英员马嘉理在缅滇交界被戕一案现在拿办情形折》，《清季外交史料》卷一，书目文献出版社1987年版，第32页。

⑥ （清）李瀚章：《川督李瀚章等奏查明英员马嘉理在滇被戕情形折》，附《腾越绅众致李珍国原信二件》，《清季外交史料》卷五，书目文献出版社1987年版，第101页。七司，即腾越厅所属的南甸、干崖、盏达、陇川、户撒、腊撒、勐卯七个土司。

待信到局，务望诸公迅速接应。希无延宕片刻，有误大事也"。① 李珍国的这一番布置，涉及调动腾越的民团、七土司的土兵，动员和组织沿途的景颇、傣等族的群众。这就为马嘉理、柏郎的犯滇，设下了防御性的天罗地网。

佐证李珍国与腾越各界会团布防的，还有两种记载和一件调查。一种记载说："时我边民不顾疆吏三令五申保护洋人之禁令，不分汉、夷同心协力，自南甸、干崖、陇川、猛卯边徼数百里而遥，严密布防。"② 另一种记载称，在"边境七土司地，汉、回、夷民众心一齐，秣马厉兵"。③ 新中国成立后，曾在芒允一带工作多年的吴家福，经认真调查后说，仅是参与此次防御的景颇族群众，即有户宋、芒港、拱施、龙象等15寨的人。④

马嘉理与柏郎在缅甸八莫会合后，于1875年2月15日率队起程。17日，闻芒允有华兵抗阻，马嘉理领数人离队，前往芒允探查，18日夜，马以前方无事致信柏郎，嘱其率队前进。21日，马见柏郎及其探路队久不到来，即离芒允南下迎接。当马嘉理一行行至离芒允两公里外的田坝时，即被当地的景颇族群众所围困。马嘉理有恃无恐，竟首先向群众开枪，杀我方边民一人。我方边民持刀反击，当场将马嘉理砍死，另毙其随员4人。⑤ 这就是马嘉理被杀的经过情形。

跟进的柏郎及其探路队，18日行9里，到中缅交界处的南奔江，20日、21日，该队在我方境内各行24里，至雪列。21日夜，柏郎疑虑重重，乃率队返回20日的住处。22日，该队在拱西山得知马嘉理被戕的消息。我方群众在"我等非打缅人，仅杀番鬼"的喊声下，向该队发起了

---

① 李瀚章：《川督李瀚章等奏查明英员马嘉理在滇被戕情形折》，附《李珍国致绅众原信》，《清季外交史料》卷五，书目文献出版社1987年版，第100页。
② 黄诚源：《马嘉理案与袁善、金国裕、李文秀援缅纪实》，《蜗寄庐续笔》卷二。转引自于乃仁等编《马嘉理事件始末》，德宏民族出版社1992年版，第241页。
③ 陈度：《有关马嘉理案日记》，《爱景斋日记》卷八。转引自于乃仁等编《马嘉理事件始末》，第245页。
④ 吴家福：《"马嘉理事件"调查访问记》，转引自于乃仁等编《马嘉理事件始末》，第394—395页。
⑤ 关于马嘉理被杀的地方，当时和此后有多种说法，诸如户宋河边、芒允街旁、红木树边、大埂子脚等。此从吴家福的调查。转引自于乃仁等编《马嘉理事件始末》，第396页。

进攻。① 柏郎等人且战且退。为掩护撤退，该队竟放火烧山，以阻止我方群众追击。柏郎逃至石桥，不敢留宿，当日即退入缅甸境内。有边疆各族群众参加的这场反入侵斗争，大长了中国人民的志气。

二 会审、观审与订约

据事后调查表明，参与击毙马嘉理的，有景颇族、汉族、回族、傣族等百余人，围困并逐走探路队的，"其中有就地山匪，有内地逃出汉奸，及业已正法逆回李帼纶之子李发羽党，不期而会者共约近二千人"。② 显然，这是一次有景颇等族群众参加的声势很大的保边御侮行动。对于此次边民的爱国义举，时过多日，清政府却一无所知。究其原因，有以下几种情况。

在芒允，当地边民在马嘉理被杀后，曾"欲往土司呈报。因住处离野人甚近，恐被野人杀害"而未往报告。③

在腾越，腾越厅同知吴启亮、腾越镇总兵蒋宗汉，在被查询时说："本年正月，忽闻有洋人在野人山被抢，而未得其详。"④ 经总理各国事务衙门上奏，上谕下达后才知马嘉理被杀。

在昆明，云南巡抚兼署云贵总督岑毓英在上奏里称："本年二月，据永昌府知府朱百梅、腾越同知吴启亮禀报，风闻洋人在野人山被抢，而未得其详。"⑤ 得知马嘉理被杀一事，所说与吴、蒋一样。

按一般情理讲，虽然当时云南交通、通讯极为不便，靠人马驿递的公文传递，腾越、昆明间单程即需二十余日，马嘉理被杀一事，可能知道的时间较迟。但是，据吴启亮、蒋宗汉说，当人们传言，有洋兵二三百人将来袭据腾越，腾越百姓为自卫计，已"暗地联络土司，齐团防堵"时，"吴启亮等以腾越地属极边，百姓闻警齐团系属常情，惟有谆嘱各守地

---

① 佚名：《探路日记》，《小方壶斋舆地丛钞》，上海著易堂印行，第七帙，第四册。

② 李瀚章：《川督李瀚章等奏查明英员马嘉理在滇被戕情形折》，《清季外交史料》卷五，书目文献出版社1987年版，第98页。

③ （清）岑毓英：《滇督岑毓英奏英员马嘉理在缅滇交界被戕一案现在拿办情形折》，《清季外交史料》卷一，书目出版社1987年版，第33页。

④ （清）岑毓英：《遵旨复陈折》（光绪元年四月二十日），《岑襄勤公遗集》（二）卷十二。

⑤ （清）岑毓英：《查明马嘉理被野人劫杀现饬拿办折》（光绪元年五月二十日），《岑襄勤公遗集》（二）卷十二，光绪二十三年武昌督粮官署刻本。

方，不准出外生事"。① 这说明，腾越及其七土司的会团他们是知道的，而防堵并击毙马嘉理的地方，在境内芒允、拱西山而不在境外，怎么可以"未得其详来加以搪塞"。同时，这种将边疆各族人民的御敌行动，主观地诬为洋人被景颇族所抢，并在一段时间内，对此事件采取不查不报的官僚主义态度，因而使我国在此后的中、英交涉中，造成了难以改变的被动局面。

马嘉理事件，经英印政府呈报英国政府后，英国政府外交大臣德比于3月4日指示威妥玛，要他"立即要求中国政府严格调查上述事实，并将处理这事的适当步骤报告我，同时，记住印度政府派柏郎率探路队往滇的目的。"威妥玛也认为，处理此案和通过此案获得多种要求，"我们怎么说或怎么做都好，中国政府没有丝毫把握首先发动军事行动"。② 威妥玛等人在此后，竟不顾马嘉理事件的客观事实，另有所图地武断说，此案的发生定有中国官员所指使。在马嘉理被杀后数日，某英人就猜测说："莫美（腾越）中官如厅州之职，非十分贵显，大约总有指使，抑有根西人之有权者授意作此。"③ 3月，威妥玛在致总理各国事务衙门的照会中，指称杀死马嘉理之人的统领为南甸（今梁河）官员李的亲侄。4月，威妥玛扩大范围，声称："我确信，摩民（腾越）当局，如人所说，是对调动军队拦击柏郎负有责任；云南政府对摩民当局所发布的命令负有责任；北京朝廷对云南政府可能发出的训令负有责任。"④ 次年6月，总理各国事务衙门在奏折里，将威妥玛对事件的说法更为简明的话语上奏过，即认为杀马阻柏，"其根由在朝廷大吏均以攘外为心。所以李珍国是奉宪谕，岑毓英是奉旨"。⑤ 7月，威妥玛在致总理各国事务衙门的照会中，改称"马翻译官被害一事，众论皆指李姓为唆使之人。其中细情，尚待根究明

---

① （清）岑毓英：《滇督岑毓英奏英员马嘉理在缅滇边界被戕一案现在拿办情形折》，《清季外交史料》卷一，书目文献出版社1987年版，第32页。

② 王绳祖：《中英关系史论丛》，人民出版社1981年版，第109、116—117页。

③ 佚名：《探路日记》，《小方壶斋舆地丛钞》，上海著易堂印行，第七帙，第四册。

④ 王绳祖：《中英关系史论丛》，第102页。

⑤ 《总署奏英使对于办理马嘉理案均不同意折》，《清季外交史料》卷六，书目文献出版社1987年版，第110页。

确"。① 8月，威妥玛又言之凿凿地说，此案"实系腾越镇总兵、腾越厅同知先期调兵，远近皆知，岂能瞒人耳目？"② 以上威妥玛前后不一的言论，其目的在于制造谕杀、旨杀等借口，以扩大对中国的侵略。

当年3月19日，威妥玛向总理各国事务衙门提出了六项要求即：中、英双方各派官员共赴云南协同审讯；同意英印政府再组探路队入滇；交付威妥玛白银15万两，留待日后处理；1858年中英《天津条约》第4款所给予英国公使的"优待"，应解释为中国皇帝给予合适的接见；商定免除关税、子口税以外税捐的办法；由中国官员的行动所发生的一切赔偿要求，应给予满足。③ 在尔后的七八天里，威妥玛又十余次地发出照会，压逼我国政府至少必须先接受前三项要求，并以绝交、离京相威胁。是月21日，清朝政府饬令岑毓英就此案认真查办。对威妥玛六项要求中的前三项，中国方面表示原则上予以接受。

为查办此案，4月，岑毓英奏委署提督、开化镇总兵杨玉科带兵赴腾，会合迤西道道尹陈席珍、永昌府知府朱百梅、腾越厅同知吴启亮等共同办理。6月，岑毓英在收到杨玉科、陈席珍等人的报告后，虽然承认腾越绅众和我省边民的行动是"激于义愤，聚而防堵"，但又认为马嘉理的被杀，是当地"野人见财起意，遂纠众拦路劫抢，先将带路的马洋官及随从四人杀死"，将并不存在的劫杀罪名强加在景颇族群众头上，并且令杨玉科严拿"凶犯"，解省讯办。④

8月，秉承岑毓英意旨办案的杨玉科，令蒋宗汉、吴启亮、李珍国等带兵捕捉边地景颇族9人。9月，蒋宗汉等督同干崖土司刀盈廷，又将户宋山之云岩洞围困。守洞边民英勇还击，多人阵亡，8人被捕去。据曾奉旨会办此案的湖广总督李瀚章说，清军对户宋山一带的两次围捕，共杀害、捕获景颇族群众60余人，其中杀害50余人，被抓捕的17人，有6

---

① 《总署奏英员马嘉理被戕一案英使请令李珍国听候质证折》，《附英使致总署马翻译被害众论指李姓唆使该员是否派往缅过照会》，《清季外交史料》卷二，书目文献出版社1987年版，第40页。

② 《直隶总督李鸿章与英国公使威妥玛晤谈节略》（光绪元年七月三日）。《译署副稿》卷三。见于乃仁等编《马嘉理事件始末》，德宏民族出版社1992年版，第146页。

③ 《总署奏英员马喜理在云南被戕一案与该国使臣续行辩论折》，《清季外交史料》卷一，书目文献出版社1987年版，第26页。

④ （清）岑毓英：《查明马嘉理实被野人劫杀现饬拿办折》（光绪元年五月二十日）。《岑襄勤公遗集》（二）卷十二。

人在监狱或在途中伤故。①

威妥玛在提出派英员赴滇调查之后,又要求在昆明审理案件时,必须有英员观审,清朝政府被迫同意了这一无理要求,并令湖广总督李瀚章、刑部侍郎薛焕赴滇,会同岑毓英办理此案。是年11月,李、薛到昆,为应付英员来滇观审,李瀚章、岑毓英即令对腊都等所谓的首从各犯11人预审4次。1876年3月16日,英驻京公使馆参赞格维纳等抵昆。20日,中方6人,英方2人,在云南按察使司大堂进行了会审和观审,一场自欺欺人的骗局至此收场。

由于腊都等人不通汉语,从预审到会审、观审都需经人翻译。受命为英人翻译的人,又从中以事先确定的口供转译英方,通过"辗转传达,诱使首犯腊都、而通凹及从犯等以抢劫招供"。② 但是,"边民虽语言隔阂,然目睹洋人高坐其上,愤激骂贼,凛然不屈"。③ 为杀人灭口,不久,部分在押的"首犯"和"从犯"即屈死狱中。

通过会审、观审,李瀚章认为,由于此案事关中、英交涉,除将已革职的蒋宗汉、吴启亮妥慎看管,已革职的李珍国与首从各犯分别监禁外,应请旨饬令总理各国事务衙门会同刑部分别定议。然而,威妥玛却认为"滇省问案直同儿戏",要求将"岑毓英以及各官各犯必须提京审讯,李瀚章、薛焕查办不实,亦应一并处分"。④ 威妥玛采取一连串行动来迫使清政府就范:他于当年4月离京赴沪,并传言英兵将由缅入滇;8月,他提出要我国就此案向英道歉、惩处岑毓英、开辟滇缅边贸等六条要求;⑤ 10月,他再次离京赴沪;次年6月,威妥玛将原拟六条增为赴英致歉、滇缅互贸、榆渝设领、加开通商口岸、内地免厘的八条受阻后,又下旗离京。显而易见,威妥玛多次向中国政府施加压力,力图谋求更多的侵略权

---

① (清)李瀚章:《川督李瀚章奏查明英员马嘉理在滇被杀情形折》,《清季外交史料》卷五,书目文献出版社1987年版,第98页。

② 陈度:《有关马嘉理案日记》,《爱景斋日记》卷八,转自于乃仁等编《马嘉理事件始末》,第246—247页。

③ 黄诚源:《马嘉理案与袁善、金国裕、李文秀援缅纪实》,《蜗寄庐续笔》卷二。转自于乃仁等编《马嘉理事件始末》,第241页。

④ 《总署奏英使对丁办理马嘉理案均不同意折》,《清季外交史料》卷六,书目文献出版社1987年版,第110页。

⑤ 《总署奏英使在津向李鸿章提出滇案六条藉端要挟片(附节略)》,《清季外交史料》卷三,书目文献出版社1987年版,第56页。

益。对英方以谕杀和查办不实，要求将岑、李等人押京候审，清朝政府自然是碍难准行的。但为了"早了此案，不至迁延"，①清朝政府终于一让再让，于1876年7月，派令北洋大臣、直隶总督李鸿章，赴烟台与威妥玛签订了丧权辱国的中英《烟台条约》。《烟台条约》及后来签订的《烟台条约续增专条》（1885年7月18日），经中、英双方于1886年5月在伦敦交换批准后生效。其要点为：

1. 中国政府应公布滇案发生和处理的经过情况；
2. 赔款白银20万两，以偿被杀的马嘉理和英方因该案所付出的用费等；
3. 派遣使臣赴英就滇案致歉；
4. 确定了民、刑事件的被告原则和观审制度。即"只能视被告者为何国之人，即赴何国官员处控告；原告为何国之人，其本国官员只可赴承审官员处观审"；
5. 增开宜昌、芜湖、温州、北海为通商口岸，大通、安庆等六处为英轮停泊码头。为查看四川商情，英员可在重庆驻寓。洋货在缴纳关税、子口税后，进入内地免抽厘金，扩大为一切洋商、华商；
6. 开辟滇、缅贸易，五年内酌订章程；
7. 已允的新旧通商口岸，均可设立租界；
8. 允许英员或由京至甘肃、青海一带，或由四川等处入藏以抵印度，或由印、藏交界处所进入中国，以便探访路程。②

就在《烟台条约》签订后的两三天里，威妥玛并非良心发现而是权衡轻重，认为"此事实系腾越官绅唆纵李珍国为之，而官绅又系禀承岑毓英意旨，今既不惩办岑毓英与腾越官绅，断不可专办李珍国与野匪"。③特别是将李珍国等"案内要犯"治罪，"转恐更滋疑虑"。而"此案被戕被阻，皆系英员因思西国教理所重"。因此建议中国政府"倘仅责其既往，莫若保其将来，切请将现在带案候办之人毋致惩办"。④清朝政府唯

---

① 《〈清实录〉有关云南史料汇编》卷四，第844页。
② 王铁崖：《中外旧约章汇编》，生活·读书·新知三联书店1957年版，第346—350页。
③ （清）李鸿章：《直督李鸿章奏英使请宽宥李珍国等罪名片》，《清季外交史料》卷七，书目文献出版社1987年版，第138页。
④ 《直督李鸿章奏滇案拟结情形并请出示保护远人折》，《清季外交史料》卷七，书目文献出版社1987年版，第136页。

命是从,不过略有变动,对于已革职的腾越镇总兵蒋宗汉、腾越厅同知吴启亮维持原议,只对李珍国和在押的腊都等 11 人,予以"加恩宽免"。① 威妥玛这一着棋的真正用意,在于妄图消除中国政府和人民的攘外之心。他说:"今惟有问之中国国家如何去攘外之心,如何保其将来。"②

中、英双方在昆明会审、观审后的次日,即 1876 年 3 月 21 日,"省城各街署前,忽粘贴不具名之揭帖多张,质问钦使,为边民讼冤。书吏率隶卒四处撕洗,不准行人聚观。然已传遍全省,欲盖弥彰"。③《烟台条约》订立及其在清朝政府布告颁行后,"滇人闻之,群情激愤,不期而会于武侯祠者数百人,对告示保护洋人之森严禁令,声泪俱下,皆谓倘条约实行,亡国无日。曾由各界联名公禀抚宪,转奏请废除此约,以苏民困"。④

同年,腾越练军守备苏开先与盏达(今盈江县太平镇)边民王玉林,"声言为云岩洞遇害边民复仇"而联合起兵,滇西各地响应,曾将腾越、顺宁、云州占领。1877 年,"陇川崩龙山开欲人与练目许双贵合力筑垒结寨,防备英军"。1878 年,耿马傣、回等族人民数千人,"踞耿马土城,保卫边境"。1879 年,苏开先余部"固守边区,转入山岳"。1884 年,"滇人金国裕在缅甸新街率众千余,起兵抗英助缅"。1885 年,滇人"李文秀率队助缅甸守阿瓦,屡与英军交锋"。1886 年,"盏达开钦人与曲、怒戴刀思鸿抚余党起兵抗英"。1890 年,今盈江的景颇族,"以英人假通商为名,继续侵凌边境,乃不顾清吏压制,奋起反抗"。⑤ 上述前后 10 次,特别是后面 8 次边疆各族人民的武装反抗表明,云南各族人民为保卫祖国的独立和主权,维护民族尊严,决不会放弃反对侵略的神圣使命。

---

① 云南历史研究所编《〈清实录〉有关云南史料汇编》卷四,云南人民出版社 1984 年版,第 847 页。
② 《总署奏英使对于办理马嘉理案均不同意折》,《清季外交史料》卷六,书目文献出版社 1987 年版,第 110 页。
③ 陈度:《有关马嘉理案日记》,《爱景斋日记》卷八。转自乃仁等编《马嘉理事件始末》,第 246 页。
④ 陈度:《自烟台条约至缅甸沧桑》,《过来人语》。转自乃仁等编《马嘉理事件始末》,第 248 页。
⑤ 黄诚源:《蜗寄庐续笔》卷二;陈度:《过来人语》。转自乃仁等编《马嘉理事件始末》,第 242—244、249 页。

第二节　中法战争与云南

一　法国把越南作为侵华的跳板

18世纪末叶，法国就已开始了对越南的侵略活动，并制订了占领越南、侵略中国的"法兰西东方帝国"计划。19世纪中叶以后，法国积极参与了西方列强在世界范围内争夺殖民地和瓜分势力范围的角逐，把中国和越南作为它在远东进行侵略的主要目标。咸丰八年至十年（1858—1860年），法国在和英国合伙发动侵略中国的第二次鸦片战争时，又勾结西班牙向越南多次发动武装侵略，先后占领越南南部的定祥、嘉定、边和、永隆等省和昆仑岛。在同治元年（1862年），迫使越南政府同它签订了《顺化条约》，根据该条约，越南把定祥、嘉定、边和三省和昆仑岛割让给法国，并向法国和西班牙赔偿军费400万法郎。但是，侵略者欲壑难填，法国为了进一步扩大它在越南的权益，悍然宣布并吞永隆、昭笃、河仙三省，至此，越南南部6省（即南圻）全部沦为法国的殖民地。

法国把南圻各省变为它的殖民地以后，从19世纪70年代起，又把魔爪伸向了北圻。法国侵略者的野心是，不但要占领越南，而且要以此为据点和跳板，打开通向中国西南地区，首先是云南和广西的门户。当时中国封建统治阶级中就有人指出，"然法人终在必得越南，以窥滇、粤之险，而通楚、蜀之路……法人志吞全越，既得之后，必请立领事于蒙自等处，以攘矿山金锡之利"。[1] 法国驻越南海防领事土尔克也毫不掩饰地申述法国必须占领北圻的理由说："因为它是一个理想的军事基地，由于有了这个基地，一旦欧洲各国瓜分中国时，我们将是一些最先在中国腹地的人。"[2] 为了找到一条从越南到云南的通道，给将来侵略中国西南地区作准备，法国殖民者在同治五年到七年（1866—1868年）作了一次深入中国云南省境内的探路活动。他们组织了一个探险队从西贡出发，沿湄公河

---

[1] 罗惇融：《中法兵事本末》，中国近代史资料丛刊《中法战争》（一），上海人民出版社1957年版，第1页。

[2] [法] 依罗神父：《法国—东京回忆录》，转自胡绳《从鸦片战争到五四运动》上册，人民出版社1981年版，第401—402页。

而上，到了云南省的思茅。这支探险队发现越南境内湄公河上游的澜沧江不宜通航，遂转而打算从越南北部的红河进入中国云南省。同治十年（1871年）以后，法国军火商堵布益曾数次通过红河运军火到云南给镇压杜文秀起义的云南提督马如龙，这一事实证明从红河进入云南是可行的。

法国侵略者为了占领越南北部，并取得红河航行权，在同治十二年（1873年）九月中旬出兵攻占河内，接着又占领海阳、宁平、南定等省。法军的侵略遭到了越南人民的坚决抵抗。当时驻扎在越北边境保胜（今老街）一带的中国人刘永福领导的黑旗军，应越南政府的请求，开赴河内抵抗法国侵略者。同年十一月初，黑旗军在河内西郊纸桥与法国侵略军的激战中获大胜，击毙法军统兵官安邺，歼敌数百，缴获大批枪支，给侵略者以迎头痛击。为了表彰刘永福的卓著战功，越南国王授予他三宣副提督之职，令其驻扎于山西、兴化、宣光等地区，以控制红河上游一带。刘永福（1837—1917）名义，字渊亭，生于广东钦州（今属广西），出身于贫苦农民家庭。咸丰七年（1857年）后，参加广西天地会系统的反清起义军，所部以七星黑旗为军旗，故称"黑旗军"。太平天国失败后，同治四年（1865年），刘永福率部进入越南北部，驻扎于越北边境保胜一带，开辟山林，聚众耕牧。同治十二年（1873年），黑旗军在河内城郊纸桥给法军以重创时，其人数已发展到2000多人，成为阻止法国侵略者企图征服北圻、侵犯中国云南边疆的一支重要武装力量。

同治十三年（1874年），法国侵略者迫使越南政府同它签订《越法和平条约》，即第二次《西贡条约》。条约规定：法国承认越南的"独立"，越南承认法国占领南圻六省的合法性，允许向法国开放施耐汛、宁海汛和河内等处为通商口岸，并给法国在红河的自由航行权。① 该条约的签订，使法国取得了在越南北部通商与通航的特权，为法国并吞北圻和侵略中国西南边疆做好了准备。

19世纪80年代，法国金融资本得到了急剧发展，代表大资产阶级利益的法国政府更加积极地在远东推行殖民政策，对越南北部加紧进行军事侵略活动。光绪九年（1883年），法国迫使越南签订《顺化条约》后，就开始把侵略的矛头指向中国。当时在法国执政的茹费理内阁，代表法国大金融资本家的利益，竭力推行向海外扩张的侵略政策，把中国作为法国

---

① 《中法战争》（一），第380—387页。

在远东侵略扩张的一个重要目标。

越南北部地区与中国云南省和广西省唇齿相依，法国对越南北部不断升级的侵略活动，对我国西南边疆构成了严重的威胁，这正如光绪帝在所下谕旨中说的那样："惟越南北圻各省多与滇、粤毗连，若法尽占北圻，则藩篱全撤，后患将无穷期。"[①] 在这种形势下，加强云南、广西尤其是云南的边防已是刻不容缓。以慈禧太后为首的清朝当权派唯恐对外战争会加深它的统治危机，动摇其统治地位，因此并不积极备战，制止法国的侵略行为。但是，在国内各阶层人民要求援越抗法的强大舆论压力下，清政府不得不采取一些预防措施。光绪八年（1882年），中国政府派军队进驻云南省和广西省同越南交界的边境地区：由广西布政使徐延旭率领桂军驻防越南谅山、北宁等地；云南先后派出迤南道沈寿容、布政使唐炯率领的滇军，驻防于越南保胜、山西一带。与此同时，清政府通过外交途径，向法国政府提出抗议。清政府对法国在越南的侵略，虽然迫于国内舆论的压力，采取了一些军事上的预防措施和同法国进行外交交涉，但是并未认真进行反侵略战争的准备。当时受命全权处理对法外交的李鸿章在同法国进行外交交涉时，一味采取妥协退让的态度，而清政府则公然命令驻扎在越南北部的中国军队"以剿办土匪为名，未可显露助战之迹，致启衅端"。[②] 这种对侵略者百般迁就和让步的做法，不仅未能使侵略者停止其侵略活动，而且更加助长了它的嚣张气焰。

光绪八年至九年（1882—1883年），法军先后侵占北圻的河内和南定，越南政府再次要求黑旗军参战。九年四月十三日（1883年5月19日），黑旗军与法国侵略军再次在河内城西二里的纸桥进行激烈战斗。在战斗中，黑旗军将士英勇奋战，击毙法国侵略军司令李维业中校和其他军官30余人，歼灭法军200多名。纸桥大捷使刘永福声威大震，因此被越南政府擢升为三宣提督。尔后，黑旗军又在丹凤、怀德等地，继续给法国侵略军队严重杀伤。七月，在法国海军中将孤拔的指挥下，法军攻占越南首都顺化，强迫越南政府签订了《顺化条约》，把越南变为它的"保护国"。

---

① 《〈清实录〉越南缅甸泰国老挝史料摘抄》，云南人民出版社1986年版，第375页。
② （清）王文韶等修，唐炯等纂：《续云南通志稿》，光绪二十七年（1901年）印行，武备志·戎事，援越南十三。

从同治十二年（1873年）至光绪九年（1883年），是法国加强对北圻进行军事侵略的时期。其间，在越南人民的支持与配合下，刘永福领导的黑旗军在抗击侵略者的激烈战斗中，多次给敌人以沉重打击。中国政府为了阻止法国对北圻的侵略，捍卫中国西南边疆，派军队进驻中越边境地区，但在清政府妥协退让方针指导下，驻防越北的中国军队处于绝对防守状态，对侵略者未能起到威慑和制止的作用。

二　云南各族军民的援越抗法斗争

中国人民的援越抗法斗争，是为了阻止法国并吞越南、保卫中国西南边疆的正义斗争。反对法国侵略的共同任务把中越两国人民紧密地联系在一起。

中法战争经过两个阶段，第一阶段从光绪九年（1883年）十一月到光绪十年（1884年）四月，战争主要在越南北部的山西、北宁等地进行。东西两个战场同时展开。西线战场以滇军为主力，有黑旗军和吏部主事唐景崧管带的4营粤军参战，东线以桂军为主力，有部分滇军参战。

光绪九年（1883年）十一月十二日，法国海军中将孤拔指挥近6000名法军进攻中国军队驻防的山西。不久，山西陷落。虽然当时中国政府尚未正式对法宣战，但实际上中法之间的战争已经开始。此次山西的失守，是清政府推行的在外交上妥协退让，在军事上消极防御的错误方针的必然结果。清廷曾一再指示驻越中国军队，"第不可衅自我开，转滋口实"，① 从而束缚了中国军队的手脚，使其处于防而不战的被动挨打境地，完全丧失了援越抗法的作用。在这种方针指导下，还在山西沦陷前三个月，云贵总督岑毓英和云南巡抚唐炯就会衔上奏，以"山西逼近江边，法船上驶，我军进止殊多窒碍"为借口，说为了"免滋彼族（按指法国）口实"，请将驻扎在山西的游击张永清等部3营滇军撤至大滩、兴化一带。② 并且不等批准，就擅自撤退了，这就等于把山西拱手让给侵略者。虽然岑、唐在受到"传旨严行申饬"后不得不将张永清等部重新调回山西驻防，但因我军阵脚既乱，军心涣散，终不能顶住法军的进

----

① 云南省历史研究所编：《〈清实录〉越南缅甸泰国老挝史料摘抄》，云南人民出版社1986年版，第390页。

② 《续云南通志稿》武备志·戎事，援越南十五。

攻，致使山西沦于敌手。山西失守后，原驻防山西的滇军、粤军和黑旗军被迫退守兴化一带。

同年十一月，岑毓英奉命率领滇军20营开赴越南，前往兴化、宣光等地驻防。此次滇军出师不利，因为出师前夕，由滇军等中国军队驻防的山西被法军攻占，这对即将赴越滇军的士气是个严重的打击。十一月二十五日，岑毓英率部出省，兵分两路入越：一路从开化（今文山）出关，经河阳开赴宣光，择要驻防；一路由蒙自入越，经保胜赴兴化等地驻防。岑毓英则率亲兵小队先行，于十二月中旬先后到达越南的保胜和家喻关。滇军入越后的布防情形如下：总兵雷应山部4营驻家喻关，总兵丁槐、马柱、副将李复兴等部12营驻防兴化，记名提督吴永安部4营驻防临洮，统帅岑毓英坐镇家喻关，"于家喻关、兴化、临洮三处往来督饬"。[①] 刘永福率领的黑旗军12小营共计4500人，配合滇军布防于兴化一带。

光绪十年（1884年），由桂军50余营重兵防守的北宁，在法军"不过遥遥相击，并未逼攻城池"的情况下，"不战自退"，使侵略军轻而易举地占领了北宁，继而又占领太原。[②] 战争爆发后，清军前敌将领互不团结，指挥无能，作战连遭失败。山西、北宁等战略要地的相继失守，中国军队在越南东西两个战场上的接连溃败，暴露了清政府的腐败无能。为了掩饰败迹，清廷下诏给云南巡抚唐炯和广西巡抚徐延旭以"革职拿问，派员解京交刑部治罪"的处分。

北宁、太原的相继失守，无疑给驻防在西线兴化等地的滇军造成极大的压力。在此紧急关头，作为滇军主帅的岑毓英不是知难而上，顶住侵略者的攻势，而是乘机打退堂鼓了。三月二十日（4月15日），他在给光绪帝的奏折中说，驻防兴化等地的滇军"粮已罄尽，万难支持"，竭力为其准备不战而退地撤出兴化找借口。果然，不出所料，岑毓英从兴化撤退的请求还未得到清廷批准，他就迫不及待地命令"各将领将军火、军装先行运回，再将兴化营盘城楼毁平"，于三月中旬将全军撤退到关内，驻扎于滇越边境的古林箐、马白关、新街、蒿枝地、蛮耗、窑头、新安所等处，刘永福所部各营则退扎越南大滩、保胜一带。[③] 岑毓英先斩后奏的做

---

① 《续云南通志稿》武备志·戎事，援越南十八、十九。
② 同上书，援越南二十。
③ 《续云南通志稿》武备志·戎事，援越南二十、二十一。

法实在太伤清政府的颜面了,因此清廷给予他"降二级留任"的处分,截至光绪十年(1884年)二月,驻越中国军队(桂军和滇军)已大部撤回国内,只有少量桂军尚留驻于靠近广西边境的越南境内。

四月,李鸿章在天津与法国代表福禄诺谈判,签订了中法《简明条款》,其主要内容是:中国政府承认法国对越南的"保护权",同意在中越边境开埠通商,声明全部撤回驻扎北圻的中国军队。这个简明条款违背了中越两国人民的根本利益,向侵略者打开了中国西南门户。这是清政府和西方列强签订的又一个丧权辱国的不平等条约。

同年五月,法国侵略者为了迫使中国军队尽快撤出越南,出动大批侵略军向驻扎谅山的中国政府军队发动进攻,被中国军队击退。事后,法国政府竟然无理要求中国给予巨额赔款(2.5亿法郎,约合银3800万两),理所当然地遭到了中国政府的拒绝。同时,法军积极向中国东南沿海调动,准备进一步扩大侵华战争。六月,法国兵舰向台湾基隆发动进攻,占据基隆炮台,旋即被中国军队击溃。七月初三(8月23日)事先闯入福州马江的由法国远东舰队司令孤拔率领的法国海军舰队,向中国海军船舰发动突然袭击,击沉这里的全部中国船只(含11艘军舰和19艘商船),击毁了马尾造船厂。洋务派建立起来的这支福建海军就这样被清政府的投降政策所葬送了。接着法国舰队撤出闽江口,以全力封锁和进攻台湾。中国政府被迫再次进行反抗法国侵略的自卫战争。

光绪十年七月六日(1884年8月26日),清政府正式对法宣战。从此,中法战争进入了第二阶段。在战争的第二阶段里,由于法国不断扩大侵略战争的规模,遂使战争不仅在越南北部进行,而且扩大到了我国东南沿海和台湾澎湖地区。在越南北部东西两个战场上,双方进行了几次较大规模的主力决战,双方投入了数以万计的兵力,其规模为前一阶段所不能比拟。

为了调动各种积极因素以有助于对法战争的顺利进行,清政府在宣布对法战争的同时,相应地采取了以下措施:令云贵总督岑毓英、广西巡抚潘鼎新督率所部立即向越南"星驰前进,相机筹办";擢升主战派首领、山西巡抚张之洞为两广总督,并采纳了张之洞所提出的"牵敌以战越为上策,图越以用刘(永福)为实济"的建议;刘永福以提督记名简放,并赏戴花翎,令他统率所部迅图规复北圻,其所需饷银、军火,令岑毓英妥筹接济;赏加吏部主事唐景崧五品卿衔,令其招募4营粤勇,统带出关，与黑旗军互为犄角；令原湖南提督鲍超招募楚、蜀丁勇 21 营，赶赴云南为滇军后继之师，并随时准备开赴前线；令沿海各统兵大员及各督抚，"督率防军，将法兵合力攻击"。① 从上述作战部署来看，清廷把作战重点放在越南北部的陆路战场。

越北陆路战场分为东西两个战区，其统帅分别是广西巡抚潘鼎新和云贵总督岑毓英。清政府对法宣战后，岑、潘奉命分别率领滇军和桂军出关入越。此次滇军入越分为东西两路进军，东路由开化、马白、河阳方向指向宣光，西路由蒙自、河口、兴化方向直指宣光。两路进军都以夺取北圻战略重镇宣光城为目标，这也是西线滇军战略计划的重点所在。东线桂军则以夺取北圻另一军事重镇太原为主要目标。岑毓英指出："臣所以急攻宣光，欲使（滇、桂）两军早日联络"。② 又说，"臣查宣光、太原两处，随一处得手，则粤（桂）滇各军会合，电报可以接联，缓急可以相救"。③ 如上述计划得以实现，则滇桂两军联合起来，"以正兵扼屯鹤关，分攻北宁、山西，再以奇兵由馆司关赴清化，规取宁平、南定、河内诸省"，④ 如此即可实现规复北圻的最终战略目标。

光绪十年（1884 年）十一月，岑毓英到达越南馆司关，并设大营于此，就近指挥围攻宣光的战役。馆司关原为法军所盘踞，当滇军和黑旗军不断向该地推进时，法国侵略者深恐腹背受敌，为了保住它在宣光这个重要战略据点，便放弃馆司关向宣光集结。宣光城依山傍水，其西、北、南三面从陆路可通达北圻各地，东面靠江，可直航河内等地，它既是战略要地，又是交通枢纽，谁控制了它，谁就掌握了北圻战场的主动权，因此成了中法双方势在必争的一个重要战略据点。岑毓英从实际出发，决定采用围困而不是强攻的办法夺取宣光城，并作如下作战部署：以丁槐、何秀林所部滇军 7500 人，与唐景崧所部粤军 9 营 2000 人为围城主力；令刘永福所部黑旗军 12 营 5000 人扼扎左域（又名左育或左旭）；杨国发等部滇军 1200 人驻守浪泊、柯岭等地，以堵截河内援敌；覃修纲、吴永安、邹复胜等部滇军，驻防于馆司关、文盘州等地，以保护我军后路，严防敌人的

---

① 《中法战争》（五），第 517—519 页；《中法战争》（二），第 142 页。
② 《中法战争》（六），第 152 页。
③ 《中法战争》（五），第 607 页。
④ 龙永行：《中法战争论丛》，《东南亚》杂志 1994 年 1 月增刊，第 99 页。

骚扰堵截。

光绪十年十一月初五（1884年12月21日），刘部黑旗军和唐部粤军首先进抵宣光城下，正式揭开了围城之战。不久丁槐、何秀林所部滇军也到达宣光。此后，黑旗军按既定部署开赴左域驻防，丁、何、唐所部专负围城任务。其时，盘踞在宣光城内的法国侵略军约有1万余人，而围城打援的中国军队约为1.5万人，在人数对比上稍占优势。但是，在武器装备上，法军又远胜于中国军队。我围城将士经浴血奋战，付出了巨大的牺牲代价，先后扫除了城外敌军的营垒、炮台，紧接着又以地雷、火药轰塌城墙多处，我军勇士乘势多次猛冲城墙缺口，强行登城，但遭到敌人的拼死抵抗而未能奏效。在我军强大攻势下，法军伤亡惨重，"维时城中粮弹将尽"，"樵汲已断"，显然我军夺取宣光已经为时不远了。龟缩在城内的侵略军为了免于灭顶之灾，频频向河内法军大本营告急求援。然而，正当西线我军攻克宣光胜利在望时，东线战局却发生了剧变，桂军作战接连失利，谅山、镇南关等我军重要战略据点先后失守，桂军纷纷溃退入关，侵略军乘机侵入广西边境，广西全省震动。光绪十一年正月初（1885年2月），据派往河内查探敌情之军功李应珍禀称，"有轮船十数只，民船百余只，载法逆八九千人，由谅山驶回河内……此股法逆系正月初二日由谅山驶回河内，装配枪炮，即行上犯，以救宣光"。① 鉴于事态紧急，岑毓英自馆司关大本营前往宣光，亲自指挥战斗。河内法军大本营接到求援信后，紧急抽调东线法军回援宣光。正月十六日（3月2日），大股法军到达左育，与驻防在这里的黑旗军发生激战。黑旗军将士视死如归，冲锋陷阵，以地雷歼敌百余，又毙敌百余，但因敌强我弱，且我援军未能及时赶到，致使黑旗军失利，左育陷落。次日，法军到达宣光，以其一半兵力进入城内，另一半驻扎城外，遂使我围城部队陷于腹背受敌的困境。在岑毓英主持下，"云、粤诸将议，援至刘挫，我军疮痍之余，腹背受敌，又皆缺粮弹，势难力争，不如全师暂退就粮，图再举"。在不利形势下，我军被迫解围撤退，结束了70多天的宣光围城之战。在此次战役中，中国军队（含黑旗军）以伤亡4000多人的巨大代价给侵略者以沉重打击。岑毓英说："城贼四五千，所剩不及千。"② 法国人自己也承认，宣光城内法军

---

① 《云贵总督岑毓英奏折》，见《中法战争》（六），第332页。
② 《中法战争》（二），第350页。

伤亡不下两千人。宣光战役开创了中法战争开始以来中国军队主动进攻敌人之先河，具有重大意义，这正如唐景崧所指出的："法自入中国以来，皆系扑犯官军，犯宣光为受攻被困之始。"①

宣光包围战结束后不久，西线法军又向中国军队发动攻势，企图迂回包围滇军主力，以减轻宣光的压力。二月初，法军兵分两路向驻守在临洮、山围社、田义甫和柯岭等处的中国驻军发起进攻。二月初七（3月23日），侵略军4000人进攻临洮、山围社、田义甫时，受到驻防于此的滇军李应珍、韦云青等部的坚决抵抗，次日，总兵覃修纲率精锐3000人前来援助，越南义军也积极配合作战，在我军两面夹击下，敌人的攻势被粉碎了。同日，进犯临洮柯岭的二千法军，在民族军②、黑旗军、滇军和越南义军的联合反击下，也以失败告终。这就是历史上著名的临洮大捷。在此次战役中，滇军、黑旗军共歼敌1600余人，缴获洋枪、器械、食物、衣帽等1400多件，地图、古籍数百件，我军将士伤亡仅160余名。我军乘胜追击，收复失地，使北圻各省连成一片，通往山西、宁平、南定的道路被打通。"越民无不称快，佥谓自法匪入越未有如此大受惩创者"。③

与西线滇军、黑旗军取得临洮大捷的同时，东线桂军也在对侵略军的反击中捷报频传。先是，当东线桂军溃败入关，法军连陷谅山、镇南关后进犯我广西境内之际，两广总督张之洞奏准起用前广西提督冯子材老将为广西关外军务帮办，令其率所部"萃军"赴前线抗击侵略者。冯子材认真备战，激励部下，团结各军将领，在打退敌军的疯狂进攻后，转守为攻，重创侵略者，从二月九日至十二日（1885年3月25—28日）先后收复镇南关和谅山。在收复镇南关、谅山的战役中，我军歼敌共计千余人，取得了辉煌胜利。

法国侵略军在越南连遭惨败的消息传到巴黎后，引起了法国朝野上下的一片混乱，致使代表金融资本家利益的法国政府处境狼狈不堪。人民的强烈不满，资产阶级统治集团内部的严重争吵，终于促成了挑起对中国侵

---

① 《中法战争》（二），第302页。
② 中法战争时期的云南民族军，平时从事农牧，自耕自食，战时应国家招募，自备枪械旗帜，粮食由国家供应。在临洮战役中，云南开化府苗、壮族首领竹春、陶吴等领导的千余人民族军，在作战中打头阵，给法国侵略军以迎头痛击，为夺取临洮之役的胜利作出了重要贡献。
③ 《中法战争》（六），第370页。

略战争的茹费理内阁的倒台。

但是，清政府并没有利用中国军队在越南胜利的有利条件，坚持反侵略战争，从而争取更大的胜利，而只是把它作为乞和的资本，在胜利声中屈辱地结束了战争。事实上，清政府的乞和活动在战争进行过程中一天也没有停止过，李鸿章一贯主张只要能够保全一点"面子"就可以妥协求和。清廷在获悉临洮大捷的消息后，即电谕岑毓英"……有此大捷，乘机结束，尤为得体"。① 法国也不断进行诱和试探，英、美、德等国则积极进行调停和干涉。由于战争正在进行，清政府不便派代表直接与法国人谈判，于是便通过中国海关总税务司英国人赫德从中策划操纵。赫德作为一个西方国家的殖民主义分子，既代表英国的利益，也代表西方列强的利益。还在临洮大捷和镇南关、谅山大捷前夕，他在取得清政府的同意后，派其亲信、海关税务司英国人金登干代表中国政府赴巴黎与法国进行秘密谈判，于光绪十一年二月（1885年4月）与法国签订停战草约。该草约内容除规定停战和中国从越南撤军外，又重申上年在天津订立的简明条款有效。二月二十二日（4月7日），慈禧太后颁发停战令。四月二十七日（6月9日），李鸿章和法国公使巴德诺在天津正式签订《中法会订越南条约》，其主要内容是：中国承认越南是法国的保护国；中国允许法国在云南、广西两省的中越边境开埠通商；中国今后如在滇、桂两省修造铁路，要同法国人商办；法国撤走其在基隆和澎湖的军队②。这样，法国在战败情况下尚能基本上实现了它发动这场侵略战争的主要目的，即：并吞越南和打开中国西南边疆的门户。至于法国未在和约中坚持"赔款"要求，甚至还承诺按期从中国的基隆和澎湖撤军，这并非是侵略者的恩赐，更不是李鸿章之流投降外交的胜利，而是中国军民用鲜血和生命换来的结果。

根据中法双方达成的停战撤军协议，滇军、桂军和黑旗军分别撤回境内。五月中旬，在越滇军131营3万多人全部撤回云南境内，刘永福率领黑旗军余部500多人也同时撤至云南文山县南溪。在此前不久，刘永福被清廷委任为福建南澳镇总兵。光绪八年（1882年）滇军开始入越至十一年（1885年）五月大部分撤回国内的三年多，随着法国在越南北圻武装

---

① 云南历史研究所编：《〈清实录〉越南缅甸泰国老挝史料摘抄》，云南人民出版社1986年版，第527页。

② 胡绳：《从鸦片战争到五四运动》（上册），人民出版社1981年版，第410页。

侵略的不断升级，开赴北圻前线的滇军和桂军人数也不断增多，入越滇军人数最多时达到5万人。在越作战期间，滇军作为北圻西线战场的主力，在围攻宣光的战役中给侵略军以沉重打击，而后又在临洮大捷中创下了歼敌1000多人的辉煌战绩。据不完全统计，在援越抗法战争中，滇军将士伤亡近2万人，原滇军著名将领、广东陆路提督杨玉科在北圻东线战场为国捐躯，由他率领的以云南籍子弟为主体的10营广武军将士，曾为夺取镇南关大捷浴血奋战。云南各族人民为援越抗法斗争作出了重要贡献，在中国人民近代革命斗争史上谱写了光辉的一页，将永远载入史册。

中法战争以法国"不胜而胜"、中国"不败而败"为结局，战后签订的《中法会订越南条约》以及后来法国强加给中国的《中法越南边界通商章程》《中法续议界务专条》《中法滇越界约》等一系列不平等条约，使法国在云南攫取了众多的侵略特权。通过这些不平等条约，法国逐步控制了云南的经济、贸易和交通，使其在同英国在云南的角逐中居于领先地位。中法战争给予云南经济社会的影响是极其深远的。近代云南经济社会的深刻变化，云南社会半殖民地半封建化的进程，可以说是从中法战争之后开始的。

第三节　云南人民的反洋教斗争

一　基督教、天主教的传播

基督教在其发展中，曾出现了罗马公教（或称天主教）、正教（或称东正教）、新教等派系。在我国，前两个派别传入后，其称呼不变，后一个派别则称为基督教或耶稣教。在云南，据记载，除正教不曾传入外，天主教、基督教均先后传播进来。

在元代和明代，就有天主教传教士来华传教，包括云南在内，已有信徒。清康熙三十五年（1696年），罗马教皇把云南从南京教区划出，设云南教区，委巴黎外方传教会传教士勒布郎为云南宗座代牧（主教）。康熙四十一年（1702年），勒布郎等人由广东来到云南府。在昆明，他们发展了4名教徒，经云南地方政府批准，买地一块准备修建教堂。此后，由于勒布郎不遵从中国政府关于领取传教许可证方可传教的规定，被云南府驱逐，教堂也未动工兴建。①

雍正八年（1730年），巴黎外方传教会的传教士，由四川进入云南的盐津传教。乾隆四年（1739年），罗马教皇派在四川南部传教的戴马地雅为云南主教来滇开辟云南教区，并赋予采取一切措施的自由。戴马地雅派传道员秘密到昆明传教。

第二次鸦片战争后，英法等国通过与中国签订的《天津条约》、《北京条约》等不平等条约，教会取得了在中国内地传教和买地建教堂的特权。如在云南昭通大关成凤山、盐津龙溪等地建盖教堂，② 在龙溪小村设立云南主教公署。当时云南教区的主教为袁约瑟。同治二年（1863年），天主教在昆明建立了第一个传教站，由副主教古若望主持。中法战争后，天主教为适应法国对云南的侵略，将主教公署由盐津迁入昆明，袁约瑟已去世，古若望升为云南主教。

光绪三年（1877年），基督教开始传入云南。当年，英国的内地会传教士麦嘉底从江苏来到云南。光绪七年（1881年）英国内地会传教士克拉克夫妇首先在大理建立了云南第一个基督教会。接着英国的圣道公会、圣书公会、青年会等也纷纷进入云南。1907年，云南设立了宣教会3个，在大理、昆明、东川、曲靖、平彝等处设总堂，共有宣教师37人。至1919年，全省"宣教师驻地由6处增加至19处，拥有170多个布道区，已领洗之汉人信徒约有两千人，而已领洗之少数民族信徒则在6千人以上。到1921年春，本省西南部少数民族中又有7500人领洗"。③ 在云南的基督教派别有：内地会、循道公会、浸信会、五旬节会、安息日会、圣公会及中华国内布道会等，其中以内地会的影响最大。以上十多个教会派别组织，分属英、美两国，都有各自的教区和传教范围。

进入20世纪后，随着美国在华势力的增长，美国教会在云南积极开展活动，在滇势力不断增长。据统计，1950年以前，昆明市共有外国教会组织27个，其中由美国传教士或由美国教会给予津贴并支配的有18个，占昆明市基督教团体总数的66.6%。这18个教会团体在1940年以前

---

① 李可：《近代云南人民的反洋教斗争》，《云南教育学院学报》1990年第3期，第95页。
② 《新纂云南通志》卷一〇八，《宗教考》八。
③ 中华续行委办会调查特委会编，文庸、段琦等译：《中华归主——1901—1920年中国基督教调查资料》（下卷），中国社会科学出版社1987年版，第485页。

建立的有 6 个，1940—1949 年建立的有 12 个。在第二次世界大战中，英、法等国在云南数十年经营建立起来的教会，有不少逐渐被美国教会所取代。①

在近代特殊的历史条件下，天主教、基督教之所以得以在云南各地较快地传播，首先是由于它借助了不平等条约的保护，利用了云南民族众多、文化落后、交通闭塞、社会矛盾日益尖锐等客观因素。有的西方传教士在云南少数民族地区宣扬"信教的人是一家"、"教内兄弟同心同德共建天国"，并说入教后可以得到教会保护，以此来蒙骗群众入教。他们在云南各民族之间竭力进行挑拨离间，煽动少数民族起来反对汉族，如有的传教士说："上帝啊，汉家压迫我们""我们外国人与你们是一家"，等等。外国传教士进入少数民族地区后，往往以编造历史的手法进行传教。怒江地区的傈僳族、怒族人民十分崇拜孔明，传教士即加以利用，诡称"耶稣和孔明是兄弟，信耶稣就是信孔明"。对于在滇西南的佤族、拉祜族，传教士们则恐吓群众说："耶稣有天兵，谁不信耶稣，就派天兵打谁。"② 传教士们还通过当地的头人强迫群众入教。沧源县永和部落的头人规定："哪个青年不信耶稣，不唱耶稣歌，就不准结婚。"③

另外，天主教、基督教传播过程中，也兴办了一些教会学校、医院、孤儿院等，把西方文化传入云南，客观上对发展当地的教育、卫生福利事业起到了一定的积极作用，对吸引教民、招纳信徒产生了重要影响。据 1952 年统计，除已停办者外，在云南尚留有天主教教会开办的医院 3 个，诊所 11 个，中学 1 所，小学 12 所，修道院 7 个，孤儿院 5 个，养老院 2 个，麻风院 1 个。基督教教会在昭通地区开办的中学 2 所，小学 96 所，医院 1 个。④

二 传教士的侵略活动

近代历史上天主教、基督教在云南的传播，与西方殖民者对云南侵略的加强密切相关。不少传教士服务于本国殖民势力，充当殖民侵略的先锋

---

① 《云南近代史》编写组：《云南近代史》，云南人民出版社 1993 年版，第 125 页。
② 《佤族简史》编写组编：《佤族简史》，云南教育出版社 1986 年版，第 34 页。
③ 蒋文中：《基督教在云南的传播》，《云南文史丛刊》1990 年第 4 期，第 47 页。
④ 《云南近代史》编写组：《云南近代史》，云南人民出版社 1993 年版，第 127 页。

和向导，借传教为名，积极参与殖民活动。殖民主义者则把天主教、基督教作为侵略工具，以传教为掩护，搜集我国政治、军事、经济情报，在云南进行了一系列侵略活动。

1860年西方列强通过《北京条约》，取得在中国内地传教的特权后，法国传教士罗尼设即申请来云南传教。在中法战争前后，法国传教士大量涌入云南。法国殖民主义者安邺率领探险队闯入云南，先后到昆明、大理等地进行活动。他们从中国官员和法国传教士那里获得了连接云南与东京（越南河内）红河的水路最有价值的资料。法国天主教在云南的主教署设有一个华明通讯社，从事于搜集我国情报。它编印的东西，"已被认为突出的，有独一无二的农作、社情、教育及福利工作等消息的源泉"。① 这些情报，受到了罗马教廷及西方一些国家的重视。中法战争期间，在云南的法国天主教堂活动十分积极，法国传教士还秘密购置军火，召集信徒"有内信要各处预备粮草，军火供应，趁机行事"。如大理法国天主教堂，曾写信联络所属的各教堂，要他们准备里应外合，"艾司铎吩咐在教的人说，你们奉了天主教的，就是我们的人。现在大理教堂来信，我法国兵到福建、越南都打胜仗，叫彼此接应，将来要用你们，就是报效出头的日子，不可走漏风声。"②

光绪十一年（1885年），英国通过第三次对缅战争吞并缅甸后，不断将侵略势力伸向云南，并以传教士作为入侵云南的"开路先锋"。尤其马嘉理事件后，为配合加紧对云南的入侵，以内地会为主的各派教会大量入滇，他们刺探情报及矿产资源等，积极配合英国殖民者对云南入侵行动。英国内地会的创办人戴德生在其调查报告中说："在中国广大土地下蕴藏着最丰富的矿藏……矿藏能使西方国家富强。""现在在条约所给予的权利下，我们一手抓着护照，就可以很安全而舒适地由公路和江河到中国的任何一省。"③ 在中英勘划中缅边界时，有的传教士为了配合英方代表阴谋计划，大量收集我边境地区的有关历史档案和文物，并将那些无法带走的碑刻予以彻底破坏，其目的是销毁该地区自古以来就是属于中国领土的铁证，为英国侵占该地区寻找借口。当英国驻缅甸当局要侵占我阿佤山班

---

① 《云南近代史》，云南人民出版社1993年版，第126页。
② 李可：《近代云南人民的反洋教斗争》，《云南教育学院学报》1990年第3期，第97页。
③ 《云南近代史》，云南人民出版社1993年版，第124页。

洪矿区时，在当地活动的传教士永伟里，就向英国提供了该地的矿产情况，并在中英勘界时，唆使教徒袭击我国的勘界人员。在英国侵占我边境时，传教士们予以积极配合，为英军"预备夫马，备办饮食，收买通司，转换货币，接近士人，探听要防"。①

光绪二年至二十五年（1876—1899年），英、法、美等国来云南进行所谓游历探险的就有459人，其中传教士250人。他们"各具深心，而且一部分受过间谍训练，深入中国内地，学习当地风俗习惯语言，吸收中国信徒，办学校，养成教徒"。②

外国教会及其传教士，除积极配合或参与所属国家的侵略活动外，还干涉我省司法，插手行政。有记载说，美籍英国传教士永伟里父子，在澜沧的糯福一带"组织土人受其指挥，干涉讼事，促使抗粮纳税等事，为彼辈之常技，而其组织以每一城市为一中心，每村派一撒拉（即传教士）为其分栈，名为传教，俨然一行政系统也"。③

鸦片战争后，在华各国传教士根据外国强加于中国的不平等条约获得中国各级地方政府的认可与保护。在云南，地方政府就曾多次下令对传教士、教民要妥为保护，不得"稍涉迁延绚隐致误大局"。④ 光绪二十五年（1899年），经清政府批准的地方官员《接待教士事宜数条》中，其第一条规定："主教其品位与督抚同，应准其请见总督"，"摄位司铎、大司铎，准其请见司道"，"其科司铎准请见府厅州县各官"，"自督抚司道府厅州县各官亦按照品秩，以礼相答"。⑤ 不少传教士在官府的百般优待保护下，更加有恃无恐。据《云南杂志选辑》记载："中西互市以来，基督教徒遍中夏，而教案以起。主教司铎教士，往往以传教之职，干涉裁判。或威当道以谈判，或媚当道以国交，甚或愚弄当道以斗酒只鸡，联为亲戚，结为兄弟，引为朋侪。一遇民教相争之案，被其威则不敢不屈吾民，

---

① （清）杨体仁：《英人经营滇缅边境之史实》，《永昌府文征》记第7册载，卷三六，民十，第7—8页。
② 李可：《近代云南人民的反洋教斗争》，《云南教育学院学报》1990年第3期，第96页。
③ 杨体仁：《英人经营滇缅边境之史实》，《永昌府文征》，记载，卷三六，民十。
④ （清）《浪穹县志略》（光绪），卷十三，教堂。
⑤ 李可：《近代云南人民的反洋教斗争》，《云南教育学院学报》1990年第3期，第97页。

被其媚则不得不屈吾民，更被其愚弄而不可不屈吾民矣。"① "无论甚么案件，口称教民两个字，理屈的也因为教民两个字赢了官司，理非的也因为教民两个字占了便宜。民间含冤莫白的，一天比一天多。"② 某些尚未入教的趋炎附势之徒，乡下无赖，成为教徒后，更横行乡里。对于传教士干涉诉讼，参加会审，与地方官并坐公堂的情况，有的地方官也十分不满，认为"外国牧师传教士非领事，岂能会审？"牧师与地方官吏"并坐内厅，会审匪供……恃势违约，干涉民事"。③ 更有甚者，一些传教士"出入护从甚众，俨如魔王"。④

来到云南的外国传教士，其经费来源原来主要靠本国教会提供，但自中法《北京条约》签订后，情况发生了变化，他们的经费来源，除教徒捐纳外（如基督教内地会在武定一月一次的"圣餐捐"，一年一次的"感恩捐"），还通过购买田地获得地租。云南的地方政府指出："各国教会购买产业者无处无之，尤以迤东各县各国教会公然以教会名义购买田地者有之，利用我国无知人民借名代买者有之，积年累月，竟有教堂成为大地主者。"⑤ 此外，还有通过经商、放高利贷独得的收入等。

部分教会举办教育、医疗机构，其目的是收买人心，对中国人民灌输奴化思想，为侵略中国的总目标服务。有的外国学者曾指出："这些学校都是小学水平，只讲授宗教和中国经书。"⑥ 英国内地会的传教士，为武定县一带的苗族编造了一套拉丁化苗文，印刷了许多小册子。作为此类小册子之一的《花苗》一书写道：英国信上帝，因而成为世界上最先进的国家，缅甸信上帝，也走上了和英国一样的道路。这显然在向我国灌输反科学的迷信思想。据《剑桥中国晚清史》的统计资料说，同治十三年

---

① 庄和：《于教案上观察中国之裁判权》，《云南杂志选辑》，科学出版社1958年版，第692页。

② 《宾川州民贼代兴》，《云南杂志选辑》，科学出版社1958年版，第374页。

③ 贺宗章：《幻影谈》，民事第六；方国瑜主编《云南史料丛刊》卷十二，云南大学出版社2001年版，第124页。

④ 本省西南通讯员：《法教士在宾川的罪恶》，《云南杂志选辑》，科学出版社1958年版，第411页。

⑤ 荆德新：《清末云南人民的反洋教斗争》，《思想战线》1980年第5期。

⑥ ［美］保罗、科恩：《1900年以前基督教活动及其影响》，［美］费正清主编《剑桥中国晚清史》，中国社会科学出版社1985年版，第620页。

(1874年)以前在中国的传教士医生，完全合格的只有10人。① 这些教会设立的学校、医院、诊所，主要目的并不是也不可能是为中国人提高科学文化素养、防病治病，而是为了引诱中国人信仰洋教，接受洋化、奴化教育，以便消除他们的反抗外国侵略的斗争精神。

天主教、基督教在云南进行的侵略活动，当然绝不止上述的那些。被教会吸收为教徒的恶霸、地痞往往以教会为护符，为非作歹，他们"藉教士作虎伥。倒戈同胞，泄私怨，报私仇，孤人子，寡人妻，独人父母，种种暗无天日之事，虽秃江郎之笔，不能详述"。② 一些云南地方官吏，为保住自己的乌纱帽，竟视人民如草芥，畏洋教士如虎狼，欺压人民，庇护和纵容教徒，致使云南人民"含冤莫诉"，发出"其何日方得见天日"的叹息。

三 反对外国传教士侵略的斗争

面对外国传教士在云南的种种侵略活动，云南各族人民进行了一次又一次的反抗斗争。

光绪七年至八年（1881—1882年），在浪穹（今洱源），有法国天主教司铎张若望，"勒民入教，有不从者捆缚威胁"③。指使当地已入教的土豪劣绅绑架村民余秋之妻到教堂"污辱霸占"。余秋到教堂讨还妻子，却被张若望等人殴打致死。光绪九年（1883年）张若望等人又将村民吴大发的妻子、女儿抢入教堂予以奸污。吴大发忍无可忍，被迫纠集乡民杀死张若望及其帮凶，并火烧教堂。④ 在浪穹县人民反洋教斗争的鼓舞下，蒙化厅（今巍山）、永平县等地的民众，也奋起驱逐传教士，捣毁教堂。

光绪十年（1884年），在永北厅（今永胜）、旧衙坪（今华坪），法国天主教司铎艾若瑟"素与地方不和，从教者又多凶横，每以法战就闽海情形夸张于市"，引起当地群众的疑惧。中法战争爆发后，他广购军

---

① [美]保罗、科恩：《1900年以前基督教活动及其影响》，[美]费正清主编《剑桥中国晚清史》，中国社会科学出版社1985年版，第618页。
② 本省西南通讯员：《法教士在宾川的罪恶》，《云南杂志选辑》，科学出版社1958年版，第411页。
③ （清）《浪穹县志略》（光绪）卷十三，教堂。
④ 徐继涛：《近代云南人民的反洋教斗争》，《云南师范大学学报》1990年第2期，第20页。

火，组织武装，积极准备接应，引起当地民众气愤，被逐出当地，教堂被焚。

光绪二十六年（1900年）义和团运动在北方兴起后，引起云南各族人民的密切关注。同年6月，云南蒙自发生反帝风潮，法国领事及法国传教士、商人、工程师等多人畏惧逃回越南。同年在昆明，法国驻昆领事方苏雅由越南私运武器弹药数十驮入昆，被南关厘金局查获并扣留。方苏雅为掩盖罪责，乃带领一批暴徒，至厘金局抢走武器弹药，将其藏入平政街天主教堂内。经清云南地方官员前往交涉遭拒绝后，昆明民众近万人集结于法国领事馆前抗议。法国领事公然向民众开枪，激起抗议民众的无比愤怒，他们当即放火烧毁其主教公署、小东门外的修道院和法国人的住宅，方苏雅等连夜狼狈逃遁。① 与此同时，在昆明东郊金马寺狗饭田的法国教会若瑟堂，也为当地群众所捣毁。据法人古德尔孟在其《云南游记》中说："法国之殖民家、军事家、经济家、投资家皆以云南为崭新发展地，自领事（方苏雅）撤退事件宣传到巴黎，凡抱野心者皆徘徊瞻顾，裹足弗前。"② 云南人民的反法斗争，打击了法国侵略者的侵略气焰。

在义和团运动期间，云南的师宗、陆良、大关、盐津、镇雄、昭通、永善等地，均发生了人民群众反抗洋教，驱逐传教士，拆毁教堂的斗争。据载，在"昭通府城，旧有天主教教堂所属恩安、大关、镇雄、永善四属，教民多被劫杀"。③ 在这场反对外国教会的斗争中，在滇法国传教士有32人被驱逐出境。但在事后，清政府却屈顺于帝国主义的压力，向英、法两国赔偿12万两白银，并将云南七府矿权出让给英法。

光绪三十一年（1905年），阿墩子（今德钦）的民众，因法国传教士在当地胡作非为，法国天主教司铎任安牧或诱骗或勒逼人民入教，以致激起了藏、汉僧俗民众的反抗，围攻阿墩子教堂，驱逐英、法传教士。清政府命维西厅派兵镇压，当地民众被迫拿起武器，进行抵抗。有数千藏、汉民众参加的反抗队伍，包围了清军的3个营，并放火烧毁阿墩子和况中的两个教堂，杀伤教士两人和为虎作伥的教民十余人。这次斗争坚持3个

---

① 李可：《近代云南人民的反洋教斗争》，《云南教育学院学报》1990年第3期，第98页。
② 《云南近代史》，云南人民出版社1993年版，第129页。
③ 贺宗章：《幻影谈》，民事第六；方国瑜主编：《云南史料丛刊》卷十二，云南大学出版社2001年版，第123页。

月后，在清政府的重兵镇压下失败了，数十名藏汉僧民被杀害。①

贡山怒、藏、傈僳族群众，在阿墩子反洋教斗争的影响下，不堪忍受洋教士的肆虐，围攻了白汉罗、茨菇等法国教堂，驱逐在当地欺压民众和压迫喇嘛教的法国教士。由于传教士们组织武装抗拒民众，被激怒的民众放火烧毁了白汉罗教堂，打死5个传教士。②清政府闻讯后立即派出地方军队围剿起义群众，起义队伍虽经奋力抵抗，终因寡不敌众，被镇压下去。事后，清政府迫于法国政府的压力，以向法国的天主教教会赔偿白银5万两来了结此次教案。

云南各族人民反洋教斗争是云南人民反对帝国主义侵略斗争的一个重要方面。在太平天国革命及云南杜文秀起义期间，云南各地的人民，就纷纷起来攻打教堂，烧毁教会学校，使临安、通海、江川的教堂、教会学校等"尽为所毁"。在中法战争中，云南人民的反洋教斗争，与反对法国侵略云南的斗争相结合。义和团运动期间，"义和团'扶清灭洋'，义声震北廷，而吾滇民激发忠义，乃有反洋教，烧教堂之壮举"。辛亥革命前，在滇西、滇东北、滇东，均曾发生攻打教堂、劫杀传教士的斗争。"八国联军入北京，滇督乃命全省法教士32人集中滇越交界处"，作恶的教民也落得"无家可归"的下场。③

在云南人民反洋教斗争中，既有各族人民群众的广泛参加，这是斗争的基本群众和主力，同时也有一部分地主、绅士或因其利益受到损害，或因出于正义感，也加入到斗争行列，甚至有的地方官吏也明里或暗里支持群众斗争，充分说明这一斗争所具有的群众性和广泛性。

---

① 徐继涛：《近代云南人民的反洋教斗争》，《云南师范大学学报》1990年第2期，第21、22页。

② 刘鼎寅、韩军学：《维西教案与藏族人民的反侵略斗争》，《云南社会科学》1990年第5期，第81页。

③ 《新纂云南通志》（民国），卷一〇八，《宗教考》八。

第五章

云南人民保卫领土主权的斗争

云南省地处祖国西南边疆，南邻中南半岛上的越南、老挝、缅甸诸国，边境线长达4000多公里。居住在边境两侧的云南和越南、老挝、缅甸的各国边民，大多是同族或同源的"亲戚"、"胞波"，世世代代和平相处，友好交往。

当历史进入近代以后，西方殖民侵略势力从云南西边的印度、缅甸和南边的越南、老挝逼近云南边疆，进而蚕食或武力掠夺云南边疆领土，迫使云南各族人民奋起抵抗英、法殖民势力的入侵，掀起了保卫云南领土主权的斗争。

英、法资本主义列强，在其原始积累的早期，就把贪婪的魔爪伸向东方。公元16世纪，英、法两国先后侵入印度。18世纪中叶，法国在印度的角逐中失败后，又把殖民扩张的矛头转向东南亚和中国，力图侵占或控制这些地区，继续和英国争夺在东亚的殖民霸权。

第一节　保卫滇东南边疆领土主权的斗争[①]

公元1765年，法国天主教主教百多禄等人首先从印度进入柬埔寨和越南南部，插手干预越南国内政治斗争。公元1786年，百多禄向法国国王路易十六上书献策，他说法国在印度的争夺中已败于英国人，现在应该"在交趾支那建立一个法国的殖民地"，"如果我们把这个国家占领，则无论平时战时，都可以获得最大的利益"。"在和平的时候，因为我们地位

[①] 本节所涉及的边界，仅对当时历史情况进行记述，与尔后国界线变迁无关。

较接近中国，我们定然可以吸收很多它的商业。在战争的时候，将更容易隔断中国和一切敌国的商务。"占领越南后，"我们将不难妨碍英国人显欲将边界更向东扩展的计划"。因此，可以从越南"建设一条到中国中部去的商道……将使我们获得那个人们不认识的国家（中国）的富源"。①百多禄的侵略计划，被法国政府所采纳，成为其后法国殖民者侵略中南半岛各国和中国的基本方针。

法国政府根据其向东南亚和中国推行殖民扩张的方针政策，于1884年发动了中法战争。战后，迫使清朝政府签订了中法《越南条款》（即"中法天津条约"）。根据该条约的规定，中法双方会同勘定中国和越南之间的国界线。

法国侵略者利用勘定中越边界之机，耍尽花招，巧取豪夺，硬将边界线向中国境内推移，力图更多地侵占中国边疆领土。云南人民为反对法国侵占我国边疆领土主权，进行了长期可歌可泣的英勇斗争。

根据中法条约关于勘定中国和越南边界的规定，清光绪十一年七月（1885年8月），清政府派遣内阁学士周德润，会同云贵总督岑毓英、云南巡抚张凯嵩，与法国代表狄隆（法驻越帮办）、耿塞尔、西威仪等会勘中越边界。

光绪十二年九月二十二日（1886年10月19日），中、法双方代表于越南老街签订《滇越边界勘界节略》，将中、越边界分为五段：第一、第二、第三段为云南省开化府与越南之间的边界；第四段为云南省广南府与越南之间的边界；第五段为云南省开化府西南和临安府南部与越南之间的边界。

一 广南府与越南之间的边界

广南府南部边境与越南交界，广南府西南边境的三蓬（上蓬、中蓬、下蓬）地，被邻近的越南保乐州土司侵占。在今富宁县一带，民间流传着"三蓬陪嫁"的传说，谓三蓬地方原为广南府侬土司辖地，侬土司将女儿嫁给越南保乐州土司，同时把三蓬作为陪嫁给予保乐州土司。不久，侬土司女儿死了，便向保乐土司提出收回三蓬，但遭到拒绝。"三蓬陪

---

① 《一七八六年百多禄主教上路易十六奏议》，载中国近代史资料丛刊《中法战争》（一），上海人民出版社1955年版，第363—364页。

嫁"传说"本质上显然是真实的。结合设汛卡与失汛卡之事迹，应在康、雍之后、道光之前"。① 广南侬土司作为地方官吏，唯有守土之责，而无权私相授受，把作为国家领土一部分的三蓬地方送与越南土司，他的此种做法也绝不能改变三蓬地方所有权的归属。

法国占领越南后，声称三蓬属于越南领土而出兵占领。中、法勘界时，中方要求归还三蓬，双方争执 40 余日。在中方坚持下，法方作了稍许妥协，同意归还上蓬的田蓬街、苗塘子、龙潭、龙膊和沙人寨五个村寨，仍强行占据三蓬 90% 的土地。当地壮族、苗族等各族人民自发行动起来，以武力驱逐法国占领军。当时越南保乐土司亦承认三蓬为中国领土，主张归还中国。昏庸腐败的清朝官吏、广南府知府兴禄等人屈服于法国侵略者的压力，压制"相率归附（中国），意欲抗令法员"的三蓬人民，承认了法军对三蓬地区的占领。②

二 开化府与越南之间的边界

开化府设置于清康熙六年（1667 年），其辖区系由临安府所属的教化、王弄、安南（今蒙自县东部之老寨）、牛羊等土司地构成。开化府的东、东南、南、西南等四方均与越南交界。其中开化府南部与越南之间的边界（即滇越边界线之第二段）问题，由于历史的原因，情况最为复杂，是中、法在勘定滇越边界谈判中争议最大的焦点。据清代《云南通志》记载："开化府南二百四十里至交趾，赌咒河为界"，该地区当时为安平厅辖区。雍正四年（1726 年），云贵总督高其倬奏："臣查出自开化府马伯汛外四十里至铅厂山下小河内有逢春里六寨……于康熙二十二年失去，遂入于交趾，应予清查。再查《云南通志》记载，自开化府南二百四十里至赌咒河与交趾为界。今自开化府南至现在之马伯汛止有一百二十里，即至铅厂山下小河亦止一百六十里，是铅厂山下小河以外，尚有八十里亦系云南旧境，虽失在明朝，但封疆所系，亦请一并清查。"③ 也就是说，马伯汛外至铅厂山下小河之间的 40 里地，以及铅厂山下小河至大赌咒河间的 80 里地，已分别于康熙年间和此前明朝时失于交趾（即越南）。因

---

① 方国瑜：《中国西南历史地理考释》下册，中华书局 1987 年版，第 1307 页。
② 云贵总督部堂档案：《滇越正卷》，《分办界务委员广南兴禄禀》（光绪十九年三月）。
③ 尤中：《中国西南边疆变迁史》，云南教育出版社 1987 年版，第 177 页。

此，雍正六年（1728年）时所谓雍正皇帝将铅厂山内地四十里"赐"给交趾的做法，只不过是对已成事实的一种认可。

中、法双方在勘定滇越边界的交涉中，中方代表周德润、岑毓英曾提出中国要收回开化府马伯汛南至黄树皮、箐门前之大赌咒河，东至船头下之清水河，西至山门硐前陆地等中国领土。该地区"凡周四百六十余里，为户五千五百有余，丁口二万二千七百"。① 但是，法方顽固坚持既得利益，蛮横拒绝中方的合理要求。由于双方分歧很大，所以开化府南部与越南之间的边界线问题久拖未决，在经过长达11年之久的反复争论与较量之后，至光绪二十三年（1897年），在双方各自作出一定让步的基础上，才得以最后解决。这一年，清政府派开化府知府刘春霖与法国代表本义德，于越南保胜签订《滇越界约》，在过去双方签订的《滇越边界勘界节略》（1886年）、《续议界务专条》（1887年）、《续议界务专条附章》（1895年）的基础上，经过协商调整，最终解决了滇越边界线的问题。根据《滇越界约》，中国收回了马伯汛外小赌咒河南至大赌咒河界内的大部分地方，如船头、勐峒、都龙、南丹等地。但是，中方也被迫放弃了大赌咒河以北的一部分地方，如黄树皮、箐门、猛康等地。此外，又对一些村寨的归属关系作了调整交换，如把开化府的老寨与越南的龙潭互相交换，而老寨不仅土地肥沃，而且与黄树皮相连。龙潭则是越南的贫瘠山区，两地相交换，显然对我国不利。所以至今在麻栗坡县天保一带的民间还流传着这样的谚语："大朝（指清朝）生的憨，老寨换龙潭。"这样，开化府南部与越南之间的国界线"既非清朝初年的大赌咒河界，也不是雍正六年以后的小赌咒河界，而是大赌咒河与小赌咒河之间的一条妥协界线"。"现存中、越边界云南段的最后完全确定，所依据的就是《滇越界约》"。②

当中国还未收回勐峒时，该地苗族首领项从周挺身而出，组织当地苗、瑶、壮、汉各族人民，决心武装保卫这一片领土。据记载："滇越划界时，夷目项从周不愿入法籍，率众据地，宣言反抗。法人怵其意志坚强，另行改划，即今马关之归仁里。"③ 项从周是当地有影响、有号召力

---

① 方国瑜：《中国西南历史地理考释》下册，中华书局1987年版，第1303页。
② 尤中：《中国西南边疆变迁史》，云南教育出版社1987年版，第206—207页。
③ 张维瀚：《拟陈滇缅界务意见书》。

的民族领袖，法军进入勐峒时，曾对他及其下属头人进行多方利诱，劝其归降法属越南殖民当局。项从周等人大义凛然，庄严宣布自己是中国人，居住的是中国的土地，绝不投降法寇。他率领当地各族人民抗击法军，在勐峒、野猪塘等地，对法军进行了大小数十战，使法国殖民当局深感无法继续维持在当地的统治，被迫宣布将包括今天的扣林山、老山在内的勐峒地方归还中国。实际是采取偷梁换柱的方法，迫使清政府以广南府南部边境的中国领土猛梭来与勐峒相交换，这等于是以中国的领土来交换中国的领土，法国从中得利。

三 临安府与越南之间的边界

临安府南部、西南部与越南接界。临安府南、西南部边境地区的猛梭、猛赖、猛蚌"三猛"地方，自古以来就是中国的领土。明宣德二年（1427年）至明嘉靖十九年（1540年）的一百多年间，"三猛"曾被越南侵占。嘉靖十九年，"三猛"又重回祖国怀抱，但越南觊觎之心不死，随时想再夺走"三猛"，此种情况一直延续到清朝时期。

清咸丰年间（1851—1861年），云南爆发了各族人民反清大起义，临安府边境地区管理松弛，越南乘机侵占了猛梭、猛赖等地。光绪十年（1884年）中法战争开始时，清政府派员拟收回猛梭、猛赖，当时"猛赖土司虽转向清朝，而猛梭之地却被越南昭晋州知州把持不放。法国以此为借口，硬说猛梭、猛赖均属越南"。[①] 光绪十二年九月（1886年10月），中、法签订《滇越边界勘界节略》时，对边界第五段（即临安府南部与越南边界）的划分，由于双方分歧很大，未能达成解决协议，只得将其列为悬案。翌年，中、法在北京签订《续议界务专条》时，清政府以"猛梭、猛赖一段，荒远瘴疠，弃之不足惜"[②] 为借口，决定将其拱手让给法属越南。因此，双方议定的红线界将猛梭、猛赖的大部分划归越南，而位于猛赖西北的猛蚌仍在临安府界内。此段界约议定后，双方先后派员前往实地履勘。之后，双方又起争执，中方勘界人员认为猛赖历史上一直属于云南临安府管辖，不同意将其划归越南。"在争执过程中，最后清廷同意以第二段（即开化府南部与越南间的边界）红线界内划归越南的开

[①] 尤中：《中国西南边疆变迁史》，第218页。
[②] 同上书，第219页。

化府南部的勐峒三村，对换第五段红线界内划归云南临安府的猛梭。即把勐峒三村划给云南开化府，把猛梭划给法属越南。"① 但是，法国殖民主义者欲壑难填，在如愿以偿地得到猛梭和猛赖以后，又进一步想要得到猛蚌，在其提出的边界新图中，就公然将猛蚌划入越南界内。光绪二十一年五月二十八日（1895年6月20日），中、法在北京签订《续议界务专条附章》，清政府一让再让，最终同意把云南临安府的猛梭、猛赖、猛蚌等"三猛"之地割让给法属越南。清政府再次上演了一出丧权辱国的丑剧。

四　普洱府与老挝之间的边界

普洱府东南边境的猛乌、乌得两土司地与老挝交界。猛乌、乌得系普洱府属车里宣慰司的十二版纳之一。清雍正七年（1729年）普洱府设置后，车里宣慰司所辖的江内六版纳（包括猛乌、乌得）改土归流，由流官管理，但仍然属于车里宣慰司的十二版纳中的一部分，仍然对宣慰司在政治上服从，在经济上承担应负的税赋责任。

据云贵总督崧蕃奏："查猛乌、乌得两土司，原隶普洱，属地内多盐井，为滇省边民养命之源。通思茅六茶山，法人窥伺已非一日。"② 法国将越南沦为殖民地后，随即侵占了老挝，进而又觊觎我国云南省普洱府边境的猛乌、乌得等地。当中、法勘划滇越边界进至中、老边界时，法乘机强索我猛乌、乌得等地，遭到中方勘界官员和当地民众的坚决反对。法方勘界官员巴威，趁双方勘界官员勘验和交换地图之机，强行将我国的猛乌、乌得划入老挝界内。中方勘界官员、思茅知县黎肇元不敢理直气壮地予以反对，而是"见巴威词色俱厉，恐成决裂，于图上注明'界线系法员自画'"，并勉强盖了印章，③ 将其作为一个未定的争议问题，留待以后处理。

1895年，日本帝国主义发动侵华的甲午战争并最终战胜中国，通过战后签订的《马关条约》，中国被迫把台湾和辽东半岛割让给日本。日本的夺取辽东半岛，对一直觊觎我国东北地区的沙皇俄国的企图是一个沉重打击。因此，沙俄积极伙同法国和德国联合出面干涉，迫使中国清朝政府

---

① 尤中：《中国西南边疆变迁史》，第221—222页。
② （清）《续云南通志稿》（光绪），洋务志·界务，卷八五。
③ 同上。

用 3000 万两白银，向日本赎回辽东半岛。法国以此为借口，认为它在三国干涉还辽中对中国有"功"，公然要求中国政府把猛乌、乌得割让给它以作"补报"。腐朽透顶的清王朝政府，在法、俄、德三个帝国主义国家的串通要挟下，屈辱地答应了法国的无理要求。清政府总理各国事务衙门致电云贵总督崧蕃称："兹奉旨准将猛乌、乌得让与法人……顷法使言，已电法员往收猛乌、乌得等处。法兵到时，希按约交割，勿滋口舌。"①崧蕃根据以上指示，委派许台身、魏鸿涛为"交地委员"，并派参将刁丕文协同前往猛乌、乌得，"于七月初九日齐抵猛乌，会同法员戛笼写等，于十九日（1895 年 9 月 7 日）将猛乌、乌得地方交收清楚"②。

云南各族人民坚决反对法国殖民主义者掠夺我边疆领土的侵略行径。当法国夺取我国领土猛乌、乌得的消息传出后，舆论哗然，普洱府人民群众上书当局，请求废除割地条约。"滇籍在京翰林院的陈荣昌为首偕公车上书，请保边圉以固民心"③。猛乌整秀寨一带的傣族群众知道清政府割让"两乌"给法国的消息后，立即向清政府勘界委员黎肇元等呈递禀文，表示坚决反对。在中、法官员交收"两乌"的当天，当地"夷民男妇老幼哭声震天"。④ 当法国占领军进驻猛乌、乌得时，当地傣、汉各族群众相约一同撤离村寨。法军遭到人们坚壁清野的抵抗，粮草无着，加之不断遭到当地人民的袭击，随时处于惊恐之中。各族人民互相联络，决定以武力抗击法国占领军。猛乌、乌得土司在民众的推动下，和当地汉族首领陈玉成、李翠庭等人决定组织统一的抗法武装队伍。不幸事机泄露，一些领导人被法军突然围捕，当地民众奋起围困法军，救出了被捕人员。法国殖民军对当地群众进行疯狂报复，大肆烧杀抢掠。当地民众纷纷越过法军占领线，转入我国界内。

1909 年，李翠庭、陈玉成等又率领各族人民武装袭击法国占领军，使侵略者一直无法稳定其殖民统治。法帝国主义只好照会清政府，希望借助清政府来镇压人民的反抗。但人民大众的抗法斗争始终没有停止过。

---

① 《总理衙门咨云贵总督电》，《云南洋务局档案·滇遑全卷》。
② 《黎肇元、许台身等呈洋务局义》（光绪二十一年八月初四日），《云南洋务局档案·滇遑全卷》。
③ 方国瑜：《中国西南历史地理考释》下册，中华书局 1987 年版，第 1265—1266 页。
④ 尤中：《中国西南边疆变迁史》，云南教育出版社 1987 年版，第 248 页。

第二节　保卫滇西边疆领土主权的斗争

一　英帝国主义的侵略与各族民众的反击

19世纪80年代，西方殖民大国处于殖民扩张的高潮时期。英国的一些侵华势力集团，利用中、英《烟台条约》所取得的在华特权，大肆鼓动并资助侵华先驱者、冒险家们，纷纷深入云南各地进行"考察"、"探险"。1882年，葛洪以所谓探险家兼《泰晤士报》特约访员身份，由广州经西江流域进入云南思茅、大理等地侦察，回国后在英国一些商业集团的支持下，利用报刊和著述鼓动瓜分中国、占领中国。他在《英国的远东政策》（1885年伦敦版）这本小册子中叫嚣："争夺（中华）帝国的斗争已经开始了！……英国商业的继续兴盛，全凭英国在东方政治上的优越地位。"[①] 葛洪给各商会写信，力劝他们对英国政府施加压力，尽快并吞上缅甸。他在伦敦市商会的演说中提出："缅甸的重要性还不在于它本身的贸易，更重要的是，'它是构成我们通往中国的大路一部分'，中国才是我们将来的真正市场。"[②] 他的鼓噪，不仅受到在伦敦等地的商人们的欢迎，而且在客观上，是在鼓动英国社会各种对外扩张势力，为加紧入侵中国做思想舆论准备。

1885年，当中法战争刚结束，英国就发动了第三次侵缅战争，俘虏了缅甸国王锡袍，占领了全缅甸。不久，又宣布将缅甸并入印度，作为印度殖民地的一个省。

英国并吞缅甸后，侵华老手、中国海关总税务司英国人赫德，电劝英国政府要保留缅甸对中国皇帝十年一贡的虚名，以"示好于（中国）总理衙门，而化除反对"。[③] 英国政府接受了赫德的策略方针。这在1886年7月中英订立的《中英会议缅甸条款》中有所反映，但在该条款中，中国的领土问题却受到英方的一次愚弄。

当英军发动第三次侵缅战争时，中国驻英公使曾纪泽，一面向清政府

[①] [英]伯尔考维茨：《中国通与英国外交部》，江载华、陈衍译，商务印书馆1962年版，第171页。

[②] 同上书，第189页。

[③] 中国近代经济史资料丛刊编辑委员会主编《中国海关与缅藏问题》，中华书局1983年版，第26—27页。

报告，一面向英国外交部提出抗议。英国外相沙士勃雷为缓和中国的态度，虚伪地作了三项许诺：（1）对我国怒江下游萨尔温江以东，南至暹罗接壤之土地不予占领，由中国管辖；（2）允许中国在八莫附近开辟商埠和设关收税；（3）保持中国在伊洛瓦底江之航行权。当《中英会议缅甸条款》签订时，英方曾经允诺不侵占怒江下游以东等三项条件却不准写进条约。英国侵略者的狡诈和清政府的昏庸于此可见。

1891年英军进攻江心坡，遭到景颇、傈僳等族人民的坚决抵抗，英方感到需要勘定边界。在薛福成与英国于1894年（光绪二十年）订立的中英《续议滇缅界、商务条款》中，英方仅把一些原属中国的领土，如科干（果敢）、勐卯土司（今瑞丽）区内之汉龙关、野人山（即江心坡），车里（今西双版纳）、孟连等处，以"让与中国"的语气写进条文，对于中国在明代设立的铁壁关、天马关、汉龙关、虎踞关等，经薛福成力争，英方只允我国收回铁壁、天马两关，关外的我国土司属地则不予讨论。关于边界线，只对我腾冲尖高山以南的干崖、莲山、陇川、瑞丽等地作出了肯定，而对尖高山以北的边界，包括江心坡、片马以北的中国领土，则规定为"未定界"。这就留下了英国侵占我滇缅北部领土的最大隐患。此外，还规定："若未经预先议定，中国必不将孟连与江洪之全地或片土让与别国"。这反映了英国以后要掠夺我国这些领土的阴谋。

英国于1896年1月，"为了平分云南和四川的通商特权，和法国签订的沙士勃雷—古塞勒协定"，① 是英法两国背着清政府而对掠夺在华权利进行分赃，为瓜分中国进行协调和准备。这表现了英、法两国在向帝国主义过渡期间，最露骨最野蛮的侵略性。

1897年2月，英国借口法国割让猛乌、乌得，违背了中英《续议滇缅界、商务条款》，迫使清政府重新签订了《续议缅甸条约附款》。这个附款涉及云南方面的内容为：将驻蛮允领事改驻腾越或顺宁，开思茅为商埠，以后云南建筑铁路，将与缅甸铁路连接，把木邦、科干等地划归英国，对我瑞丽（勐卯）南面以南坎为中心的勐卯三角地，则"永租与英国管辖"。②

---

① ［英］伯尔考维茨：《中国通与英国外交部》，江载华、陈衍译，商务印书馆1962年版，第232页。

② 王铁崖：《中外旧约章汇编》第1册，第687页。

英帝国主义的这些侵略活动，激起边境各族人民为保卫云南边疆而抗击英军的武装斗争。早在光绪十七年（1891年），当英军侵入我干崖土司（今盈江县干崖区）所属的铁壁关西侧地带时，刚承袭干崖宣抚使的傣族土司刀安仁①率领傣、汉民众武装守卫在铁壁关、大青树一带，准备抗击来犯之敌。1892年，英占铁壁关之昔董街，焚毁了景颇族村寨，攻击我大青树营地。刀安仁指挥傣、汉武装抗击英军，相持数月，打退了英军的第一次进攻。1893年，刀安仁的父亲刀盈廷召集陇川、勐卯（今瑞丽县）傣族土司和盆干一带景颇族山官共商抗英保境，议定干崖司守铁壁关，陇川司守虎踞关，勐卯司守天马关和汉龙关。英军攻天马、汉龙两关，当地景颇族、傣族人民奋起抵抗。英国政府竟向清政府抗议。昏庸的清政府不知我滇西边关之所在，急令当地官府勘察铁壁、虎踞、天马各关的位置。刀安仁和沿边民众立即查清了各关的关址，拓印了关址门坊碑刻等作为凭据，支持清政府对英谈判。英军在谈判进行期间，又悍然入侵盆干。盆干景颇族山官集合青壮年1000余人抵抗英军，刀安仁率傣、汉武装增援。由于山岭崎岖，行军迟滞，刀安仁应援不及，英军烧杀抢掠了盆干景颇族的大小村寨。1898年，英军进犯我大青树营盘，刀安仁指挥各族武装把英军打回了八莫。各族武装在刀安仁等人的领导下，在今盈江县西南边境抗英八年之久，用生命和鲜血保卫我云南边境。

中英《续议缅甸条约附款》订立后，当中英双方勘界立碑时，英方官员又垂涎我富饶而广阔的陇川平原，企图把中缅商路上的繁荣集镇章凤街划归英属。英国军官韦得竟率队深入到我陇川平原中部，把英国国旗插到章凤街以北的景坎街，声称要把边界线向北推进六七十里，英方测绘队在英军的保护下，深入我陇川界内100余里的南犬山测量制图。清政府勘界总办刘万胜昏聩愚昧，屈从退让。但在1897年12月18—28日，陇川的景颇、傣、汉各族民众，闻讯后纷纷赶到勘界现场，群起阻止英军的内侵。陇川王子树的景颇族山官早乐东，约集垒良、孟谷、邦外、弄恒等地景颇族山官、头人，向中英勘界官员说明，陇川土司的管辖地界在百里外的铁壁关、天马关、虎踞关，并出示了铁壁关刻石大碑"铁壁英雄"等

---

① 刀安仁（1872—1913），1906年游学日本，同年加入同盟会，回国后在干崖等地进行反清活动。1911年与张文光等人发动腾越起义，出任滇西军都督府第二都督，后因受诬陷，被囚于南京与北京监狱，1913年出狱不久病逝。

拓片，宣言我们的地方决不能划给英国人。英国人置之不理。他又邀集了掏金凹的景颇族头人，公干、王子树等村汉族村长，率领民众武装100余人包围了英国测量队，把他们逐出境外。以早乐东为首的景颇、汉、傣各族民众，保卫了陇川一带的我方领土。他们的卫边爱国精神，至今仍为边疆人民所称颂。

二 英军的武装入侵与片马抗英烽火

在1894年签订的中英《续议滇缅界、商务条款》里，第四条款规定："今议定北纬二十五度三十五分之北一段边界，俟将来查明该处情形稍详，两国再定界线。"① 这是指腾越北部尖高山以北，其地包括恩梅开江和迈立开江之间的江心坡、孟拱、坎底河谷，西至印度东北角的阿萨姆，东至高黎贡山的片马等广阔地区。

"片马"是景颇族支系茶山人的茶山语，意为锯木板的地方。这里地处云南西北部，西通印度，北达西藏，东可去四川，地理位置重要。英国并吞缅甸后，遂成为英国打开"中国后门"的北部路线之一。

片马自古就是中国的领土。在元代，片马及恩梅开江一带属云南行省的云龙甸军民府。② 明代属永昌府的茶山长官司。③ 清代时，"永历二年（1648年，清顺治五年），六库土司段其辉征服片马，得地三百余里，遂分段其光为登埂土司"。④ 清乾隆以后，保山县属的登埂土司在片马的岗房设卡征收杉板税、门户捐，一直管辖着这一带地方。

英人占领缅甸后，把历来属于中国版图内的片马、江心坡等地作为中缅"未定界"，完全是出于侵略意图。实际上，英国早在1891—1892年，就先后对江心坡南部各地进行过武装入侵，作了大量的侦察，并收买当地的头人。⑤

1898年7月28日，英国驻华公使窦纳乐就中英勘分尖高山以南界线问题照会清政府："上年十二月间，有华官带兵二百名进入恩买卡河北境内。请转饬该处地方官，于恩买卡河与萨尔温江中间之分水岭西境，不得

---

① 《中外旧约章汇编》第1册，第577页。
② 《元史》，地理志，卷六十一。
③ 《明史》，地理志，卷四十六。
④ 段承钧：《泸水志》，1932年石印本，第39页。
⑤ 杨体仁：《英人经营滇缅边境之史实》，《永昌府文征》，记载，第36卷。

有干预地方官治理之举。"① 这里所说的恩买卡河与萨尔温江之分水岭，是指我国高黎贡山。清总理衙门不察英国的侵略意图，又不知英方照会所指的区划范围，盲目地答复说已咨云贵总督酌核办理。所谓"华官带兵二百名进入恩买卡河北境"，即1897年片马、江心坡的居民，因采盐卤发生争执和械斗，六库土司段浩命胞弟段济率兵前去镇抚②，属于我地方政府的行政事务。清总理衙门的含糊答复，英国即作为我方承认"高黎贡山分水岭"为界的依据和借口。

1900年1月，英军及其仆从军1000余人，侵入中国的他戛（拖角）、滚马、茨竹、派赖等景颇、傈僳和汉族村寨，抢掠、逼降。茨竹隘（边防关卡）土守备左孝臣、土千总杨体荣激于爱国热情，率边民武装奋起抗击。

左孝臣（1849—1900）③，原籍四川成都府华阳县人。其先辈调来云南为军户，戍守大理府云龙州，后调戍腾越明光隘，世袭土守备。守备区域有大塘、白玉岩、鲁必、九角塘、茨竹、小江十八寨等地。

1900年2月13日，左孝臣领兵勇600余人，在甘稗地一带隘口分兵防守。英军三次派翻译对左孝臣、杨体荣进行劝诱，而腾越镇总兵张松林却传令左孝臣等"勿轻启边衅"。左孝臣大义凛然，抱定"吾守土之责……志不可夺也"的态度坚守阵地④。英军见诱降无效，于15日凌晨即发动突然袭击，开枪开炮，疯狂围攻甘稗地，同时对滚马、派赖、茨竹、官寨、痴戛等寨抢掳焚掳，威逼附近村民投降归顺。左孝臣、杨体荣率先锋营顽强抵抗，浴血奋战至第二天下午，因敌我力量悬殊，致使我军伤亡惨重。左孝臣身中八弹，英勇阵亡在甘稗地，同时阵亡的边民达137人⑤。左孝臣和当地的牺牲民众，为保卫我边疆领土为国捐躯，不愧为中

---

① 档案资料：《中缅北段未定界问题》，第20页。
② 段承钧：《泸水志》，1932年石印本，第40—41页。
③ 左孝臣的族别，有汉族和茶山人（景颇支系）两说。据左孝臣三代孙左华章、四代孙左辅龙、左基龙等人对笔者调查时介绍说，左家原系汉族，移居腾冲明光后姓早，早是茶山人的官姓。他们又说，左家有汉族和茶山人的血统。
④ 尹子章：《茨竹隘土守备左孝臣传》，及《左孝臣墓碑》所载。左孝臣墓在今腾冲县明光区麻栎乡大花山中，"文化大革命"中被毁，1981年由县人民政府出资重建，碑文据回忆补写。
⑤ 档案及各种记载对此次阵亡人数说法不一，此从尹子章《茨竹隘土守备左孝臣传》所记，载《永昌府文征》列传卷三。

华民族的英雄。他们的英勇事迹，后来在许多史书中广为传颂。

事件发生后，张松林派兵往援，英兵退出界外，腾越厅就此抗议英军侵入我国境内烧杀抢掠。英方置之不理。在以后的反复交涉中，英方公然声称："此界先视为暂时从权之界，现奉本国政府训条……于未定妥以前，即视为滇缅确实之界。若不守此界，滇省派兵逾战，恐有与英兵相触之祸"①。妄图单方面把"暂时从权之界"变成"确实之界"而强加于中国。

1905年，在中国政府坚持下，英国同意会勘北段边界，中国派出署腾越关道石鸿韶和英方驻腾越领事列敦上界勘察。石鸿韶坚持以"现管小江边"为界，列敦却坚持高黎贡山为界，把我国片马、岗房、茨竹、派赖等地划入英属领土。列敦承认这些地方是中国领土，表示愿意出钱永租。石鸿韶以小江为界绘绿色线，列敦以高黎贡山为界绘紫色线，各向本国政府报命。石鸿韶置小江以外领土于不顾，勘界失地，贻误边疆，因此被革职。②清政府认为列敦、石鸿韶的会勘是"分割华境"，由外务部另提一条以恩梅开江为界的蓝色线；云南洋务局又提出一条黄色线，以扒拉大山为界，在恩梅开江以西。总理衙门还提出过一条红色线，位于恩梅开江与小江之间。这就形成了清末中缅北段"未定界"勘划争执中的五色线图。英国始终坚持侵略立场不变。清方各级政府官员昏庸愚昧，所提四种界线都未能越过恩梅开江以西，而英国人的紫色线，却深入到中国境内以高黎贡山为界，把整个"未定界"的数万平方公里领土全部囊括而去。尽管如此，中英滇缅北段边界仍然是"未定界"，中国人民为保卫这一大片领土，一直与英国侵略者作斗争。

登埂土司所属的片马地区盛产木材，有商人徐麟祥、伍嘉源在此经营收购，登埂土司委徐麟祥为片马团首，代土司在此征收杉板税。③其后，徐因故被土司革职。土司征收杉板税与徐、伍等人的利益发生矛盾后，徐、伍向保山县政府控告说，土司"倚官虐民，加抽官板"。徐、伍胜诉，拒绝向土司纳税。1908年，登埂土司派兵前往片马，遭徐、伍等人聚众抗阻。次年11月，土司段浍亲率土兵到片马，与徐、伍等人再次发

---

① 档案资料：《中缅北段未定界问题》，第34、40页。
② 尹明德：《滇缅界务北段调查报告》，《永昌府文征》，《记载》卷三十。
③ 据我们1985年的实地调查得知，徐麟祥原为登埂土司的师爷。

生冲突。徐、伍等人外求英人庇护。① 英国认为有机可乘,一面准备以此为借口进兵片马,另一面派驻腾越领事娄斯潜入片马侦察,收买当地头人配合英军的入侵。当地民众勒墨夺拔等人发觉后,即向保山县衙呈词揭发:"奸商伍嘉源,刁棍徐麟祥、段有贤等,与登埂土司挟隙构讼,伊等暗盗土民夷目多名,捏词外邦,朦混播弄",要求"斧劈奸恶",对徐、伍等人的叛国引敌行为加以声讨②。云贵总督为此对英方严正驳斥,指出这是我国内政,英国无权过问。但是,英国不顾我国的反对,由英驻密支那军官郝滋上校等率军1000余人,辎重马匹2000余匹,沿恩梅开江进拖角,东渡小江,于1911年1月4日侵占片马、岗房、鱼洞。英军侵占片马时焚毁片马学堂,赶走了教师姜光耀。据英国人的记载说:"英兵到时,请此乡学究见面,此乡学究从容不迫,待半点钟之后,方缓步出来……见英官。对之曰:'我们要你即刻离开此地。'乡学究对之曰:'唯。'即束装跨过片马,回中国而去。英军遂进片马,占领其地。"③ 对于英军的入侵,清政府和登埂土司都未组织有效的抵抗,而当地的傈僳、景颇族人民,在勒墨夺拔的领导下奋起抗击。

勒墨夺拔,傈僳族,泸水县称戛区赤耐奈村人,迁居片马后被登埂土司授予管事,成为片马各寨头人。当英军入侵时,勒墨夺拔联络头人姚中科等,宣布对英"誓众不屈"。④ 英军进入古浪大寨时,勒墨夺拔领一百多人手持弓弩,在丛林中伏击英军,打死英国军官一人,侵略军狼狈向南逃窜。

英军入侵片马的消息传入内地,全国舆论沸腾,人民纷纷集会游行示威,抗议英军入侵,要求清政府立即出兵收复失地。昆明各界成立了保界会,以为政府后援。云南省谘议局推周钟岳、李曰垓为代表去北京,向外务部请愿,要求向英国政府提出严重抗议,同时力争收回七府矿权⑤。在四川的云南旅蜀同乡会,发出了《力争片马折》,严厉声讨英兵侵滇,决

---

① 档案资料:《中缅北段未定界问题》,第73页。
② 同上书,第112页。
③ [英]华金栋(生物学家):《缅甸极边》(1921年版),转引自杨体仁《英人经营滇缅边境之史实》,载《永昌府文征》卷三六。
④ 档案资料:《中缅北段未定界问题》,第95页。据我们调查得知,勒墨夺拔后在一次战斗中被俘,此后下落不明。
⑤ 周钟岳:《惺庵回顾录》,《云南文史资料选辑》第3辑,第168页。

心保卫云南领土主权。滇籍安徽巡抚朱家宝和川滇边务大臣王人文联合电奏，力陈片马一案"所争虽在一隅，其祸系于全局"，主张"国际交涉，兵为后盾。英若实行占领，我当速备边防。"① 云贵总督和清政府虽向英国进行了严正交涉，但未派兵去片马，在片马前线抗击英军的，只有怒江两岸的傈僳、景颇、彝、白、汉各族边民四百多人的弓弩队，他们与登埂、六库等土司派出的常备兵一百多人配合作战。

宣统三年正月（1911年2月），勒墨夺拔、褚来四等人率领的抗英民众，分南北两路前往片马，打击英国占领军。勒墨夺拔率领的南路，未能突破英军固守的片马垭口。褚来四所率的北路，越过了高黎贡山，在片马打击英军，取得了一定的胜利。神箭手褚来四的英名，在高黎贡山两侧广为传播。②

英国侵占片马后，清政府曾派云南陆军讲武堂总办李根源到片马地区调查。李根源领讲武堂学员十余人，于1911年1月28日赴片马等地调查，调查队在恩梅开江一带的七十余个村寨委任头人，发给执照；并在浪清、扫脚、老耿、妥郎、朋踵、文褒等处的岩石上刻记："云贵总督部堂李经羲营地"，右刻"宣统二年七月"，左刻"炮队第十九标第三营正军校潘万成、步队第七十三标第三营副军校王秉钧同立"。此后，中国方面还继续派人到片马、江心坡等地进行过调查。

辛亥革命后，云南军都督府派遣第二师师长李根源率军到滇西。李以任宗熙为委员长，景绍武、何泽远为副委员长，组成怒俅边务委员会，率军进驻福贡、贡山。何泽远率部入独龙河（俅江）下游乐玉池（与恩梅开江汇合处），与英军遭遇发生激战。这是英军入侵片马后，遭到我国政府军的第一次猛烈抗击。何泽远军因无后援，退回贡山。③ 1913—1914年，英国殖民当局在迈立开江一带设立葡萄、拱路、孙布拉蚌三厅，在小江和恩梅开江间设立了拖角厅（县级），其辖区东到高黎贡山片马垭口，并在片马、拖角等地设立了兵营。英军头目郝滋上校因侵占我国领土有"功"，被英国政府授予男爵称号，成为"未定界"地区的殖民长官。对

---

① 《皖抚朱经帅、川督王护帅因片马界务致军机处请代奏电》。
② 李道生主编：《片马烽火》，云南人民出版社1979年版。据该书说，褚来四在抗英斗争中被俘，越狱逃脱后下落不明。
③ 《傈僳族简史》编写组：《傈僳族简史》，云南人民出版社1983年版，第65页。

英国政府在我片马地区建立的殖民统治，我国政府从未予以承认。

三　江心坡事件与滇西勘界

第一次世界大战中，英帝国主义忙于欧洲战争，对片马的殖民统治有所放松。战后，又加强了对片马的控制，并用武力侵占了江心坡。

江心坡原名卡舌戛，当地人称为迈卡，英国叫三角地，位于恩梅开江和迈立开江之间，在片马以西100多公里，全境纵长1000多公里，东西宽约350多公里。这个地方在我国明朝时设里麻土司进行治理，《明史》、《云南通志》、《永昌府志》、《腾越州志》中均有记载。1926年，英国殖民当局开始在江心坡查户口、编制门牌、设县治于格仔。江心坡的景颇、傈僳族人民奋起反抗，被英军焚毁了许多村寨，打死打伤景颇族人民300余人。是年冬，英军分三路入侵江心坡，掳走了当地景颇族山官11人。据传，到1927年，进占江心坡的英军有4000多人。[①]

英军侵占江心坡，再次激起我国人民的愤怒抗议。腾冲各界组织了滇缅界务研究会，派代表谢焜等赴南京请愿，引起全国的关注。同时又派囊映川等人到江心坡调查。江心坡有17个大山官，共举张早扎、董卡诺两位山官为代表，携木刻信物来到腾冲，宣言江心坡是中国领土，请求我国政府派兵支援抗英。云南省政府照会英国驻昆领事，强烈抗议英军入侵江心坡。南京国民政府外交部亦组织了滇缅界务研究委员会进行研究，主张完全摆脱五色线图，另拟界线。1929年10月，国民政府外交部和内政部派尹明德为滇缅界务调查专员。尹明德于1930—1931年对中缅北段未定界进行了调查，编制了《滇缅界务北段调查报告》，绘制了地图，提出了户拱—巴特开山为中英滇缅国界线。尹明德建议线为国民政府所采纳，1942年10月，通令地图绘制均以尹明德建议线为中缅北段未定界线。

1941年6月18日，国民政府和英国政府就中缅南段未定界达成协议，在重庆换文。国民政府希望趁此解决中缅北段未定界，但由于第二次世界大战的复杂情况，这一问题当时未获解决。

1948年1月缅甸独立，缅甸联邦政府划中缅北段未定界区域和密支那地区为克钦邦，形成了对这一地区的实际占有。当然，这种单方面的划定，不能认为中缅北段未定界已经解决。新中国的建立，为解决历史上遗

[①] 俞沛英：《致云南各界东电》（1927年3月1日）。

留的边界问题奠定了良好基础。中缅经过协商，1960年1月28日，两国签订了友好和互不侵犯条约，10月1日，又签订了边界条约。① 我国政府总理周恩来指出："（中缅）两国摆脱了帝国主义压迫获得独立后，特别是1954年两国总理共同创导和平共处五项原则，并且以此为两国关系的指导原则之后，就为解决这个问题（指中缅边界问题）创造了有利条件。我们两国政府一贯珍视两国传统友谊和维护两国独立和亚洲和平的根本利益，因而在解决边界问题的时候，既考虑历史背景，又考虑当前实际情况，确定了互谅互让和友好协商的方针"，② 因而完满地解决了中缅两国之间由于帝国主义侵略而造成的边界悬案。

根据中缅边界条约的规定，同年10月后应将片马地区的片马、古浪、岗房在内的153平方公里土地归还中国。1961年6月1日，我国政府首席代表沈锡荣和工作人员，依约进入片马地区。6月4日，中缅双方代表在下片马寨，正式举行了移交片马地区的签字仪式。

片马、古浪、岗房回到祖国的怀抱，是片马地区各族人民多年来的愿望，也是他们几十年来奋斗的结果。至此，长达近2000公里的中缅两国边界，成为一条和平友好的边界。

第三节　保卫滇西南边疆领土主权的斗争

一　英国殖民者对滇西南的侵略与渗透

云南省西南部边境与缅甸的东北部毗邻，在英国侵占缅甸之前，中、缅两国的国界线是一条未经勘定过的历史传统线，大致在云南省今临沧地区以南的阿佤山区与缅甸东北部的萨尔温江（怒江下游）之间。佤、傣等各族民众在这一带的中、缅国界两侧跨境而居，世代友好相处。

英国于1885年侵占缅甸全境后，先后与我国签订了《中英会议缅甸条款》（1886年7月）、中英《续议滇缅界、商务条款》（1894年）、《续议缅甸条约附款》（1897年2月）之后，确定正式勘定中国云南省与缅甸

---

① 《中华人民共和国和缅甸联邦友好和互不侵犯条约》于1960年1月28日在北京签字，同年5月14日在仰光互换批准书。《中华人民共和国和缅甸联邦边界条约》1960年10月1日在北京签字，1961年1月4日在仰光互换批准书。

② 《周恩来总理在首都各界人民庆祝中缅边界条约签订大会上的讲话》（1960年10月2日）。

之间的国界。英国根据其在此之前长时期对缅甸和云南之间的"游历"、"考察"、"探险"活动侦知的地理、物产、人文社会等情报,深知邻近缅甸东北部的云南省境内地面资源和金属矿藏等地下资源都非常丰富,对位于阿佤山区班洪一带驰名中外的茂隆银厂、波隆银厂金属矿藏富集的地区,尤其垂涎,急欲通过勘定中、英滇缅边界之机,据有这些地区。

在1894年签订的中英《续议滇缅界、商务条款》里,规定滇缅边界南段的工隆以下,"以萨尔温江及湄江(即澜沧江)之支江水分流处为界线……将耿马、猛董、猛角归中国。以镇边厅(今澜沧县)地方归中国,孟连归中国,孟仑归英国"。① 在1897年签订的中英《续议缅甸条约附款》中,亦有相同的规定。

根据这两个条约,中、英滇缅南段边界是比较清楚的,不难勘定。然而,中英双方于1897年正式勘定滇缅边界时,英方勘界官员乔治·司格德却说当地的经纬度与条约的规定不符,强指我镇边厅附近的孔明山为公明山。这两山相隔约一个经度,相距约100公里,也就是说,司格德企图把边界线向我方推移100公里左右。他擅自在图上绘制了一条红色的边界线,把我国的班洪、班老、猛角所属的猛戛、拱弄、小猛弄等地,猛连(孟连)所属的猛拨、西盟各地,均划入英属的缅甸境内。② 英方的企图是明显的,意在夺取我国境内的班洪地区③。

中英两国政府根据两国官员1899—1900年的实地会勘,就双方所提出的定界方案,通过外交途径进行了反复交涉。1904年5月13日,英国驻华公使照会我国的外务部说,"此段界务,滇省勘界大员所持地图,系薛(福成)劳(劳思伯利)二大臣未经签字之图,与已签字之图较,实为谬误,请允照勘界英员所拟红线定界"。我外务部复照称:"此次英员与华员各划一线,仍均未便作准。总期彼此退让,酌中勘定。应请转达贵政府,仍派员会勘,以期妥协。"④ 1907年2月9日,清政府外务部照会英公使称:"接滇督来文,谓此段界务实应以勘界时华员所划黄线为界。

---

① 王铁崖:《中外归约章汇编》,第1册,第577页。
② 魏光焘:《滇缅界务镇边厅一段现议各划线互换请示折》,《清季外交史料》卷一五二。
③ 张凤岐:《云南外交问题》,商务印书馆1936年版,第72页。
④ 同上书,第74—75页。

仍请转达贵政府派员会勘。"① 英国对清政府外务部的照会不予理睬，使已有条约明文规定的中英滇缅边界的南段，出现了长期无法认定的"未定界"。英方却认为"这块地方一直被视为无主之地"，② 以制造借口，进行公开的掠夺。

同时，英国占领缅甸后，还积极配合边界谈判和勘界中的侵略活动，在边界沿线进行了有组织的侵略和渗透。英国的垄断资本曾于1891年组织了一个缅甸有限公司，从事开采北掸邦的银铝和丹那沙林的锡钨矿，后又侵入阿佤山区采掘邦海银矿（英人以其工程师兼经理波顿的名字命名为波顿银矿）。邦海银矿就是清代初期桂家宫里雁（明永历皇帝余部）开辟的波龙银厂。因为地近邦海，又称为邦海银矿。这里炼银后废弃的矿渣甚多，含铅量高。英人仅冶炼堆积如山的炼银余渣，即获暴利。邦海银矿很快被扩充为"世界第一富矿"。

二　英军入侵与班洪武装抗英的胜利

清末民初，英国殖民者进一步加紧了对滇西南班洪等地的侵略活动。邦海银矿开采20年后，已"矿老山空"，波顿（伍波兰）经派人四处侦察获悉，中国的班洪、班老之间的茂隆银厂所遗弃的废渣品位优于波顿矿，矿石品位更高于波顿矿矿石2.6倍。英国缅甸有限公司决定将采掘重心向中国的班洪、班况、永和之间的炉房矿山转移，增资750万卢比，收购矿渣，开采班洪银矿。③

波顿银矿以"每百斤英洋十元"的高价收购茂隆矿渣，招引了附近一些部落头人及商民盗运出境。④ 这种盗买盗卖我国银铅矿资源的行为，激起班洪王胡玉山及当地边民的反对，胡玉山和班老王胡玉堂为此下令查禁偷运茂隆矿渣出境。受英国人收买的当地头人小麻哈（佤族）和马美廷（回族）等人，为了替英人效劳，竟以武力攻占了运矿渡口，并于1933年与波顿签订了《开办炉房银矿办法》。英人缅甸有限公司以单独出

---

① 云南交涉署：《滇缅尖高山以北未定界摘要汇编》，转引自张凤岐《云南外交问题》，商务印书馆1936年版，第75页。
② 霍尔：《东南亚史》，下册，第847页。
③ 余汉华：《英法两帝国主义夹攻之下之西南滇边》，《边事研究》创刊号（1934年版）。
④ 张凤岐：《云南外交问题》，商务印书馆1936年版，第284页。缅甸被英国占领后，通行的货币系印度卢比，"英洋十元"可能为10个卢比。

资三股分利为诱饵，换取小麻哈等人出卖矿山，并廉价地提供人力、畜力、粮食、换取蔬菜等为条件，借以获得在当地经营的权利。小麻哈等人在私自订立开矿条约后，还曾以有利可图去引诱班洪、班老部落的领袖。班洪王等严词拒绝，表示坚决反对英人侵地盗矿，宣称将以武力保矿。英国侵略者见利诱不成，便决定以武力攻占炉房，控制整个矿区。

1933 年，英人一面征集民工，修筑萨尔温江至班洪的公路和桥梁，一面在腊戍、滚龙、麻栗坝、户板、班个、炉房等地修建营房 43 间，囤积军事物资，分段驻扎军队，准备以武力进入班洪开矿。① 1934 年 1 月 20 日，英人以 250 名殖民军为先头部队，侵占我炉房、金厂坝、户箕等地，构筑工事，修建营房。史载"有英兵二千侵入班洪之事"② 的班洪事件终于爆发。

英兵强占班洪矿区的侵略行动，立即激起了我佤族同胞和全国人民的强烈抗议。

在腊戍经商的我国商人朱朝相，得知英兵三路入侵的消息后，星夜赶回国内，向勐董（今沧源县城）傣族头人张万美、宋国梁、班洪王、耿马土司及澜沧县政府等官府报警。班洪王胡玉山、班洪总管胡玉山第二，召集阿佤山的新地方、公巳、塔田、班老等 10 余部落首领集会，决议集合各部武装联合抗英，同时向各级政府报警求援。他们集合了佤族民众近千人，兵分三路，抗击英军。

在阿佤山爱国同胞的报警呼吁下，1934 年 3 月 7 日，云南第二殖边督办公署（驻普洱）派员到班洪，召集各部落首领会议，表示支持大家武力保境的爱国行动。镇康县县长亲自率领部分县警卫团兵，奔赴班洪共抗英军。勐董土司、澜沧县政府等，也在这时给予物资援助和道义声援。各地人民和官方的支援，有力地鼓舞了阿佤山区同胞的斗志。

3 月初，英军驱使数以千计的民工和士兵修筑北进的公路，并向我在南衣江隔河设置警戒的佤族民众开枪射击。我佤族武装奋起还击，打死英军二人，把英军赶出了班老。

3 月 23—25 日，英军再次进攻班老，班老被英军使用烧夷弹焚毁。班老、班洪各部的民众武装，凭借刀矛和火药枪联合抵抗，到 3 月 30 日，

---

① 余汉华：《英法两帝国主义夹攻之下的西南滇边》，《边事研究》创刊号。
② 张凤岐：《云南外交问题》，商务印书馆 1936 年版，第 284 页。

始将英军赶出班老。英军退往金厂坝。

英军侵入班老，出乎意料地被手持刀矛和火药枪的佤族民众击退。据英国人的记载："在1934—1935年间，在北掸邦开办大型银铅矿的缅甸有限公司派勘矿人员到该处，勘查一度由中国人开发经营的炉房银矿。不料勘矿人员竟被佤族人和中国的'土匪'赶了出来"。①

为了抗议和声讨英帝国主义的侵略罪行，澜沧各族人民组成了澜沧县民众救国分会，该会于1934年1月5日，发电谴责英人"以武力掠夺该地矿产"，呼吁"全国同胞，团结一致，据理力争"。②云南省第一殖边督办李曰垓，第二殖边督办杨益谦，亦分别向云南省政府发出告急电。省城昆明组织了云南民众外交后援会，支持政府对英外交斗争，援助阿佤山人民的抗英斗争。景谷县的李占贤等人，还组织了西南边防民众义勇军，奔赴班洪前线反击入侵英军。

李占贤，字希哲，景谷人，曾任游击大队长，保卫大队长，景谷中学校长，景谷、景东、缅宁、镇沅四县联防总指挥等职。他在景谷以开采井盐而成为县里的首富，也是思普地区有名的富商之一。在我国遭受外来侵略的紧急关头，李占贤等人出于国家、民族大义，慨然喊出："东北有马占山抗击日本侵略，我们西南难道就不能（有人出来）抗击英帝国的入侵！"他主动去到云南第二殖边督办公署，向督办杨益谦请缨出征。

杨益谦（字竹君）是云南辛亥革命和护国、护法时期激进的民主主义革命者，中华革命党党员，在他的辖区遭到英国的武装入侵之际，他慨然同意并支持李占贤等人的抗英行动。

经李占贤四处奔走，邀集了一些熟谙军事的退伍军官和拥有武装的地方士绅，有石屏县的李守中、双江县的彭季谦、缅宁县的杨春珊、景东县的陈碧云、景谷县的苏右卿等，组成了以李占贤为总指挥官、苏右卿为副总指挥官的西南边防民众义勇军。指挥部下设参谋、政治、副官、军需、军医、秘书六处，任命李秉厚、崔象友、姚光祖、杨春珊、谭文希为处长。西南边防民众义勇军有兵员约近2000人，分组5个大队，15个中队。

---

① ［英］霍尔：《东南亚史》下册，中山大学东南亚历史研究所译，商务印书馆1982年版，第847页。

② （云南）《民国日报》，1934年1月27日。

义勇军的民族成分以汉、傣族为主，佤、拉祜、彝、布朗等各族人民也不少。他们大多出身贫苦农民，部分为盐矿工人、马帮的赶马人，以及少数小商贩等。尽管他们的民族成分不同，出身各异，但都有一颗卫国保家、为国杀敌的忠心。

1934年5月15日，西南边防民众义勇军在景谷县举行了成立大会。义勇军在《云南省西南边防民众义勇军成立宣言》中明确宣布，本军"爱本忧时爱国之忧，作披发缨冠之救，愿效前驱，以身许国"。"以民众自卫，保守藩篱，防御外侮，抵抗压迫为目的"。宣言指出，"东北创伤可为殷鉴，望我海内同胞……团结起来"，"保我边疆，复我国体而后已"。① 义勇军各大队于22日齐集上允（今属澜沧），举行了庄严的誓师大会。26日，义勇军全部到达班洪，与佤族民众武装会师。

当时，英军侵入"未定界"区域有2000余人，多由印度、廓尔喀、克钦人等所组成，战斗力并不强。英军的指挥中心在炉房矿区，主力约800人，前锋约200余人在我班老附近的丫口寨。此外，在矿区四周的南大、户箕、塔田、永邦、金厂坝等地均有英军驻守。义勇军根据敌人的兵力分布及火力配备情况，决定首先反击侵入我丫口寨之敌。因为这里的敌人距敌军主力较远，孤悬于我军火力范围以内。然后再打南大、户箕、金厂坝等地之敌，最后进攻炉房，把英军赶出我阿佤山。

5月30日，义勇军集中主力1600人，辅以佤族抗英武装，共2200人投入战斗。义勇军的左右两翼首先发起攻击，牵制了敌人的兵力，接着主力正面进攻，中央突破。敌军顾此失彼，经短暂的抵抗后，丢下60多具尸体向后退却。我军收复了班老西北隘口丫口寨。

义勇军的胜利推进，与班洪、班老各寨民众的积极支援密不可分，他们冒着战火烽烟为战士们送饭送水，鼓舞了义勇军的斗志。为了继续团结抗英，班洪王的代表张万美和义勇军代表李士相，在公明山新地方，与绍兴、别列、敢赛、光宗、蛮国、莫列、霞勒、霞岛、塔田、蛮回、贺猛、莫弄、夷勒、公已、班老15个佤族部落首领（当地称15王），于31日举行了联合会议，订立了抗英作战的《攻守同盟条约》。

这个同盟条约，重申了共同抗英的正义主张，规定了各自的任务，协

---

① 国民政府外交部驻云南办事处档案：《英人滇缅边界开矿》。

调了义勇军与班洪各王的关系,加强了内部团结,有利于以后的抗英斗争。①

6月6日,义勇军在佤族民众的支援和配合下,攻破了英军重点固守的炉房矿厂。英军烧毁帐篷、辎重,向西逃窜。班老附近被英军侵占的佤族各村寨亦为义勇军所收复。

西南边防民众义勇军在班洪一带的抗英斗争,得到了全国人民的声援和支持。时值全国抗日救亡运动高涨,由昆明20多个民众团体和爱国人士组成的云南民众外交后援会发表宣言,呼吁全国人民支援云南边疆人民保卫班洪的抗英斗争,敦促国民政府对英持强硬交涉态度,迅速勘定边界。这个后援会还举办了讲演报告会、讨论会,向全国各地散发抗英宣传材料,发动云南各县成立分会,掀起抗英斗争。旅居南京的云南旅京同乡会成立了划界促进会,推举代表向国民政府及其行政院、外交部请愿,递交了请愿书及对英交涉划界的参考材料。② 在此期间,《云南日报》、《民国日报》和当时的《大公报》、《申报》、《晨报》、《时事月刊》等,都报道和刊载了支持保卫班洪抗英斗争的文章。

三 抗英武装的编遣与边界的踏勘

英国政府对于我国人民的爱国行动十分嫉恨,通过外交途径向南京国民政府施加压力。英国驻华大使贾德干要求南京政府制止义勇军的军事行动,英国驻昆明总领事哈尔定,在其向云南外交特派员公署的交涉中,声称英国银铅公司的探矿队受到了中国军队的攻击,威胁说,如果中国军队再越过红色线,英军就要向中国边境推进。南京政府执行媚外方针,主张退让,饬令云南省政府制止边疆人民的抗英行动,云南省政府唯命是从,一面声明义勇军不是政府派出的军队,一面表示要驱散这支反侵略的军队。③

云南各族人民没有屈服于英帝国主义的压力和国民政府的禁令,云南民众外交后援会在昆明进而发起了支持义勇军的募捐活动。各族各界特别

---

① 《卡佤各王会议录》(1934年),国民政府外交部驻云南办事处档案《英人滇缅边界开矿卷》。

② 张凤岐:《云南外交问题》,商务印书馆1936年版,第76页。

③ 《国民党政府行政院致云南省政府电》,外交部驻云南办事处档案《英人滇缅边界开矿卷》,转引自云南省人民政府外事处《中缅南段未定界问题》(1954年6月印)。

是青年学生热烈响应，积极捐助物资和现金。后援会还派出了一个慰劳队，带着慰问品去班洪前线慰问。

这个慰劳队的成员，有各族各界的爱国人士，也有云南省政府及国民党云南省党部的代表。

云南省政府和国民党云南省党部，在各族人民抗英爱国的巨大声势感染下，不能说完全没有表示同情和支持义勇军的一面，但它在内外的压力下，既不便公开打击义勇军，又不敢让义勇军的抗英斗争发展下去，否则事态扩大难于收拾。因此，云南省政府派出的高参窦家德，国民党云南省党部派出的党部委员花琪，自然带有窥视义勇军的情况和动向，以便相机处置的意思。

慰劳队到班洪，给义勇军和班洪民众以巨大鼓舞。窦家德等人在班洪，经严密察访，并未发现义勇军有任何不是之处，当然不便明令驱散。但他们迫于南京政府的压力，仍然劝说义勇军另寻出路，自行解散，并以云南省政府的名义，命令义勇军停止军事进攻，就地驻扎待命。

南京国民政府为了讨好英帝国主义，胡说李占贤擅自组织武装，令云南省政府通缉治罪。云南省政府没有执行南京政府的命令，改命澜沧县政府募集5万元作遣散费，将义勇军和平遣散。

义勇军在停止军事行动后驻守班洪期间，因边境各地方政府的物资援助逐渐减少和停止，给养发生严重困难，被迫接受云南省政府"解散"的命令。9月10日，义勇军全部撤离班洪，大部分解散回乡，只有300余人随李占贤转移到澜沧县的募乃和西盟两个矿山，改编为护厂队。西南边防民众义勇军的抗英斗争到此结束。

中缅边界南段的班洪、炉房，经我云南各族人民的坚决抗争，英国被迫重新交涉。英国驻华公使贾德干，奉命于1935年4月9日（民国24年4月9日）照会南京政府外交部，提出了重新勘定中英滇缅边界的《任务大纲》，以五人组成联合勘界委员会，中英双方各出委员二人，另由国际联盟指派中立委员一人。中国外交部同意了英方的照会。中方委员为梁宇皋（南京政府外交部顾问）、尹明德（南京政府外交部滇缅界务研究会官员），英方委员为克莱规、革乐斯，陶乐尔为顾问。英方委员均系长期在滇缅间进行间谍活动的英国官员，陶乐尔曾任驻腾冲领事。中立委员由瑞士上校军官伊斯林充任。中英双方先后于1935年12月至1936年4月，1936年12月至1937年，两次进入阿佤山踏勘界线。

在联合勘界中,中国首席委员梁宇皋,秉承外交部长汪精卫的卖国外交方针,对英方屈膝退让,竟按照英方在1899年提出的红色线进行踏勘。在当地的英国传教士永伟里,唆使部分受骗的佤族教徒,阻挠我勘界人员踏勘永和等村寨。但是,为我方出场作证的佤族部落首领及民众26人,他们心向祖国,无一人为英国的侵略行为作证。联合勘界委员会两次上界,会商116次,行程4500公里,历时3年,于1937年4月达成了初步协议,结束了中英滇缅南段未定界的最后勘定。

在此次勘界的后期,由于日本帝国主义加速了侵华战争的行动,英方乘机施加压力,勘界委员会里的中立委员伊斯林偏袒英方,把中国的炉房矿区划给了英国。1937年4月24日,他提出了有损于中国的总报告书。因而,在中英第二次勘界期间,以班洪王为首的17部落首领(17王),致函勘界委员会主席伊斯林,指出"卡瓦山地为中国边地,卡瓦山民为中华民族之一部分",倘英人"入我藩篱,窥我堂奥,奴隶我人民,强占我土地,则卡瓦山民众虽愚,亦必竭其智能,为正当之防卫,与英人抗"。① 同时他们还发出了《告祖国同胞书》,宣布誓死保卫卡瓦山,"宁血流成河,断不做英帝国之奴隶"。《告祖国同胞书》最后说,他们决心"与我祖国同胞相救相助,此所愿也!敝王等高呼:卡瓦山民众自决万岁!"② 佤族民众的庄严宣言,表现了中国人民保卫祖国神圣领土的坚定意志。

根据伊斯林的总报告书,中英双方进行过多次谈判。1940年,日本封锁了中国沿海港口,同年7月至10月,英国屈服于日本的压力,封锁了滇缅公路③。但此举并没有延缓日军"南进"的步伐,英国受到日本的威胁有增无减,封锁滇缅公路三个月后又解除了封锁。国民政府急于扩大滇缅交通线,在谈判中被迫一再让步。1941年1月,两国外交部就中英滇缅南段未定界达成了原则协议。6月18日,中国政府外交部长王宠惠和英国驻华大使卡尔交换照会,我方接受了伊斯林为主席的中英勘界委员会划定的界线。这条边界线被称为"1941年线"。1941年

---

① 方国瑜:《滇西边区考察记》,国立云南大学西南文化研究室,1943年,第31—32页。
② 同上书,第34—35页。
③ [苏]耶·马·茹科夫主编:《远东国际关系史》,世界知识出版社1959年版,第493页。

线把茂隆银厂炉房矿区、永邦部落、公明山等地划归英国。关于炉房银矿，条约规定为中英合资开采，英方股本为51％，中方为49％。双方决定于12月上界竖立界碑。同年12月7日，日本偷袭珍珠港，发动了太平洋战争，英国战败撤离缅甸，1941年线仍停留于换文阶段，并未实际标定。从这个意义上讲，中缅边界南段仍然是一条没有最后勘定的"未定界"。

　　第二次世界大战后，缅甸于1948年4月1日取得了独立，中华人民共和国也于1949年10月1日成立。中缅两国由于帝国主义侵略而遗留下来的边界问题，经两国政府友好协商，由两国总理于1960年10月1日在北京签订了《中华人民共和国和缅甸联邦边界条约》，中缅边界正式划定。这个条约对南段未定界，缅方同意把按照1941年中英两国政府换文规定属于缅甸的班洪、班老部落在"1941年线"以西的辖区划归中国，使这两个部落不再被人为地分割为中、缅两部分，一小段边界线上几个骑线村寨也作了公开合理的调整，而不再为边界线所分割，其他则按"1941年线"定界。我国则放弃了1941年换文规定的参加经营炉房矿产的权利。我国各族人民半个多世纪以来保卫班洪的斗争，至此以胜利而宣告结束。

第四节　英法对路矿权的掠夺和云南人民的斗争

　　云南矿产资源丰富，在经济生活中占有十分重要的地位。以英、法为首的西方殖民者对此垂涎已久。但由于山高谷深，交通不便，殖民者无论是掠夺云南矿产，还是获取其他殖民利益，均受到了严重制约。打通进入云南和深入中国腹地的交通线，扩大殖民利益，很早就成为英、法等国侵略云南的重要目标之一。工业革命后蒸汽机车的运用和铁路的修建，矿业开发能力的提升和矿产品需求的激增，为殖民者实现这一目标创造了条件。特别是19世纪末20世纪初，各资本主义强国发展为帝国主义国家，对外输出资本、占领投资场所，成为其扩大经济侵略的重要内容。英法等帝国主义深入云南修筑铁路、开发矿山的步伐，随之不断加快。面对帝国主义不断加快的侵略步伐，云南各族人民坚决捍卫国家主权，全面展开了维护路矿权的斗争，并取得了一系列重大胜利，构成了云南人民反对外来侵略的重要组成部分，书写了反帝反封建斗争的新篇章。

一 英、法对云南路矿权的掠夺

英国殖民者早在占领下缅甸后，就开始图谋修建从缅甸进入云南的铁路。1858年4月，英国退休军官斯普莱致函英国外交大臣，建议英国政府修筑一条从仰光至云南思茅的铁路，受到了英国工商界和政府的高度关注和支持。① 1863年英国驻上缅甸专员克莱门特·威廉斯通过对上缅甸与云南商贸情况的考察，提出了修建从仰光经曼德勒、八莫进入云南的铁路，进而延伸到昆明、进入四川的方案。此后，英国视长江流域为自己的势力范围，把穿过云南、贯通长江流域与英属印缅，作为主要战略目标，先后派出政务官斯赖登、曾驻八莫领事官古柏、柏郎和马嘉理、戴维斯等进入云南，多次实地考察从缅甸进入云南、伸向四川的铁路线，为夺取这条铁路线进行着周密的准备。同时，英国加速建设缅甸铁路，努力向云南方向延伸。1889年建成仰光经东吁至曼德勒的铁路。此后，以曼德勒为连接点，1898年该线向北延伸到密支那，1902年向东延伸至腊戍。世纪之交，英国已完全具备了把缅甸铁路由曼德勒、腊戍伸入云南的条件。②

在全面考察铁路走向、修筑贯通缅甸南北的铁路线的同时，英国抓住一切有利时机，努力从清政府手中获得修建铁路的权益。在中法战争中，英国即借机以调停为名，趁火打劫。1885年在赫德操纵下的中法和议结束，法国通过《中法条约》获得了在华修筑铁路的权利，并专门明确："唯彼此言明，不得视此条系为法国一国独受之利益。""调停"收到了不战而胜的巨大成功，英国取得了与法国同等的在中国境内修筑铁路的权力。"这是近代中外关系史上第一个条约，载明清政府允准外国资本家优先承办建造中国境内的铁路"。③ 此后，1895年中日《马关条约》签订，帝国主义国家在中国输出资本、修建铁路全面取得了合法地位。1897年英国在《续议缅甸条约附款》中，进一步迫使"中国答允，将来审量在

---

① 《英国议会文书》"中国"，第14卷，第13页。转引自高鸿志《英国与中国边疆危机（1673—1912）》，黑龙江教育出版社1998年版，第98页。
② 参见陆韧《云南对外交通史》，云南民族出版社1997年版，第324—330、312、314页。
③ 王绳祖：《中英关系史论丛》，人民出版社1981年版，第234页。

云南修建铁路与贸易有无裨益,如果修建,即允与缅甸铁路相接"。① 明确获得了从缅甸进入云南的铁路修筑权。并于光绪二十八年(1902年),未经中国政府同意,单方面派出工程师勘探腾越、大理、楚雄线路。光绪三十一年(1905年),英国印度殖民局派遣工程师理勃率勘测队,对腾越以南至中缅边界古里卡一段约200公里的线路进行了测勘。同年11月20日,英国驻滇总领事照会云贵总督,声称已选派工员详勘(缅甸)新街至腾越铁路,拟从速开工。英国殖民者掠取云南铁路修筑权的计划,逐步进入了实施阶段。

与英国不同的是,法国视华南、云南为自己的势力范围,集中力量夺取这些地方的路权,以求把云南、广西和法属殖民地越南连接在一起。法国在对云南的路权争夺中,虽然起步稍晚,但比英国更为积极、实效和快速。1885年中法战争后,在强迫清政府签订的《越南条款》中,写入了"日后若中国酌拟创造铁路时,中国自向法国业此之人商办"的文字。② 1895年的中法《续议商务专条附章》,进一步规定:"越南之铁路或已成者或日后拟添者,彼此议定,可由两国酌商妥订办法,接至中国界内。"③

1897年2月13日,法国公使施阿兰向总理衙门提出:"自东京至云南府之铁路由法国筑造。"清政府6月12日复照,虽然同意"自越南交界起,由百色河一带或红河上游一带修造铁路,以达省城",但仍坚持铁路"应由中国渐次察勘办理"。④ 但1898年4月,法国驻华公使吕班在给清政府的互换照会中,声称由法国修筑越南至云南省城之滇越铁路,中国只需负责提供土地。4月9日,吕班闯进总理衙门,扬言对其照会中所列要求,"不准动一字,限明日复"。⑤ 此时的清政府处于帝国主义的瓜分狂潮中,几乎不敢作任何拒绝的表示。总理衙门10日在给法公使的复照中,对于自越南边界至云南省城修造铁路等三事,只得卑躬屈膝地答应:"本衙门查来照所称三端,既以坚固友谊为言,可允照办。"⑥ 滇越铁路从河

---

① 王铁崖:《中外旧约章汇编》,第1册,第689页。
② 同上书,第468页。
③ 同上书,第623页。
④ 同上书,第722页。
⑤ 陈义杰整理《翁同龢日记》第6册,光绪二十四年三月十九日,中华书局1998年版,第3111页。
⑥ 王铁崖:《中外旧约章汇编》,第1册,第745页。

口至昆明一段的修筑权，终于被清政府拱手送给了法国。

1901年6月15日，法属印度支那总督杜美，在巴黎邀集了东方汇理银行、巴黎伊士公特银行、法国工商推广银行等，签订了《海防云南府铁路合同》（16条）、《海防云南府铁路承揽簿》（59条），将滇越铁路的承办权交给了上列几家银行。9月，法国滇越铁路公司在巴黎正式成立。1903年6月13日，法国外交大臣杜墨克和滇越铁路公司董事细蒙、戴福续订合同六条，并将原订合同及《海防云南府铁路承揽簿》一起，由法国议会上下议院议决通过。7月15日，法国政府批准施行。同年10月28日，法国公使和清政府签订了《滇越铁路章程》。修建全长855公里，起自越南海防，经河内、老街入云南河口，中经蒙自、开远达云南府（昆明）的滇越铁路，正式提上日程。

《滇越铁路章程》规定：第一，铁路的全部投资，完全由法国的滇越铁路公司筹集，中国的官方和私人如要取得股票，须到巴黎股票市场上去购买，能否买到，铁路公司概不负责。第二，铁路的各级管理人员由外国人担任，其余的"公司执事人员、工匠、人夫等，均归（外国）总监工管理"，中国不得过问。第三，铁路公司可以组织武装力量，在铁路沿线"择要驻扎"，"弹压工匠、人夫"。第四，筑路所需的一切"机器物料"，完全免税进口。第五，铁路的客货运价"均系公司自行核定"。第六，干线告成后"可在干路上接修支路"。最后还订明，中国如要收回滇越铁路北段的路权，必须在80年之后。《滇越铁路章程》不折不扣地贯彻了法国殖民主义的侵略意图，全面攫取了滇越铁路的相关权益。

不仅如此，法国殖民者在勘测、修建滇越铁路过程中，还任意欺凌云南人民，奴役筑路工人，不少人因此付出了宝贵的生命。当时以云南劳工为主并有来自全国各地的劳工共30多万人，他们在法国工头的监督下，从事沉重的苦役。工头为防止工人逃跑，竟把八个人的发辫连在一起，进行开山炸石筑路。筑路工人毫无安全保证，生病无药医治，加上疟疾流行，致使死亡伤残者惨重，开工后的第一年，死亡民夫就达近5000人，占当年招募民夫总数的70%。清政府驻滇越铁路公司办理贺宗章，对筑路工人的悲惨遭遇有如下记载："公司……招雇华工……工价每日六毛，然免不了有层递折扣之弊。其余工棚伙食，概由苦力自备。华工数人或十人为一起，于路侧搭一窝棚，斜立三叉木系，上复以草，席地而卧，潮湿尤重，秽臭熏蒸，加以不耐烟瘴，则无几月，病亡相继，甚至每棚能行动者,十无一二。外人见而恶之,不问已死未死,火焚其棚,随复以土;或病坐路旁,奄奄一息,外人过者,以足踢之深渊。得其埋葬,甚为幸事。于是,其未病者,皆舍命逃亡,不数日而尽,工价未得,路费尘无,沿途乞食……呜呼!此路是吾国人血肉造成矣!"① 据统计,至该铁路全线竣工,中国民工死亡累计7万多人,② 真是"一条钢轨一条命,一颗道钉一捧血"。而滇越铁路通车后,法国殖民者利用这条吸血管,向云南大量倾销工业品,疯狂掠夺云南资源,并从铁路上获取运输的优厚利润。滇越铁路的建成,进一步加强了法国对云南的经济侵略,加速了云南半殖民地半封建化的进程。

英、法帝国主义在夺取云南路权的同时,又把云南丰富的矿产资源作为它们掠夺的目标。在法国方面,早在同治初年,"时有法商奥塞氏及得张比氏者循红河潜游云南,探测山川形势,丰饶矿产而归;同治十二年(1873年),又有法人杜沛(即堵布益)者,自越南入云南考察形势,收买铜锡;光绪二十一年(1895年)法国里昂之中国调查会派员至云南调查矿务物产;翌年,大矿学家勒格里率领学生游云南,著《云南矿产考》一书;又翌年(二十三年),越南商务副大臣白罗宜,偕钜商白兰至滇,贿洋务局总办兴禄及矿务督办唐炯,要求采矿权。"③ 在英国方面,不仅光绪二十三年(1897年)直接侵占了澜沧波龙银厂,而且驻腾越领事列敦,也在两次秘密深入云龙勘测矿产后,向英国政府提出了租借云龙漕涧开矿的建议。④

1900年,法国驻滇总领事方苏雅偷运大批军火入昆,昆明人民发动声势浩大的反法运动,包围了法国驻昆领事馆,捣毁了藏匿武器的法国教堂,并捣毁了法国的工程师住宅。法国乘八国联军侵略中国之机,借此胁迫云南当局赔款,给予在云南的开矿权。英国人以"利益均沾"为由,要求共享在云南开矿的权利。法国只得同意与英国合伙,英法在夺取云南矿权的问题上,采取了更为一致的联合行动。光绪二十七年(1901年)英法两国合组隆兴公司,共同开发云南矿产,由法国驻滇总领事弥乐石任

---

① 贺宗章:《幻影谈·兵事第五》上卷,载《昆明文史资料选辑》第10辑,第35页。
② 同上书,第36页。
③ 华企云:《云南问题》,大东书局1931年版,第6页。
④ 云南大学历史系编《云南冶金史》,云南人民出版社1980年版,第76页。

总办，主持该公司在云南的开矿事务。

受英法隆兴公司的贿赂，1901年7月，云南矿务督办唐炯向清廷报告："法员弥乐石来滇开厂，拟与矿务公司合办，行否请饬核议。"政务处立即提出了"应准如所请办理"的建议，清廷"从之"。① 得到清廷许可后，法国驻滇总领事、英法隆兴公司总办弥乐石，与云南地方当局订立了细则。云贵总督魏光焘、云南巡抚李经羲、督办云南矿务大臣唐炯、云南洋务局总办兴禄等人，由于受贿而出卖云南主权，同意隆兴公司开采云南全省的矿产。1902年3月，清政府外务部审议滇拟矿务章程时，获悉云南人民反对，只得指定七个区域为开采范围。同年6月，签订了《云南隆兴公司承办七属矿务章程》。不久，得到了清政府的批准。

根据矿务章程规定，英法隆兴公司可以开采云南府、澄江府、临安府、开化府、楚雄府、元江州和永北厅等七处矿产，计五府一州一厅，时称七府矿产。这个矿务章程，有以下几点值得注意：第一，英、法提出恐七府厅境内无矿可采时，以他处府厅交换，清政府允诺可以"互抵"。当时云南所有的22个府、州、厅都成了英法隆兴公司互抵（替换）的范围。隆兴公司在伦敦召开的股东会上，弹冠相庆地说："合同载明七府厅境内之矿，如开工后见矿产不佳或势不合，准以他地更换……云南全省矿权始尽归本公司掌握也。"② 第二，七府矿产中，包括了当时闻名中外的临安府属的个旧锡矿，云南府属的易门铜矿，永北厅属的米里铜矿。这是明目张胆地掠夺云南正在开采的矿场。第三，开矿的种类，包括了金、银、铜、锡、铁、宝石、原沙等，种类俱全。第四，开采期限为60年，但期满后若矿务兴旺，还可展限25年。英、法侵略者的强取豪夺，清政府官吏们的昏庸和卖国，竟至于此。

二 云南人民挽回利权的斗争

英、法帝国主义对云南路、矿的掠夺和清政府的卖国行为，进一步加深和激化了云南的阶级矛盾和民族矛盾。云南人民为收回路矿权利，反对帝国主义的侵略及清政府的腐朽统治，展开了不屈不挠的斗争。在滇南爆发的周云祥、杨自元为首的两次武装起义，就是这种斗争的突出表现。

---

① 《〈清实录〉有关云南史料汇编》卷四，云南人民出版社1984年版，第256页。
② 《论云南矿务情形》，《外交报汇编》译报第一类，第3册。

19世纪末，法国不断加紧对云南南部的侵略，使这里的民族矛盾日益激化。帝国主义和封建主义的双重压迫与剥削，加上连年天灾、瘟疫的频繁发生，滇南广大人民生活在水深火热之中。建水、石屏、蒙自、个旧等地的大批破产农民被迫到矿山当砂丁，他们深受封建势力和外国资本家的双重剥削与压迫，命运更加悲惨。1898年，为修筑滇越铁路，法国勘测人员，"于蒙自城外到处测量钉桩，气焰颇盛，又于开蒙交界之新现一带，亦有搭棚、钉桩各事。民心惊惶"。① 法国人强占民田、估拆民房，闹得鸡犬不宁，人心愤激。法、英隆兴公司七府矿务章程的签订，使我省矿产沦入英、法之手。蒙自、建水一带遍传："洋人此来，主要是谋夺个旧的矿山。"② 而办厂之人，受法国殖民侵略之害尤深，他们长期积蓄起来的反抗怒火终于爆发了。

1899年末，在蒙自县，以农民出身的锡矿工人杨自元为首，发动了一场声势浩大的火烧洋关的武装斗争。杨自元聚众一万余人，首先攻打了蒙自县衙门，又攻打了法国洋行，放火焚烧了蒙自税务司。当官军前来围剿时，他率众转移到滇南元江、思茅等地。1902年11月，杨自元率众返回蒙自，准备再次发动更大规模的反法斗争，不幸被蒙自官府侦知，官军包围了杨自元的住宅，杨率众奋起反击官军，最后壮烈牺牲。据官方报告："'厂匪'杨自元，前因法员勘修铁路，借端煽惑，聚众攻扑蒙自县城，谋杀洋人，焚劫洋关，烧毁税司房屋。"③ 杨自元起义，矛头直指法帝国主义的侵略和清政府的黑暗统治，初步显示了云南人民的反帝反封建力量。

杨自元起义失败后不久，在个旧又爆发了周云祥领导的武装起义。周云祥，个旧锡矿工人，出生于建水县西庄坝荒地村。自幼家境贫寒，10岁时到个旧锡矿当童工。他臂力过人，又练就一身好武艺，曾任西庄团练领班。他曾与黑旗军遣散弟兄组成的具有反帝反清色彩的帮会组织"三点会"有密切联系，并以烧香拜把形式，团结了一大批工人农民。

法国在云南修筑滇越铁路，夺取七府矿权的行径，激起了云南和全国

---

① 《滇督崧蕃奏法员来滇议修铁路谨陈商办情形折》，《清季外交史料》，第3册，卷135，第2236页。
② 马竹髯：《杨自元火烧洋关》、《红河州文史资料选辑》，第9辑，156页。
③ 《林文直公奏稿》卷三。

人民的无比愤慨。在首当其冲的滇南，"个旧锡矿砂丁本有数万，常虑外人侵占，辄起谣言"。光绪二十八年（1902年）秋，周云祥在个旧发出"官逼民反"、"抗官仇洋"、"阻洋占厂"、"拒洋修路"等号召，立即得到了广大矿工、农民和各阶层人民的热烈拥护和响应。1903年3月，在周云祥组织领导下，在个旧矿区爆发了以矿工为主体，并有大量农民参加的武装起义。起义军很快攻占个旧，接着又迅速攻占临安府（今建水），并分兵攻占石屏，进军阿迷（今开远）、广西（今泸西）、嶍峨（今峨山）、河西、江川、宁川（今华宁）、弥勒、元江等10余个州县，起义军队伍不断发展壮大，最多时达一万多人。

起义爆发后，清王朝和云南地方当局被起义军的浩大声势所震慑，惊呼"省城大震，各属鼎沸"，"大局摇动"。[①] 急忙调集正规军50余营，辅以滇东南各地的地方民团，对周云祥起义军实行大规模围剿。法帝国主义也积极采取行动，镇压起义。当起义军攻打蒙自时，驻蒙自法国领事提供数百支快枪给防守蒙自的清军。法国政府还致电清政府总理各国事务衙门，提出为了保护滇越铁路筹建处的路员、工匠和传教士的安全，拟由越南派兵前往云南"助剿"，并已在滇越边境的保胜、老街一带集结法军及越南军300余人，准备随时进入云南。面对中外反动势力的联合镇压，起义军毫不畏惧，顽强坚持斗争。在交战双方势力悬殊的形势下，周云祥以清军许诺保障义军士兵安全的条件出降，起义失败。但临安城陷落后，起义军将士仍遭到了清军的血腥屠杀。周云祥起义虽然失败，但它沉重打击了清政府在滇南的统治和帝国主义对云南的侵略，迫使《滇越铁路章程》推迟签字，它所表现出来的早期中国工人运动反帝反封建的爱国主义和革命斗争精神，将永葆史册。

除杨自元、周云祥起义外，云南其他地区、其他阶层的各族民众，也开展了反对英、法夺取路、矿权的斗争。1899年英国军官白定若率测量队进入川滇边区，遭到了当地"乡下人"的袭击。[②] 特别是进入20世纪，全国收回路矿主权运动风起云涌，以同盟会员、留日学生为首的云南各界，面对滇越铁路北段破土动工、英国加紧勘察滇缅铁路、英法隆兴公司积极准备开采七府矿产的严峻形势，掀起了更广泛的挽回利权运动，并取

[①] （清）林绍年：《林文直公奏稿》卷三，宣统丁卯年"京师"白（棉）纸刻本。
[②] 宓汝成编：《中国近代铁路史资料》第2册，中华书局1963年版。

得了重大胜利。

首先，云南人民针对英国攫夺滇缅、滇蜀铁路的行径，开展了坚决斗争。针对英国深入云南勘测铁路线的活动，时人深刻指出："法人享有滇越铁路权，为我云南腹心之大患"，"倘再以此路（滇缅铁路）畀英人，则是置两虎于胁下，异日虽如何整顿经营，恐已万劫不复矣"。① 云南滇学会、云南留日学生纷纷上书清廷，要求以"西起腾越厅界，经永昌、大理、楚雄、云南、东川、昭通各府以达四川"的铁路作为干线，筹划全省铁路，且"全省一切长短干路支路均由滇民自办，非中国人不能承办一寸"。② 同时，广大士绅、商人也不断加入到挽回利权的斗争中来。1905年由昆明著名士绅陈荣昌等人领头，上书清政府，呈请由滇省自办滇蜀铁路。最后云贵总督也不得不奏请清廷"兴办滇蜀铁路，设立公司……专集华股，期与川汉、滇越两路衔接贯通，以保利权"，且"筹议与英会修腾、缅小铁路，拟请归并滇蜀公司办理。并声明全省一切干路、支路，均归该公司承办"。③ 清政府在当时全国兴起的争回矿利权运动的震撼下，鉴于云南爆发过杨自元的火烧洋关和周云祥等人"拒洋修路"、"阻洋占厂"的武装起义，批准了云南自办滇蜀铁路。1905年6月拟定了《滇蜀铁路公司集股章程》，成立了以陈荣昌为总办的滇蜀铁路公司。1906年，又收回了英国人正在测勘的腾越路（腾越至古里卡），由公司一并修筑，合称滇蜀腾越铁路公司。在云南人民的坚决反对下，英国最终不得不放弃了修筑滇缅铁路的计划。

滇蜀腾越铁路由云南人民倡导自办，是反帝斗争的一大胜利，它增强了云南人民的自信心和爱国精神。滇蜀腾越铁路公司成立后，历尽艰辛，开展了集股募资、聘请技术人员、开展实地勘测等工作。但公司官督商办的性质、筹集股本及建设本身的困难，使修路工作进展缓慢，甚至弊病丛生。1910年春，在清廷大规模将民营铁路收归国有、以铁路为抵押向帝国主义告贷的形势下，云南奏请将滇蜀腾越铁路公司"收归国有"，由邮

---

① 《留日同人全体上滇督岑禀稿》，《腾越铁路紧要函件》之七，见《云南杂志选辑》，第471页。

② 《留东全体同人上全滇绅士言滇缅铁路启》，《腾越铁路紧要函件》之一，见《云南杂志选辑》，第466页。

③ 《〈清实录〉有关云南史料汇编》卷四，云南人民出版社1984年版，第423—424页。

传部筹款统一办理,同时提出先办滇桂,缓办滇蜀。① 在遭到云南留日学生和各界的强烈反对等因素影响下,收归国有虽未最终实行,借款也暂时搁浅,但修路工作也由此中止。中华民国元年以后,云南多方设法恢复筹股修路而未果,自主修建滇蜀铁路的良好愿望没能实现。特别需要指出的是,尽管滇蜀腾越铁路没能修通,但这段沧桑的历史,不仅成功地捍卫了滇蜀腾越铁路修筑权,而且原筹集到的部分股本,后来转拨修筑个碧石铁路,为维护滇越铁路支线的自主修筑权,奠定了重要的物质基础。

同样,云南人民反对英法掠夺矿产开采权的斗争,也取得了胜利。从1904年开始,英、法商人凭借强加给云南的矿务章程,纷纷涌进云南准备开矿。英商立德勾结奸商,企图开采东川铜矿,组织了华昌公司,由英国驻滇领事出面,要挟云贵总督准其开采。1906年,隆兴公司在楚雄府设立了机构。同年3月,法国的越南殖民总督又入滇查勘路矿。英、法资本家相继到滇开矿活动的消息传到日本,富于正义感和爱国热情的云南留日学生,在同盟会会员的带动下,立即电告清政府,要求撤换贪赃卖国的云贵总督丁振铎,"以救滇危"。云南绅商亦致电清政府,要求废除七府矿约。② 1908年元旦,云南留日学生在东京举行《云南》杂志创刊周年庆祝大会,会上发出"废除七府矿约,收回滇越铁路"的号召;同年底,云南省的爱国人士,与留日学生相呼应,再次发起收回七府矿权的运动,一致认定"早将滇越铁路赎回,七府矿约废弃,则云南安全,中国无恙"。③ 1910年4月滇越铁路通车昆明,隆兴公司总办等人涌进昆明,势将大肆掠夺云南矿产。云南人民(首先是青年学生)掀起了第三次争回七府矿权的运动。各界人士组成了保矿会,敦促政府废约自办。在保矿会的号召和组织下,6月4日,有2000余人在龙廷新馆集会示威,要求收回七府矿权。11日,再次集会于建阳新馆,陆军小学堂学生200余人,集队前往云南省谘议局请愿,要求敦促政府废约赎矿;在向谘议局上书中,陆军小学堂学生赵永昌当场砍断手指,杨越割破手臂,用鲜血写了请愿书表示誓死为争回七府矿产而献身。④ 云南人民保矿运动的高涨,使法

---

① 《〈清实录〉有关云南史料汇编》卷四,云南人民出版社1984年版,第425—426页。
② 《东方杂志》第1卷,第3、8期。
③ 赵端:《赎滇越铁路万不能再缓之警言》,《云南杂志选辑》,科学出版社1958年版,第572页。
④ 《滇中争废矿约纪略》,《云南杂志选辑》,第612页。

国侵略势力感到震惊不安，法国驻华公使向清政府外务部施加压力，要求"从速禁示"。清政府作为"洋人的朝廷"，竟令云贵总督查禁。云贵总督李经羲，是出卖七府矿产的罪魁之一，他公然驳回了云南人民的废约请愿书，声称隆兴公司依约开矿，旨在"通商公利"、"辑睦人民"、"未便无故议废"。① 李经羲等人的主张，在谘议局中有部分士绅加以附和，该局在对待云南矿产上分裂为矿务研究会（保矿派）和矿务调查会（拥李派）两派。矿务调查会在李经羲等人的示意和影响下，企图软化和改变云南人民的反帝方向，但其阴谋不可能得逞。

英、法政府鉴于云南人民的斗争意志不可屈服，认为与其强行开采"恐致暴动"，不如变换策略。隆兴公司的代表高林士向云南地方政府提出，准备改用取得铁路的投资权换取废除七府矿约，但要索取大量废约补偿。李经羲等人立即响应，拟以滇桂、滇蜀两路向英、法、德、美四国银行团贷款 2000 万元，以云南盐税收入作保。这是在收回矿权的名义下出卖路权。后来四国银行团在"粤汉、川汉铁路借款合同"受到中国保路运动的冲击后，终止了对滇桂、滇蜀两路的借款。清政府和英、法政府几经交涉，最后确定以赔款 150 万两白银作代价，赎回了云南七府矿产，废除《云南隆兴公司承办七属矿务章程》。赔款由清政府度支部分六次垫付，由云南分十年归还。云南矿权的赎回，终于取得了最后的胜利。

然而，与收回七府矿权相比，滇越铁路由于签约动工较早，耗资巨大，云南人民捍卫滇越铁路主权的斗争更为曲折。该路尽管"滇人于丙申已请自办，滇吏阻之。戊戌闻有广州湾之约，我滇人又力争自办，而政府又置之不理"。虽然"滇人屡请赎回自办，政府置若罔闻，及今（按指 1907 年）亡羊补牢，已嫌其迟。而官吏则明夺我权，暗吞我款，不使其败坏费辍不止"。② 但云南各界并未轻言放弃。1907 年前，杨振鸿等人还沿滇越路进行调查，在目睹修筑该铁路给云南带来的危害和法国殖民者对筑路工人的野蛮待遇后，连续发表文章，历数法人暴行，并向全省人民发出了废约赎路的呼吁。此后，不仅云南留日同乡会、云南留越学生、滇省京官纷纷上书，请求赎回铁路，而且"滇中有多数士绅，条陈收赎滇越

---

① 《东方杂志》第 7 卷，第 9、10 期，记载 3。
② 侠少（吕志伊）：《论国民保存国土之法》，《云南杂志选辑》，第 78 页。

铁路筹款办法",① 并在昆明召开"滇越铁路救亡之国民义务捐献大会",各界人士踊跃捐款,以求赎回滇越铁路。可是,在清政府卖国条约业已签订并受到多方阻挠的情况下,清末滇越铁路的赎回仍未实现。抗日战争时期中的1940年6月,法国政府迎合日本帝国主义的要求,宣布禁止我国货物经由越南和滇越铁路入境,我国军用民用物资在海防等地大量积压,随即落入日寇之手。直至抗战胜利后的1946年2月,经中法双方交涉,法国政府为了赔偿在停运期间和海防等处积压物资的损失,乃将昆明河口段的铁路主权和经营权移交给中国作为抵偿。滇越铁路昆明河口段的主权,才回到了中国人民手中。

云南自办滇蜀腾越铁路,成功收回七府矿权,以抵偿方式最终收回滇越铁路昆明至河口段,不仅具有明显的经济意义,而且具有重大的政治意义。它标志着云南各族人民在反帝爱国维护路矿利权的斗争中取得了胜利,它说明了一切被压迫受掠夺的民族和国家,只要团结起来,坚持斗争,胜利一定是属于人民的。

---

① 《云南留日同乡会为废滇越路约上外务部书》、《滇绅条陈赎滇越铁路筹款办法》、《滇省京官陈时铨奏请赎回滇越铁路折》、《云南留越学生上邮传部外务部恳收赎滇越铁路禀稿》、《留日云南同乡会致谘议局赎滇越铁路意见书》,见《云南杂志选辑》,第497、552、558、562、580页。

第六章

辛亥革命在云南的酝酿

第一节 政治经济状况的变化

一 戊戌变法前后的云南政治

近代开始以来,由于外国资本主义的入侵和我国资本主义的初步发展,清朝政府统治下的中国,逐渐进入了半殖民地半封建社会。在云南,这个变化虽然较沿海各省稍晚些,但截至辛亥革命前夕,情形大体相同。

在英、法等侵略势力进入云南的过程中,外国商品的来滇与日俱增,洋行及其分支机构,也不仅见于人口密集的城镇。云南的蒙自、思茅、腾越先后被迫开关,其分关、查卡达一二十处。滇南的蒙自和滇西的腾越,既是内外商品出入的主要通道,又是涉外事件日益增多的地区。经清朝政府认可,1885年,云南在迤东、迤南、迤西三道的基础上,添设了临安开广道。① 不久,迤西道从大理移腾越,改称腾越道。

开始于20世纪初的被迫变法,清朝政府的目的在于维持其朝不保夕的统治。云南地方政府作为清朝政府的一级地方机构,在辛亥革命前的十来年间,除保留某些原有的机构外,又新增了劝业道、巡警道、高等审判厅、高等检察厅、洋务局、自治局、禁烟总局、谘议局、电报局、邮政局、矿政调查局、商埠清查局(后称商埠总局)等等。此外,并非政府一级机构的组织,如商会、教育会、农会、工业总会的设置,也是云南前所未有的。

以振兴商务为目的的云南全省商务总会,成立于1906年。当其成立

---

① 此道连原迤东道的开化、广南二府,迤南道的临安府。后称临蒙开广道,又称蒙自道。

时，声称"联络工商感情，研究工商学术，扩张工商事业，以巩固商权，并调处工商争议，维持社会治安"。① 有成员数千人的这个云南总商会，其主要负责人虽为巨商大贾所占据，但内部事务，例如"钱债纠葛，词讼诸事，以原被告到齐，提议当众问实两造情节，仍凭公论，从多数为议决"。② 衙门式的长官独断，已在商会得到了一定的改变。设于1909年的云南教育总会，其活动内容有："（一）编印教育杂志或日报；（二）联合谘议局，凡本省教育应兴应革事件及教育经费预算、决算各案，均由会协同议决；（三）联合各报馆，互为维持；（四）调查本省书局、印刷所及各种戏曲、说书，议决改良办法，条陈有司，督责改良；（五）倡办风俗改良会，议决条规，宣告实行。"③ 1910—1911年相继组设的云南省农会、云南工业总会，也有其明确的活动范围。

对于资政院和谘议局，当时的革命党人曾嗤之为"资政禅院、咨议草庵"，④ 这不无道理。但某些赞成宪政的人，又认为革命党人的言论"趋时过甚"，"不权轻重，几欲举旧制前规，咸付诸秦火之一炬"。他们主张，"新政有未善，求其改良谋其整顿可也，废之而不举，阳奉而阴违不可也。"⑤ 发生在辛亥革命前夕的这场革命与改良的争论，辛亥革命本身已经作出了结论。不过，如果认为立宪派人，通过资政院、谘议局所进行的活动一无是处，那也未必恰当。

云南谘议局筹备于1908年，成立于1909年，有议员68人，常住议员十余人。⑥ 各府、厅、州、县在设立谘议机构前，还组建了自治传习所、自治宣讲所，以便人们了解宪政，参与宪政。在云南谘议局存在的那几年里，上报的有议决、建议、呈请、转呈四类，反馈给云贵总督的，有交议和谘询两类，总计50余件，其内容涉及吏治、司法、警务、边务、民族、外交、经济、财政、邮政、文化、教育等十多个方面。由于"行

---

① 《昆明市志》（民国），商业，商业机构及团体，第115页。
② 昆明市工商联档案：《云南总商会致海味行帮照会》，转见《昆明市志长编》卷七，近代之二，第280页。
③ 《新纂云南通志》卷一三七，《学制考》七。
④ 《劝告国人反抗伪立宪文》，《云南贵州辛亥革命资料》，第25页。
⑤ 由云龙：《论办事宜化除畛域》（宣统元年十月二十九日），《定庵文存》卷二，《时事论》一。
⑥ 据《各省谘议局章程及议员选举章程》规定，常住议员即常委议员，其定额为议员的20%，则云南的常住议员为13—14人。

政之权在官吏，建言之权在议员"，① 在当时情况下，要期求云贵总督及其所属的部门都予以采纳，当然是不实际的。

清末的吏治腐败遍及各个领域，在位的大小官吏、部门书役，几乎无不为聚敛而绞尽脑汁，各显神通。在议员们上呈、转呈或议决的案卷里，揭露官吏们敲诈勒索、侵蚀中饱的，就涉及粮弊、厘弊、钱弊、矿弊、警弊等众多方面。时任云贵总督的李经羲自己也并不清白。重九起义开始后，当新军"攻入督署，经羲卧室有鸦片烟油数十缸，箱内有黄金4条，上有同知胡思义谨呈字样（此为胡思义由蒙自县升署个旧厅之贿赂，个旧为滇中第一肥缺）。贤者固如是乎？""经羲究有何面目以见人，又有何说以自解免"。②

与吏治紧密相关的又一问题为财政。1910年，议员们在审理次年的财政预算时，获悉全年收入为白银540多万两，支出811万两，不足260多万两，其超支数几近年收入的一半。面对这个巨大财政赤字，议员们从财政、行政等六个方面提出整理，共省经费200多万两的减支案。议员们指出，布政使衙门职掌财政、官吏考核等事，人员甚多，而盐道、粮道、厘金局、盐库大使、盐政公所等，其职责与前者无异，同并归该衙门统一经理，勿需叠床架屋，即可年减经费三十多万两。为推行新政而设立的财政公所、交涉公所、学务公所、提法公所、劝业公所、警务公所、督练公所、清理财政局、宪政调查局等，均可在总督衙门内设一行政公所予以经理，又可减经费十多万两。其他如军事、学务等方面的开支，亦可相应削减。要实现这个减支案，议员们认为必须改变"取百姓脂膏之法已尽锱铢，用国家宝贵之财不啻粪土"的现状。③

出于爱国爱乡，云南谘议局还就法商东方汇理银行拟在省城设立分行一事，呈报要求禁设之。对于在校学生胡源等人的废除七府矿权约、造就工矿人才的请愿书，该局也一字不改地转呈了。由于昆明并非约开商埠，法商受阻后只好作罢。七府矿约在此后不久，也经全省人民的共同努力而废除了。

---

① 《新纂云南通志》卷一二六，《庶政考》六。
② 孙种因：《重九战记》，中国近代史资料丛刊《辛亥革命》六，第246页。
③ 《云南谘议局呈督院请实行节减经费文》（宣统二年十月八日），《云南谘议局第二届议案一览》，第1册。

开放报禁，是苏民困、兴民权的必然要求，而云南的大吏们，却往往反其道而行之。对此，大理的周范洛直言指陈，要求谘议局予以转报。他在请愿书中十分义愤地说，由于某些报刊多少揭露了官场中的种种黑暗，遂先有"滇省之取缔滇报"，继有"日本留学生所撰之《云南》杂志、《滇话》等篇，以滇人言滇事"，"仅因间有指数滇省谬端苛政语类，遂被运动公使勒令停止，并严饬禁止不准入境"。如此"横施压力，摧残民意"，哪还有什么民意可言？为"民心团结，民气膨涨，民志开通，民力强盛"，借以救亡图存，云南谘议局当即予以转呈。①

受官方控制，经各地士绅推选而组成的云南谘议局，当然不可能事事都主持正义，代表民意。不过，上述的几件事似乎可以说明，由官吏们一统天下的局面，已在一定程度上受到了挑战。

在辛亥革前的那十多年里，如果说云南的商会等组织的建立，谘议局的设置及其活动，明显地具有社会上层政治活动色彩的话，那么，上下层结合进行，或下层政治斗争的推动，又使这一时期的政治活动范围，不只局限于上层。

发生在1900年的昆明教案，起于法国政府的私运军械入昆，并且当昆明人民和部分士绅出面干预、要其如数交出不遂后，才出现了群众围攻法国领署、焚烧教堂的事件。以曾任贵州提学使、乞养在籍的陈荣昌为首的昆明士绅，编制传单，呈官查阅，并刻印发行，表明他们是这次斗争的参加者之一。为抵御外侮，反抗侵略，云南人民在近代以来，曾为维护民族的尊严和国家主权的完整，掀起或参与过诸如中法战争、片马事件，以及维护路权、矿权、税权和宗教自主权等的斗争。在这些斗争中，也不乏某些上层人物的积极参与。1906年，陈荣昌二任贵州提学使，以合法身份奏参在滇的卖国官吏。他在奏章里，指控已经升任贵州布政使并护理黔抚的兴禄、署陕西陕安道的石鸿韶，在滇卖国，助法修路，媚英失地。②兴、石二人因此被革职。

在昆明北部和东北部，1891年发生过黄子荣的起义。黄子荣，四川会理人，寄居武定县罗家庄。在呈贡与贡生华炳文等结识后，遂加入沾益生员潘荣桂组织的秘密宗教组织，密谋起义。在杀官安民的口号下，黄子

---

① 《云南谘议局转呈太和县周范洛请愿书文》，《云南谘议局第二届议案一览》，第2册。
② 陈荣昌：《特参司道大员奸邪柔媚贻误边疆折》，《滇事危言》，初集一。

荣于当年正月十一日，聚众杀死元谋县知县，攻克富民、禄劝两城。①1903年在个旧、建水爆发的周云祥起义，其组织形式为拜把结盟，其口号是"抗官仇洋、拒洋修路、阻洋占厂"。这两次起义在时间上仅距十多年，两者在斗争目标上也有很大的不同。从杀官安民转变为抗官仇洋，明显地说明云南的各族群众，已日益将反帝反封建的重任，义无反顾地承担了起来。

二 新经济因素的出现

明末清初，在云南的铜、锡等采矿业里，曾出现了资本主义萌芽。但由于封建主义的压抑，这种萌芽未能得到正常的发展。清末民初，由于封建主义经济内部的变化，加之外国资本主义的进入，云南的资本主义经济，在某些地区和行业里，逐渐地有所发生和发展。这种新型的经济成分，在云南辛亥革命前夕，有民族资本和外国资本两种。

云南的民族资本，大体起于近代开始以后。其投资方向，先为商业、金融业，后为工业。

云南的商业资本，在清末就出现了迤西帮、迤南帮和迤东帮。迤南帮或称蒙自帮，迤东帮或称昭通帮。它们的资本多寡不一，营运方向有别，经营内容也不尽相同。但其性质已多少与封建性的商业有所不同，下面以永昌祥、顺成号为例予以说明。

迤西帮由腾越帮、喜洲帮、鹤庆帮所组成。喜洲帮中的大户，分别为严、董、尹、杨四家。其中严家所经营的永昌祥，在喜洲帮中首屈一指。创建于1903年的永昌祥，初有资本银万余两，设总号于下关，在云南、四川设分号多处，经营土杂、药材、洋纱、海产品等，护国运动后至抗日战争前夕，又在上海和缅甸的瓦城设分号，其活动范围较前大为拓展。

永昌祥开初为严子珍、杨鸿春、彭永昌三人联营。严、杨为白族，各出资3000余两银，彭为江西汉族，入资4000多两银，总资本一万多两银。这种合资性的经营持续了十多年，护国运动后才改由严家独营。

据该号所存的资料说："圣贤示人利之所在，义必随之，非示人不可

---

① （清）《续云南通志稿》（光绪），卷八四，《武备志·戎事》。见沈云龙编《中国边疆丛书》第二辑，台北，文海出版社1966年版，第4420页。

图利也明矣。方今朝廷励精图治，力争利权，商也其可忽诸?"① 表明严等三人创设商号的目的，在于换回利权，将本求利。要求利，必须处理好股本增值与调动经营人员的积极性这两个方面。该号股金分红，初期为利润的5％，20年后改为50％。其余50％的利润作为力股，即作奖金分红来分配，以便"按其通年做事之臧否，至年底结帐时，甄别升降，虽至亲骨肉，不能看情。"② 这样做有利于调动职工的积极性，从而有利于商号本身的发展。

与资本增值相关的另一问题，为尽可能协调好积累与消费的关系。该号在开办后的前14年里，共"结算十二次，其中有八次利润率超过百分之三十，最高一年达百分之八十六点七。而积累率仅有四次超过百分之二十，还有四（五）次是负数的积累。看来利润的半数以上是股东消耗去了。"其实，12次结算中，有7次注意了积累，其中6次的积累数，均分别在1000两银以上，约占资本总数的10％左右。这就说明，伙办者并非将营利所得分光吃光，只是积累的幅度较小，消费安排偏重。永昌祥的财务管理，不能说已与当时国内外的先进财会制度并驾齐驱，但由于用人得当，故管理尚能适应经营的需要。"因此，当时商场上常说，帐目的细致完整，首推鹤庆帮，其次是喜洲帮，腾冲和其他帮还赶不上呢。"③

顺成号是蒙自的八大商号之一，也是迤南帮中的首富，时人称其为富甲滇南。此号是由周柏斋弟兄经营，设总号于蒙自，在昆明、香港等地设分号。滇越铁路通车前后，经河口入港，出口大锡，垄断洋纱、煤油在滇南的进口。该号在从事商业性的营运外，还在个旧开采、收购锡砂，在蒙自经营房产、田产、典当。如果说永昌祥具有封建、资本主义二重性的话，则顺成号还具有一定的买办性，且其封建性更浓厚些。

清末云南的金融业，在银行出现前，由于银、钱并用，故有票号、钱庄的设置。在云南经营票号的，有云南人、山西人；有专营的，也有兼营的。云南人经营票号的，较早的为王炽的同庆丰（省外称天顺祥），杨玉科的云丰泰。其后有马心泉的兴顺和，刀安仁的新成银庄等。④ 山西人在

---

① 杨克成：《永昌祥简史》，《云南文史资料选辑》第9辑，第47页。
② 同上书，第47、52页。
③ 同上书，第52页。
④ 新城银庄开办于1907年，发行一两、五两、十两等多种银票。为便于在当地和外地流通，此种银票印有汉、傣两种文字。

云南所设票号，有百川通、宝丰隆。这些专营的票号，以存放款、汇兑为业务，资金较多，① 跨省区经营，分号遍及长江南北。以商业为主而兼营票号业务的，在昆明、蒙自、大理等地都有，但其营业额较小，活动范围较窄，只能处于专业票号的从属地位。在昆明等地的钱庄，其业务为存、放、兑，由于资金不多，大都就地营业。1904年，清朝政府在北京筹建户部银行，1909年在昆明设立了大清银行云南分行。该分行有资金100万元，在滇发行大清地钞银两票20余万两，银元票30余万元。户部银行系官商合办，其云南分行与云南的票号、钱庄一起，共同为云南经济领域的流通提供了方便。

在清末，云南工业经过洋务运动和辛亥革命前夕的起步，已在昆明等地逐渐展开。其中官办的，有云南机器局、度支部云南造币分厂、宝华公司、云南陆军制革厂、云南官印局；官督商办的有云南矿务招商局；官商合办的有蒙自官商公司（后改为个旧锡务公司）；由商人独资或集资开办的，在采矿、水电、火柴、纺织、卷烟、制革、食品、制茶、制鞋等业中，均有规模不等的投入。这些不同性质的工矿业，其资金超过百万两银或银元的不多，多数为万元至十多万元，职工人数少则数十人，多则一二百人至数百人。此外，由于外货的输入，农村自然经济的逐步解体。农村土纱土布的生产迅速地被城镇的家庭或工场手工业生产所替代。在滇南蒙自的新安所，"从前新街、蛮耗沿江一带草棉运销时，新安所妇女自纺自织，以制衣服，暖而经久。自洋纱入境充抵，草棉日渐减少，织布多而纺者少，居民数百家，每日出布不下千疋。"② 在滇西的洱源，"纺织之利亦渐兴，颇有唐、魏勤俭之风。"③ 在云龙，由于"四区实业员赵联攀用机器织布，各户效之，已增至七八十户，所出之布年约万余疋，尚能适用，销售本境。"④ 在昆明，"云南府的织布业是最近几年才发展起来的。六年以前，城内还只有很少几架织布机；而今天，如果能够得到一个正确的统计，可能会有好几百架"。⑤ 在滇东北的昭通，"光绪二十六年，城中织布

---

① 各号向商会备案的资金，几乎均有所保留。其中如兴顺和，所报资金不足10万两。其实，该号的总资本有40多万两。转自万湘澄《云南对外贸易概观》，第215页。
② （清）《续修蒙自县志》（宣统），卷二，《物产志·制造物》。
③ （清）《浪穹县志略》（光绪），卷二，风俗。
④ 《云龙县造报地志书》，未刊稿。藏云南省图书馆。
⑤ 姚贤镐：《中国近代对外贸易史资料》，第3册，第1428页。

机床骤增至二千多架,后以办团抽费,遽尔停止。"① 这些以洋纱为原料,出现于云南各城镇的织布业,与近代的织布业仍有不小的距离,但已与传统的耕织结合有别。

外国商品和货币的流入,对云南经济生活所产生的影响也是明显的。据记载,在云南开关前,"广东商人每年贩运洋货来滇者,资本不过数万,终年不能尽售。诚以地方凋敝,日用艰难,非如东南各省水陆辐辏,谋生便易,一切洋货无所用之"。② 蒙自开关三年后,据首任蒙自税务司兼理蛮耗事宜的哈巴安说:"在蒙自关的短暂历史中,还不能判断它未来的贸易发展,但下列数字足以证明边境贸易已有了一个值得重视的良好开端。"他所说的数字,即指蒙自开关三年里的进出口货值,1889年关平银182005两,1890年关平银1104007两,1891年关平银1530007两。③ 第三年为第一年的8倍。就卷烟的输入来看,蒙自关"一千九百一年,尚无纸烟入口,及一千九百六年,其输入之货值一万九百九十八两;迨至上年(按指1910年)增至二万九千九百十四两;本年(按指1911年)竟加至四万三千三百二十九两。"④ 几年里即成倍地增加。卷烟经蒙自、腾冲入境后,在大理,有丁煜堂所设的炳兴祥号代为销售,"迄今(按指1923年)已逾十五载。最初给供不足,君常躬往省城(昆明)本公司购买驼运前来"。⑤ 在昭通,"路旁见卖水果者兼售纸烟。此二年中,云南商务无若纸烟之畅销者,虽贫苦小儿皆吸之,使人惊讶。自重庆至巴马,自大兴府至蒙自,无处不见有英国纸烟之告白。"⑥ 在昆明,"英美公司绕道缅甸贩入之纸烟卷,在云南府附近城郭发售,颇称合时应市。至火车抵蒙之后,陆续由香港取道东京运进口者,亦受市场欢迎"。⑦ 经营五金、机械、水泥、纱布、日杂、食品、酒类、药品的外商洋行,截至辛亥革命前,仅在昆明、蒙自两地,即有十余家之多。

---

① 《昭通志稿》(民国),卷三,政典志,实业。
② 《滇矿务督办唐炯奏矿务牵涉通商事件敬陈愚虑折》,《清季外交史料》卷八十,第1446页。
③ 中国近代经济史资料丛刊编辑委员会编:《中国海关与中法战争》,中华书局1983年版,第240页。
④ 汪敬虞:《中国近代工业史资料》,第2辑,上册,科学出版社1957年版,第230页。
⑤ 同上书,第229页。
⑥ 陈曾谷译:《丁格尔步行中国游记》,《东方杂志》,9卷3号。
⑦ 汪敬虞:《中国近代工业史资料》,第2辑,上册,第230页。

外商经营的银行，虽在民初才在云南出现，但法商在修筑滇越铁路期间，为购料或支付路工工资，曾在"光绪三十年至三十三年间（1904—1907年），共有值关平银七一七六三九四两之越南银元运入云南"。由东方汇理银行发行的纸币，被人们称为法纸，也有一定的数量进入云南。有人认为，"法国东方汇理银行用'纸'来侵略云南，不只是换取货物，同时还用来扰乱云南的金融，从中取利"。[1] 法纸进入云南，不仅扰乱甚至支配云南的金融，而且进而影响着云南的经济和政治生活。

经济状况的变化，不能不改变着人们的生活习惯。时人认为，"其最甚者为装饰品。昔本乌云之髻，今成堕马之妆；簪耳环瑱，动以金玉相夸；冠履衣裳，咸维洋料是取"。"次为嗜好品。酒则香冰（香槟）、比露、葡萄、白兰地、威司记（威士忌）也，烟则吕宋纸卷也。谁谓价昂，虽寒士亦思染指。孰云伤脑，即小儿亦解含唇。甚有非此不足以厌解其饥渴者矣。"[2] 至于城乡的不少妇女，虽"不以珠翠相夸，出门恒持小伞以自覆。"所谓持伞自覆，即"伞周围缀以皂帛如檐，妇女张以自蔽，垂及扇下，人不得窥其面。事虽细微，实亦礼教之防。今人变易以洋伞，顿失古人防微杜渐之意，是亦风俗日坏之一端也。可胜慨哉！"[3] 吃、穿、用的变化，直接地反映着人们精神状态的变迁。这就是说，资产阶级的近代观念，日益地冲击并取代旧的封建礼教。

第二节　同盟会在云南的活动

一　同盟会及其群众组织

1894年，孙中山在美国檀香山建立的兴中会，由于受清朝政府的禁阻，其活动范围主要在国外和我国的港台地区，在云南，尚无组织活动。此后几年，由于《马关条约》的签订，戊戌变法的发生，八国联军的入侵，英、法对云南的侵略，云南的各族各界，在"路亡矣，矿失矣，生计之艰难日殖一日，贸易之入超日盛一日"的情况下，[4] 某些有识之士，

---

[1] 万湘澄：《云南对外贸易概观》，第91、95页。
[2] 由云龙：《论风俗改良》（宣统元年十月二十一日）。《定庵文存》卷二，时事论一。
[3] 《续修建水县志》（民国），卷二，风俗。
[4] 由云龙：《今日云南一般人之心理》，《定庵文存》卷三，时事论二。

或积极参加有关斗争，或相约组织起来，以期抵御外侮，救亡图存。

为反对《马关条约》的签订，1895年，以康有为为首的"公车上书"，曾震动朝野，影响全国。在上书的一千三百多位举人中，有十多位是云南人。保国会在北京成立后，云南在京的有关人士，组织了保滇会。保滇会作为保国会的下属组织，其目的在于保国、保种、保教，并企图通过变法，谋求国家的独立和经济的发展。这是云南在辛亥革命前最早成立的一个政治组织。

1904年，在昆明出现了两个进步组织。一为由洪珍发起，经地方政府同意而建立的不缠足会公所。该会禀称，"女子缠足，贻害千秋，请出示通行警戒"。① 一为由李伯东等人秘密组织的誓死会，其宗旨是保权卫国，申明"誓与满清偕亡"。有人认为，"云南革命，发轫于此"。②

由兴中会发展而来，并联合华兴会、光复会所组建的中国同盟会，1905年8月成立于日本东京。作为中国资产阶级政党的同盟会的成立及其"驱逐鞑虏，恢复中华，建立民国，平均地权"革命纲领的确立，历史地宣告了中国完整意义上的民主革命的开始。据载，在同盟会筹组过程中，云南留日学生吕志伊等人，曾参加了有关的工作，"与香山孙公，善仙黄公三十余人歃血慷慨，驱鞑虏，建汉帜"。③ 在同盟会成立的当年，云南留日学生吕志伊、杨振鸿等8人加入了同盟会。④ 次年，又有李根源、张开儒等13名留日学生加入了同盟会。同年，在越南留学的云南籍学生徐濂、张邦翰等6人参加了同盟会。在辛亥革命前夕，云南留日学生在日先后加入同盟会的有近50人。⑤ 按照同盟会章程的规定，在日云南籍同盟会员组成了以吕志伊为支部长（或称分会长）的云南支部。

---

① 《云南督宪准予成立不缠足会公所文》，《滇南钞报》，光绪三十年六月十六日。
② 邹鲁：《同盟会云南支部之活动》，《革命文献》第66辑，第54页。
③ 李根源：《吕天民诗集·序》。
④ 这8人是吕志伊（思茅）、杨振鸿（昆明）、张儒瀚（石屏，辛亥革命后更名为张华澜）、张朝甲（保山）、殷飞云（曲靖）、庾荷生（墨江）、罗震（澄江）、李纯禧（普洱）。见《中国同盟会成立初期（乙巳、丙午两年）之会员名册》，《革命文献》第2辑，第45—46页。
⑤ 李根源：《雪生年录》，卷一。又据何畏说，"云南留日学生约一百三四十人，而志愿参加革命入同盟者约八十余人"。何畏：《杨振鸿滇西革命纪略》，《辛亥革命回忆录》三，第380页。

图 5　刀安仁故居（王文成摄）

在日本加入同盟会的云南籍会员中，有两位经吕志伊介绍孙中山主盟的傣族会员，他们是郗安仁和郗衍。郗安仁即刀安仁，云南干崖（今盈江）人，干崖宣抚使刀盈廷的嫡长子，1891年袭24任宣抚使，1906年赴日留学，就读于东京法政大学速成法政科。郗衍系刀安仁的弟弟，又名刀安文，亦于同年赴日留学，入士官学校炮兵科。刀安仁参加同盟会后，追随孙中山从事民主革命，并在经济上慷慨解囊，于1906年和1907年，两次向同盟会捐助的经费，共计银元二三万左右。①

同盟会成立的次年初，孙中山、黄兴约见了吕志伊、李根源（云南学生留日同乡会会长）等人，要求他们着手创办《云南》杂志，借以宣传群众，组织群众。孙、黄指出，在云南，"一件是官吏贪污，如丁振铎、兴禄之贪污行为，已引起全省人民之愤慨；另一件是外侮日亟，英占缅甸，法占安南，皆以云南为其侵略之目标。滇省人民在官吏压榨与外侮侵凌之下，易于鼓动奋起。故筹办云南地方刊物为刻不容缓之任务"。②遵照孙、黄上述指示，吕志伊、李根源等人积极进行筹备，三个月后即组成了云南杂志社，并就筹款、人员分工等作了安排。同年10月，《云南》

---

① 刀安禄等《刀安仁年谱》，德宏民族出版社1984年版，第34、39页。
② 李根源：《云南杂志选辑·序》。

杂志创刊号出版。这是留日学生中以省区命名,办刊较早,影响较大的刊物之一。

1906年,越南"巴维学生徐濂秘携盟书回滇,沈钟、张大义、杨大铸、唐元义、王九龄、黄嘉梁、董承志、李员伯、赵泽扬、马骧十人,在大观楼亲填盟书,歃血以誓,为云南内部入同盟会之始"。① 不久,同盟会在昆明的滇支部宣告成立。此后,在腾冲、大理等地,同盟会的分支机构也相继成立。

由于云南与缅、泰、越相邻,早在近代开始的前后,即有一些人因经贸等原因移居这些国家。在缅甸的曼德勒、仰光,泰国的曼谷,越南的河内等地的华侨,对于祖国的政治进步和经济发展,一向是十分关心的。1906—1908年,当同盟会分支组织在仰光、曼德勒、曼谷、河内建立时,云南籍华侨中不少人与粤、闽籍的华侨一起,积极申请入会。据统计,截至1908年,在缅华侨有2000多人参加了同盟会,其中,云南籍华侨有近百人。②

随着同盟会滇支部的成立,数以百计的留日、留越学生(其中不少人为同盟会会员)的归国,由同盟会会员发起或参与的群众组织,较前大为增多。

1904年,滇越铁路北段(河口至昆明)开工。根据《滇越铁路章程》,清朝政府要依照法方的筑路计划,为筑路招用民工和分段购地。为了抵制该铁路的修筑,1905年,"云南土民立一保地会,相约不售地与法人,为筑造铁路之用。"③ 由于记载的简略,保地会的组织者、参与者及其活动均不甚清楚。但有一点是明确的,即铁路沿线的土地所有者,其中包括不少地方士绅,他们不仅拥护保地会的宗旨,而且积极参加其活动。

1906年,由各府同学会发展而来,并经杨振鸿等人组建的云南公学会,其目的在于"结大团体,发大誓愿,以期共事挽救"。该会的宗旨是:"一曰开拓社会文明,一曰增进国民幸福,一曰振救本省危局。"④ 到次年,公学会已在省内60余县建立了分会。

经李伯东等人串联,于1906年组成的兴汉会,订有会章,活动较经

---

① 张大义:《同盟会云南分部之成立及其活动》,《革命文献》第66辑,第57页。
② 《缅甸中国同盟会会员姓名录》,《革命文献》第65辑,第211—248页。
③ 《东方杂志》,第二卷第4期,大事记。
④ 本省中央访事员:《公学会之成立》,《云南杂志选辑》,第85—86页。

常，并从日本邮购《民报》、《汉帜》等刊物，经过学习再广为宣传。

由越南留学归国的徐濂等人，组织了文明演说会，或叫省城演说会，内设干事、讲演员多人。他们在1906年及其以后，"每晚自携棹椅，在各通衢登台演说。痛陈安南、印度、缅甸亡国惨状，借以引起民众（的）种族主义"。① 文明演说会曾多次遭到地方官吏的责难，企图予以禁止。但它在群众的支持下，据理力争，继续进行活动，并取得明显效果。有记载说，经文明演说会几年的演讲，到1909年，"虽下至妇孺，亦多有知云南之危及亡国之惨，而愿闻救亡之策者"。② 类似的演说会，在当时的永昌府进行首次演说时，据说听讲的人竟有数百人之多。③

1907年，在省内，有由学生组织的敢死会；在缅甸，有由旅缅侨胞组织的死绝会。这两个组织的宗旨基本一致，但后者更为鲜明。死绝会的负责人为张成清。张成清，字石泉，云南腾冲人，因其父在缅经商，生于缅，精通英、缅语。他痛恨英国在缅甸的殖民统治和在云南的种种侵略，并随时准备献身祖国。是年，死绝会在缅甸曼德勒成立时，"与会者近万人"，大会"宣告滇人应与北京政府断绝，助缅甸、安南、印度独立，若不成则我千五百万云南人同日俱烬，以免如缅甸、印度人之辱"。④ 由于张成清热爱祖国，反帝坚决，且在缅甸人民中有所活动，被英缅政府毒害，⑤ 时年仅30岁。

1906年在北京设立的滇学会，为云南在京学生和同乡京官所组成，要求反对英、法在云南的侵略。但其活动仅局限于上书政府，希望通过正常的外交途径，阻止英国强索腾缅铁路，主张筹款赎回滇越铁路云南段。

1907年在北京组织的筹滇协会，设会长、副会长多人，并设庶务、会计、书记、交际四科，编辑、调查两部，办杂志一种。据载，此会成立时，省内外与会者有数百人。该协会宣布，"以联合同志讲求保卫云南之

---

① 张大义：《同盟会云南分部之成立及其活动》，《革命文献》第66辑，第57页。

② 本省中央访员：《省城演说会之成立》，《云南杂志选辑》，科学出版社1958年版，第233页。

③ 雪生：《云南杂志第三号大事月表》（丙午九月廿五日），《云南杂志选辑》，科学出版社1958年版，第746页。

④ 章炳麟：《张成清传》，《云南贵州辛亥革命资料》，第123页。

⑤ 同上书，第123页。对于张成清之死，冯自由说是"因猎失足堕水死"（《革命逸史》，第2辑，第232页）。义侠在《张君成清遗策》一文的附识中认为，实为英人"以药毒之"而死（《云南杂志选辑》，第732页）。章等三人的说法不尽一致，此处只得存疑。

策，以竞存滇者权利，巩固国家疆圉为宗旨"。[①] 认为，"本协会同人，以为今日中国全局无所往而不当筹，然起而筹之者犹或有人，独至三边问题筹之者盖寡"。西北、西南等"三边之中，同人所认为尤亟者，实为云南"。[②] 为救云南，当在战略上以滇保滇，集西南之力以保滇，合全国之力以保滇。在云南，则以赎路修路保路、裁兵练兵整军、移民实边、开矿保矿、招商振商裕商为要点。该会会员中有人主张，对向政府上书，应"一上无效再上之，再上无效则三上四上之，不委屈以达目的不止。政府亦具有天良，安知其终无效哉！"[③]

同盟会滇支部成立至辛亥革命爆发前的10多年里，云南各族各界所建立的各种群众组织简表于下：

表1—1　　　　　　　　云南各族各界群众组织简表

会名	成立时间与地点		宗旨	负责人	备注
	时间	地点			
保滇会	1898	北京	维新爱国		
不缠足会公所	1904	昆明	放足	洪珍	
誓死会	1904	昆明	保权卫国	李伯东	
保地会	1905	昆明	拒售土地予法国修筑滇越铁路		
天足会	1906	昆明	放足	钱良骏	
公学会	1906	昆明	开拓社会文明，增进国民幸福，拯救本省危局	杨振鸿 陈文翰	
兴汉会	1906	昆明	反清复汉	李伯东 李　治	
文明演说会	1906	昆明	倡导救亡	徐　濂	
滇学会	1906	北京	保护路矿等主权		1907年在昆明亦有此会的设置

[①] 雪生：《云南杂志第十一号大事编记》，《云南杂志选辑》，第807页。
[②] 杨兆麟：《筹滇协会发刊词》，《滇事危言》初集三，第17—18页。
[③] 唐璆：《筹滇篇》，《滇事危言》初集三，第32页。

续表

会名	成立时间与地点		宗旨	负责人	备注
	时间	地点			
戒烟天足自治公会	1907	昆明	戒吸鸦片，放足	王鸿图 陈荣昌	
死绝会	1907	缅甸	爱国、爱乡、爱种	张成清	
敢死会	1907	昆明		李伯东 高 朗	
筹滇协会	1907	北京	保滇卫国		
自治同志会	1908	腾冲	反清革命	张文光	
国民会	1908	昆明		张仲良 黄嘉樑	发行《国民话报》10期
云南独立会	1908	日本东京	反对清朝政府借外兵以镇压河口起义	吕志伊 杨振鸿	
振汉社	1910	缅甸曼德勒	反清复汉	杨丽三 李德贤	
保矿会	1910	昆明	保矿废约（《云南隆兴公司承办七属矿务章程》）		
保界会	1911	昆明	抗敌保界	五九龄 杨大著	

从表1—1中我们可以看到，云南的各族各界，在辛亥革命前的10多年里，先后共成立了以救亡图存为目标的各种社团组织近20个。参加这些组织的人员，既有学生、店员、市民，又有士绅、商人、官吏，还有爱国爱乡寓居异国的云南华侨。通过这些有组织的活动，云南各族各界人民，在不同程度上被发动和组织起来了。

二 多种形式的宣传

同盟会滇支部成立后，以同盟会员为主，为配合群众组织的建立和发展，曾大量地进行过各方面的宣传。

清末在昆明等地，在废除科举制度后，陆续兴办了多所小学、中学和职业中学。为适应新建陆军的需要,还开办了云南陆军小学堂、云南陆军讲武堂等军事学校。青年学生受旧的束缚较小,容易接受民主革命的宣传,因此成为同盟会滇支部关注的重要对象。张儒澜从日本留学回来后,先在临安师范传习所任教,继在云南省会中等农业学堂任史地教员。他在讲课中以孙中山的三民主义为指导,"每讲到历代外祸,就时代的背景与皇帝的昏庸,奸臣的卖国,人民的灾难阐发尽致"。对于当时社会的贫富悬殊,政治的腐败,官吏们的贪污受贿,他指出"这是强盗行为"。他"表彰爱国家,为人民的民族英雄,反对狭隘的忠君,做一姓一人的奴才"。据曾受教于张儒澜的陈善初说:"有由先生指导参加同盟会者,我所能记忆的如曾鲁光、甘明德、张祖荫、何复太、杨文清、刘世英、董昶、杨济等,我亦同时加入。"① 李伯东在云南陆军小学堂任教时,除在课堂对学生进行革命教育外,还将所得的《民报》、《复报》、《革命军》等,"秘密带到学堂,发动学生阅读。学生接受了革命宣传后,有的自动剪了发,有的联络他校同学一致起来革命"。② 云南陆军讲武堂是清朝政府培养新军军官的学校,控制甚严,充任教职的人,要公开在课堂上进行革命宣传,当然多所不便。但监督李根源等人,往往选择课外与学生接触的机会,进行革命宣传。一次在自习室内,李根源针对一学生在作文里的忠君言论说:"我见一个学生的作文,言忠君不忠君的话,我对你们讲讲,假使李自成成功,又何尝不是君呢?其余的话我不说,你们是知道的。"③ 这引而不发的话,给予学生们的启迪是不言自明的。1910年,滇越铁路通车昆明,讲武堂的师生们对此无不悲愤交集。李根源抓住时机,面对学生们说:"法国今天将滇越铁路修抵昆明,我们国家不惟修不起铁路,甚至将国家主权拱手送给外国人。我辈军人,有守土卫国之责,大家在学校应该努力学习,将来誓必雪此耻辱。今天放假一天,作为纪念,希望大家牢牢记住今天,放假后可到火车站去看看。"当学生们回校后,国文课还以《看滇越铁路通车后的感想》为题,要大家写一篇作文。据身

---

① 《昆明市志长编》卷八,近代之三,第68—70页。
② 缪嘉琦:《记云南陆军(小)学堂在辛亥革命期间的反帝斗争》,《云南文史资料选辑》第15辑,第126页。
③ 祝鸿基:《陆军第十九镇及云南讲武堂对云南辛亥革命的关系》,《云南文史资料选辑》第1辑,第135页。

历其境的学生们说:"这一天的印象,深深留在每个人的脑筋中。"①

清末民初,云南城乡的哥老会盛行。参与该会活动的多为下层群众,他们成为同盟会关注和发动的重要对象之一。在腾冲,当张文光等人加入同盟会后,"尝于腾越永昌各地,创自治同志会,得数千人"。② 这数千人中,当有不少的人为会党成员。在保山,杨振鸿所发动的永昌起义,事前曾争取过会党首领宋棠、杜文礼等人。宋、杜所属,各有成员数百人,籍隶大理下关的马骧,在滇西从事革命活动中,亦"在大理密设同盟分会,联络会党"。③

同盟会员在向各界群众宣传的同时,对地方士绅也进行了争取工作。原籍石屏的李伯东,在河口起义前后,"曾到个旧士绅群中灌输了一些革命知识"。④ 在马龙、宣威,徐濂趁"回籍省觐时,道经马龙,值市期,设杂(案)人丛中,登而演讲。一二乡绅,骇其言论,竟以白梃相加"。⑤ 少数乡绅的不欢迎不足为奇,而革命思想的传播则是不可阻挡的。

镇南关(今友谊关)起义失败后,孙中山认为:"沿海岸各省区,决不能作革命根据地,否则打起仗来成为背水之战;又中原地带四面受敌,只有云南形势,地处边远,高山峻岭,天然屏障,且与安南、暹罗(泰国)、缅甸接壤,与国际交通并无阻碍。而且杜文秀起义虽然失败,但应尽力唤醒其殉难子孙,来参与革命运动。"杜文秀甥杨惠亭,经孙中山动员后,即组成"以武定大西村回人马云汉为小组长,马采成付(副)之,组员六人,由腾越入永昌"的宣传小组。⑥ 杨惠亭、马云汉等人,作为云南的回族华侨,一经发动即积极参与革命宣传活动。这说明,同盟会对于云南少数民族的发动工作是很重视的。

报刊、书籍、戏剧一类的宣传,在辛亥革命前夕,同盟会会员及积极分子,亦做得有声有色。创刊于1906年的《云南》杂志(月刊),以宣传资产阶级的民主主义,揭露清朝政府的腐朽卖国,反对英、法帝国主义对云南的侵略为宗旨。出版几年后,发行遍及省内外和缅甸的一些地方。

---

① 素庵等:《云南陆军讲武堂的概况》,《云南贵州辛亥革命资料》,第16页。
② 《记云南张君文光死事》,《杨振鸿张文光合刊·杨振鸿》,第15页。
③ 张大义:《同盟会云南分部之成立及其活动》,《革命文献》第66辑,第64页。
④ 张若谷:《辛亥革命个旧光复前后回忆片断》,《云南文史资料选辑》第1辑,第139页。
⑤ 《续云南通志长编》,下册,第790页。
⑥ 沙儒诚:《辛亥革命前的云南》,《昆明市志长编》卷八,近代之三,第218页。

该刊指出:"自大道衰,真理没,君主专横,贵族跋扈,日出其牢笼毒计,逞其专制淫威,愚民欺民殃民虐民。束缚其思想,钳制其言论,桎梏其身体,剥竭其脂膏。以可使由不可使知为口实,以易乐成难与谋始为护符。予圣自雄,残贼不仁。"认为封建专制制度必须改变,因为,"国家者国民全体之国家,非少数贵族之国家,更非君主一人之国家"。① 并指出爱国不等于专君,更不等于要保留现存的清朝政府和皇帝。对于帝国主义,该刊在发刊词里,针对英、法在云南的"鹰瞵虎视,各争要区","强索铁路,云南之腹心溃;攘夺矿权,云南之命脉绝。教语言以收人心。屯重兵以胁官吏。势力范围之图,只见法国之云南,不见中国之云南也"。大声疾呼"兴师罪政府","鸣鼓攻官吏"。② 它号召大家,"头可断,身可灭,家可毁,而地不可失,种不可奴,国不可亡"。③

《云南》杂志在日本东京发刊不久,该杂志的编辑等人,为了"务使人人能读,家喻户晓",又编印了《滇话》报(月刊),其"宗旨在于普及教育、改良社会、统一语言、提倡女学。其所注意之事,尤以鼓吹军事思想、实业思想、政治思想及一般必要学说为最重"。不仅"纯用全国通行汉话体演出",而且"其价值照印刷底价,廉价出售"。以使"人人开通,以挽救全滇及全国危局"。④

在云南省内,还有《云南日报》、《云南旬报》、《丽江白话报》(半月刊)等报刊的编发。月出二期的《丽江白话报》,曾刊有《论迷信风水之害》一文,指出"自风水之说深入脑筋,牢不可破,无论下流社会堕其术中,即读书明理之君子也不免为其所惑"。其实,"那山川是个哑巴,万万不能说话,只好凭着地师信口开河,便把四万万人惑在葫芦里,真是令人不解"。⑤ 在《劝注重工商业》一文里,作者鉴于"目之所触,耳之所闻,无一不是洋货,中国虽地大物博,如此剥削,其何以堪?"的现状,劝导人们别"把工商看得极轻,为工的说是小人劳力,为商的说是

---

① 侠少:《国民的国家》,《云南杂志选辑》,第 120 页。
② 《云南杂志发刊词》,《云南杂志选辑》,第 1—2 页。
③ 侠少:《论国民保存国土之法》,《云南杂志选辑》,第 78 页。
④ 《云南》杂志社:《滇话报不日出现》,《云南杂志选辑》,第 863 页。
⑤ 精愚:《论迷信风水之害》,转见《纳西族社会历史调查》,云南民族出版社 1983 年版,第 201 页。

市僧行径，那士人与工商比较如像印度的婆罗门教与平民比较一样。"①应努力破除传统观念，振兴云南的工商业。寓缅华侨经居正、吕志伊、杨振鸿等人的努力，在组建同盟会不久，创办了《光华报》（1908年发刊）。该报"以开通民智、振兴祖国为宗旨"。②资产阶级民主革命派的《光华报》曾与在缅保皇会所办的《商务报》进行论战。保皇会在清朝政府驻缅领事的庇护下，迫使《光华报》先后易名为《进化报》、《缅甸公报》，但其反清革命的立场始终不变，并日益受到在缅华侨的热烈拥护。《光华报》"鼓吹革命，发挥民权、民族、民生主义，风行一时"，曾"寄到滇西腾永各属，最为便利。滇西革命同志增多，实由《光华日报》鼓吹之力"。③

云南留越学生编写的《云南警告》一书，在抨击法国对越南侵略的同时，着重揭露了法国对云南的种种侵略行径。该书向云南的各族各界大声疾呼："醒！醒！醒！我父老叔伯兄弟。起！起！起！我父老叔伯兄弟。奋！奋！奋！我父老叔伯兄弟"，切勿"束手以待人之宰割"。④ 此外，"李伯东著《新云南》、《醒滇梦》两书，言尤痛切；杨大铸编就《血泪书》、《党人血》、《盗图报国》、《木兰从军》各新剧；赵泽扬、王应元、张大义、唐元义编就《靖康耻》、《崖山痛》、《嘉定屠》、《永历殉国》各新剧"，⑤ 大都以历史为题材，借以鼓吹革命。为使这些剧目搬上舞台，发挥应有的作用，"伶界著名花旦翟海云者，党员而有气概者也，亲至上海购衣服，排演新剧，以灌输革命思想于普通人民"。⑥ 其精神甚为感人。

这些面对群众的革命宣传，号召群众组织起来，行动起来，为推倒清朝皇帝建立民国而奋斗。从而为此后在云南发动的多次起义，做了必要的

---

① 精愚：《劝注重工商业》，转见《纳西族社会历史调查》，云南民族出版社1983年版，第205页。

② 《杨振鸿张文光合刊·杨振鸿》，第11页。

③ 张大义：《同盟会云南分部之成立及其活动》，《革命文献》第66辑，第61页。此处听说的《光华时报》，应为《光华报》（见《辛亥革命回忆录》六，封页后的图版）。《光华日报》，当今马来半岛西侧的槟榔屿的华侨于1907年所创办；二者并非一报（见《革命文献》第66辑，第158—159页所载）。

④ 云南留越学生：《云南警告》，《云南贵州辛亥革命资料》，第6—7页。

⑤ 张大义：《同盟会云南分部之成立及其活动》，《革命文献》第66辑，第57—58页。

⑥ 邹鲁：《云南光复》，中国近代史资料丛刊《辛亥革命》六，第221页。

舆论准备和组织准备。

第三节　1908年在云南的两次起义

一　河口起义

在同盟会成立前后，孙中山曾联络华侨、会党、新军，在中南地区发动过多次起义，但是均未获得成功。1907年3月，孙中山由日本经香港抵安南（今越南）。在河内，为在广西、云南的边境一带组织反清起义，设立了总机关处，又称粤桂滇武装起义总机关。9月，发动了钦廉防城起义；12月，组织了镇南关起义；1908年3月，又发动了钦廉上思起义。

当钦廉上思起义顺利发动并取得一些进展的时候，孙中山即部署在云南河口开展起义予以呼应。为准备河口起义，孙中山命胡汉民驻河内机关部，黎仲实、高德亮等8人筹备粮饷，待机移至老街。河口起义，则委"黄明堂主其事，王和顺、关仁甫佐之"。① 义军的组成，据胡汉民说，一为将镇南关起义失败后之义军余部转入滇越边境，"潜师于边界者百余人，其散布于车路一带，装为苦力者二百余人"。② 所谓充当车路苦力，即受雇于参与修筑滇越铁路，其中"黄和顺、梁兰泉，均为（该路筑造）公司从前所用大工头"。③ 他们"与营兵、苦力混处，阴相结纳"。④ 二为约降驻守河口的清军，当时河口的清军防营，有副督办王玉藩二营，黄元贞一营，岑得贵一营，另警察一营。黄营已受策动，约为内应。王玉藩所部守备熊通，亦决意叛清从义。

同年4月中，黎仲实等8人入驻老街。法警以黎等形迹可疑，搜查其寓所，确认为革命党人后，即予以捕解出境。王玉藩得人告密，欲将黄元贞他调。黄、熊皆请提前起义，否则将坐失良机。胡汉民遂决定于4月30日发动起义。

4月30日凌晨二时，黄明堂等如期发动，警营响应，管带（营长）

---

① 《戊申云南河口革命军实录》，冯自由《革命逸史》第5集，第141页。
② 邹鲁著《戊申云南河口之役》一文所附《胡汉民致孙中山函》，中国近代史资料丛刊《辛亥革命》二，第259页。
③ 《云南布政使复法驻滇总领事宝如华的照会》（光绪三十四年五月二日），《云南档案史料》第7期，第17页。
④ 马竹髯：《河口之役见闻录》，《云南文史资料选辑》第41辑，第213页。

蔡正钧被杀。黄元贞率该营参加义军。驻三腰那扒的清军，闻警增援河口，配合据守半山炮台的王玉藩继续顽抗，经激战双方均有不少伤亡。午后四时，王玉藩伪称约降，杀义军前来说降的王槐廷，熊通乃将王玉藩击毙，率王部二营降，山上的炮台四座为义军所占。管带岑得贵弃职逃走，其营被义军收编。至此，河口起义获得成功，计收降清兵五营，缴枪千余枝，子弹七万发。

起义军占领河口后，一面以归降警兵维持秩序，保护驻河口领事、税关，另一面下令安民。当然，更为迫切的还在于筹集粮饷，收点军实，整编队伍，北上进军。

由于河口起义提前发动，作为云南国民军总司令的黄兴，此时尚未到达河口。① 黄明堂等乃决定分兵三路，先攻蒙自，继取昆明。

5月2日，经黄元贞致书，清军李兰廷营、黄茂兰营的二哨投归义军。3日，以张德卿为首的中路，以关仁辅为首的西路同时出动。中路至南溪后，为迎击开化（今文山）、广西前来的清军，分兵一部至古林箐，是为东路。在南溪等地，义军降黄茂兰营、胡华甫营一哨。此时义军的总兵力，已增至七八个营，3000余人。

4—7日，中路经南溪占老范寨、三岔河、白河等地，西路进抵蛮耗，两路拟合攻蒙自。数日之间，义军北进一二百公里，昆明、蒙自等地震动。据载，当时在蒙自"军笳频闻"，"一夕数惊"，"典史杨大忠，每日早晚巡视城郭，竟股慄不能举步，由两役搀扶而行。其畏葸之状，以视平日嚣张之气焰，顿觉悬殊，路人无不睨而笑之"。② 临安、开化等处，也"一日数惊"。③ 坐镇昆明的云贵总督锡良，"虽外示镇静，心之焦灼莫名"。④

义军攻占河口，锡良受到清朝政府的严厉斥责。为扑灭起义，收复河口。6日，锡良以开化镇总兵白金柱为东路统领，令其横截义军，开赴古林箐；以临安府知府王正雅为中路统领，沿滇越铁路南下，迎击义军的中

---

① 黄兴到河口前线为5月7日。11日，因回越购械并组织敢死军，返经老街时为法警拘捕，并被逐出越南。

② 马竹鬐：《河口之役见闻录》，《云南文史资料选辑》第41辑，第211页。

③ 冯自由：《革命逸史》第5辑，第145页。

④ 故宫档案馆：《云南河口起义清方档案》，中国近代史资料丛刊《辛亥革命》三，第275页。

路；西路以角防营务处提调、同知贺宗章为统领，由蒙自赴蛮耗。三路统归白金柱统率。锡良令白随时与蒙自关道、南防营务处总办兼统下段铁路各营的增厚会商战事。为防范后路，锡良命粮储道方宏纶增募防营四营，驻阿迷（今开远）；饬昭通镇总兵张嘉钰，募兵数营守昆明。锡良为应急，电令贞丰黄河源（苗族，云南候补知府，原河口副督办）"在贞丰召募士兵三营，兼程到滇听用"。① 清朝政府为应付云南军务需要，除将入京陛见、已行至湘鄂的原云南布政使刘春霖派为帮办云南边防事务外，又谕两广、湖广、两江总督筹济军械，由广西提督龙浴光带兵十营入滇。数日后，两广等三督所调济的枪支9000支，子弹360万发，度支部所拨发的银50万两，均先后启运来滇。

8日，西路义军在蛮耗与清军作战中，统领关仁辅负伤，"图犯蒙自及个旧锡厂之匪，自此不振"。②

同日，东路义军猛攻古林箐，大吉厂，拟得手后进占开化。

11—13日，中路义军在白河、三岔河失利退守老范寨。

13日，锡良出省督师，驻通海。

20日，西路义军弃新街。次日，清军进占龙膊、田房。由中路转赴西路指挥的义军统领王和顺负伤。

25日，清军中路下老范寨，西路前进至坝洒、曼莪。曼莪距河口仅15公里，义军退据的河口势将难守。

河口起义的消息传至日本，经在日同盟会的组织，派百余人回国支援，其中云南籍的有杨振鸿等二十余人。临行，他们从报上得知，清朝政府欲借外兵共抗义军，遂于东京神田区锦辉馆开云南独立大会，宣布与清朝政府脱离关系，倡言"云南独立为中国独立之基础"。③ 张成清在缅甸曼德勒，召集死绝会成员开会，"宣告滇人应与北京政府断绝，助缅甸、安南、印度独立"，"时与会者近万人"。④ 可是，当杨振鸿等人行抵香港时，河口起义已经失败。

26日，清军西路入河口。三路义军的余部数百人，被迫先后退入

---

① 胡寿山：《自治学社与哥老会》，《辛亥革命回忆录》三，第471页注①。
② 故宫档案馆：《云南河口起义清方档案》，中国近代史资料丛刊《辛亥革命》三，第311页。
③ 《云南留日本同志檄国内反对清政府借外兵文》，《云南贵州辛亥革命资料》，第22页。
④ 章炳麟：《张成清传》，《云南贵州辛亥革命资料》，第123页。

越南。

　　河口起义的失败，仅从军事方面看，首先在于敌强我弱。贺宗章说，此役清方"用兵七十余营，款费百万"。① 而义军的兵力，只不过清军的六七分之一，强弱之势是明显的。义军的饷械，原拟境外补给，军械一项，打算攻下蒙自、开化后补充。胡汉民在河内致函远在新加坡的孙中山，请求筹集银元十万的设想，未能如愿。此外，由于法越政府的戒严检查，胡汉民在河内"虽购定军械，不能输送"。② 义军退出河口后，孙中山十分遗憾地说："云南军事，以人多饷少，不能进步。""今事已如此，不禁为之痛惜。"③

　　其次，黄兴作为云南革命军的总司令，是在河口起义已经发动之后，经孙中山同意，才从广西经越南至河口。黄至前线，亲见收降的清兵怕死畏战，且不服从指挥，乃折转河内购械、筹军，在越南老街被法警拘捕。前方的中下级指挥官原本不多，吴、王等负伤或战死后，战局逆转。

　　最后，胡汉民认为，"此次以河口变军为主力，此军队实未受革命党主义之陶镕，其变而来归，虽受党人运动，但只因其乏饷与内部之不安而煽动之，其军官向来腐败，尤难立变其素质，而使之勇猛进行。"④ 曾经参与河口起义的梁德芳说，当义军顺利发展时，招降之兵尚能积极前进，而当形势不利时，"新附之巡防营兵，复首鼠两端，更深（生）心腹之患"。⑤ 归附的清兵因无强有力的政治教育，加之未能以革命党人为主力，因此要想巩固与扩大起义胜利的成果，那是不可能的。

　　河口起义虽然失败了，但它具有重大的意义。由于义军所到之处，"张贴伪示，投递逆函，希图煽我兵民，响应助乱。匪踪所窜，战线袤延数百里，每股辄号数千人，几于全省动摇，不可终日"。⑥ 这就打击了清军，动摇了清朝政府在云南的统治，并且起了宣传、动员人民革命的作用。

————————

① 贺宗章：《幻影谈》，上卷，兵事第五。
② 胡汉民：《胡汉民自传》，《革命文献》第 3 辑，第 25 页。
③ 孙中山：《致邓泽如等函》（1908 年 6 月 9 日），《孙中山全集》第 1 卷，第 373 页。
④ 胡汉民：《胡汉民自传》，《革命文献》第 3 辑，第 24 页。
⑤ 马竹髯：《河口之役见闻录》，《云南文史资料选辑》第 41 辑，第 227 页。
⑥ 故宫档案馆：《云南河口起义清方档案》，中国近代史资料丛刊《辛亥革命》三，第 310—311 页。

二　永昌起义

河口起义失败后,黄明堂等数百人分别避入越南。① 法越政府虽按照中法间所订《边界会巡章程》,将他们缴械拘留,但以执行国际公约为由,包括清朝政府所要查明的首要人员,一个也没有引渡回国,而是将他们护送去新加坡。经当地政府同意,被分别安排在工厂、矿山、农场就业。为支援河口起义而已行抵香港的杨振鸿等百余人,除留下部分人员经新加坡、缅甸转赴滇西从事革命活动外,其余各自转往所在省区从事革命活动,或返日继续留学。1908 年 5 月,杨振鸿等十余人到达新加坡。

在新加坡,他们面见孙中山。孙中山对于他们要去滇西进行革命活动极表赞成,并且说:"你们进滇西去作革命事业,我有《革命方略》一册,可以遵照办理,决不致错误。"② 7 月,杨振鸿等十余人,分四组先后经缅甸的仰光入滇西。在仰光,据吕志伊说,他们"一面创设《光华日报》(应为《光华报》),以开通民志(智),振兴祖国为宗旨,激励南洋一带华侨,并秘密输入内地,一面则嘱同志黄毓英、杜钟琦等入滇西之腾越、永昌等处布置。"吕志伊又说,杨振鸿的"规划腾永,曾三次着手,前二次均失败"。③ 吕志伊在这里所说的杨振鸿规划腾、永,密谋起义,在永昌起义前已失败两次,据载,确有其事。这两次行动的时间为 1907 年 6 月和 1908 年 11 月,地点均在腾越。

杨振鸿于 1903 年去日本留学,入振武学校,1906 年春归国。3 月,欲借云贵总督丁振铎检阅清军时,杀丁据城在昆明起义。清军戒备森严,此次计划未能付诸行动。6 月,云南体操专修科(师范性)成立,杨振鸿出任监督。杨振鸿除在该校对学生进行革命宣传外,又与陈文翰等人创设公学会、兴汉会,发现和培养革命积极分子。杨振鸿的以上活动已引起官方警觉。10 月,云南地方政府为防患于未然,将他西调腾越,任西防腾永巡防队管带。在腾越,杨振鸿"拟于丁未(1907)五月实行,先占腾

---

① 避入越南的义军人数,邹鲁、冯自由皆称有 600 余人(邹鲁《戊申云南河口之役》,中国近代史资料丛刊《辛亥革命》三,第 260 页;冯自由《革命逸史》第 5 辑,第 146 页)。法国外交部、法驻华使馆则说为 700 余人或 800 人(《云南档案史料》第 7 期,第 7 页;《辛亥革命》三,第 314 页)。

② 何畏:《杨振鸿滇西革命纪略》,《辛亥革命回忆录》三,第 381—382 页。

③ 《吕志伊等上大总统公呈》(1912 年),《杨振鸿张文光合刊·杨振鸿》,第 11—12 页。

越，进攻永昌、大理，即以大理为根据地，进取滇省。"① 就在腾越起义即将发动的时候，该厅所属盏达因土司承袭事，腾越道关以镛、总兵李宝书受贿偏袒，违背民意，引起"盏达彝众，围攻土署。"对盏达之变，驻腾越的道、厅、镇等地方官员或主剿，或主抚，莫衷一是。杨振鸿认为宜抚不宜剿，否则不仅扩大事态，而且还将给英缅政府以可乘之机。杨振鸿奉命妥善地处理了这一事件，却因而招致了关、李等人的诬陷，"指鸿倡说革命"，"及以匿名揭帖排外之事构陷。"② 杨振鸿在腾不能立足，被迫辞职离滇，再赴日留学，遂导致准备中的腾越起义流产。

以黄毓英、杜韩甫、王光民三人为第一组，何畏、俞华伟、李避章三人为第二组，由缅入滇后，一组在干崖同刀安仁联络，二组在腾越策动巡防队。黄、杜二人还前往镇康组织力量。11月，当黄、俞、杜返抵干崖时，"毓英、华伟、韩甫均染瘴毒，不能率兵取腾越"，③ 而此时杨振鸿尚在腊戍。所以，规划中的第二次腾越起义未能发动。

杨振鸿等人在当年7月分头入滇西，其计划是攻占永昌后，"出顺宁，取蒙化，直攻大理"，"又由大理编三个师之兵力，直取省城而下昆明。再由昆明编二十万革命军，以十万分三路进攻四川，另用三万军出贵州省，再用三万军出广西省，取南宁、桂林，以四万军留守云南，兼策应川桂黔各军。"如四省可得，"则清朝之基业已失四分之一，革命军之基础逐渐稳固"，再取武汉、南京、西安、北京，大功即可告成。④ 何畏是保山人，他于8月经腾越回保山后，与会党首领宋棠、杜文礼取得联系。对于反清革命，宋、杜"皆大欢喜，均愿负联络民众之责，于必要时各能集会四百名至五百名之农民。"⑤ 10月，宋、杜所号召的农民增至3000—4000人。11月1日，宋、杜未得何畏同意，也不待杨振鸿等人到达，就在永昌府城南北二门外，各集千余人准备攻城。何畏认为，宋、杜二人行事盲动，其结果将不仅影响永昌起义的发动，且将造成重大损失，发觉后当即予以制止。但由于此种妄动，暴露了起义的意图，就不能不对

---

① 吕志伊：《杨君振鸿事略》，《杨振鸿张文光合刊·杨振鸿》，第16页。
② 杨振鸿：《办理盏达案件述略》，《云南杂志选辑》，科学出版社1958年版，第365、369页。
③ 《云南光复诸人事略·杨振鸿传》，《云南文史资料选辑》第17辑，第285页。
④ 何畏：《杨振鸿滇西革命纪略》，《辛亥革命回忆录》三，第386页。
⑤ 同上书，第384页。

预期的起义带来更多的困难。

12月21日,杨振鸿由干崖至永昌(今保山)蒲缥。经商议,决定于12月25日举行永昌起义。由于几日前,宋、杜的提前行动,致使在此次起义前夕再次召集联系的农民参加起义较为困难,宋棠仅能召集二三百人在城外备用,永昌城内新到的巡防军一营,被联络者仅有1/4,故到时能否响应起义没有把握。当日下午,起义者原拟在距保山35里外的满林寨会合后出发,但杨振鸿却先期去永昌城郊考察。当晚,何畏等人与杨振鸿联系不上,且天将明,遂被迫停止攻城,遣散在城外待命而动的农民。此时,杨振鸿突发恶性疟疾,并得知清兵追来,乃转退蒲缥何家寨。杨振鸿呕血不止,于1909年1月2日不幸病故。筹划数月之久的永昌起义,至此被迫结束。

避入缅甸的吕志伊、黄毓英、杜韩甫等人,经多方奔走,得旅缅滇籍侨商寸尊福数万元的饷械资助,便决定于1910年冬,在滇西边境再次发动起义。但是,"忽传英兵侵占片马,又旅暹(泰国)同志运滇军械,被暹官吏扣留,因改前议,决仍依孙总理计划,集中全力举义于广州"。①关于革命党人在泰国购运军械入滇事,据沙儒诚说,参加者有在泰国加入过同盟会的郑和后裔郑崇林等人。他们"陆续购买枪只(支)达一百二十余马驮,存藏于蛮孟山区,去景迈约六十余华里。出发之日,暹罗伏兵四出,射击示威,众皆逃散","全部军火为暹罗政府所没收"。②

经孙中山同意,由杨振鸿等人所组织的滇西起义,先后经历腾越、永昌和滇缅边境我方一侧的某地三次。其中,永昌起义由于敌众我寡,加上组织不善而流产。作为会党首领的宋棠和杜文礼,不可避免地存在着较严重的无组织无纪律的会党积习。当张文光在腾越起义成功,分兵东下昆明时,杜文礼却乘势而起,"在云龙一带,聚匪冒充国民军,滋扰地方",后被诱捕正法。③ 既如此,革命党人为什么在发动反清起义时还要借助于会党势力呢?孙中山道破了其中的苦衷,他说:"会党性质我固知之,其战斗自不如正式军队。然军队中人辄患持重,故不能不以会党发难,诸役

---

① 吕志伊:《杜韩甫事略》,《云南文史资料选辑》第41辑,第179页。
② 沙儒诚:《辛亥革命前的云南》,《昆明市志长编》卷八,近代之三,第227页。
③ 滇第一军部督编修处编辑:《滇复先事录》,《云南文史资料选辑》第17辑,第97、136页。

虽无成，然影响已不细。"①

腾越、永昌等三次未曾实现的起义，在滇西以至全省均曾产生过广泛的影响。据朱德说，河口、永昌"这两次起义虽然都失败了，但是革命的影响却在云南日益扩展起来。我就是在孙中山的民主革命思想的影响下，于1909年在云南讲武堂参加同盟会的"。②

---

① 转见《胡汉民自传》，《革命文献》第3辑，第29页。
② 朱德：《辛亥革命回忆》，《辛亥革命回忆录》一，第3页。

第七章

云南的辛亥革命

第一节 腾越起义和"重九"起义

一 革命党人进入新军

军队是重要的国家机器之一。清代前期,清朝政府依赖的是八旗、绿营,随着八旗、绿营的腐败,湘军、淮军就在一段时间里成为这个政府的支柱。经过中法战争、中日甲午之战,清朝政府发现,为经武图强,巩固统治,必须学习外国,编练新军,在官兵素质、训练方法、武器装备等方面来一番更新。

云南新建陆军始于1902年。当年,云贵总督魏光焘遵旨电奏:"添募营勇,别为一军。"① 1905年,设步队一标(团),炮队一营。1906年,又添步队一标,炮队一营,合建新军一协(旅),协统柳旭。1907年,陈宧继任协统。1908年,扩大为暂编陆军第十九镇(师)。1909年,该镇编成,计步兵两协(每协二标),骑兵、炮兵各一标,工程兵、辎重兵、机关枪各一营,宪兵、军乐各一队。该镇除三十八协七十五标驻临安,七十六标驻大理外,余均驻昆明。镇、协、标、营的带兵官,在辛亥革命前的几年里多有变动,为便于明了,表列如下(任职先后,以表列为序):

陆军第十九镇序列表
镇统:崔祥奎 钟麟同
参谋长:张庆泰(兼) 殷承瓛 唐继尧(代理) 韩建铎 杨

---

① 《〈清实录〉有关云南史料汇编》卷一,第678页。

集祥

  三十七协协统：陈宧 张毅 王振畿 蔡锷
  七十三标标统：张庆泰 曾鹏程 丁锦
  第一营管带：成维铮
  第二营管带：齐世杰
  第三营管带：涂定邦 李鸿祥
  七十四标标统：元升 赵俊清 曲同丰 何国华 罗佩金
  第一营管带：张翰卿 齐世杰 唐继尧
  第二营管带：胡忠亮 刘存厚
  第三营管带；刘禹九 雷飙
  三十八协协统：谭振德 钟麟同 曲同丰
  七十五标标统：顾四端 罗鸿逵
  第一营管带：张艳
  第二营管带：张荣魁
  第三营管带：赵瑞寿
  七十六标标统：涂芳兰 涂定邦
  第一营管带：蒋宗毅
  第二营管带：孙绍骞
  第三营管带：王太潜 张桐
  马队第十九标标统：刘廷杰 田书年
  炮队第十九标标统：李泽霖 韩建铎
  第一营管带：庾恩旸
  第二营管带：刘云峰
  第三营管带：谢汝翼
  工程兵第十九营管带：韩凤楼
  辎重兵第十九营管带：范毓灵
  机关枪第十九营管带：李凤楼
  宪兵队队长：杨发源

  组建新军前后，为培训官兵和有关人员，先后开办了武备学堂（1899）、新操学堂（1901）、云南陆军小学堂（1906）、测绘学堂（1907）、军医学堂（1909）、云南陆军讲武堂（1909）。

建立于1909年9月的云南陆军讲武堂，分步、骑、炮、工四科，设普通学、军事学两种课程。辛亥革命前，先后开甲班120人（调训十九镇排长至管带，学制一年）、乙班100人（调训巡防营哨长至管带，学制一年）、丙班200人（招收秀才、贡生、廪生和普通中学学生，学制三年）。随营学堂200人并入丙班后，该班增为400人。另，云南两级师范学堂毕业生中，有愿从军者30人入校，编为附班。为适应部队的需要，又从丙班中选优秀学生100人，编为特别班，学制二年半。随后又选调甲、乙两班第2期学员各80人入堂学习。由督办（云贵总督兼）、总办（校长）、监督（教务长）、提调等领导的这个讲武堂，在规模、学制、课程、培养效果等方面，远比此前所办的军事学堂大些、好些，清朝政府对其控制甚严。

　　武昌起义爆发前几年，在日本学习军事、测绘、法政、体操、工业、农业等专业的云南学生，相继毕业后回到云南。有些并非云南籍的留学生，受政府的派遣，亦来到云南任职。在这些人中，有不少在日留学时加入过同盟会，如李根源、李鸿祥、谢汝翼、唐继尧、赵复祥、庾恩旸、张开儒、邓泰中等。不管他们是否是同盟会会员，因受新思潮的影响，在不同程度上对清朝政府的腐败统治、卖国行径极为不满。他们在滇任职，为云南的民族民主革命增添了新的活力。

　　李根源回云南后，先任云南陆军讲武堂监督，继任总办。李烈钧、方声涛、谢汝翼、唐继尧、张开儒、顾品珍、李伯庚等，分别被委任为讲武堂的步兵、骑兵、炮兵、工兵等科的教官。罗佩金、李鸿祥、刘存厚、雷飚、刘云峰、赵复祥、黄毓成、庾恩旸等，先后被派至十九镇任标统、管带或教练官。李根源等人进入讲武堂，为革命党人提供了一个传播革命思想、发展同盟会成员，造就军事干部的大好机会。正如李根源在事后所说："讲武堂总办高尔登

图6　李根源

去职，以我继任，沈汪度、张开儒分任监督、提调。至是，滇省军事教育全权悉握诸吾辈革命党人之手。而讲武堂乃成为云南重九革命之基础。"①据统计，讲武堂"在教职员四十七人中，同盟会员占十七人，革命派分子十一人，倾向革命者八人，政治态度不明者十一人，没有发现反动分子。"②如除政治态度不明者11人，则革命和倾向革命者36人，占总数的77%。朱德回忆说，讲武堂的同盟会组织，"以七八个人组成一个小组。每个小组只有一个人能和中央联系，各小组之间则无联络，以免被任何一个小组出卖。会员只能知道本小组的人。"③云南讲武堂的学生，在这样的环境里经过学习，受到了程度不等的革命影响，一些人成为革命党人。

云南革命党人为了掌握新军，争取防营，待机在云南发动起义，除了由在新军中担任军官的同盟会员控制部队的领导权外，还通过以下多种方式发动和组织士兵：

（一）通过哥老会的关系联系士兵。清末，"云南的哥老会盛行，在城市乡村里都公开组织活动。凡是旅社、茶馆和酒馆等处都是他们的市场，风行一时，参加的人很多，尤其是当兵吃粮的人没有不参加哥老会的"。由滇西转来昆明活动的黄毓英，在与同乡詹秉忠取得联系后，"首先就同东南六城的（哥老会）负责头目戴光仪、戴光廷、马海棠、王海廷等人认识。还有一个何升高，是云南全省哥老会的总头子，是掌握最高职权的一个人"。"我们通过这几个头子，介绍了那时在营队里的上中级军士数十人（约五六十人），随时同黄子和及我们会见。假期集会，多半在距城十过八过的寺庙，如归化寺、昙华寺、铁峰庵等处。"④这是个别发动，适时集会的方式。

（二）经由在新军中任职的同盟会会员，物色下级军职人员组织士兵。十九镇炮标三营管带谢汝翼，通过该营中队司务长陈天贵的工作，在该标联络"军官佐（包括一、二、三营）二十人，如毛少连、莫玉廷、

---

① 李根源：《辛亥前后十年杂忆》，《辛亥革命回忆录》一，第325页。
② 茅海建：《云南陆军讲武堂与辛亥云南起义》，《华东师范大学学报》（哲学社会科学版）1982年第3期，第76页。
③ ［美］史沫特莱：《伟大的道路——朱德的生平和时代》，生活·读书·新知三联书店1979年版，第101页。
④ 詹秉忠：《辛亥革命前后的回忆》，《云南文史资料选辑》第1辑，第110页。

王璧君、何镜澄、尹谊、李福昌、朱文远及士兵共一百五十二人"。谢汝翼肯定了陈的工作，并要陈等保密，勿自动集会。此后，"谢命我先将军官佐二十名分为两批，由我偕往何国钧家里谈话；接着又在一百五十二名士兵中指定二十名去谈话，仍分两批。"①

（三）经讲武堂调训、培养后的学生进入军营后，不少的人受同盟会的安排，对士兵开展工作。据朱德说："新军士兵都是从乡村征调来的农民，他们对于清政府的专横腐败的统治和地主阶级的苛重的剥削，以及旧军队的打骂制度和旧军官克扣军饷的行为，本来就存在着激烈的不满情绪。我们就深入到士兵群众中，进行革命的宣传，革命的种子渐渐地在士兵中撒播开来。"②

1911年春，蔡锷经云贵总督李经羲电调来滇。同年夏，他被委任为十九镇三十七协协统，罗佩金为七十四标标统。在此前后，革命党人被调任该镇管带的，有李鸿祥、唐继尧、刘存厚、雷飙、庚恩旸、刘云峰、谢汝翼、韩凤楼、李凤楼等人，在新军中任教练官，队官（连长）、排长、司务长，在防营中任哨官、哨长者，则人数更多。就为后来的腾越起义、重九起义、临安起义、大理反正，奠定了政治、军事基础。

二　腾越起义

1911年10月10日，武昌起义爆发。云南继湖南、陕西、山西等省之后，在西南率先响应起义。但云南首先响应武昌起义的，不在昆明，而在腾越。

腾越地处云南西部，明代在此设州、清代设厅。腾越与缅甸交界，为治边防边，清代在此设镇，驻军甚多，是云南的六镇之一。1902年腾越开关设埠后，迤西道即由大理移腾越，腾越成为滇西的军政重镇。1908年前后，在腾越、永昌、大理、盈江一带，经秦力山、杨振鸿、黄毓英、杜钟琦、马幼伯等人的活动，不仅传播了革命思想，发展了同盟会会员，而且相继在腾、永策划过三次起义。就同盟会会员的发展看，仅杨振鸿就"在昆明、腾越、缅甸介绍入会者二三百人，以张文光、张成清为之

---

① 陈天贵：《回忆辛亥革命前后》，《辛亥革命回忆录》六，第157页。
② 朱德：《辛亥革命回忆》，《辛亥革命回忆录》一，第4页。

魁"。① 张文光，腾越人，从事滇、缅间的商业贸易。经人介绍加入同盟会后，积极"奔走呼号，忘餐废寝"，"以恢复祖国为任"。② 张文光等人在腾、永一带组织了自治同志会，作为同盟会的外围组织。该会明确表明，将"自立基础自富强，治身应如治家邦，会合同胞结团体，众志成城振我疆。"③ 该组织经几年的发展，成员"得数千人"。④ 同盟会及其外围组织自治同志会，活动面对社会各界，尤其着重于对驻防当地新军（七十六标三营在腾越驻有两队）和防营（四、五两营驻腾城）的争取。

1911年8月，由于自治同志会的活动为官方发觉，张文光被迫走避盈江。在盈江，曾与刀安仁相商，约定共同起义。10月中旬，当武昌起义的消息传来，张文光即致书时在盈江弄璋的刘辅国，请他速去刀安仁处取《同盟会革命方略》来腾越，以便定期举义。此信在1982年被人发现，原文如下：

弼臣如兄鉴：
弟回腾清吉。现下腾中生易（意）顺畅，请兄速速出腾，同商合本茂（贸）易之事。请到郏公处将《医宗方略》带回。前他处应许之本金，如能实意，请兄亲自带腾，弟以便他方茂（贸）易。并请
道安
批者：可二十五、六、七到腾无（勿）误。
弟文光上言⑤

---

① 李根源：《雪生年录》卷一。
② 滇第一军都督编修处：《滇复光事录》，《云南文史资料选辑》第17辑，第5页。
③ 刘明德：《回忆辛亥革命腾越举义》，《云南文史资料选辑》第20辑，第8页。
④ 《记云南张君文光死事》，《杨振鸿张文光合刊·张文光》，第15页。
⑤ 原件载刀安禄等编《刀安仁年谱》（德宏民族出版社1984年版）一书第55页。此信为了保密，文中皆以商谈贸易的话语来替代。信中所说的生意顺畅，意为起义的准备进展顺利；到郏公处带回《医宗方略》一语，指去刀安仁处取回《同盟会革命方略》；所谓将刀处应许之本金带腾备用，当为原托刀安仁在日本所印制的军用票和有关筹款。据载（见《云南文史资料选辑》第17辑，第191页），该军用票合银2万两，称为老军用票，腾越起义后，由国民军银行所印制的6万两，则称为新军用票。信中落款时间为旧历八月。

10月14日，张文光与有关人员密议，决定于27日发动起义。

22日，为宣告起义宗旨，申明纪律，部署起义事宜，集陈云龙（新军排长）、彭蓂、方涵、李学诗（以上3人均系防营哨官，讲武堂乙班毕业生）等十余人于卧牛岗盟誓。

24日，由于刘辅国仍未将《同盟会革命方略》和印信送到，张文光乃亲往盈江。

27日，张文光由盈江返腾城。午后，与陈云龙等按约在城外五皇殿集会，决定晚九时分头行动。

当晚九时，张文光、李学诗率自治同志会会员攻镇署，总兵张嘉钰据署顽抗，不支自尽。新军管带张桐，拒绝排长陈云龙的劝说，当即被陈击毙。防营四营管带曹福祥，亦拒绝钱泰丰等人的劝降，为义军枪杀。防营五营管带谭某，闻彭蓂将来攻，乃弃营逃走。驻腾的新军、防营被解决后，陈、钱、彭分别入城。陈云龙率兵至城南，攻道署，道台宋联奎走避。钱泰丰在城南攻军装局，遭守军所阻，久攻不下。城西的腾越厅，经彭蓂等人的进攻，厅丞温良彝仓皇出走。当晚十二时，军装局被攻下，腾越城为义军攻占。

28日，腾越各界在自治局集会，共举张文光为滇西军都督府都督，随后又推刀安仁为第二都督，以九星旗为旗帜，以黄帝为纪元。滇西军都督府成立后，立即发布了《军政府宣言》《安民布告》和《对外宣言》。

以张文光为首的腾越起义，由于遵循了同盟会总章、《同盟会革命方略》，宗旨正大，指挥得当，纪律严明，故起义得以成功。腾越军都督府成立后，腾越边岸盐务局总办彭继志、在腾的永昌府知府陈书田，明确表示支持。对于沿边的土司和防营，前者请刀安仁代为招降，后者托刘辅国予以传谕。不久，"蛮允之第六营，古永之第十一营，及陇川之绥远营，野人山之保商营，并缉私营，均先后来归"。[①] 腾越等地的绅、商、学各界，为支持以张文光为首的滇西政府，踊跃捐银8万多两；旅缅华侨捐银1万多两，旅缅15家腾冲商号，捐英洋7500盾。英国驻腾领事，初对起义疑惧，继而认为"腾中秩序尚整"；英缅政府也以"缅政府不干涉民军之约"致函军都督府。[②] 对于腾越起义，有人将其与三天后在昆明发生的

---

① 曹之骐：《腾越光复纪略》，中国近代史资料丛刊《辛亥革命》六，第234页。
② 同上书，第232、234页。

重九起义作比较，认为"省中首义，以统兵之将，节制之师，义声所倡，人心先附，其事易；腾越以市井之人，纠合之众，异军特起，竟集大勋，其事难。"① 这个评价是中肯的。

滇西军都督府，设有民政、财政、裁判、警务四局，参议、参谋二处，国民军银行的创建，则适应了财政、金融、工商等方面的需要。分任各局、处的人员，"大率皆地方士绅，或负时望者也"。② 这个政府在其存在的六七个月里，除了在政治上推倒了清朝政府在当地的统治，还在军事、民政、财政、教育、社会改良等方面，做了不少受到当地各界称道的事情。

为巩固和扩大起义的成果，滇西军都督府曾先后改编、增募国民军二十个营，另士林军一营，保商、卫队各一营，炮队二队。这些国民军，一部分留驻腾越或分防边地，另一部分三路取永昌、顺云（顺宁、云州）、云龙。为时仅半月，先后收降龙陵、镇康、永昌、顺宁、云州、缅宁、云龙等地，以及六库、老窝、等埂、鲁掌、卯照、练地各土司。

腾越军政府初建，民事、财政纷繁，所要处理和协调的事情甚多。

在安定社会方面，缉拿和镇压了腾越、云龙、顺宁等地的政治、经济、民事性的犯罪团伙。诸如冒充国民军，私设山堂，妄称独立者；结伙下乡，抢劫民财，强奸妇女者，等等。对于满、汉关系，该都督府一面宣告要结束清廷"专制不平之政治"，另外，"若满清官吏有服从者，照方略招降满洲将士条录用。否则，护送出境。"③

镇康土司在几年前已经改为流官，原土司刀上达在腾越起义后，声称要恢复土职，并率队与国民军相抗。军政府令其放下武器，痛改前非，当照方略所示，招降录用。刀上达不听劝告，失败后避入缅境。

腾越西出入缅的商路是否通畅，既为商帮、来往人等所关注，又是军政府财政收入来源的大宗，该政府重组保商营，负责护路和抽税。

腾越等地的教育，在新政推行后，设立了女子学堂。为了维护女学的正常秩序，军政府颁发布告，重申"照得女学之设，本系力图自强。借

---

① 曹之骐：《腾越光复纪略》，中国近代史资料丛刊《辛亥革命》六，第232、234页。
② 同上。
③ 《滇复先事录》，《云南文史资料选辑》第17辑，第17、21页。

资涵养坤德,以为辅助乾纲。凡属女校重地,严禁闲人入堂"。①

军政府对于鸦片的种吸,女子的放足,社会各界的剃发(发式改革)等方面,劝导人们要以自尊、自爱、自强为重,改变旧的习俗,做民国的新国民。

三 "重九"起义

1911年秋,四川保路运动的发展不胫而走。在昆明,各界"纷纷其说,人心摇动"。10月,"湖北武昌首义之消息传遍滇中,人民如醉如痴,一般志士欲舞欲狂"。②川、鄂两省革命形势的发展,促使其他各省革命党人加快起义步伐。而清朝云南地方政府也加紧防范,妄图阻止这场革命风暴在云南发生。

为响应武昌起义,云南新军中的唐继尧、谢汝翼、刘存厚、李鸿祥等革命党人,先后秘密召开五次会议。

10月16日,集会于刘存厚宅。与会者介绍了四川的保路运动,分析肯定了云南的革命形势已经成熟,研究了进行方法,对于可参与发动起义的人员,进行了分析、认定。

19日,开会于刘存厚宅。会议就官兵的联络和组织作了研究。要求参与者歃血为盟,严守秘密。由于清方严密防范,控制枪弹,起义前应尽力筹备子弹。

22日,会议于沈汪度宅。汇报并研究了七十四标二营、炮标的发动情况,认为进展不一,应加紧工作。

25日,会议于刘存厚宅。与会人员歃血盟誓。个别人认为准备不足,发动时间当推迟。

28日,会议于唐继尧宅。确定31日三时为起义时间,参与者为步七十三、步七十四标、炮标。安排了各营的作战任务,攻击目标,其重点为军械局、五华山、总督署。陆军讲武堂、陆军小学负责各门的开启。布置了当夜的口令和起义军的标志。蔡锷参加了后四次会议,并在最后一次会议上被推为起义军临时总司令。

云南讲武堂和陆军小学,即是培养军事人才的地方,历届云贵总督莫

---

① 《滇复先事录》,《云南文史资料选辑》第17辑,第86页。
② 刘存厚:《云南光复阵中日志》,《云南辛亥革命资料》,第13页。

不极为关注，认真掌握。李经羲任云贵总督后，由于提学使叶尔恺的进谮，认为"讲武堂多革命党，将来虎大伤人"，① 致使该堂几遭解散。这个学堂虽经李根源等人的竭力维护而得以继续开办，但作为总办的李根源却遭到嫉恨而被调动工作，先则被派去调查片马防务，转回时即改任督练公所教练处副参议官，继又以筹办军队冬操为名，将蔡锷、李根源、殷承瓛、韩凤楼等派去宜良，其对李根源等人的不信任是明显的。罗佩金由桂回滇后，先后任职随营学堂监督、陆小总办。李经羲为削罗职，乃以赴沪购械为由，将陆小总办改为李烈钧代理。不久，李经羲得人告密，认为李烈钧在校"暗鼓风潮"。② 即令他赴北洋观操而免职。武昌起义爆发后，罗佩金还受命去越南运械，企图使罗离开七十四标。炮标管带谢汝翼，经钟麟同密告险被撤职。在七十三标任管带的李鸿祥，被李经羲召去总督署，当面诘问他是否要反叛大清，李鸿祥断然否认。李经羲仍放心不下，即令李办好交代，赴富民、武定一带招收新兵。该营排长黄毓英，被认为是叛乱分子，下令撤去职务。李、黄借故缓行，仍留营中。起义前四日和前一日晚，刘存厚、李根源亦被李经羲分别召见。李根源被召见时，由于腾越起义已经爆发，故被受命前往腾越平定起义。李经羲的这些做法，意在调虎离山，以便控制在昆的步、炮各营新军。

　　李经羲鉴于新军未必都能听命，武昌起义发生后，即饬令滇南的巡防营四营来昆，又命唐尔锟等赴黔募兵，以增加手中的实力。重九起义前夕，经李经羲召集钟麟同、王振畿（督练公所参谋处总办）等人所制订的守城计划，就兵力部署、各部任务、昼夜间标志和联络口号，外国领事馆和教堂的保护等，详细地作了安排，可谓周全细致。该计划的防范重点为总督署（今人民胜利堂）、五华山、军械局（今五华山东北侧）。总督署由李经羲、王振畿率督署卫队（约200人）、宪兵一部（约60人）、辎重营两队、消防队百余人、机枪四挺（东西辕门各二挺）守护，另福照街防营一哨（监视陆小的行动）、满州街（今市府东街）防营一哨；五华山由钟麟同、靳云鹏（督练公所总参议）领宪兵一部（约200人）、辎重营两队、机关枪四挺把守；军械局总办唐尔锟，率守卫百余人、镇署卫兵

---

① 祝鸿基：《陆军第十九镇及云南讲武堂对云南辛亥革命的关系》，《云南文史资料选辑》第1辑，第114页。

② 孙种因：《重九战记》，中国近代史资料丛刊《辛亥革命》六，第239页。

40余人、防营一哨据守。此外，在北门、火药局一带，布置防营一哨，在虹溪试馆安排防营一哨。重九夜，驻防干海子的马标，被紧急调往太和街（今北京路）、塘子巷一带，以阻止驻防巫家坝的步、炮两标可能的攻城起义。

29日，蔡锷由协署移住巫家坝，密召步、炮两标管带部署发动事宜。一场反清的武装起义即将爆发。

30日晨，钟麟同风闻在昆驻军将变，突至巫家坝集合官兵训话，说"得有确报，今夜有匪作乱攻城，将谋革命"。令在场官兵如有发觉，须据实报告，"本统制见官加一级，并奖银二百元"。① 这表明李经羲等人对起义已有所察觉，并作了相应的准备。

是日午后六时，讲武堂教官刘祖武，按约来到七十三标驻地北校场。晚八时半，该标三营排长黄毓英、文鸿揆等指挥士兵抬子弹，开箱取手枪，不幸为队官唐元良、安焕章，督队官薛树仁所阻，双方发生争执。安、唐、薛等当场被士兵击毙，该标标统丁锦率队赶来向士兵开枪，伤数人。李鸿祥命三营士兵还击。丁见局势难以控制，遂弃队逃走。二营管带齐世杰，也离营避匿，一营管带成维铮，将该营中的三队领至营盘后面的虹山，据山观变，另一队则由队官胡庚先率领附义。② 七十三标的这一突发事故，使预定的起义时间被迫提前。李鸿祥、刘祖武（接任三营营长）、马为麟（任二营营长）等当机立断，决定率队攻城。途中，与李根源会合。辛亥昆明起义发生于1911年10月30日，恰是农历九月初九日，故史称昆明辛亥起义为"重九"起义。

晚九时余，七十三标击败守北门的防军一哨，进入北门。当即以主力进攻军械局，在虹溪试馆（今五华山北侧），收降防营一哨。另以一排占造币厂、机器局。

当晚九时半，在巫家坝由蔡锷直接统率的步、炮两标，先得镇署电话，称七十三标已兵变，令该两标就地戒严听命。继而见城内火起，枪声不断，知七十三标已提前发动，正在攻城。蔡锷乃集合步、炮两标宣布起义，号召大家"革命清廷，驱逐汉奸，复我山河"。官兵们举手赞成，三

---

① 刘存厚：《云南光复阵中日志》，《云南辛亥革命资料》，第15页。
② 次晨，成维铮见大势已去，离队逃走，此三队由队官萧荣昌带来参加起义，被任为该营营长。

呼"革命军万岁"。①

晚十二时半，七十四标、炮标出发后，蔡锷命各营加速前进。至南天台（距城八里），与李凤楼所率的机关枪营会合。在塘子巷，遇马标标统田书年所率的马标。田以为蔡锷所率的各部，系奉命入城，未加阻拦，蔡乃顺水推舟，令该标在城外巡防。② 31日晨三时，七十四标一营进入西城，二营占领南城垣。四时，在南门的炮兵，向总督署发炮数发，拟至天明后，配合一营唐继尧、二营刘存厚合攻总督署。

图7　李根源率领起义军攻打五华山的临时指挥部云南贡院
　　　（云南陆军讲武堂文管所供稿）

由李根源、李鸿祥率领的七十三标，加上七十四标三营的一队，一面进攻军械局，一面攻击五华山。马为麟带领的二营，经军械局后门进至五华山的两级师范，攻击在山上的守军；三营后队在排长文鸿揆率领下，在占领五华山南侧的红栅子后，又继续向山上进攻。文鸿揆不幸"被敌人机关枪扫射，胸部中弹如蜂窝，壮烈牺牲"。③ 进攻受阻。军械局墙高且坚厚，四角配置德造格林炮，讲武堂甲班生、防营哨官袁应甫代唐尔锟在

---

① 刘存厚：《云南光复阵中日志》，《云南辛亥革命资料》，第18页。
② 此标后经滇东去贵州，沿途离散，所剩无几。云南军都督府成立后，仅在贵州收枪数百支。
③ 李鸿祥：《增补云南辛亥革命回忆录》，《辛亥革命回忆录》六，第146页。

云南军都督府颁发
的辛亥护滇纪念章

云南军都督府颁发的
辛亥云南从军纪念章

云南军都督府颁发的
辛亥滇军援川纪念章

云南军都督府颁发的
辛亥滇军援黔纪念章

图8　云南军都督府颁发的"辛亥革命纪念章"
（谢本书供稿）

此指挥。巫家坝的步、炮两标虽已入城，但各营子弹均不多，必须尽快攻下军械局，以补充弹药。情急之下，起义军取居民烂被褥、废布、木柴堆于军械局门外，拟烧倒铁门，打开进路。不久铁门倒下，墙内敌军集中火力封住入口，起义军仍被阻于门外。谢汝翼得知军械局久攻不破，急令炮兵带炮一门参与轰击。但炮轰仍不能奏效，起义军又挖洞填药，爆破局墙。数轰之后，围墙被炸开缺口，谢汝翼领兵冲入，清军无险可守，纷纷从后门溃逃。十一时，军械局落入义军之手。攻击五华山的义军在起义军三营和机关枪营的支援下，多面出击，沿山而上，一举攻占五华山。钟麟同率兵一部突围，途中被俘。

在总督署负隅顽抗的李经羲，经起义军多次炮击后，弃署逃避。十一时后，七十四标一营、二营，在炮兵配合下，分两路向总督署发起进攻，总督署守兵或被迫放下武器，或争相逃走。起义前任二营左队司务长、排长，重九起义后又被任为队官的朱德，也参加了此次战斗。午后一时左右，清军在省城的最后一个据点——云贵总督署，被起义军攻下，重九起义获得成功。

据统计，历时一昼夜的重九之战，义军牺牲150余人，伤300余人，毙敌军200余人，伤敌军百余人。李经羲被俘，世增（布政使）、钟麟同、王振畿、杨集祥被杀。云南军政府成立后，为安葬牺牲的义军官兵于五华山，送葬队伍"延长六七里，送葬者数十万人，祝贺军政府，敬吊战死者之旗帜，辉煌金碧，掩映昆华。呜呼壮矣！烈矣！"①

昆明重九起义之所以获得成功，固然主要是由于昆明革命党人长期英勇奋斗、富于革命斗争精神所致，但是也与腐败透顶的清政权极其不得人心、已陷于众叛亲离的境地分不开。正如在起义中趁乱逃离云南的靳云鹏在后来所供称的："重阳夜，滇陆军步炮十一营同时叛。"②

第二节　云南军政府及其建设

一　云南军都督府的成立和全省的统一

1911年11月1日，即重九起义后的第二天，云南军都督府成立于五华山（原两级师范学校内）。此为武昌起义后，位列独立各省第四的省级政权。

云南军都督府以蔡锷为都督。刚刚成立的云南军都督府，首先抓了三件事：一是就起义宗旨布告各属，号召各界理解支持。二是照会驻昆英、法两国领事，云南军政府负责维护该两国官民的生命财产，承认此前所订的条约继续有效，但要求它们严守中立，并转告各该国政府承认云南的独立。三是颁布都督府组织大纲。

云南军都督府组织大纲的纲要规定："一、定国名曰中华国。二、定国体为民主共和国体。三、定本军都督印曰大中华国云南军都督之印。

---

① 孙种因：《重九战记》，中国近代史资料丛刊《辛亥革命》六，第247页。
② 故宫档案馆：《云南起义清方档案》，中国近代史资料丛刊《辛亥革命》六，第262页。

四、军都督府内设参议院、参谋部、军务部、军政部,部各分设部、司、局、厂,各部院同署办公,地方文武各官依事务分配,直接由各部秉承办理。五、定国旗为赤帜心用白色中字(后奉中央政府命令改为五色)。六、建设主义以联合中国各民族构造统一之国家,改良政治,发达民权,汉、回、蒙、满、藏、夷、苗各族视同一体。七、建设次第,由军政时代进于约法时代,递进而为民主宪政时代。"[1] 根据这个大纲所成立的一院三部,其组织、职务、人选为:

参议院。以李根源为院长(兼),参议官由都督选任,无定额,任务为备军事、政治之咨询。后改为参议处。1913年,省议会成立,参议处被裁撤。

参谋部。部长殷承瓛,次长刘存厚、唐继尧,主管军事上的谋划。下设作战、谍察、编制、兵站、辎重弹药、炮兵材料、测地七部,分由谢汝翼、张子贞、韩凤楼、李凤楼、顾品珍、刘法坤、李钟本任职。

军务部。部长韩建铎,次长张毅,其职责是掌管粮饷筹集、军医、军械、被服等事。下设筹备、粮饷、军医、军械四局,分别由徐芳兰、黄希尚、周桢、沈汪度任局长;又设被服、制革、兵工三厂,分别委任秦光第、华封祝、沈汪度(兼)为厂长。

军政部。部长李根源,次长李曰垓、唐继尧(兼),主管民政、外交、财政、学政、实业等。下设民政、外交、财政、学政、实业五司,分由杨福璋、周沆、陈价、李华、吴琨为司长。民政司下属有警察、审判、自治三局,财政司下属有造币厂和富滇银行,劝工厂和印刷局则由实业司管理。

云南军都督府除设置一院三部外,还设有以下机构:秘书处、登庸局(以周钟岳任处长、局长)、法制局(以蒋谷为局长)、甄录处(以刘锐恒为处长)、卫戍司令部(以罗佩金兼司令)。

为贯彻立法、司法、行政三权分立的原则,当行政机构设置粗定后,即就立法的议会、司法的审检作了安排。清末在云南设立的谘议局,在一定程度上代表和反映了民意,重九起义时,该局在昆议员表示拥护起义。军都督府成立后,即将该局改名为云南临时省议会,保留原议员二十余人,又吸收参议院参议官十余人而组成,以李增为议长,万鸿恩为副议

---

[1] 孙璞:《云南光复军政府成立记》,《云南贵州辛亥革命资料》,第46页。

长。司法设筹备处,并设高等审判厅、高等检察厅,分别以黄德润、孙志曾、谢光宗为处长、厅长。在全省各地,地方厅、初级厅,亦相继成立。

云南军都督府的成立及其向全省发出的布告,一些地方积极响应,而另一些地方,或负固不从,或犹豫观望。因此,统一并安定全省,仍有不少事情要做。

云南重九起义后,全省有巡防军 70 余营(滇南 40 余营,滇西 20 余营、滇东 10 余营),其中仅有驻防昭通镇、普洱镇的巡防军表示附义。鹤丽镇总兵张继良,是李经羲的表弟,靳云鹏的私党,于重九起义前夕,领去新式枪支 2000 支,并已运至禄丰。重九起义后,他又在禄丰招兵买马,准备援省。军政府发电撤其职,并令刘法坤率部赴禄丰将枪支追回。临元镇总兵孔庆塘、开化镇总兵夏文炳,拥兵据城,拒不响应。

临元镇所在的临安,原有总兵署,设防营四营。蒙自开关后,总兵移驻蒙自,与关道同城。武昌起义后,当地士绅朱朝瑛,得广东提督龙济光电,就地招兵三营去粤,已募兵 400 余人。武昌起义的消息传至临安,该标教练官赵复祥,密约一、二营队官何海清、盛荣超等密谋起义。经分析,该标三个营的管带都不可能参与行动。朱朝瑛等地方士绅,经多次联系后,明确表示愿共谋举义。防营管带张鼎甲,亦表示愿与义军站在一起。经各方协商,决定于 11 月 5 日举兵响应武昌起义。

蒙自关道龚心湛,不仅凭借其在蒙自的兵力、饷械拒不响应武昌起义,而且在"闻省垣反正,遂筹划进攻省城之策。一电令开镇夏文炳(豹伯)率所部,沿铁路北上。一电知榆标,率一、二两营,由楚雄东下。一令个旧孔督带繁琴率所部取道临安、通海进攻。自己率所部及临标军队,驻扎通海,居中策应"。① 在临安的标统罗鸿逵,因得李经羲电,转令各营目兵退伍。此令若实行,则各营排以下将群龙无首,难以统率。在云南军都督府成立的当天,重九起义的消息为赵复祥等人所得知,乃决定提前发动。

11 月 1 日晚十时,新军七十五标一、二两营在南校场同时发动。一营管带张艳,闻声逃往三营,二营管带张荣魁当场被击毙。两营入城后,先后占领标本部、临安府署、建水县衙,罗鸿逵与知府吴昌祀均已逃离。

---

① 赵逢源:《临安光复及蒙自兵变事略》,《云南辛亥革命资料》,云南人民出版社 1981 年版,第 450 页。

当义军入城时，张鼎甲所率的防营按事先的约定，在原镇署内闭门不出，以免造成误会。驻北校场的七十五标三营管带赵瑞寿，与张艳计议一夜，次日，不得不放下武器前来投诚。赵、张二人，后被资送出滇。至此，临安城为义军所占领。

2 日，南军军政府在临安成立，各界公推朱朝瑛为统领，赵复祥为副统领。

龚心湛获悉临安起义，急召总兵孔庆塘、个旧防营管带孔繁琴在蒙自计议，又"密电开化镇总兵夏文炳，率部来蒙协助；且恃巨绅指麾乡兵，可资城守；阳遣（蒙自）中学堂监督李曰垓为代表赴临洽商"，① 企图固守蒙自，出击临安。孔繁琴返个旧后，即率所部一营出发，已故总兵白金柱之子白映庚等，受命领快枪 800 支，召其父旧部千余人，经鸡街、面甸西攻临安。对于敌军的两路来犯，南军军政府一面电告云南军都督府，一面派出新军一营，由团练改为国民军的邓云广、张禄两营，4 日，与孔繁琴首战于破丫口。由于防营不懂战术，被新军击败。次日，再败孔繁琴于普雄，孔被击毙，这两次战斗，计毙、俘孔营士兵近百人，缴获子弹七八千发。进至面甸的白映庚一路，经张鼎甲的劝阻，放弃攻击临安的计划。

5 日，个旧在无防营的情况下响应重九起义，由厅议事会议长朱朝瑾出面组织民政、财政等六部，取代了原设的个旧厅。同日，临安义军在击败孔繁琴的进攻后，赵复祥率新军二营、张鼎甲防营一营取蒙自。据孔庆塘说，当义军进逼蒙自时，夏文炳尚未到达蒙自，"蒙自县城商民尽变，伪使劝降。署镇见人心已去，不可遏止，徒死无益，遂携印乘隙出险"。② 其实，孔庆塘是随龚心湛，乘滇越铁路火车逃离云南的。云南都督蔡锷委任赵复祥为南防陆军统领，朱朝瑛为临元镇总兵，李曰垓为蒙自道。

开化镇总兵夏文炳，在接龚心湛赴援电后，曾领防营西进，但途中孔繁琴战死，即停止西进。在开化的防营管带余树松、哨官吴镇南（讲武堂乙班生），因见夏迟迟不响应起义，遂在开化举兵，响应省城的行动。夏文炳进退两难，又获悉龚心湛已经逃走，即将防营带回，6 日，在开化响应起义。夏的附义虽十分勉强，但云南军政府仍任命他为开化镇总兵，借以稳定局势。

---

① 马竹髯：《南防光复回忆录》，《辛亥革命回忆录》三，第 373 页。
② 故宫档案馆：《云南起义清方档案》，中国近代史资料丛刊《辛亥革命》六，第 265 页。

12月3日，即蒙自光复不到一月时，在蒙自发生了一次兵变。蒙自豪绅李淑昌等勾结南军军政府执法官、新军参谋兼第三营中队官李振邦煽动第三营士兵叛乱。叛兵们私取枪支弹药，抢劫道库、商店，赵复祥出走，商民们多日处于惊恐之中。云南军政府派罗佩金、何国钧南下，经将叛兵首领、妄称迤南防军总司令的李镇邦等正法后，这场兵变才得以平息。造成这场兵变的原因，诚如事后蔡锷所指出的，全在赵复祥"办理不善，滥招匪人成军"所致。① 赵复祥在临安起义后，鉴于七十五标所属的三个营兵员不足，曾募兵二三百人，进入蒙自后，又就地扩军一营，因而使不少的防营溃兵、痞棍、匪盗混入部队。

在滇西，三十七协协统曲同丰得省电已独立，即集官绅开会，与会诸人均同意响应。11月4日，迤西自治总机关部成立，选赵藩为总理，由云龙、李福兴为协理，范宗莹等五人为参事。总机关部下设团务、民政、财政、军事四科。7日，楚雄、丽江亦响应省城的起义。

大理响应起义，虽未放一枪，但也不乏反对者。驻大理的七十六标标统涂定邦、一营管带蒋宗毅，拒不参加在府署召开的商议响应起义的会议。涂定邦反对独立的阴谋失败后，只身逃出大理。在永昌，辛亥革命前夕，由于英军入侵片马，七十六标二、三营奉命西移（英军退出片马后，二营调回大理），右、后两队驻腾越，前、左两队驻永昌。由该标教练官郭龄昌率领的前、左两队，在腾越义军东下时，即弃城回大理。途中，竟将电话线撤去，澜沧江桥拆毁。蒋宗毅与郭龄昌素有矛盾，所以，当部队行至大理城南的观音塘时，即被蒋所派的人击杀。曲同丰召蒋询问，蒋反以手枪相向，被曲下令缚杀。新军带兵官两人被杀，"营中枪声四起，曲惊而走"。② 总机关部乃委任孙绍骞为标统。据载，大理新军内部的这场事变，永、榆间的电讯不通、交通阻隔，不久就成为腾、榆间发生误会，乃至敌对的重要原因。

以陈云龙为前军都指挥，钱泰丰为副指挥、彭蓂、李学诗等为统带的腾越义军，先后以十营，分路东下，一路收复云龙，一路占领顺、云，一路进至永平、漾濞，从三面进围大理。腾越义军的东下，其意在于协同各地独立。因为他们虽知省城已起义，但永、榆间由于电讯不通，直至当月

---

① 蔡锷：《滇省光复始末记》，中国近代史资料丛刊《辛亥革命》六，第227页。
② 孙玉峰：《辛亥革命大理陆军起义之经过》，《云南文史资料选辑》第1辑，第134页。

下旬，仍对"榆城反正否？未得真象"①，故有三路指向大理的行动。在此情况下，大理总机关部，一面调兵防堵，一面通过函电向腾越义军说明，谓大理已经独立，望撤军回腾。然而，上述大理函电却为个别人扣留，以致引起双方的军队在前线多日相持。大理总机关部得到云南军都督府可迎头痛击的电令后，遂有11月24日合江之战的发生。

为解决腾、榆之间的争端，统一云南，第二师师长兼国民军总司令的李根源奉命出巡滇西。在大理，他裁撤了迤西自治总机关部，恢复了大理、顺宁、永昌三府，升腾越厅为府，同时就滇西军都督府的结束、裁兵、废捐、清理出入款、收兑纸币（新老军用票）等事，与腾越方面的代表进行了商定。1912年2月，李根源与迤西道兼巡按使赵藩同至腾越，在张文光积极配合下，落实了在大理所议的各项任务，并商定将腾越国民军由20余营减为7个营，另设保商、卫队各一营。对于张文光，李根源不止一次地说："张文光心地光明，颇得人望"，且"深明大义"。② 为此，云南军都督府将腾越镇总兵兼统西防国民军11—17营的张文光，再改升为云南协都督、大理提督，驻大理。

从腾越起义、重九起义到云南全省的统一，其间经历了军事、政治等多方面的斗争。当年为云南的辛亥革命而流血牺牲的志士仁人们，其功绩是不可磨灭的。

二 改革与建设

云南军都督府成立后，它作为一个地方政权，面临着军事、内政、财政、实业、教育等多方面的改革和建设。在南京临时政府成立前后的一段时间里，云南军都督府既有所改革，积极发展，同时因时因地制宜，又能保持全省稳定。

清末，云南绿营转化为防营，计有七十余营。各地起义时，有的响应起义而被保留，有的顽抗而被击溃。在云南军政府成立后，经清理整顿，一律改编为国民军。原统全省六镇防营的云南提督，改统国民军，其职官也有所变动。为支援邻省，新军由原来的一镇（师）扩编为两师。此外，

---

① 《滇复先事录》，《云南文史资料选辑》第17辑，第59页。
② 迤西陆防各军总司令部：《西事汇略》，《云南辛亥革命资料》，云南人民出版社1981年版，第529、546页。

在省城设民团局，分管各地的团练。

内政方面的改革和建设，主要有下述四个方面：

（一）调整行政机构，规范官吏任用制度。在省以下，云南原设三道，清末增为四道。重九起义后，初设迤西、迤南、临开广三道。不久，又增设滇中道。为改变府县同城、机构臃肿的弊病，将十四府所在的首县予以裁撤。鉴于在原设县治中，有的由于辖境过宽，不便管理，乃增设盐丰、盐兴、漾濞、弥渡、兰坪、阿墩（今德钦）六县，舍资、沙桥等五个巡检。当时在云南边疆和内地的某些地方仍保留着土司制度，因此，有人建议一律将其改流。但蔡锷认为，由于"财才两乏，应采渐进方针，以兴教育、修道路、办警察、务垦殖入手，设行政委员，以领其事"，这就"不改犹改，较为有利"。① 在内地汉族与各少数民族杂居的一些地方，亦增设行政委员。对于各级官员的选录和任用，初由都督府所属的甄录处，汇集自陈效用、条陈被举荐的人送达有关部门考核。条陈举荐的标准是"察贤否，量材能，从人望"，② 并尽量照顾新旧、汉夷人员的任用。在新旧人员任用上，更多地吸收了事业心强、年轻有为的新人。朱德对此评价说，蔡锷"撤换了一批只想升官发财的县知事，任用克己奉公的青年知识分子代替他们，在军队中也任用一批青年的军官来代替旧军官，从而在政府机关和军队中注入了新的民主血液"。③ 随着时间的推移，条陈举荐也不可能尽如人意，主观随意性在所难免。此后，军都督府相继颁行了《云南文官试验暂行规则》《高等文官试验施行细则》《普通文官试验施行细则》，就府、厅、州、县各级官吏的考试、录取、任用作了规定，这就把官吏的选择和任用纳入了一定的制度之内。

（二）建立规章制度。与设官相适应，大量的工作还在于破旧立新的规章制度的制定。云南军都督府决定："行政事宜，有应依据规章者，当中央法令未颁布以前，由本省编订暂行章程数十种，以便遵守。"④ 这几十个章程，就目前我们所见到的，有关于行政方面的军都督府会议简章，改革和简化公文手续、公文程式、缩减文牍篇幅、整顿疲顽的工作作

---

① 李文汉：《关于蔡锷的几点回忆》，《云南文史资料选辑》第1辑，第153页。
② 《云南光复诸人事略·李印泉先生传》，《云南文史资料选辑》第17辑，第277页。
③ 朱德：《辛亥革命回忆》，《辛亥革命回忆录》一，第6页。
④ 云南文史研究馆等：《云南光复纪要》，云南省新闻出版局准印，1991年，第26页。

风，省属各地方政权的分科办事，财政收支的规范化；有关于吏治方面的文官任用与奖励，劝诫与制裁；有关于法治方面的；有关于发展实业的；还有关于社会方面的倡廉去奢等。以下仅就法治、倡廉两个侧面予以说明。

我国近代法制刚刚起步，很不完整，因而无法可依，有法不依，贪赃枉法，贿赂公行的现象比比皆是。云南军都督府有鉴于此，曾对人们所关心的公私财产发布告示，宣布"保护公产，保护私产，禁止撞骗，经前孙大总统办理有案"。在云南，"现在政府成立，自应实行法治，严禁武断……恪遵约法"。此后"倘有借端磕（搕）诈，或假托请充军的公益为名，或以图谋撼拾大总统中华元年三月初十日赦典以前已结之案，或未发之事妄相呈按威吓，以图泄忿报怨者，准赴军政部本司各衙门呈诉，以凭按律究办。"① 这个倡导法治的告示，虽然仅涉及依法保护公私财产这一局部，并且主要是以维护私有制为目的，但它对遏制官绅们的勾结营私、贪污自肥、澄清吏治，具有一定的进步意义。

云南军都督府据实业、民政等司的联呈，又据省议会的咨称，认为奢靡浮华、追求享乐、讲究排场的生活习尚必须改良，同意颁发它们所拟的崇俭告示。这个告示要求人们在衣、食、用方面，"均以本省本国制造品为主"，"宴会以四簋为度，即有尊长重客，不得逾八簋，簋价不得逾五元，并禁用燕菜鱼翅及非本省本国之酒品菜品"，"婚嫁禁用金器，婿家聘金及礼物价额以十元为率，至多不得过百元"，"丧葬除棺衾封树称家之有无外，禁止念经、纸扎、酬答、整定布各糜费"，等等。② 在当时情况下，要求各族各界都遵守这些规定，当然是不可能的。但是，通过这一告示所倡导的崇尚节俭和不用或少用进口货的精神，是十分可贵的。

对于有别于法律许可的结社、集会，而继续开山设堂、结盟拜会的会党，军政府亦通过布告明白宣示，"于今清朝也亡了，共和政府也成立了，无论贵贱，无论贤愚，只要守得正当的法律，造得相当的学识，个个

---

① 《云南军政部民政司倡行法治告示》（1912年6月），《云南档案史料》第3期，第33页。

② 《实业、民政等司印发崇俭清折饬属遵照通令》，《云南档案史料》第3期，第35—36页。

都是平等的，个个都是自由的"，没有必要保留或新设这种会党组织。①因为这种会党，越聚越众，伙党太多，素质不一，难免不被人利用，或磕诈钱财，或奸淫抢掠，或从事政治上的不轨行为，故应予以取缔，如仍继续活动，当分别首从等情，分别给以惩治。

云南军政府还颁发布告，号召改变发型，倡导剪发剃发；劝告停止烧香拜佛，破除迷信；废除跪拜旧习，提倡文明礼节；严禁吸毒、赌博，违者酌情治罪；改变随意便溺，在昆始建公厕，这些措施对于社会风气的进步起着积极的作用。

在重九起义前，云南的财政收少支多，往往不敷在一百万两以上。军政府成立，中央部拨和各省协饷停止，不得不在开源节流上下工夫。据载，当时由于政权初更，税收政策"旧照办理"，②只就人民群众反映强烈的征收滇蜀腾越铁路粮股予以取消，同时在筹办公债、开设富滇银行上酌增收入。在节流上，采取如下措施：辞退冗员、酌减薪俸、裁减防营、剔除税收陋规、整顿厘税、会计检查。经过一番努力，蔡锷就颇为乐观地说："清理财务，亦日有起色。"③

（三）发展实业。云南军都督府为发展农业、工矿业，振兴商业，开办和扩大交通、邮电，经多次会议研究决定，合并了一些机构，制定了有关的章程（如《云南矿务暂行章程》），决定了某些事项（如各地因案罚款留作地方实业基金）。但要举办如此众多的事，仅凭政府的财力是不够的。为此，一方面需官民并举，积极引导绅商自筹资金，办厂开矿，另一方面要在扩大资金来源上转换观念。蔡锷在一次政务会议上说，云南要扩张实业交通，"非借外债亦不能举办"。④ 对于借款的用途，多主张筹修滇邕（昆明至南宁）铁路或整理矿务实业。军政府筹借外债的消息传出，"英、法领事屡请代为介绍，外商多愿承揽"。此后由于"借债必须抵押，

---

① 《军都督府通谕开山设堂会党从速解散白话告示》，《云南文史资料选辑》第17辑，第237页。

② 《军政部命令钱粮税课关系军需重要正供饬司从严催缴令》，《云南文史资料选辑》第17辑，第246页。

③ 蔡锷：《滇省光复始末记》，中国近代史资料丛刊《辛亥革命》六，第227页。

④ 《政务会议记录》，《云南辛亥革命资料》，云南人民出版社1981年版，第40页。

终恐有碍国权，审慎迟回，未敢遽行决办"。①

云南军政府在筹办实业上，采取了以下两个重要举措：

一为修复昆明至泸州的电话线，增设经丽江、中甸至德钦的电话线。二为支持商办的个碧石铁路。个碧石铁路的开办资金，初定白银250万两，由于筹集不足，政府为解燃眉之急，就从滇蜀腾越铁路公司已筹的股款中，挪借150万两以成其事。此路全长176公里，1913年动工，1937年完工，从而促进了个旧锡矿的开发和沿途各县经济的发展。

（四）发展教育事业。当时的云南教育，由于种种原因，显得十分落后。云南军政府及其主管部门学政司（后改为教育司），在经费困难和师资缺乏的情况下，认为必须首先发展初等、中等和职业教育，对于高等教育，则采取派遣出国留学的办法来解决。后来的事实证明，这个抉择是正确的。

为发展初、中等和职业教育，政府明令在小学里停止读经，增加语文、算术等课程的授课时间，并"新设师范七校：第一师范学校设省垣，后改为省会师范学校；第二校设昭通；第三校设曲靖；第四校设蒙自；第五校设普洱；第六校设永昌；第七校设丽江。而省中法政、农业、工业中学各校，亦推广学生班数，各府、厅、州、县亦增设初等农业、工业各项学校"。②

中等师范学校的增加和分散设置，为就地招生和毕业生分配创造了条件，初等教育师资不足的矛盾得到了逐步缓解。

在云南军都督府成立后的次年，为培养省内所需的高等人才，曾选派14名学生出国留学深造。其中去美国学工业、政治的6人，去法国学法政、兵工的5人，去比利时学矿业的3人。此外，派往我国香港学工、学医、学电的有8人。在比利时留学的3人中有熊庆来（后转去法国学习），他在学成归国后，先后开办了东南大学、清华大学算学系，清华大学算学研究部，创办了我国第一个数学学术刊物《中国数学学报》，并在系统引进和传播西方现代数学，以及在函数、亚纯函数等的研究方面，作出了卓越的贡献。他还先后发现和培养了华罗庚等一代又一代杰出的数学

---

① 蔡锷：《致北京财政部电》（1912年5月23日），《云南辛亥革命资料》，云南人民出版社1981年版，第189页。

② 云南文史研究馆等：《云南光复纪要》，云南省新闻出版局准印，1991年版，第50页。

专家和学者。

第三节　滇军北伐与援藏

一　北伐入川

　　1911年11月初，即在昆明重九起义后不久，被清朝政府起用为内阁总理大臣的袁世凯，指挥清军占领了汉口，月底又占汉阳，武昌告急。在四川，为反对清朝政府卖路卖国而建立的同志会、同志军积极开展斗争，由罢课罢市发展为抗捐抗税。成都附近所属十余州县的同志军，已进逼成都。但是，他们的斗争遭到了原四川总督赵尔丰、钦差大臣兼四川总督端方的镇压。驻藏办事大臣联豫、护理川滇边务大臣傅华嵩，亦奉命领军向成都靠拢。清朝在四川的统治势力不除，不仅有碍于滇、黔两省革命政权的巩固，而且川军一旦东出，还将给早经起义的鄂、湘、赣、皖、苏等省造成不少的困难，甚至影响辛亥革命的全局。为抗击清军的进攻、固守武昌，武昌前线战时总司令黄兴、湖北军政府都督黎元洪、湖南军政府都督谭廷闿，紧急致电蔡锷，"敦嘱援蜀，以解鄂危"。① 在滇川人郭灿等，也以四川"上虐于官，下困于匪"，上书吁请滇军入川，"救焚拯溺，捍患卫民"。② 为此，以蔡锷为首的云南军都督府，先后组织北伐军两个梯团入川，分别以谢汝翼、李鸿祥为梯团长。贵州军都督府也以叶占彪领黔军一团，经遵义至重庆。

　　北伐援川军以原军务部部长韩建铎为总司令，刘存厚为参谋长。下辖的第一、第二两个梯团，由步兵、骑兵、炮兵、辎重兵和卫生、弹药、粮饷、电信队组成，总计万人左右。出发前，云南军政府确定了该军援川的三大宗旨："一，天府之国，为形势所必争，川乱平，则鄂无牵制；二，铁路风潮起，各省次第反正，独川省为赵、端钳制，转不能成独立，应扶助之，俾五族早定共和；三，赵、端大肆淫威，政学绅商死亡枕籍，宜披发缨冠往救。"③ 由于该军两个梯团编组的进展不一，故不能同时开拔。一梯团于11月14日离昆，经昭通入叙州，二梯团则于12月16日开拔，

---

① 丁凤麟等：《护国运动主将蔡锷》，第51页。
② 郭孝成：《云南光复记》。中国近代史资料丛刊《辛亥革命》六，第231—232页。
③ 周钟岳：《援蜀篇》，《云南文史资料选辑》第6辑，第241页。

经威宁、毕节入泸州。

在滇军谢、李两梯团都未进入川境之前，四川的情况发生了很大变化，各地的同志军已由抗捐抗税转入了武装夺权斗争。11月21日，广安大汉蜀北军政府成立；22日，重庆蜀军政府成立；26日，泸州川南军政府成立；同日，永宁（今叙永）军政府成立；27日，川督赵尔丰在大势所趋的情况下被迫宣布"独立"，由蒲殿俊、朱庆澜分任正、副都督（12月8日，赵尔丰发动的复辟兵变被粉碎，尹昌衡、罗纶取代蒲、朱为正、副都督。同月22日，赵被尹昌衡捕杀）；12月5日，叙府川南军政府成立。据记载，在蜀军政府成立后不久，"川东南五十七州县皆纷纷独立，先后宣布接受'蜀军政府'的领导"。① 如何对待这些由同盟会、同志会（军）等所建立的地方政权，将成为协调川、滇、黔三省的主客关系和能否经四川北伐的重大课题。

据谢汝翼报告，该梯团"骑兵养日（农历十月二十二日，公历12月12日）入叙，工、辎迥日（12月14日）入，本部及一大队机关枪、卫生队本日（12月15日）入，二大队及炮队翌日方到。"成都虽反正，但四川"内乱频仍，同志会良莠不齐，颇扰治安，叙属尤甚，将来须善遣散，乃可无患"。② 十多天后，据蔡锷转述谢汝翼的电报说，谢部"齐日（十一月八日，12月27日）在叙，驱假同志会，枪毙匪首罗子舟及统领、管带二十余名，匪党四十余名，搜获枪支二十余杆，穷追三十余里。"同电又称，滇军得自流井、贡井的"绅商请援"，该部黄毓成支队（团）"微日（十一月五日，12月24日）抵井。麻日（12月25日）午后六时，我军大获全胜，夺获快炮（枪）三百余枝，洋抬炮数门，马四五十匹，铜钱七千串。"③ 叙府、自流井的军政府被推倒。接着，滇军进占了犍为、五通桥、富顺等地，这些地方的独立政权不复存在。

李鸿祥梯团进入川境后，得知永宁已经独立，但认为该处"巡防新军不过八九百，不难得手。"④ 返抵永宁后，即以"熊牧夜郎自大，僭称都督"为由，将其去职，并将当地原有的两营防军改编。⑤ 此后，李部占

---

① 隗瀛涛：《辛亥四川保路运动》，《四川文史资料选辑》第1辑，第20页。
② 《谢汝翼致蔡锷电》（1911年12月15日），《云南辛亥革命资料》，第321页。
③ 蔡锷：《致李鸿祥等电》（1912年1月5日），《云南辛亥革命资料》，第70页。
④ 《李鸿祥致蔡锷电》（辛亥年十月），《云南辛亥革命资料》，第330页。
⑤ 《李鸿祥致蔡锷电》（1912年1月10日），《云南辛亥革命资料》，第337页。

领纳溪，进入泸州。泸州有川军防营7个营，但出任川南军政府正、副都督的刘朝望、温筱泉要求辞职。在蜀军政府派出的西上中路指挥官、川南总司令但懋辛的主持下，同意刘、温辞职，宣布裁撤军政府，成立川南总司令部，担任总司令。

滇军进入川南一个多月期间，川滇关系日益恶化，诚如韩建铎所说："川、滇感情日益恶劣，究厥因原，一为蜀已反正，滇军仍据其命脉地；一为同志会虽良莠不齐，剿办与否，应由川省请求，遽与剿办致嫌越俎；一为假同志会虽云可剿，而建设行政，自应仍归川省，不宜由滇军檄委官吏；一为假同志会溃散后，即遍布流言，谓滇军实行侵略，致成都督政府仇视滇军。"① 蔡锷肯定了韩电的分析，认为"所云蜀省疑忌，原因甚是"。②

滇军既出省援川，对于川南叙、泸等数十独立的州县，理应尊重当地官绅的选择，予以扶持或补台，而不应拆台。但云南军都督府得"密探报告，叙、泸宣告独立，系赵、端所使，用以缓滇军而暗施阴谋"，故而命令入川滇军，"务将现任官吏撤换，巩固民政，一面严加防范，勿堕奸计。"③ 这可能是滇军在川只承认重庆的蜀军政府，而排斥其余的独立政权的重要原因。

自流井、贡井等地，为川省产盐区，税收重地。四川各种税年收入2000多万两，而自流井、贡井的盐税，年收入近1000万两。成都兵变时，省库存银数百万两被抢，尹、罗所主持的大汉四川军政府，只得靠发行军用银票来维持。滇军占据川省这样的命脉地，因而被川人视为扩张或侵略，自然在情理之中。

在保路运动中兴起的四川同志会、同志军，不必讳言，确有其成员复杂（有农民、手工业者、水手、搬夫、城镇居民、官兵、士绅等参与），组织不纯（为同盟会、同志会、会党、民团的联合体），纪律涣散等弊端，但他们在保路运动和各地的独立中，所表现出的不怕困难、不怕牺牲的精神和贡献，是不应该被抹杀的。滇军以并非"善遣"的办法来对待他们，这只能造成拉大川、滇关系距离的结果。

---

① 《韩建铎致云南军都督府电》（1912年2月5日），《云南辛亥革命资料》，第361页。
② 《蔡锷致韩建铎电》（1912年2月14日），《云南辛亥革命资料》，第373页。
③ 《蔡锷致谢汝翼电》（1911年11月24日），《云南辛亥革命资料》，第326页。

合江存有盐税银 30 多万两，同盟会会员、川南总司令黄方，应合江县令的请求，率兵前往解回泸州。但滇军黄毓英、马为麟两个大队（营），亦受滇军上级的命令领兵赶去。黄方等返回时，出城数里即遭滇军伏击，黄方等和盐务防军百余人大部被杀（仅 4 人被释），银两被劫。据与黄毓英在日同学并介绍黄毓英加入同盟会的但懋辛说，当他得知此事详情，并在泸州见到黄毓英时，"对滇军这样的侵略残暴行动，虽极为愤慨，但事实不能不采取息事宁人态度，委曲求全，以顾大局"。并告诉黄毓英，应"主动地提议开追悼会，治丧昭雪，认罪赔礼，加重抚恤金，以平民愤。"① 南京临时政府据四川呈报，即致电云南军政府，要它"速电达滇军，勿启内衅，以全大局。"②

上述因误会和并非误会而出现的问题，背离了滇军的援川宗旨，有碍于滇军的援川北伐。为此，滇、渝双方的代表，于 1912 年 1 月 4 日在重庆，就资助滇军饷银、全川统一、滇军行动方向、地方政权建设等订约七条（人称《滇渝条约》），以求两省紧张关系的缓解。此约订后不久，滇军在富顺、叙永、纳溪、合江等处的作为，又使四川各界认为，"蜀军政府照约履行了自身的义务，但滇军竟首先破约"。③ 蜀军政府企图调整和改善两者关系的努力失败后，又以北出援陕为题，约滇、黔代表在渝决定，举蜀军政府都督张培爵为三省北伐代表官，副都督夏之时为北伐团总司令官，滇军两梯团可经重庆援西安。三省合组军队北伐援陕一事，经蜀军政府电呈南京、并通电川、滇、黔、鄂、湘、秦、陇七省都督。然而谢汝翼却认为，蜀军政府此举在于："（一）欲以援陕之美名，归之于彼；（二）欲节制我滇黔两军；（三）欲滇黔两军皆去（四川）。"因而在给重庆的复电中，以未经云南命令和川省尚未统一为理由表示拒绝。④ 蔡锷与谢汝翼的看法不尽相同，认为"滇黔蜀代表，公推渝都督张培爵为北伐联军总司令。此事无妨认可，将来滇蜀分道进兵，无虞牵制也"。⑤ 由于各方疑虑重重，已经决定的三省援陕，当然不可能实行。

成、渝两军政府合并前夕，成都军政府认为，如滇军久据自流井不

---

① 但懋辛：《辛亥革命亲历琐记》，《四川文史资料选辑》第 1 辑，第 64—65 页。
② 《蔡锷致李鸿祥电》（1912 年 2 月 22 日），《云南辛亥革命资料》，第 380 页。
③ 向楚等：《蜀军政府成立前后》，《四川文史资料选辑》第 1 辑，第 43 页。
④ 《谢汝翼致云南军都督府电》（1912 年 2 月 9 日），《云南辛亥革命资料》，第 368 页。
⑤ 《蔡锷致泸州滇军电》（1912 年 2 月 13 日），《云南辛亥革命资料》，第 372 页。

走,终非善策,乃发兵资州、自流井。1912年2月初至中旬,川军多次与滇军在自流井以北的界牌等地发生冲突。川、滇两省军政界对此颇为震动,纷纷吁请和平解决。2月18日,川、滇、黔的代表在自流井会议,缔结了三省军队北伐,分道前进,滇军至迟将于当月底全部离开四川的条约八条。后来,该协议由于清帝退位,南北统一而终止。同年5月初,援川滇军除张子贞支队取道遵义进入贵州外,余均撤回云南。

对于滇军援川北伐,当时有人认为滇军在四川的行动并非义举。这一看法,还影响了此后不久川、滇两省的联合援藏行动。还有人认为,"滇军援川,成为西南军阀混战的先声"。[①] 这种看法也并非实事求是的态度。如果人们以当时的形势和史实为基础,并且不为感情所左右,那么就应看到滇军在川确有过错的同时,也要看到他们确有一些功绩。

第一,武昌告急,黄兴等和在滇川人请滇军出援,蜀军政府成立后,亦曾致电云南速发援兵。滇、黔军的出师援川,是以全国革命大局为重,客观上解除了武昌的后顾之忧,其大方向,应予以肯定。

第二,赵尔丰的被迫交出政权,以及赵、端(方)的被杀,不能说与滇军的大举援川毫无关系。据载,叙州知府陈周礼、宜宾知县孙养方,当"知道成渝已经独立,滇军又将开到叙府,赵尔丰阴谋未必得逞,这才接受谈判",同意叙州独立,出面组织川南军政府的。[②] 由此看来,滇军入川有其积极意义。

第三,入川滇军承认并联合了重庆的蜀军政府,为成、渝两军政府的合并,全川的统一起到了一定的促进作用。

二 滇军入黔

1911年11月4日,即云南重九起义后五天,贵州的资产阶级革命派自治学社(简称自治党),在得悉贵州巡抚沈渝庆已命刘显世防营来省防范,郭重光组织自治会和保安营,捕杀该社领导人张百麟的消息时,乃果断率领新军、陆军小学堂学生、防营、会党发难,一举成功。全省各地先后响应,清朝政府在贵州的统治土崩瓦解。贵州军政府的成立,得到了包括云南军政府在内的独立各省的承认。

---

① 江晏琦:《辛亥革命滇军援川述评》,《重庆史学》1991年第2期,第9页。
② 李乐伦:《大关河同志军的战斗与叙府反正》,《四川文史资料选辑》第2辑,第67页。

大汉贵州军政府由都督、行政厅、枢密院三部分组成。另设立法院，以便法制治省。经公推，原新军一标的教练官杨荩诚、队官赵德全分任正、副都督，专管军事；行政厅主办民政，以周培艺为总理；枢密院由张百麟、任可澄分任正、副院长，并设枢密员七人。枢密院"筹划军事，指导民政"，故被认为是"内阁之雏形"。[①]

为巩固和发展革命的成果，为支援邻省的革命，贵州军政府将原有的新军一标扩编为四标，又新招防营，与旧防军合组为五路，以黄泽霖为总统。不久，新军一标叶占彪应援去重庆；二、三两标由杨荩诚统率，经湘出援武昌（后因南北议和，奉命滞留常德）；刘显世督带的第四标，其中的二营、三营开赴湘、桂，一营王文华（刘显世的外甥）留筑。当时，代理都督赵德全，手中已无新军可管，贵阳防守空虚。

清末，与自治党同时活动于贵州政治舞台的，还有任可澄等人的宪政预备会（简称宪政党），郭重光等人的转转会（贵阳起义后改称耆老会）。贵州军政府成立后，宪政党、耆老会与刘显世为首的地方团练勾结，企图排挤自治党，独占胜利成果，制造麻烦。会党在贵州辛亥革命前是团结对象，革命中起过积极作用。贵州独立后，军政府鉴于他们分散各地，人数众多，不失为政府的支持力量，故要求"他们安居乡里，爱惜自己的家乡，保持地方秩序"，[②] 将其成员一部分挑选入伍为防军，其余则资遣回乡，同时采纳设立总公口光汉公的建议，由黄泽霖出面参加并领导光汉公，以安抚和掌握全省的会党。郭重光等人出于分裂会党，另立山头，搞乱社会的需要，在立法院扬言："今日之贵州，非公口不足以立国，贵州之政府及社会，非公口不足以辅助而保全。"[③] 接着，他们就开办了黔汉公、斌汉公等公口。在此种风气的影响下，贵阳的各行各业亦大开公口。哥老会的广泛组织及其公开活动，在一定程度上，干扰着社会的正常生活秩序。宪政党等抓住时机，大造舆论，说贵州公口林立，已成匪国，长此下去将不可收拾。他们权衡当时的形势，认为要夺权并保权，就非借助外力不可。这就是滇军应援入黔前的贵州状况。

宪政党等假借贵州军政府名义发出向滇乞师的电文。贵州军政府查获

---

① 周素园：《贵州民党痛史》，《贵州文史资料选辑》第4辑，第46页。
② 胡寿山：《自治学社与哥老会》，《辛亥革命回忆录》三，第477页。
③ 周培艺等：《贵州血泪通告书》，《云南贵州辛亥革命资料》，第214页。

该电后,即复电蔡锷,如"有外兵入境,则势有偏重,大乱即在顷刻。"所以,"大兵之来,尚请暂作罢论。"① 此计不成,他们又与回籍奔丧的云南宝华公司总理戴戡合谋,派戴返滇会同前清云南府知府、时任云南军政府外交司司长的周沆等人,面说蔡锷派兵入黔,代平黔"乱"。

对于滇军应否出兵贵州,在云南军政府内,赞成者固不乏人,但反对者亦大有人在。李根源就持异议,说宪政党乞师是企图引外兵夺权,何况"滇黔唇齿,当此国基未定,武汉战急,只能维持现状,出以调和矫正,不宜走入极端。"否则,将"结两省恶感,种两派祸根"。"待余西行,以唐继尧编一军率之入黔。"② 这就是说,贵州军政府和云南军政府军政部长李根源的反对,都没有动摇蔡锷等人的入黔决心。

被称为北伐队或援湘军的滇军,以唐继尧为司令,韩凤楼为参谋长。此部配有步兵、骑兵、炮兵、辎重兵等,共3000余人,于1912年1月27日誓师,28日、29日先后出发。在唐继尧出发前,经蔡锷、戴戡等密定,已令兴义的刘显潜率兵两营,普安的易荣黔募兵一营,配合入黔滇军的行动。云南资助刘部黔军的子弹、饷银,亦已运抵兴义。唐继尧出发后,由唐省吾所率的三营滇军随即跟进。这三营滇军,虽职在护卫滇盐运销黔西,但如有需要,又何尝不可参与入黔滇军的行动。由此看来,唐继尧所能指挥的滇、黔军,就不是离省时的三四千人了。③

滇军大规模的行动,再次招致贵州军政府的电阻。云南军政府在复电中肆意掩饰,虚称曾"饬援蜀军及北伐队过黔境时,有土匪骚扰居民,即联络黔军协力扫荡,期复治安"。并无"干涉之心"。④ 入黔滇军誓师的当天,蔡锷致电赵德全,说滇军志在经黔援湘,当"滇军到贵阳时,若贵军约其暂驻一、二日,以资镇慑,滇军自当尽力;若恐人民惊疑,则滇军即行通过,决不逗留。"⑤ 滇军出发后,蔡锷又电贵州军政府,说如贵州"匪势稍有不靖,亦希随时见告,滇尚可分兵应援也。"⑥

2月初,贵州军政府数电阻止滇军入黔,旅滇黔人以及由沪经滇返黔

---

① 陈恒安:《贵州军政府枢密院电稿摘述》,《辛亥革命回忆录》六,第274页。
② 李根源:《雪生年录》,卷一。
③ 《戴戡、周沆致蔡锷电》(1912年2月10日),《云南辛亥革命资料》,第245页。
④ 蔡锷:《致贵阳电》(1912年1月8日),《云南辛亥革命资料》,第75页。
⑤ 蔡锷:《致贵阳电》(1912年1月27日),《云南辛亥革命资料》,第90页。
⑥ 蔡锷:《致黔都督电》(1912年2月10日),《云南辛亥革命资料》,第107页。

的自治学社社长、南京临时参议院贵州议员钟元黄，或上书云南军政府，或面见蔡锷，力陈贵州并无匪祸，只有党争，要求云南军政府收回成命，退师回滇。蔡锷开会征询意见后，于2月7日、8日，两次电令唐继尧改道入蜀，并强调说，滇军入黔"冲突立生，即代为戡平，不过为一党人争势力，而劳师縻饷，于我军妨碍实多。"① 8日，行抵平彝（今富源）的唐继尧，复电遵命改道。9日，唐继尧与跟进的戴戡、周沆在平彝会合后，在给蔡的复电中则又改口说："在省迭经会议，始决计援黔"，今无"何种重要特别原因"，当不应改道。② 戴戡、周沆在复蔡锷的多次电文里，也力劝蔡锷不要听信谣言，表白他们的乞师决无私见和个人的权利思想，称如果事废中途，其后果将不堪设想，故"万乞主持大计，抱定方针，饬唐司令振旅前进"。③ 此后，蔡锷被迫折中处之，令唐继尧酌拨一队兼顾贵州，但主力必须入川。但事实上滇军并未分兵，仍然全部入黔。

2月12日，清王室宣布退位，北伐终止。接着，川事和平解决。27日，唐继尧行抵贵阳城外，获蔡锷电令，"即督率所部戡定黔乱为要，无庸改道入川也"。④ 这说明蔡锷实际并没有放弃东征贵州的打算。

3月3日，唐继尧在刘显世和保安营统领胡景棠等的配合下，对贵阳发起了突然袭击。此时驻守贵阳城内外的黔军由于无人指挥而丧失战斗力，故使滇军在几乎未遭任何抵抗的情况下占领贵阳，不少黔军官兵惨遭杀戮。

4日，唐继尧在宪政党等的推举下出任贵州省临时都督（当月底，被袁世凯任为署理贵州都督，5月正式任为都督），另以戴戡、庾恩旸为参赞。这个以唐继尧为首的贵州都督府，就这样在炮火声中取代了已经存在四个月的贵州军政府。原体制、职权高于都督府的立法院，改为隶属都督府的省议会。议长、议员有不愿随波逐流的，一一被除名。奉命回筑的叶占彪一标，贵阳内外的会党，黄泽霖所统的防营，一度执掌黔政的自治学社，不是被屠杀、解散，就是在白色恐怖中被迫背井离乡。

对于这个借武力而重新组成的以唐继尧为首的贵州都督府，蔡锷不仅

---

① 《蔡锷致唐继尧电》（1912年2月7日）、《蔡锷致戴戡、周沆电》（1912年2月8日），《云南辛亥革命资料》，第240—241页。
② 《唐继尧复蔡锷电》（1912年2月9日），《云南辛亥革命资料》，第242页。
③ 《戴戡、周沆致蔡锷等电》（1912年2月10日），《云南辛亥革命资料》，第246页。
④ 《蔡锷致唐继尧电》（1912年2月27日），《云南辛亥革命资料》，第249页。

致电表示承认，而且立即汇解银两五万予以资助。蔡锷还拟从向法商借款200万法郎中，酌拨一部分汇黔。

贵州军政府被唐继尧推翻后，副总统黎元洪即致电蔡锷，要滇军撤回。但蔡锷在向唐继尧等人通报黎电时，却主张唐等应"将黔乱始末及滇军状况，随时通告各省，免生疑义为要。"① 表明了不准备撤回滇军。

4月，滞留武昌的杨荩诚，在孙中山输饷助械的支持下，通电将率驻常德的黔军回黔。蔡锷不愿唐继尧被逐走，一面电调援川军中张子贞支队，由重庆转黔助"剿"，一面命令刘法坤所率的骑兵一团紧急入黔。为防堵杨荩诚所部两标回黔，唐继尧以刘法坤为东路巡按使兼游击军总司令官，陈麟书为副使，率部开赴黔东南。由于新任总统袁世凯的偏袒，都督杨荩诚被免职调京，由于在湘黔军的领导人被更换，因此回黔黔军内部出现了分化。当年冬，湘黔军在席正铭的率领下进军铜仁、镇远，并一度围困铜仁。滇军迅速赴援后，席正铭战败，退离贵州。此后，该部黔军大部被遣散，所余不足千人，直至唐继尧离黔后，才由刘显世派人率领返黔。

如何评价滇军入黔？蔡锷认为，滇军此举纯为"平乱安民"，因而贵州"父老欢庆"；② 唐继尧宣称，他们的行动顺应人心，是"稳固大局，安定西南"的义举；③ 贵州宪政党在唐继尧离黔时，还建生祠和纪功碑，以示对唐的肯定。参与进入黔行动的李文汉说："此为一大错误，不能为贤者讳也。"④ 贵州的革命党人在事过多年之后，认为滇军的入黔，只能被称之为侵黔、祸黔。滇军入黔有一定的道理，而其所作所为，错误说、祸黔说则是有理由的。

三 滇军援藏

英国对西藏的觊觎，开始于它占领印度之前。1888年，它通过战争，强迫清朝政府于1890年接受了《藏印条约》，承认哲孟雄（今锡金）受英国"保护"，规定了中、哲的边界。1893年，中英续订《藏印条款》，迫使清朝政府同意开放亚东为商埠。1903年，英国再次对西藏发动侵略

---

① 蔡锷：《致黔军政府》（1912年3月16日），《云南辛亥革命资料》，第148页。
② 蔡锷：《复贵州绅耆电》（1912年3月7日），《云南辛亥革命资料》，第136页。
③ 《会泽督黔文牍》卷一。
④ 李文汉：《我对蔡锷的回忆》，《辛亥革命回忆录》三，第430页。

战争，次年 8 月进占拉萨。通过先后两次强迫清政府签订的《拉萨条约》，英国达到了增开江孜、噶大克为商埠，对英赔款，拆除边界至拉萨的防御工事等侵略目的。1908 年，中英《修订藏印通商章程》的签订，使英国在西藏获得了可与地方官员直接发生关系等权利。英国政府在 20 年里，通过两次侵藏战争，在西藏攫取了大量侵略特权，从而使西藏开始了半殖民地化进程。

由于英国对西藏侵略的步步加紧，遂迫使清朝政府不得不对西藏边防予以重视。1906 年，赵尔丰被任为川滇边务大臣，在川边藏区进行改土归流，发展经济，普及教育。1907 年，张荫棠出任驻藏帮办大臣，提出了加强中央在藏的权力，强化边防，开通民智，改良交通，发展经济等措施。张荫棠离职后，驻藏大臣联豫，仍在政教分离等方面继续其改革。张荫棠的治藏边防，赵尔丰在川边的改革，对促进西藏经济社会的发展，具有积极意义。但他又限制或削弱了藏区僧俗贵族集团的权力，因而使其与中央政府的矛盾不断激化。英国政府策反班禅九世的阴谋失败后，即将注意力集中于对达赖十三世进行策反。1909 年，由钟颖率领的清军 3000 人（川军一混成协），入藏卫边，赵尔丰带兵三营在川边藏区予以接应。西藏地方政府表示反对，要求撤军和罢免联豫、赵尔丰，并组织万余藏兵前往阻止。1910 年 2 月，清军进入拉萨，达赖事先率部分官员、藏军出逃印度，投入了英、印政府的怀抱。清廷随即宣布达赖的罪状，革去其名号。英国政府以保护人自居，通过其驻华公使朱尔典出面干涉，指责清军入藏，要求对革除达赖名号和中国在西藏行使主权作出解释，态度极其蛮横。

反帝反封建的武昌起义的消息，迅速传遍全国各地。传入西藏，是在一个多月之后。据载，武昌起义的消息传到了西藏，叶纶三等就率领驻拉萨的川军士兵于一（十一）月十三日（阴历辛亥年九月二十三日）起义。十四日，起义士兵推举兵备处书记官李治平、标部书记官范金为总参谋。十五日，起义士兵逮捕了驻藏大臣联豫。新军统领钟颖还能掌握一部分士兵，他就派队官丁克敌率兵十余人，到起义士兵的营中刺杀了叶纶三。二十一日（农历十月初一日），联豫从起义士兵营中潜逃，回到驻藏大臣官署，钟颖义把李治平、范金囚禁起来。二十八日，联豫又逃入哲蚌寺，钟颖代署驻藏大臣，杀死了李治平和范金，更激起了起义士兵的愤恨。这时驻在江孜一带的川军士兵也起义了，于二十九日开到了拉萨。

十二月中旬，驻在波密的川军起义，杀死了左参赞罗长裿和标统陈庆，离开波密，回到拉萨。①

驻藏清军起义后，由于起义和反起义两种势力的反复较量，致使西藏的政局在一段时间内动荡不定。英国政府见有机可乘，遂暗助饷械，指使达赖十三世派遣亲信，组织军队回藏，同时在西藏策动大规模的叛乱，宣布"独立"，妄图使西藏脱离中国。云南军都督府，对于西藏事态的发展十分关注。

1921年1月，蔡锷在电文里称："西藏叛兵数千至察木多（今昌都），渐逼巴塘，英人亦增兵入藏。"② 2月，他在给四川都督尹昌衡的电文中说，接维西厅丞冯舜生函报："川边定乡县民庚日（2月8日）聚众作乱，围逐新军，三岩、德荣、稻坝（今稻城）同时响应，该处垦夫纷纷入中甸逃难。"③ 4月，蔡锷在致袁世凯等的电文里，以颇为焦虑的心情说："查今春藏兵至察木多，近逼川界，曾电商川、贵都督，共筹办法。嗣得川都督电，以藏事自当独任其难，故滇不复过问。"但"西藏为我国雄藩，外人垂涎已久，非亟早规划，终非我有。西藩一撒，后患何穷。应请大总统早为布置，以固边圉，而除后患"。④ 5月，云南军政府在得到国务院"迅拨劲旅，会同蜀军，协力进行，奠安藏境"的复电后，⑤ 即着手进行援藏准备。

云南军政府获悉，四川都督尹昌衡将亲率西征军援藏。该部2500人，于7月10日由成都出发，取道里塘、巴塘，直捣昌都，会合当地防军和先遣部队，计万余人。为避免重兵云集，造成粮秣供应困难，蔡锷决定援藏滇军不与川军同道，而经云南维西进入西藏的珞瑜，侦察队、工程队、作战部队过后，再架设电线，设置兵站，并招商移民，布置民政。蔡锷认为，如："此路辟出，滇藏间交通略可省千余里，而国防上尤有莫大之利益。"因为英军数次侵入片马后，已"阑入小江以北之浪傈，行恐席卷佽怒夷，直捣巴里塘，不唯藏危，而川亦危。今趁彼力难骤，及此路预占地

---

① 桑颇·才旺仁增等《回顾辛亥革命前后的西藏情况》，《辛亥革命回忆录》三，第512页。
② 蔡锷：《致韩建铎等电》（1912年1月24日），《云南辛亥革命资料》，第86页。
③ 蔡锷：《致成都电》（1912年2月28日），《云南辛亥革命资料》，第127页。
④ 蔡锷：《致北京四川电》（1912年4月30日），《云南辛亥革命资料》，第173—174页。
⑤ 蔡锷：《复李根源等电》（1912年5月27日），《云南辛亥革命资料》，第193页。

步，则将来国界在俅怒夷、貉㺄地方，无论如何伸缩，而巴里塘前藏犹为内地。"①

6月，云南的西征援藏军组成。该军以云南军政府参谋部总长殷承瓛为司令，郑开文为左纵队长，姜梅龄为右纵队长，维西协副将李学诗为先遣队长、前卫司令，计步兵、骑兵、炮兵等数千人。7月20日左右，殷承瓛在探险队出发后，旋即由昆明率队出发。8月10日，西征滇军抵大理。就在这段时间，由于"番氛日炽，巴、里垂危，迭奉中央电催，径赴巴塘，会师援剿。"②蔡锷乃令滇军放弃原定路线，直援巴塘，司令部暂驻阿墩（今德钦）。15日，李学诗受命攻盐井，在溜筒江受叛兵阻击，经击退，但过江溜索为敌破坏，乃命队绕道前进。16日，越过该江。26日，据"丽江商会通电报告，滇军于八月二十六日夜进攻盐井县，即时克复"。③

当滇军克复盐井的前后，川督尹昌衡以种种理由多次阻止滇军前进。8月底，尹电蔡锷，说"蜀军围攻里塘，不日可下，并分兵巴塘、昌都，首尾夹攻，川边指日荡平。闻殷司令拟由维西入巴塘，边关地瘠民贫，需用缺乏，祈速电阻。"④9月，尹昌衡在致北京的电文里，以"滇军占巴，则川军右臂全断，边藏用兵，无从联络"为借口，再次阻止滇军北上。针对川督的一再阻拦，蔡锷乃致电解释，说滇军的出师纯为顾全大局，改道进军巴塘，系奉北京政府命令，既非与川军争功，亦非借机占据川边地方，所以"曾电饬殷司令专以兵力助川，如收复川边各地，即请川军派兵驻守。至粮运刍秣，亦于丽、维、中甸设置兵站，源源接济，无庸仰给邻封。"并且，鉴于此前滇军的援川，川、滇"感情未洽，故此次于出师前，即切戒各将领，须持亲爱退让之忱，以释前嫌，而顾大局"。⑤滇军克盐井后，得知川军将拨营来攻，蔡锷即致电北京政府，建议川、滇两军应划分用兵区域，以免节外生枝，发生误会。同时建议，川、滇两军应统一军令，滇军的行动可就近商承川督办理。同月，北京政府在给云南军政府的电文里称"巴、里已复，川边渐次肃清，滇军可无再进"，且西藏的

---

① 蔡锷：《致李根源等电》（1912年6月4日），《云南辛亥革命资料》，第196—197页。
② 蔡锷：《复尹都督电》（1912年8月26日），《云南辛亥革命资料》，第211页。
③ 《东方》杂志，卷九5号，《中国大事记》，第1页。
④ 蔡锷：《致中央电》，《云南辛亥革命资料》，第212页。
⑤ 蔡锷：《致蜀都督电》，《云南辛亥革命资料》，第215页。

情况已发生变化,"英亦从中干涉"。① 所谓英国的干涉,乃指英国政府发现川、滇军在前线胜利进军,不久将兵入西藏,即令驻华公使朱尔典,于8月、9月两次向中国政府表示"抗议",威胁中国政府不得干涉西藏"内政",除驻藏官员卫队外,不得保留驻军等。否则,将不承认中华民国,且将以实力助藏"独立"。② 此时袁世凯在与国内革命势力的对抗中,正以英国为靠山,故在英国的强硬干涉下,乃令川、滇军停止行动,滇军撤回云南。10月,滇军离开川边藏区,11月,除留一部驻防边地外,余皆撤回省城。

对于滇军援藏,曾有人认为:"是役也,滇军一扼于川军,一扼于经费,一扼于英人,故直捣拉萨之议不行,经营珞瑜之议又不行,识者惜之。"③ 这种痛惜之情可以理解。但是,云南军政府及其滇军,为平息西藏的叛乱,为抗击英国的侵略,其贡献是不可磨灭的。

---

① 蔡锷:《致殷承瓛电》(1912年9月23日),《云南辛亥革命资料》,第216—217页。
② 《中华民国史资料丛稿》,大事记第1辑,第85页。
③ 云南文史研究馆:《云南光复纪要》,第146页。

第八章

反对复辟帝制的护国战争

第一节 袁世凯复辟封建帝制

一 辛亥革命后的云南

辛亥起义后,1912年1月1日孙中山在南京就任中华民国临时大总统,清朝皇帝被迫于2月12日宣布退位。2月13日,北洋军阀头子袁世凯宣布拥护共和,"永不使君主政体再见于中国"。[①] 次日孙中山宣布辞职,再过一日,参议院选举袁世凯为临时大总统。3月10日,袁世凯在北京宣布就任中华民国临时大总统。

辛亥起义后建立的以蔡锷为首的云南军都督府(军政府),实行了一系列颇有成效的改革,使云南成为民国初年较为安定的省份之一。进一步,他们希望建立强大的国家,主张强化"国权","破除省界",[②] 因而无论对孙中山的南京临时政府,还是对袁世凯的北京政府,都抱有很大的希望,认为是新生的民国政府,应当加以维护。

为了实现自己的愿望,蔡锷初拟组织"建国团",[③] 后又组织统一共和党,并任该党总干事。统一共和党的总纲是:"以巩固全国统一,建设完美共和政治,循世界之趋势,发展国力,力图进步为宗旨。"[④] 他还希

[①] 蔡寄鸥:《鄂州血史》,龙门联合书局1958年版,第184页。
[②] 云南文史研究馆、云南社科院文献研究室整理《云南光复纪要》建设篇(一),1991年,第19页。
[③] 周钟岳:《惺庵尺牍》,未刊,藏云南省图书馆。
[④] 《统一共和党规约》,《云南文史资料选辑》第15辑,第227页。

望与中华民国联合会、民社等团体合并,成为"一大团体"。① 并呼吁,维护"国权",维护中央政府。他认为这时的"共和政府"好比"初生婴儿",② 尽管不完善,应当爱护它。

1912年8月,同盟会联合了统一共和党、国民公党、国民共进会、共和实进会等政团改组成国民党。同盟会云南支部、统一共和党云南支部亦联合改组为国民党云南支部,初拟推蔡锷为支部长,蔡坚辞,遂推李根源为支部长。不过,蔡还为国民党云南支部机关报《天南新报》题写"大狮子吼"四字为祝词刊登。③ 随后,蔡锷又通电主张"不党主义",④ 反对军人参加任何政党,这与他的"国权"思想密切相关。

然而,袁世凯在窃踞北京政权以后,却一步一步地走向独裁。1913年3月,竟在国会召开前夕,派人杀害了国会多数党领袖、国民党代理理事长宋教仁,又与英、法、德、俄、日五国银行团非法签订总额达2500万英镑的善后大借款,准备发动内战。宋教仁事件及善后大借款,惊醒了孙中山及一部分国民党人,他们逐渐认识到袁世凯的真面目,决定武装讨袁,发动"二次革命"。7月12日,国民党人李烈钧在江西宣布独立讨袁,广东、福建、湖南、重庆等地纷纷宣布独立,二次革命差不多波及整个中国南部。

云南都督蔡锷、贵州都督唐继尧,基于维护"国权"的目的,反对二次革命,支持袁世凯镇压南方革命运动。这也与这一时期中国历史发展特点相关,因为在经历了相当长时期的动乱以后,在袁世凯面目还没有完全暴露以前,人们普遍地希望有一个和平安定的环境,以便能够腾出手来,反对外国侵略和建设祖国。所以有学者认为,"在1913年,中国人民对和平、法制和社会秩序安定的渴望,超过了其他一切。"⑤ 这样,二次革命很快就失败了,袁世凯势力进一步扩大到长江流域。

二次革命后,蔡锷被调往北京。云南会泽人、贵州都督唐继尧则于

---

① 蔡锷:《致上海长沙武昌电》,《云南辛亥革命资料》,云南人民出版社1981年版,第129页。
② 蔡锷:《复粤都督电》,《云南辛亥革命资料》,云南人民出版社1981年版,第206页。
③ 詹秉忠、孙天霖:《蔡锷对云南同盟会的态度》,《云南文史资料选辑》第10辑,第19页。
④ 蔡锷:《为军人干预党社事通电》,《云南辛亥革命资料》,第179页。
⑤ 薛君度:《黄兴与中国革命》,杨慎之译,湖南人民出版社1980年版,第159页。

1913年11月回任云南都督。

二 大理杨春魁起义

唐继尧回到云南碰到的第一件大事，就是大理杨春魁起义。

杨春魁，云南大理人，辛亥时期参加了腾越起义。由于云南地处边疆，消息闭塞，二次革命开始后杨春魁未能采取行动，延至1913年12月8日凌晨，杨春魁率领云南大理地区哥老会成员及部分驻军，发动武装起义，"声称奉孙文、李根源命令，二次革命"。[①] 当日下午，起义军即控制了大理城，释放囚犯100多人。起义军控制大理后，废除了原有的军政机关，组设"云南同盟独立总机关部"和"云南迤西总司令部"，以杨春魁为云南独立同盟军迤西总司令，刘嘉宾、田克勤为协司令，宣布秉承孙中山革命宗旨，脱离袁世凯政权，即日独立。

起义军迅速扩大，组织了保卫队、先锋队、敢死队、炮队和独立大队，分兵向四面出击，邓川、洱源、剑川、漾濞、永平、巍山、宾川、盐丰等地都出现了起义活动，起义军还在这些地区派出了县级知事、盐井场长等地方官吏。[②] 同时宣布以"扫除苛政，保护人民"为宗旨，并"电催李根源、张文光来榆（大理）筹画进行"。[③]

对二次革命持反对态度的唐继尧，不能容忍起义事件，一方面向北京政府报告，另一方面派重兵前往大理，镇压起义。由于起义军内部的旧官僚、清末云南提督李复兴等人的叛变，使唐继尧派出的谢汝翼部于12月23日占领大理，杨春魁等人弃城出走。24日，杨春魁战死于大理城郊的瓦村，残部相继溃散，起义宣告失败。起义前后不到一个月，即告失败。

起义失败后，袁世凯点名拿办的人士，国民党员、国会议员李根源，在国内不能安身，被迫流亡日本。另一被牵连的同盟会员、辛亥腾越起义领导人张文光，却被害于腾冲。杨春魁起义，可以看作全国"二次革命"的尾声。

唐继尧追随袁世凯的行动，引起了部分爱国人士的不满。1914年4

[①]《谢汝翼致袁世凯等电》，《北洋军阀统治时期的兵变》，江苏人民出版社1982年版，第60页。

[②]《将军兼巡按使饬第一三六九号》，《云南政报》第689册，1914年11月14日。

[③]《唐继尧致袁世凯等密电》，《北洋军阀统治时期的兵变》，第62页。榆：大理。

月，云南临安（今建水）又发生了一次兵变。这次兵变，是以"大汉同胞会""共和会"名义，联络驻临安军队100多人发动的，一度攻占了临安县署、云南富滇银行临安分行等处。然而，这次兵变亦被唐继尧镇压。随后，唐继尧又杀害了中华革命党（国民党改组后的名称）云南支部总务徐天禄等人。①

由于唐继尧追随袁世凯，1914年袁世凯"改革"官制时，委唐继尧为开武将军兼云南巡按使，不久任可澄委为云南巡按使，唐继尧专任督理军务。1915年10月，袁世凯又封唐继尧为一等开武侯，每月津贴3万元。不过，后来唐继尧在全国形势的促进和滇军压迫下，逐渐转变，最后终于走上了反对袁世凯复辟帝制的道路。

三 袁世凯帝制自为

"二次革命"以后，袁世凯气焰更加嚣张，于1913年10月，派出便衣军警、地痞、流氓几千人，打出"公民团"的旗号，迫使国会选举他为大总统。袁世凯当上了正式大总统，国会对他已经没有用了，于是在11月4日下令解散国民党，没收400多位国民党员的证件，使国会不足法定人数，开不了会。接着，下令解散国会。

解散了国会，袁世凯又来收拾《临时约法》。袁世凯采取"修改"的办法，使它成为对自己有利的东西。他宣称，《临时约法》限制太苛刻，甚至说什么，大总统一人受束缚，等于全国四万万同胞受束缚。他让手下的人组织了一个"约法会议"，对临时约法进行修改，改来改去，改出了个《中华民国约法》来。这个约法把总统权力扩大到和封建皇帝差不多的地步。根据这个约法制定的《总统选举法》，把总统的任期延长到10年，而且可以无限期地连选连任，总统的继任人只能由现任总统推荐，推荐自己的儿子、孙子都可以。这就是说，总统不但可以一辈子做下去，而且可以子孙万代地传下去。

就在1914年5月1日，袁记"约法"公布的当天，国务院被撤销，总统府内设政事堂，政事堂设国务卿，下又设左右两丞。接着，进行官制改革，恢复前清官制，有国务卿、左右丞、肃政史、平政院及少监、丞、郎、舍等名目，官阶又分为上卿、中卿、下卿、上大夫、中大夫、下大

---

① 李根源：《雪生年录》卷二，上海铅印，1930年版，第10页。

夫、上士、中士、下士九等。各省都督改称将军，民政长改称巡按使，观察使改称道尹等。又特设"海陆军大元帅统率办事处"，编练"模范团"，进一步控制军权；又建立"军政执法处"等特务机构，加紧对人民进行迫害。至此，袁世凯已集中全部权力，为复辟帝制开辟了道路。

为了取得帝国主义各国的支持，袁世凯不惜出卖国家主权。1915年1月，日本向袁世凯提出了灭亡中国的"二十一条"，暗示只要接受"二十一条"，日本将支持袁世凯帝制自为。经过几个月的谈判，到5月9日，袁世凯政府除了第五号内容等以后再"协商"外，全部接受了"二十一条"。英国、德国、俄国也表示支持帝制，袁世凯遂加快了称帝的步伐。

为了制造帝制复辟舆论，美国安插在袁世凯身边的"顾问"古德诺，在1914—1915年连续发表了《论新宪法》《共和与君主论》等奇文，公开鼓吹帝制。袁世凯的法律"顾问"、日本人有贺长雄也抛出了《共和宪法持久策》一书，鼓吹君主实较民主为优。1915年8月，在袁世凯授意下，由杨度等人组织了所谓的"筹一国之治安"的"筹安会"，进一步鼓吹复辟帝制。梁士诒等袁氏党徒，更组织"全国请愿联合会"，成为鼓吹复辟帝制的中心。在他们的鼓励下，五花八门的请愿团纷纷出笼，甚至有"乞丐请愿团""妓女请愿团"等，闹得乌烟瘴气。

袁世凯操纵下的参议院则公开出面，根据筹安会的"研究"，请愿团的"请求"，炮制了一个"国民代表大会组织法"，选出"国民代表"1993人，进行了"国体投票"。结果，1993票全部赞成实行君主制。同时，各省都送来了内容完全一样的拥护袁世凯当皇帝的"推戴书"。袁世凯表面上"谦让"一番，最后于1915年12月12日宣布接受帝制，同意当皇帝了，随即下令取消"民国"称号，改1916年为"洪宪"元年。梁启超讽刺说："此次皇帝之出产，不外右手挟利刃，左手持金钱！啸聚国中最下贱无耻之少数人，如演傀儡戏者然，由一人在幕内牵线，而其左右十数躄人蠕蠕而动；此十数人者复牵第二线，而千数百余不识廉耻之辈，冒称国民代表者蠕蠕而动。""是故此次阴谋一切表里之责任，皆应由袁氏一人完全负责之。"①

---

① 梁启超：《袁政府伪造民意密电书后》，《饮冰室合集·专集之二十三》，中华书局1932年版，第99页。

袁世凯复辟帝制，倒行逆施到顶点的时候，也正是他走向失败、走进坟墓的开始。

第二节　反袁护国战争的爆发

一　反袁联合阵线的形成

辛亥革命以后，资产阶级革命思想逐渐深入人心。广大人民群众绝不允许袁世凯倒行逆施、复活帝制，打倒袁世凯就成了举国一致的目标。正如刘少奇所说："辛亥革命使民主共和国的观念从此深入人心，使人们公认，任何违反这个观念的言论和行动都是非法的。"① 全国各阶层人民、政党、派别、团体，除了一小撮封建余孽和死心塌地地追随袁世凯的爪牙外，都在不同程度上进行了反对袁世凯复辟帝制的斗争，并且形成了反袁联合阵线。

反袁联合阵线的政治力量，包括国内广大人民群众、海外爱国侨胞、资产阶级的各个政治派别，以及西南地方实力派等。其中，资产阶级的主要政治派别，是这个阵线的主要政治力量。

首先，以孙中山为代表的中华革命党。

"二次革命"后，孙中山继续高举反袁旗帜，于1914年7月在国民党基础上，另组中华革命党，宣布"协力同心，共图三次革命"，② 以扫除专制政治，建设完全民国为目的。中华革命党成立后，设支部于国内外各地，并派陈其美、居正、胡汉民、于佑任分别组织东南、东北、西南、西北四军，派朱执信等分赴各地主持讨袁军事。1915年11月，革命党人击毙袁世凯爪牙、上海镇守使郑汝成；12月，策动上海肇和军舰起义。随后，孙中山曾发表两次《讨袁宣言》，吹响了护国战争的进军号。尽管孙中山的军事力量不足，没有成为反袁护国战争的主要实力，但是应该承认，孙中山是反袁护国运动的旗手，反袁联合阵线的精神领袖。

其次，以黄兴为代表的旧国民党人和欧事研究会。

中华革命党成立以后，一部分未参加该党的旧国民党人，另组欧事研

---

① 《关于中华人民共和国宪法草案的报告》，《刘少奇选集》下册，人民出版社1985年版，第135页。

② 《中华革命党成立通告》，《孙中山全集》第3卷，中华书局1984年版，第113页。

究会。黄兴虽然暂时离开了孙中山，却仍然表示非去袁不可，并祝"三次革命之成功"。① 由于黄兴支持三次革命，欧事研究会成员也逐渐向孙中山靠拢，李烈钧等原欧事研究会重要骨干后来也加入了中华革命党，被孙中山派往云南，策动云南起义。其他成员也纷纷回国，投入反袁斗争。以黄兴为代表的旧国民党人和欧事研究会，属于资产阶级革命派的另一个部分。黄兴本人在护国战争中处于一种特殊的地位，起着资产阶级革命派、改良派和西南地方实力派等势力联合的桥梁作用。

再次，以梁启超为代表的进步党。

以梁启超为代表的资产阶级改良派及其进步党，民初支持袁世凯。然而当袁世凯帝制自为步伐加快以后，梁启超实现了从拥袁到反袁的转变，发表了反对帝制的长文《异哉所谓国体问题者》，成为袁世凯身边第一个公开打出反袁旗号的重要人物，而且身体力行，直接加入了反袁护国战争的行列。正如蔡锷说："当去岁秋冬之交，帝焰炙手可热，锷在京师，间数日辄一诣天津，造先生（梁启超）之庐，咨受大计。"② 蔡锷南下后，梁启超亦南下，并策动陆荣廷独立于广西。梁启超带了头，进步党相当一部分头面人物，亦直接或间接投入了反袁斗争之中。进步党的这种转变，使全国"各种消极、积极的反帝制势力，不知不觉形成一条不自然的联合战线"。③

最后，以蔡锷、唐继尧为代表的西南地方实力派。

云南、贵州、广西以及广东、四川、湖南等地方实力派大都卷入反袁护国战争之中。从政治态度来讲，他们的成分是比较复杂的。然而从军事方面来讲，他们却多是掌握军权的实体。他们最终走到反袁阵线中来，从而实现了全国的反袁大联合。在西南地方实力派中，蔡锷、唐继尧是代表。

蔡锷，曾是民初云南首任都督，后调往北京，最初对袁世凯抱有幻想，然而随着袁世凯卖国独裁和帝制活动的公开化，他下定了反袁决心，曾表示："为四万万人争人格起见，非拼着命去干这一回（指反袁武装斗

---

① 《在美洲中国国民党支部召开"二次革命"纪念大会上的演讲》，《黄兴集》，中华书局1981年版，第336页。
② 蔡锷：《〈盾鼻集〉序》，《蔡松坡集》，上海人民出版社1984年版，第1224页。
③ 李剑农：《戊戌以后三十年中国政治史》，中华书局1965年版，第218页。

争）不可"。① 后来蔡锷逃出北京，来到云南，与唐继尧等联合发动了反袁护国战争，成为"讨袁名将"。蔡锷由于与各方面都有联系，成为反袁大联合的纽带。

唐继尧，此时为掌握滇军大权的云南将军。最初倾向袁世凯，并曾屠杀革命党人。然而在全国反袁斗争形势的促进下，在滇军激进军官的压力下，唐继尧逐渐从拥袁向反袁转变，成为反袁护国战争的主要领导人之一，并使云南成为反袁护国战争的后方基地。

此外，其他方面的反袁势力，也是一股重要力量，大联合促进了反袁护国战争的爆发和进展，导致了反袁护国战争的最后胜利。

图9　护国战争时期的唐继尧
（谢本书供稿）

二　云南反袁战争的酝酿

在举国反袁斗争高涨的形势下，云南积极酝酿反袁武装斗争。反袁护国战争首先爆发于云南，有其客观的条件。第一，云南地处祖国西南边疆，在军事上无后顾之忧。境内山川险阻，地势险要，易守难攻，是北洋军阀势力尚未达到的地方。第二，云南是边防重地，护国起义前省内已有两师一旅的武装力量，约2万人；且滇军素质较好，既受过严格的军事训练，又受到辛亥革命思潮的影响。第三，云南军队装备较好，且自己有弹药厂，军事力量为西南之冠。第四，掌握云南军政大权的高中级军政人员，大多是革命党人，内部比较统一。这些客观条件，使云南成为发动反袁战争的理想之地，反袁各派也把武装起义的希望寄托于云南。护国起义前夕，反袁各派人士大多集中到了云南省城昆明，为联合发动反袁护国战争创造了很好的条件。

以孙中山为首的资产阶级革命派，早在1914年夏天，即派老同盟会

---

① 梁启超：《护国之役回顾录》，《饮冰室合集·文集之三十九》，第89页。

员、云南思茅人吕志伊回云南,策动反袁。筹安会出笼、袁氏帝制公开化后,更激起滇中将士的强烈反对。罗佩金、顾品珍、赵又新、黄毓成、邓泰中、杨蓁、董鸿勋、吕志伊等,"三五组集,已无日不在秘密筹议运动之中。"[1] 为此,他们秘密在吕志伊住处开会多次,策划倒袁,决定四项办法:

(一)于适当时期,要求唐氏表示态度;

(二)如唐反对帝制,则仍拥其为领袖;

(三)如中立,则将彼送往安南;

(四)如赞成帝制,则杀之,拥罗佩金为领袖。[2]

然而,据吕志伊回忆,"惟唐是时已决心反对帝制。因极端守秘密,故中下级军官尚不知。"[3] 因此,至少在表面上给人的印象,唐继尧的态度是颇为犹豫不决的,即"迟疑久不决"。[4] 然而,在全国反袁斗争形势的促进下,唐继尧确乎是逐渐由拥袁转向了反袁的立场。云南起义酝酿过程中,先后召开了五次秘密军事会议,在蔡锷到昆明前,即召开了三次。

1915年9月11日、10月7日、11月3日召开的三次秘密军事会议上,已作好了相当的准备和安排。特别是11月3日的第三次会议,重点商议了起义计划和军事部署,"以四川为出军要道,命邓泰中、杨蓁所部两支队向川边进发"。[5] 会后,邓、杨两支队借剿匪名义向滇东北镇雄一带开拔。12月初两支队已将部队移往川滇边境。这就是说,实际上已把武装起义提到了日程,然而对外仍采取镇静态度。

云南反袁武装斗争的酝酿已经成熟,可以说已到了箭在弦上,一触即发的地步。与此同时,唐继尧还派人到江苏、上海、广西、四川、湖南以至香港和海外,广泛联系,又致函革命党领袖孙中山、陈其美,表示"窃盼我公(孙中山)登高一呼,俾群山之皆应,执言仗义,重九鼎以何

---

[1] 李曰垓:《答客问》,李根源辑《永昌府文征》(三)文录卷二十六,云南美术出版社2001年版,第2900页。

[2] 何慧青:《云南起义与国民党之关系》,《南强月刊》(云南起义号)第1卷第3期,1936年12月南京版。

[3] 吕志伊:《天明回顾录》,《昆明文史资料选辑》第1辑,第10页。

[4] 白之瀚:《云南护国简史》,新云南丛书,1946年版,第30页。

[5] 庾恩旸:《云南首义拥护共和始末记》上册,云南图书馆1917年版,第17页。关于五次秘密反袁会议问题,李开林在《评唐继尧护国》中(云南民族出版社2006年版)提出质疑,认为是"虚假"的,存疑。参见该书第129—168页。

殊。一切机宜，祈予随时指示，得有遵循。总期早除袁氏之大憝，复我民族之自由，马首是瞻，共成义举。"① 唐继尧的反袁态度，已经非常明白了。

三 云南护国首义

蔡锷于1913年底到达北京，曾担任多种要职，并对袁世凯抱有很大幻想。然而，袁世凯帝制自为阴谋暴露以后，蔡锷迅速从拥袁向反袁转变，并与他的老师、住在天津的梁启超秘密协商，又与西南各省秘密联络，决定南下反袁。在袁世凯特务的监视下，蔡锷于1915年11月中旬机智地离开北京，经天津、日本、香港、越南，于12月19日到达昆明。"蔡锷从北京到昆明，'定策于恶网四布之中，冒险于海天万里以外'（戴戡语），比之三国时代云长'过五关斩六将'，其惊险程度不知超过了若干倍"②。蔡锷的冒险抵滇，对云南正在酝酿的反袁斗争是一个新的刺激，加速了反袁护国战争的爆发。

在蔡锷到昆明之前，各方面反袁要人李烈钧、熊克武、程潜、方声涛、但懋辛等已先后集中昆明。蔡锷到昆明后两天，即与唐继尧一道于12月21日、22日先后两次召开秘密军事会议，对反袁武装起义作了具体安排。在22日的会议上，与会者39人举行了庄严的宣誓仪式，歃血为盟。誓词为：

> 拥护共和，我辈之责。
> 兴师起义，誓灭国贼。
> 成败利钝，与同休戚。
> 万苦千难，舍命不渝。
> 凡我同人，坚持定力。
> 有渝此盟，神明必殛。③

---

① 《唐继尧致孙中山信》（1915年10月），《云南档案史料》第1期，第16—17页。李开林认为，此信真实性值得怀疑，参见《评唐继尧护国》，第221—230页。
② 陶菊隐：《筹安会"六君子"传》，中华书局1981年版，第138页。
③ 庾恩旸：《云南首义拥护共和始末记》上册，第20页。

12月23日，唐继尧、任可澄分别以开武将军督理云南军务、云南巡按使名义，给袁世凯发出措辞强硬的电报，要求取消帝制，诛除帝制祸首13人，限12月25日上午10点以前答复。在取消帝制一点上，没有讨价还价的余地。12月24日，蔡锷等人再电袁世凯，重申必须取消帝制、诛除祸首的要求。

然而到期未收到答复。12月25日，唐继尧、任可澄、蔡锷、戴戡等人联名发出通电，宣布云南独立讨袁。指出："天祸中国，元首谋逆，蔑弃约法，背食誓言，拂逆舆情，自为帝制。"为此"即日宣布独立，并檄四方，声罪致讨"。[①]

云南宣布独立，反对袁世凯复辟帝制，武力讨袁通电一发表，标志着护国云南首义、反袁护国战争正式爆发。消息传出后，顿时昆明"各界人民欢呼雷动，全市游行，高喊打倒袁世凯，拥护共和口号，至夜乃息"。[②] 轰轰烈烈的反袁护国战争开始了。

宣布起义的同时，组织了讨袁护国军和护国军云南都督府。以蔡锷为护国第一军总司令（最初称为"护国军总司令"）出兵四川；以李烈钧为护国第二军总司令，出兵广西；以唐继尧为都督兼护国第三军总司令，机动和留守；另组挺进军，以黄毓成为总司令。于是，从云南开始的反袁护国战争正式爆发了。

关于护国战争的目的，护国出师讨袁檄文明确宣布："与全国民戮力，拥护共和国体，使帝制永不发生，义一；划定中央地方权限，图各省民力之自由发展，义二；建设名实相符之立宪政治，以适应世界大势，义三；以诚意巩固邦交，增进国际团体上之资格，义四。建此之义，奉以纲维。"[③] 归根结底，是为了反对复辟封建帝制，维护辛亥革命以后建立的共和制度。

1916年1月1日，护国三军总司令蔡锷、李烈钧、唐继尧发表《讨袁檄文》，列举了袁世凯二十大罪状。同日又发表了《誓告全国申明护国宗旨书》，向全国人民宣布，护国的目的在于讨伐袁世凯，消灭帝制，恢

---

① 《护国运动期间唐继尧等文电一组》，《历史档案》1981年第4期。李开林认为，12月23日及12月25日两道反袁电报，都是蔡锷领衔。参见《评唐继尧护国》，第169—198页。

② 由云龙：《护国史稿》，《近代史资料》1957年第1期。

③ 《讨袁逆檄·其二》，《会泽首义文牍》下册文告，云南开智公司1917年版，第12页。

复共和民国。

护国军云南都督府还发布了《护国军政府致各友邦之通牒》《照会驻北京各国公使暨津沪汉渝等处各国领事文》《照会驻云南各国领事文》等一系列文件，声明护国的目的，是讨伐称帝的袁世凯，挽救共和民国，要求各国政府承认并赞助护国军起义。而护国军政府将承认帝制问题发生以前与各国所缔结之条约，并保护在护国军控制范围内各国人民的生命财产安全。

护国军组建后，即确定向四川、湖南、广西三路出师的计划，而以四川战场为重点，以蔡锷率护国第一军主力进军四川。

第三节　护国战争的进程

一　袁世凯的反扑

云南宣布独立讨袁，好像平地一声惊雷，吓坏了袁世凯。他举止失措，急忙召开国务会议，商讨对策，惊惶地抱怨说："云南自称政府，照会英、法领事，脱离中央。此事余本不主张，尔等逼余为之。"[①] 与会人员大吃一惊，大惑不解。袁世凯自己当皇帝，却把责任推给了大家。

不过，袁世凯毕竟是老奸巨猾的军阀，震惊之余，仍认为自己有对付起义的经验与能力。首先，袁世凯故作镇静，对云南限期在12月25日前答复取消帝制急电，避而不答。反令其筹备帝制活动的政事堂和海陆军大元帅统率办事处电询唐继尧，云南独立通电，是否他人捏造代发？同时发电给各省说，云南电报是真是假，有待查明，各省不必多虑。袁世凯通过英国驻华公使朱尔典，转托英国驻昆明领事，直接离间唐继尧与蔡锷关系，劝唐继尧"杀蔡反正，即封亲王，并由汇丰（银行）立拨三百万元，为馈赠和犒劳用"。[②] 但未收到效果。袁世凯又宣布任命滇军第一师师长张子贞为云南将军兼督理云南军务，滇军第二师师长刘祖武为云南巡按使，以取代唐继尧等人的地位，分化滇军将领。但袁氏阴谋又未能得逞，张子贞、刘祖武都明白无误地发出了讨袁通电。

[①] 参加袁氏国务会议的袁政府秘书长张一麐在《袁世凯与中华民国》一书上的亲笔眉批。白蕉：《袁世凯与中华民国》，上海人文月刊社1936年版，第302页。

[②] 白之瀚：《云南护国简史》，第32页。

分化滇军落空，袁世凯只得下令紧急动员，调兵遣将，口出狂言，说什么区区2万人的滇军，是经不起北洋军的打击的。12月29日，袁世凯发布申令，说什么唐继尧、蔡锷等人拥兵谋乱，诬蔑国家元首，成为"国民公敌"，为此褫夺唐、蔡等一切职务，并剥夺其勋章、勋位，克日出兵致讨。[①] 袁世凯撕下了假面具，气势汹汹地要大动屠刀了。

袁世凯在"新华宫"（今北京中南海内）丰泽园，设立了"征滇临时军务处"，亲自主持对护国军的用兵计划，拟分三路向云南进军。第一路，由湖南西部经贵州向云南进攻，以北洋第六师师长马继增为司令，率兵2.6万余人，袁世凯命令贵州护军使刘显世，配合北洋军进攻，而刘却于1916年1月27日宣布贵州独立讨袁。战事爆发后，这路军的司令马继增于2月26日暴死，士气大受影响。袁世凯只好任命第十一旅旅长周文炳为指挥。

第二路，由四川方面进攻云南，以北洋第七师师长张敬尧为司令，这一路是北洋军的主力，总兵力约4.5万人。这支部队计划先集结重庆，然后向綦江、泸州等地展开。袁世凯任命虎威将军曹锟为川、湘两路征滇军总司令，由曹锟统一指挥川、湘两路战事，设司令部于重庆。

第三路，由袁世凯任命的"云南查办使"龙觐光率粤军组成。龙觐光是云南人，任广东广惠镇守使、广东第一师师长，广东将军龙济光的哥哥。龙觐光率粤军1个师进入广西，设司令部于百色，准备由滇东南抄袭护国军的后方基地云南。

战争的双方都剑拔弩张，一场恶战即将展开。

二 叙府争夺战

云南宣布独立前，邓泰中、杨蓁所率滇军第一、第七步兵团，即以"剿匪"名义，向滇东北移动。行军途中，云南独立，两团被改编为护国第一军第一梯团第一、二支队，以刘云峰为梯团长。1916年1月15日抵达滇川边接壤的滩头、新场等地，开始与川边守敌接触。

其时，四川将军陈宧，派出四川汉军（四川地方军）统领张振鸿在川滇边境处处设防。到1月17日晨，护国军集中了四个连队，经过几个小时战斗，一举攻下敌人防守严密的滩头、黄坡耳、燕子岩、风来场、捧

---

① 白蕉：《袁世凯与中华民国》，第315—322页。

印村等地。敌军退往横江镇，企图据横江死守。18日护国军攻克黄桷树，顺流而下，当晚占领横江。护国军挺进川边，初战告捷，下一步直逼安边。

安边在横江和金沙江汇合口的北岸，东距叙府（宜宾）22公里。安边街背山面水，地势险要，易守难攻。北军伍祥祯旅将主力配置在安边东、西、北三面的山城和市街上，封锁金沙江渡口附近江面和陆路交通，强迫沿江的民船集中到敌军控制的江岸，准备固守，待机反攻。护国军以两个支队兵力强渡金沙江，硬攻安边是很困难的。

梯团长刘云峰与支队长邓泰中、杨蓁商议后，决定采用远道迂回战术，奇袭安边。1月19日晨杨蓁率第二支队，往西渡过了横江，穿过崎岖险峻的山道，经一昼夜行程50多公里，越过横江和金沙江汇合口的三角地带，于第二天在楼东附近强渡金沙江，深入北岸敌控区，再沿金沙江而下，当天傍晚秘密抵达安边。趁着夜幕掩护，杨蓁率领官兵出敌不意，冲进安边街头，用机枪扫射。敌人腹背受敌，慌了手脚，指挥失灵。伍祥祯旅顿时溃不成军，连夜逃往叙府，护国军于1月20日夜占领安边，①夺取了通往叙府的关键据点，敌人失去了叙府的屏障。

叙府是川南重镇。伍祥祯旅虽退往叙府，但士气低落，当护国军向叙府推进时，北军丢弃叙府继续北逃。叙府城内空虚，因此城内官商及学生界，派出代表出城欢迎护国军。1916年1月21日晚10时，护国军第一梯团开进叙府。护国军出师讨袁，在四川战场上取得了第一个大胜利。

叙府占领后，敌人慌乱不堪，北军指挥系统一度陷入混乱。北军旅长冯玉祥回忆说："自我带兵以来，指挥系统再没有比这时再复杂再紊乱的了。我一天到晚连续不断地接到各方面几十道不同的电令，弄得头昏眼花，不知听谁的好。"②

慌乱之后，袁世凯大为震怒，下令撤销伍祥祯的"川南镇守使"职务，令其戴罪立功，组织反扑。四川将军陈宧指挥冯玉祥、伍祥祯、朱登五等部，分别从东、北、西三方面向叙府进攻，实行三路合击。伍祥祯旅仍不堪一击，再次溃退。冯玉祥旅是北洋军中的精锐，武器精良，各兵种

---

① 陈天贵：《护国战争亲历记》；奚济霖：《护国第一军第二支队的回忆》，《云南文史资料选辑》第10辑，第181—183、220—223页。

② 冯玉祥：《我的生活》，上册，黑龙江人民出版社1981年版，第216页。

齐全，战斗力比较强。然而在 1 月 31 日至 2 月 2 日的三个昼夜的搏斗中，护国军以 3 个营的兵力，打败了冯玉祥精锐的第十六旅，迫使敌人后退 200 公里。

陈宦重新组织兵力，再度三路反扑，但仍以失败告终。从 1 月 29 日至 2 月 8 日的 10 天中，护国军以 2000 人的兵力，先后打败北军 1 万余人的三路进攻，取得重大胜利，但护国军也伤亡惨重。护国军第一梯团两个支队的兵力，只有出发时的一半了。

恰在这时蔡锷所率护国第一军第二、三梯团主力，到达了四川泸州前线，与数倍于己的北军发生激战。由于泸州是北军重点防守的川南重镇，兵力雄厚，武器充足，还有不断开来的援军，因此战事相当吃力。蔡锷不得不下令从叙府前线抽调第一梯团的主力，支援泸州战场。护国军第一梯团此时有 5 个营，先后抽调 4 个营到泸州前线，叙府前线只剩下田钟谷营，且牺牲较大。北军获悉叙府前线护国军兵力薄弱，遂由冯玉祥、伍祥祯两旅，再度反扑叙府。

守卫叙府的田钟谷营及刘国威工兵连，能出战的仅有 200 余人。另有一个炮兵连，只能作步兵阵后支援。敌人再度向叙府发动反扑，田营不支，被迫后退。刘国威连在掩护田营后撤时，刘国威本人亦阵亡。由于兵力悬殊过大，护国军乃决定撤出叙府。3 月 1 日护国军退往安边，叙府乃得而复失。即使如此，北军冯玉祥、伍祥祯旅，仍在经过两天激战，付出重大代价，"伤亡官兵百余名"① 之后，才于 3 月 2 日进占叙府城。

冯玉祥部占领叙府后，受到袁世凯嘉奖，特封冯玉祥为三等男爵。但是冯玉祥此时思想发生了变化，不愿继续为袁世凯卖命，追击护国军，命令部队停止前进。四川将军陈宦等要冯部继续前进，他回电却说，官兵不仅伤病的太多，而且"心里亦人人有病，务请速作主张"。② 不久，他干脆从叙府前线撤出自己的部队，到成都劝陈宦认清大势，尽快独立反袁。

护国军对叙府的争夺战，是一场十分艰苦的战斗，其军事意义是重大的，而政治影响则意义更大。

---

① 《冯玉祥致北京陆军部特急电》，中国第二历史档案馆藏，档案号北十一，13090。
② 冯玉祥：《我的生活》上册，第 224—226 页。

三 泸纳拉锯战

蔡锷所率护国第一军主力第二、三梯团于1916年1月14日从昆明出发。蔡锷率赵又新、顾品珍第二、三梯团取道永宁，向四川泸州方面进击，是为入川的主力中路军（叙府方面为左路，重庆方面为右路）。董鸿勋支队为中路先锋队，先于1月10日从昆明出发；朱德支队则于1月28日最后离开昆明。护国军出师有严格的军纪和军风，要求"一律严守军纪，保持秩序，勿失严整"；不得"乱入人家"；"休息场所必定大小便之地点，勿许任意污染，有妨卫生"；"购买须要公平，不得依势估压"；若遇战斗"官长须要身先士卒，为部下之表率"等。① 正义的战争，加上良好的军纪，这样护国军出师"自滇以达蜀地，无不箪食而迎。"② 受到沿途群众的欢迎。

其时，川军第二师师长刘存厚部正在川南永宁、泸州一带"清乡"，并奉命阻击护国军。但当董鸿勋支队到达贵州毕节时，刘存厚即派代表到毕节，告以刘部决定响应护国起义，并与董鸿勋商定，待护国军进入四川境内，两军佯作对垒，刘军诈败而退，进抵泸州，则两军合二而一，直捣泸城。③ 于是，董鸿勋支队兼程前进，1月29日到达川、滇、黔三省交界的赤水河。在赤水河的渡口上，有以"四川绅商学界"名义挂起的大幅标语，用红字大书"欢迎"二字，护国军顺利通过赤水河和雪山关，进入川境。

刘存厚为了更多地联络川军起义，曾邀约驻重庆的川军第一师师长周骏共同发起反袁，但周骏却向四川将军陈宧告密；同时刘存厚通过毕节电报局转电蔡锷的密电，又被毕节县知事扣压，转报陈宧。④ 这样，刘存厚起义计划完全泄露，夺取泸州城的计划难以实现，遂于2月2日以"中华民国护国川军总司令"名义，在泸州南的纳溪县宣布独立，起义讨袁，占领江安、南溪等地，并派兵渡江，到达长江北岸，占领泸州附近的石棚、方山等地，形成对泸州的半包围状态。

---

① 《云南出征军应守纪律及应注意条件》，庾恩旸：《云南首义拥护共和始末记》上册，第28—33页。
② 《朱德寄自护国讨袁前线的一封信》，《近代史资料》1980年第3期，第278页。
③ 董鸿勋：《护国军第三支队第二营入蜀讨袁日记》，《义声日报》1916年4月21—22日。
④ 邓锡侯、田颂尧：《四川护国战役始末》，《四川文史资料选辑》第3辑，第35页。

而在刘存厚起义前，贵州已于1月27日宣布独立讨袁，响应护国，以刘显世为贵州都督。刘存厚、刘显世的先后起义讨袁，对护国军是非常有利的。然而，在泸州前线，敌人兵力雄厚，敌强我弱，战争打得相当艰苦。

泸州地处沱江流入长江的汇合口，是川南通往云南、贵州的水陆交通要道，上连叙府，下扼重庆，为川南第一重镇，是控制川南必争之地。泸州城又北枕沱江，南临长江，东踞两江汇合口，西有险隘龙透关，易守难攻，有"铁打泸州"之称。这时，在泸州的北军已集中张敬尧一师、吴佩孚一旅和川军熊祥生旅，总兵力15000人，装备齐全，战斗力较强，且有后援。而蔡锷所率中路主力仅3130人，① 刘存厚师约1500人，② 加上川边义勇军张煦支队约900人，总兵力不过5000人，仅及在泸北军的1/3，力量悬殊较大。

2月5日，董鸿勋支队与刘存厚师会攻泸州对面的兰田坝，先后夺取兰田坝、月亮岩。这一仗护国军只阵亡8人，毙敌军则超过100人。月亮岩雄峙长江，地势高峻，居高临下，可俯击泸州，从而控制了进攻泸州的前进阵地。7日，董鸿勋将兰田坝、月亮岩交刘存厚部团长陈礼门驻守，自己率兵两营从长江下游泰安场渡江，攻击泸州侧背，进攻罗汉场、小市及五峰顶。董支队逼近小市，隔着沱江，与泸州城仅距几百米对峙。

泸州形势对北军甚为不利，北军曹锟、张敬尧两师及李炳之一旅各部，紧急向泸州移动。2月9日晚，北军熊祥生旅组织敢死队，利用夜幕，伪装成妇女，混在难民队伍中，谎称渡江避难。陈礼门派在沙湾渡口的部队受敌欺骗，未予阻止。熊祥生敢死队渡江后，突向月亮岩阵地冲锋，守军猝不及防，相继退却，月亮岩、兰田坝失守，陈礼门组织反攻未能奏效，遂羞愤开枪自杀。

董鸿勋支队闻月亮岩等地失守，孤军深入，恐遭不测，遂渡江返回纳溪，刘存厚退往江安。2月12日，泸州敌人倾巢出动，渡江进攻，将刘存厚、董鸿勋部包围在纳溪安富街一隅，情势危急。蔡锷率护国第一军主力兼程前进，何海清支队于13日夜赶往纳溪，禄国藩、朱德支队随后到达，立即投入战斗。蔡锷又电令叙府的第一梯团支援泸州、纳溪。于是，

---

① 《嘉乐店会议计算兵数稿》，《蔡松坡集》，上海人民出版社1984年版，第958—959页。
② 蔡锷：《致唐继尧等电》，《蔡松坡集》，第931页。

护国军攻泸之战变成了保卫纳溪的战斗。从2月14日到3月6日，双方在这里进行了激烈的拉锯战，使川南地区几乎"全部化为战场"。①

纳溪县城，在泸州西南20公里处，地当永宁河向北流入长江的汇合口，北临长江，东北为通往泸州的大道。敌军以兰田坝为基地，分三路直攻纳溪，对纳溪的正面和东北面两路为佯攻，主力则从兰田坝南进，迂回到牛背石，再转向西，由双合场进攻纳溪县城。2月14日晨，敌军主力田树勋旅已窜至牛背石，迂回到护国军阵线的侧后，并推进到高洞场，与董鸿勋支队相遇，敌人倚仗人多炮精的优势，猛攻董支队。董支队虽顽强抵抗，却难以阻止敌人前进。战到天黑，董支队终于守住了阵地。

2月15日晨，护国军禄国藩、何海清支队同时发起反攻，敌田树勋旅从双合场上游小河潜渡，越过永宁河，到达纳溪城西面，向纳溪炮击。何海清支队与刘存厚部分左右两侧反击敌人，炮队又对隐匿在冠山南面的敌军猛烈轰击。敌人三面受到攻击，不支退回双合场，又遭到截击，遂全线混乱，狼狈溃逃。这一仗，敌人伤亡1700多人，其中有营长10人，死伤9人，而旅团长大部负伤。② 双合场激战，是护国军在纳溪保卫战中一场十分险恶的战斗。敌人以两个旅又两个团的兵力，加上炮兵的优势，对纳溪发动钳形攻势，终于受阻。

以泸州为中心的护国军川南战场争夺十分激烈，形成了中国内战史上著名的恶战，成为"盖有枪炮以来，吾国战事当以此役为最"的局面。③

四 朱德支队鏖战棉花坡

1916年2月13日至15日，护国军在纳溪城下和双合场，粉碎了敌人的钳形攻势后，控制了泸州城和纳溪之间的以棉花坡为主要阵地的一系列高地，巩固了纳溪防线。敌人则以兰田坝为据点，占领了与棉花坡相对的朝阳观、菱角塘等阵地，用优势兵力，正面强攻纳溪。从2月16日起，两军在泸纳之间，形成了以棉花坡为中心的另一起艰难的战斗。

棉花坡是纳溪城东郊一系列山岗中的制高点，距纳溪县城约5公里，

---

① ［美］史沫特莱：《伟大的道路——朱德的生平和时代》，生活·读书·新知三联书店1979年版，第134页。

② 邓锡侯、田颂尧：《四川护国战役始末》，《四川文史资料选辑》第3辑，第47页。

③ 李烈钧：《云南护国军入川之战史》，《护国文献》下册，贵州人民出版社1985年版，第669—670页。

是泸州通往纳溪大道的必经之地，也是军事上必争之地。朱德支队奉命紧急进入棉花坡阵地，守卫棉花坡时，阵地前方正遭到敌人炮火强攻，阵地处境危急。朱支队一到，立即投入战斗，勇猛追击，将敌中央突破，迫使敌人撤退数里。①

敌军为强化攻势，重新调整兵力，加强增援。张敬尧师之田树勋旅、吴新田旅，曹锟师之吴佩孚旅，以及李炳之旅，川军熊祥生旅之刘湘团等部，集中于纳溪城东棉花坡、双合场等地，双方兵力对比，敌军颇占优势。护国第一军第三梯团长顾品珍率禄国藩、朱德支队到达棉花坡前线，但兵力仍不敷；蔡锷又抽调在叙府的第一梯团李文汉营、金汉鼎支队增援纳溪前线，争夺棉花坡。朱德支队顽强战斗，"连打了三天三夜，毫无间歇"。"朱德的部队，以善打夜战的白刃战出名"，② 立下了战功。

朱德支队坚守棉花坡正面陶家瓦房背后高地，与据守红庙高地之敌，仅隔一片水田，敌日夜大炮轰击，松林被击倒，毁落的松针达数寸之厚。③ 朱德支队营长曹之骅、雷淦光先后壮烈牺牲。

护国第一军参谋长罗佩金、第二梯团长赵又新深入前线，指挥朱德支队发动连续四次攻势，终于顶住了敌人的压力，使泸纳之战转入"攻势防御"。在战争紧张时刻，蔡锷命令朱德接任第三支队长（原为第六支队长），继续扼守棉花坡阵地，尽管敌人又多次发动进攻棉花坡的战斗，但棉花坡阵地岿然不动。直到3月6日，护国军实行战略转移，朱德才离开棉花坡。朱德在这里战斗了几十个日日夜夜，赢得了"勇猛善战、忠贞不渝"的名声。见过他作战的人说："他每晚只睡三四个小时就够了，似乎有无穷的精力。"④ 朱德自己也说，"惟是两营士兵，虽负伤营长四员，而勇敢锐利，势不稍衰，实所罕见。"⑤

以棉花坡为中心的纳溪保卫战，"鏖战经月，日眠食于风雨之中，出

---

① 杨如轩：《护国军第三梯团步兵第十团第二营入蜀讨袁日记》，《义声日报》1916年5月22—23日。

② ［美］史沫特莱：《伟大的道路——朱德的生平和时代》，第133页。

③ 董鸿勋：《护国军第三支队第二营入蜀讨袁日记》，《义声日报》1916年4月22—29日。

④ ［美］史沫特莱：《伟大的道路——朱德的生平和时代》，第134—135页。

⑤ 《朱德致唐继尧函》，档案资料，转引自谢本书等《护国运动史》，贵州人民出版社1984年版，第206页。

入乎生死以外,总计伤亡及失踪不明者不下千人,而敌军死伤尤众。"①"纳溪之役,逆军死伤三四千人"。②而作为总司令的蔡锷虽身患重病,仍亲临前线,始终坚持战斗,几至遇险,"平均每日睡不到三点钟,吃的饭一半米一半砂硬吞"。③蔡锷也说,在那艰苦的战斗的日子里,尽管力量悬殊较大,护国军人数有限,弹药不足,以劳攻逸,地势不利,但"幸士气坚定,上下一心,虽伤亡颇重,昼夜不得安息,风餐露宿,毫不为沮"。④"我军士气百倍,无不以一当十"。⑤因此虽然我军"屡濒于危,皆能绝处逢生"。⑥蔡锷当时即有电云:"此三星期之剧战,实吾国有枪炮后之第一战也。"⑦

护国军经过几十天的艰苦作战,取得了不少胜利,但官兵们日夜激战,伤亡颇重,极度疲劳,武器弹药供应不足,又缺乏援军。同时,部队在战斗中突击移动频繁,各部队分布错综复杂,建制分割零乱,给指挥带来很大困难。护国军已处于师老疲惫、弹粮匮乏的境地,为了保存实力,以利再战,急需休整。为此,3月6日蔡锷下达了后撤的命令,从3月6日深夜到7日凌晨,护国军各部遵照命令,有秩序地分别转移到了大洲驿、叙蓬溪(今四川叙永县护国镇)、白节滩一线布防。蔡锷的总司令部暂设于纳溪以南35公里永宁河畔的大洲驿,刘存厚部则转移到了古宋。

护国军撤出后,北军不敢追击,却大肆宣扬收复纳溪的"战绩",在纳溪、双合场、牛背石一线构筑工事,不敢再前进一步。这一线与护国军退守的大洲驿、叙蓬溪一线相距20多公里。

五　袁世凯取消帝制

蔡锷的司令部设于大洲驿旁永宁河的一条船上,后来就是从这里发出反攻命令的。为了纪念护国战争的胜利,蔡锷曾勒铭于永宁河畔的岩石上,后加序,亦刻于岩石上。永宁河畔的石岩,也被蔡锷命名为"护国

---

① 庾恩旸:《云南首义拥护共和始末记》下册,第10页。
② 《蔡松坡家书》,《近代史资料》1963年第4期。
③ 梁启超:《护国之役回顾谈》,《饮冰室合集·文集之三十九》,第92页。
④ 蔡锷:《致唐继尧等电》,《蔡松坡集》,上海人民出版社1984年版,第931页。
⑤ 《蔡松坡家书》,《近代史资料》1963年第4期。
⑥ 蔡锷:《致唐继尧刘显世戴戡王文华电》,《湖南历史资料》1980年第1期。
⑦ 庾恩旸:《云南首义拥护共和始末记》下册,第10—11页。

岩",并手书"护国岩"三个大字,刻于其上。护国岩铭如下:

> 护国之要,惟铁与血。
> 精诚所至,金石为裂。
> 嗟彼袁逆,炎隆耀赫。
> 曾几何时,光沉响绝。
> 天厌凶残,人诛秽德。
> 叙泸之役,鬼泣神号。
> 出奇制胜,士勇兵饶。
> 鏖战匝月,逆锋大挠。
> 河山永定,凯歌声高。
> 勒铭危石,以励同胞。①

护国岩铭成了护国战争永久性的纪念标志。

3月15日,广西将军陆荣廷在柳州行营正式通电,宣布广西独立讨袁,以广西都督名义兼两广护国军总司令,任命梁启超为总参议。广西独立讨袁,对四川前线作战的护国军是一个很大的鼓励。

护国军在大洲驿、叙蓬溪一带,经过短期休整,各部建制和兵员作了调整,力量有所增强。蔡锷在广西宣布独立讨袁的同一日,即3月15日,连下六道准备反攻的命令。3月17日蔡锷下达了总反攻的命令。护国军分三路进攻,中路为顾品珍梯团,其任务占领茶塘子高地,以威胁鹞子岩之敌人。左路为何海清支队和刘存厚部,由何支队进驻丰场一带,警戒顾品珍左侧;刘部进驻牛滚场一带,威胁江安的敌人。右路是这次反攻的主力,由白节滩向牛背石、纳溪前进,以扫清长江南岸为目的,参战部队是赵又新梯团的金汉鼎、朱德支队和义勇军张煦、廖月疆支队,其中朱德支队又担负着右路的主攻任务。蔡锷特别召见了朱德,当面向他交代作战意图。护国军三路同时发起攻击,连战皆捷,先后拿下江安、南溪等地,重新夺回纳溪,使"纳溪三易其手"。朱支队更是长驱百里,像尖刀一样直插张敬尧的大本营泸州,先头部队已进抵距泸州仅10余里的南寿山附近。

---

① 《护国岩铭并序》,《蔡松坡先生遗集》之八,并根据"护国岩"实际考察的铭刻作了校订。

这样,"我军自十七日攻击开始,连日激战,大获胜利"。"正面之敌,被此次击溃后,已无反攻之勇气"。①

但是,护国军各路兵力有限,弹药缺乏,补充不及,终未能攻下泸州敌人的最后防线。又报敌人李长泰第八师之王汝勤旅,由合江方面向护国军侧翼推进,为避免敌人抄袭后路,乃决定缩短战线,于3月22日下令各部撤出战斗,退回原阵地防守,采取守势。而北军方面死伤更为惨重,无力再组织进攻。据传,张敬尧第七师中,前线官长死亡殆尽,营长只剩下一人。张敬尧也承认:"我自当排长起,现在已到师长并总指挥,未离开二十五团,你们那一顿刺刀搠死我七八百人,全师共死二三千人,我的精锐消耗殆尽,你看伤心不伤心,我还打什么?"② 由于双方都难再组织进攻,川南战事遂成胶着状态。

眼见袁世凯的江山摇摇欲坠,各帝国主义国家逐渐改变了对袁世凯的态度。日、英、俄、法、意等国向袁世凯提出警告,甚至于决定对袁政府"执监视之态度"。加上北洋军阀内部分崩离析,袁世凯的左右手段祺瑞、冯国璋及北洋元老徐世昌等对袁世凯称帝持消极态度,甚至暗中表示反对。而对护国军军事进剿的破产,滇桂黔起义军已连成一片,南方各省出现了不稳的迹象,长江下游各省持观望态度。又有消息说,日本准备承认讨袁各省为"交战团"。袁世凯还获悉北洋派中的几个将军正在酝酿"取消帝制,以安民心"的密电,袁世凯集团已处于土崩瓦解、分崩离析的状态之中。在这种情况下,袁世凯不得不于3月22日下令撤销"承认帝制案",妄图勾销过去的一切罪行,末后还以"本大总统"自称。第二天又发布告令,废除"洪宪"年号,仍以本年(1916年)为中华民国五年纪年,将恢复帝制公文800余件,尽行销毁。

袁世凯从1915年12月12日承认帝制之日起,至1916年3月22日取消帝制之日止,共102天。百日皇帝梦,一击成泡影。

袁世凯取消帝制后,密令陈宦、张敬尧等人与蔡锷谈判停战。双方派出代表在泸州商议,同意从3月31日起停战一周。停战期满,双方又两次协议各延长停战一个月。这样从3月下旬开始,川南战场不再有正式的交战了。

---

① 《护国之役总司令部命令钞》,《文献》杂志1979年第2期,第15页。
② 刘云峰:《护国军纪要》,《云南文史资料选辑》第10辑,第97页。

第四节　护国战争的结束

一　川东和湘西的战斗

蔡锷率护国第一军出兵川南的同时，李烈钧率护国第二军进军广西，护国第三军参谋长韩凤楼率第一梯团两个支队，与黄毓成挺进军联合黔军，由贵州向湘西进发。

贵州宣布独立讨袁后，蔡锷将滇、黔两省护国军合编为"护国军滇黔联军"，自任总司令，任命戴戡为滇黔联军右翼军司令，负责指挥东、北两路黔军，并直接率领北路黔军，由黔北进攻川东綦江，直指北军曹锟总司令部所在地重庆。

袁世凯注意到川东地位的重要，通过陈宦命川军第一师周骏所部三个团进驻綦江一带，后又将北军齐燮元旅、李炳之旅等部调往綦江，阻击北路黔军。因此，綦江战场就成了护国战争中仅次于泸纳战场、叙府战场的第三个主要战场了。

1916年2月11日，戴戡指挥熊其勋梯团分三路进军綦江。一夜之间三路皆捷，俘敌128人，打死打伤敌数百人，前锋攻至綦江城外5公里的桥坝河。右翼军出师取胜，一时声威大震。2月17日，护国第三军参议殷承瓛，率华封歌支队抵达松坎，加入綦江战斗。此时，护国军中路主力在泸州前线告急，蔡锷为牵制泸州的敌军，分散其兵力，电令右翼军加速攻綦江，然后西取江津，截击增援泸州的敌人。可是，敌人大量增兵綦江、江津一线，黔军两个排在綦江、江津之间的龙台寺与敌遭遇，几乎全部壮烈牺牲。为此，双方反复争夺龙台寺，伤亡甚众。从2月29日，双方在油罗坪拉锯，相持达七昼夜之久。3月6日以后，两军在草坪垭发生激战，白刃肉搏，毙敌约700人。然而敌人增援赶到，战事进展受阻，可是双方都难以取胜。经过连续1个月的綦江战役，虽未攻破綦江，却牵制了敌人。到3月16日，蔡锷电令右翼军收缩兵力说："近日敌军纷纷向重庆进发，恐泸州取守势，綦江取攻势。我军既是单薄，尽可能竭力将范围缩小，以免将来腹背受敌"。① 这样右翼军由军事上的主动进攻，改为牵

---

① 杜叔几：《护国战争中北路黔军作战经过及入川失败始末》，《贵州文史资料选辑》第3辑，第90页。

制敌军的守势，一直坚持到袁世凯宣布撤销帝制、下达停战令为止。

北路黔军向綦江进击之时，东路黔军又激战于湘西。贵州独立后组成的护国军东路支队，承担了进军湘西的主要任务，而以"湖南招讨使"程潜部为辅助力量。东路黔军以王文华为司令，下辖3个团，于1916年1月下旬进入黔湘边境。而北军先后进入湖南的兵力号称"十万大军"，实际约3万人，王文华黔军仅有3000人，力量悬殊较大，故不敢轻进，敌我双方处于试探性对峙之中。除夕之夜（1月29日），王文华黔军趁敌麻痹，突然发动进攻，经过两周战斗，连胜11仗，先后攻克晃州、黔阳、洪江、沅州、麻阳、靖县、通道、绥宁等县城，击溃敌3个混成团，长江下游诸省为之震动。然而东路黔军团长吴传声，却中弹牺牲。

为增援黔军，护国第三军参谋长韩凤楼率部赶到湘西战场。而从3月初起，北军集中兵力在湘西各县举行大反攻，对麻阳、江市、岩门、武冈、绥宁、洪江、黔阳、沅州等全线出击。双方在绥宁激战四昼夜，在沅州又激战三昼夜，战事极为惨烈。直到袁世凯宣布取消帝制为止，护国军仍在麻阳、沅州、黔阳等地和敌人反复争夺。4月6日，东路黔军接到蔡锷的停战令后，仍坚守在湘黔边境一线阵地上。①

护国湘西之战，其规模和激烈程度，虽次于川南、川东战场，却仍是惊心动魄的，是护国战争的重要战场之一。

二 滇南保卫战

袁世凯任命的第三路征滇军，是以龙觐光为"云南查办使"名义，从广东经广西进入云南。龙觐光为广惠镇守使、广东陆军第一师师长。龙觐光的胞弟龙济光，时为广东将军，兄弟俩出生于云南蒙自县所属红河外犒吾卡和那埂的哈尼族封建土司家庭。而且，龙觐光还与广西将军陆荣廷有姻亲关系，龙觐光率军经广西，陆荣廷碍于情面也难以拒绝。

龙觐光受命后，组织黄恩锡、李文富招兵买马，搜罗地主、土司和土匪武装七八千人，编为两旅，以黄恩锡、李文富为旅长（第一、二路司令），随后又以朱朝瑛为第三路司令。而龙济光命其子龙体乾从广东回到蒙自，联合在职土司、龙济光侄子龙毓乾，组织武装，在滇南各县策动武

---

① 《湘路战况随闻》（1916年3月6日至4月6日），中国第二历史档案馆藏，档案编号一00三（2）107，北十一，13080。

装暴动，对护国军进行内外夹击，扰乱护国军的后方基地。

1916年2月下旬，龙觐光军李文富旅由广西进入云南门户剥隘。这时由于护国军大批出境，省内防御薄弱，在剥隘滇军仅一个连防守，虽兵力悬殊，仍坚持战斗两昼夜之久，于3月2日后撤至皈朝，李文富旅才得以进入云南，占领广南县城。

护国第二军张开儒、方声涛两梯团奉命紧急赶往滇桂边境，与敌激战三昼夜。方声涛部收复广南县城，李烈钧率护国第二军司令部进驻广南县城。然后，护国军两个梯团，在李烈钧指挥下向皈朝转移，李文富亦移向皈朝。于是，皈朝一役成了护国第二军进军广西途中在云南具有决定性的一次战斗。

龙觐光部第一路司令（旅长）李文富以三千之众，不断攻击护国军阵地，兵力颇占优势。张开儒梯团士气旺盛，但兵力薄弱，因而在这里形成拉锯战。经历了八昼九夜的激战后，李文富旅终于全线崩溃。这已是3月16日的事，而广西已于3月15日宣布独立讨袁，这样李文富旅残部进退失据，遂向护国军投降。早在3月14日，龙觐光在广西百色的司令部，亦被桂军包围后缴械投降。①

与此同时，护国军挺进军与第三军赵钟奇梯团，奉命改道截击龙觐光军，先后在八大河、间里、黄南田等地与龙觐光部交火，在黄南田击溃朱朝瑛部。广西起义之际，黄毓武在桂军邀请下，率军进入百色，龙觐光军遂宣布投降，此次战役俘虏龙军2500人。赵钟奇部进入广西后，在西林龙潭与敌相遇，一举击溃敌军数百人，并顺利进入百色。② 龙觐光遂于3月17日通电宣布："当辞云南查办使责任，赞助共和，以谢天下。"③ 李烈钧遂率护国第二军主力，经南宁、梧州进入广东。

龙觐光部第二路司令黄恩锡率部约3000人，亦于2月下旬经广西百色，绕道袭击丘北县城，然后向西窜扰弥勒县境内的江边、竹园、虹溪等地，进入曲溪、建水一带，准备与龙体乾、龙毓乾部会合，进扰蒙自、个旧。

龙济光派回云南策动叛乱和组织内应的龙体乾，利用与龙济光有交谊

---

① 陈润芝：《护国第二军始末简记》，《云南文史资料选辑》第10辑，第325—328页。
② 赵钟奇：《护国运动的回忆》，《近代史资料》1957年第5期，第76页。
③ 《龙觐光宣布拥护共和通电》，庾恩旸：《云南首义拥护共和始末记》，第21页。

关系的蒙自道尹何国钧（曾被任命为护国第二军参谋长，未到任）的关系，联合个旧资本家马用卿，蒙自、建水大地主杨镇南、朱小桂、莫朴，以及土司普绍堂等人的武装力量，策动个旧警备队、保商营，发动武装暴乱，一度攻占个旧，并袭击了建水，滇南震动。

唐继尧为保卫护国军大后方，先后命警卫二团团长赵世铭、警卫第三大队队长何世雄等部组成"南防第一支队""南防第二支队"，紧急出发平叛。赵世铭部赶到蒙自，配合驻蒙自的第二卫戍司令刘祖武部，打垮了啸聚蒙自地区的龙体乾部，并于3月22日收复个旧。龙体乾带领土司兵残部，渡过了红河，逃回犒吾卡土司的老巢逢春岭。赵世铭部又继续追击黄恩锡，黄恩锡部不支，率领残部向红河南岸逃窜，流窜到红河江外中越边境的原始森林地带。这样，护国军肃清了红河以内（北岸）滇南各县龙觐光军和龙体乾的叛乱武装。为彻底根除隐患，唐继尧命赵世铭等继续南进，追击龙氏残部，进军红河南岸的逢春岭，扫荡犒吾卡的土司老巢。龙体乾、龙毓乾土司兵一打即溃，龙氏乃搜括财宝，携带家属，逃匿到金平县沿边一带的原始森林中。①

保卫滇南、保卫护国军大后方的战斗，遂取得完全胜利，这对于反袁护国战争夺取最后胜利是有积极意义的。

三　护国军军务院

1916年3月22日，袁世凯宣布撤销帝制，却仍自称"大总统"，把住最高权力不放，并以未参与帝制活动的黎元洪、徐世昌、段祺瑞三人的名义，致电护国军，要求停战议和。同时指令四川将军陈宧在前线与蔡锷商议停战。

护国军主要领导人唐继尧、蔡锷等发出通电，不仅不承认袁世凯为民国总统，而且要求对袁世凯进行审判，指出："今乱事蔓延与否，维在项城（袁世凯）自处如何？盖海内汹汹，实为项城一人。"②

尽管袁世凯软拖硬磨，死赖着不下台，妄想以拖来瓦解护国军斗志，但护国军及各方反袁人士并未上当受骗。在退位问题上，护国军及各方反

---

① 张若谷：《护国时期龙济光父子攻占个旧纪实》，《云南文史资料选辑》第10辑，第286—296页。

② 《会泽首义文牍》上册，《电报》，云南图书馆刊印，1917年，第40页。

袁人士意见一致。孙中山也指出："除恶务尽，对于袁氏必无有所姑息。"① 梁启超、陆荣廷、刘显世等人也坚持袁氏必须退位。全国各阶层人士纷纷声讨，形成了对袁世凯强大的舆论攻势。因此，反袁斗争还在继续高涨。在这种形势下，广东将军龙济光被迫于4月6日宣布广东"独立"。然而，龙济光独立却不反袁，各地军民仍不信任龙济光，广东的斗争仍很尖锐。而梁启超、陆荣廷主张对广东的事情，以和缓方式解决为宜，暂时保住了龙济光的地位。

护国军及反袁独立各省坚持袁世凯退位的同时，积极组织南方统一机关，以代替北京政权，处理军国大事，为此先成立两广统一机关。1916年5月1日，两广都司令部在广东肇庆成立，以岑春煊为都司令，梁启超为都参谋。接着于5月8日，成立了南方独立各省的统一政府——护国军军务院，院址仍设广东肇庆。军务院抚军长为唐继尧，抚军副长岑春煊，抚军兼政务委员长梁启超，蔡锷等为抚军。由于唐继尧在云南，不驻军务院，因此由抚军副长岑春煊代行其职权。

军务院成立之后，发出五号宣言和多起通电，集中到一点，就是公开否认袁世凯的总统资格及其政权。第一号宣言说："今袁世凯谋叛罪之成立，现已昭然，即将帝制取消，已成之罪固在，特以约法上之弹劾。制裁机关久被蹂躏，不能行使职权，致使逍遥法外。特此宣言，前大总统袁世凯因犯谋叛大罪，自民国四年十二月十三日下令称帝以后，所有民国大总统资格，当然消灭，布告中外，咸知闻知。"第二号宣言是关于副总统黎元洪继任总统的声明。第三号宣言宣布军务院的职责范围和权限，军务院"直隶大总统，指挥全国军事，筹办善后庶政。院置抚军若干人，用合议制裁决庶政。其对外交涉、对内命令，皆以本院名义行之。俟国务院成立时，本院当即裁撤。"根据这个宣言，军务院实际上等于国务院并兼摄大总统部分职权，是特殊情况下的中央政权形式。第四号宣言是关于军务院自身的组织条例。第五号宣言公布了抚军名单及职务，决定军务院暂设于广东肇庆。此外，军务院还发电给外国公使团、领事团，通报情况，阐明军务院的性质与作用，申明外交事务统由军务院办理。②

军务院事实上具有南方临时政府的性质，其人员构成体现了反袁各派

---

① 《讨袁宣言》，《孙中山全集》第三卷，中华书局1984年版，第285页。
② 参见《饮冰室合集·专集之三十三》，第7—9页。

力量实现了某种程度的联合。它既有革命党人,也有进步党人,还有地方实力派人士。但其实权却掌握在进步党人和地方实力派人士手中。军务院名为独立各省和护国军的统一权力机关,实际上是一个松散的联合体,没有起到领导独立各省的作用。而且军务院除倒袁外,也没有提出任何比较明确的革命纲领,妥协倾向随着时间的推移而愈来愈严重。

但是,军务院成立本身就表明了护国军一定要袁世凯下台的决心。军务院成立后,曾从政治、军事、外交等方面发动了一系列攻势,给袁世凯以沉重打击。上海《时报》报道说:"北方政府所惧者,南方军务院之组织已俨然一临时政府。从前南方势力虽大,尚无统一机关,北方尚有城社可凭。今如此,则所谓中央政府已无复奇货可居。又连接紧要报告,南方一面依约法戴黎,一面通告驻京各国公使废止北京政府,此等消息较之某省独立、某战败之惊报,何啻十倍。"① 所以说,军务院成立,滇、黔、桂、粤联军西南,声震全国,"风声所播,大义已彰,袁氏知其不可屈,而卒恚愤以死。"② 使袁世凯知西南"不可屈"的事实,对于进一步鼓舞全国人民反袁斗争的信心,起了积极的作用。

四 护国战争是云南人民的重大历史性贡献

护国战争开始以来,袁世凯"形神颇瘁"。取消帝制以后,反抗之声不仅未曾减弱,反而继续高涨,袁世凯更"面带愁容""大失常态"。③ 随着形势的发展,对他愈来愈不利,袁氏精神更为颓丧。

人民斗争浪潮还在继续发展,袁世凯的心腹爪牙们也不得不考虑自己的出路,从而改变了对袁世凯的态度。袁世凯手下的两大头目冯国璋、段祺瑞,因袁氏称帝,绝了他们继承总统的希望,大为不满,采取不合作的态度。随着袁氏帝制活动的演进和衰败,北洋军阀内部的矛盾急剧发展,最终走到四分五裂的地步。早在南北双方川南激战之时,北军旅长冯玉祥就派人与冯国璋暗通声气,表示若冯不反对,他愿意联络在川北军响应护国。四川将军陈宧亦派使者与冯联系,表示若冯赞成,他就宣布四川

---

① 彬彬:《最近时局要闻》,上海《时报》,1916年5月18日。
② 《大事六·护国四》,《续云南通志长编》上册,云南省志编纂委员办公室印,1985年,第45页。
③ 《索崇仁致冯国璋函》,李希泌等编:《护国运动资料选编》下册,中华书局1984年版,第666—668页。

独立。

山东将军靳云鹏，在山东民军包围之中，为求一条生路，于1916年4月29日致电袁世凯，劝其退位，声称如得不到满意答复，就要宣布山东独立。袁世凯骗他进京讨论，待他上路，即下令免职，代以张怀芝为山东将军，山东独立遂半途而废。冯国璋也曾在4月16日致电袁世凯，劝其退位。因冯国璋权势甚大，袁世凯不便采取措施，只好假惺惺地复电安慰，不着边际地说什么："至引咎以往，补过将来，予虽不德，敢忘忠告？"① 接着，5月9日，陕南镇守使陈树藩宣布陕西"独立"，并将陕西将军陆建章"礼送"出境。5月22日，四川将军陈宧宣布四川"独立"，其声明却只宣布"与袁氏个人断绝关系"。5月29日，湖南将军汤芗铭亦宣布湖南"独立"。

在这种情况下，段祺瑞也不买袁世凯的账。冯国璋更于5月18日召集奉天、吉林、黑龙江、直隶、山东、河南、江西、安徽、湖南、湖北、福建、山西、察哈尔、热河、绥远，以及上海、徐州等地区代表二十余人参加的南京会议，讨论袁世凯之地位问题。北洋军阀头面人物公开讨论袁世凯之地位问题，亦可见袁世凯的地位已无可挽回。袁世凯在一片众叛亲离声中，更加垂头丧气，呆若木鸡，一病不起。

就在湖南宣布"独立"的同一日，即5月29日，袁世凯强打精神，宣布了"帝制议案始末"，抵赖自己的罪行，而将一切责任推之于别人，甚至以威胁的口吻，扬言要"将各省区军民长官迭请改变国体暨先后推戴，并请正大位各文电，另行刊布"。② 这个"帝制议案始末"的公布，更暴露了袁世凯进行垂死挣扎的妄想。

延至6月6日上午10时，袁世凯一命呜呼，可耻地去世了。

袁世凯死后第二天，即6月7日，陕西陈树藩首先宣布取消陕西独立；6月8日，陈宧宣布取消四川独立；6月9日，龙济光宣布取消广东独立。而作为护国军军务院也失去了意义，遂于7月14日撤销。军务院撤销后，护国军未正式宣布撤销，却也自然地结束了自己的使命；随后，孙中山在7月25日宣布了中华革命党停止一切军事行动。这样，护国战

---

① 《冯将军与袁世凯最近之交涉》，《民国日报》1916年4月23日。
② 《袁世凯宣布帝制议案始末命令》，孙曜编《中华民国史料》中册第三，上海文明书局1939年版，第80—83页。

争也就完全结束了。

护国战争是近代中国资产阶级领导的仅次于辛亥革命的一次伟大的革命运动。所谓"辛亥首义，民国建立；护国讨袁，共和再现"，其历史地位应给予充分肯定。因此，孙中山曾在1916年12月13日致电当时的大总统黎元洪和北京国务院，建议将云南起义日——1915年12月25日定为中华民国国庆日。① 虽然这个建议并未变成现实，而是把云南起义日作为国家纪念日之一，但它表明护国战争在资产阶级革命党人以及全国人民心目中所占的重要地位。因此，孙中山为代表的资产阶级革命党人把护国战争看作是"第三次革命"的心情，是完全可以理解的。

护国战争在维护资产阶级共和制度、粉碎袁世凯复辟封建帝制方面，符合社会发展的客观规律，从而延缓了中国半殖民地化的进程，避免了历史更大的倒退。护国战争的历史表明了辛亥革命以后，封建余孽任何复辟帝制的企图，都不能不遭到失败，一切违反历史规律、违反人民意志的倒行逆施，都将为历史向前发展的车轮所轧碎。护国战争对中国革命由旧民主主义阶段向新民主义阶段转变，是一次有力的推动。

云南各族人民为护国战争所作出的贡献和牺牲，是值得我们永远怀念的。护国战争从云南开始发动，是从云南首义的，而且战争过程中护国军的主力也是云南各族儿女，这是云南各族人民的光荣和骄傲，也是云南各族人民的革命斗争和爱国主义精神的又一次集中体现。是云南人民对祖国作出的重大历史性贡献。

然而，护国战争未能改变中国半殖民地半封建的社会性质，这是当时的历史条件所决定的。中国人民要获得真正的解放，必须重新寻找新的力量。

---

① 《孙中山致黎元洪、国务院电》，《孙中山全集》卷三，中华书局1984年版，第402页。

第九章

护法运动与云南

第一节　护国战争后的四川与云南

一　护国战争后的军阀割据

袁世凯死后，帝国主义列强在中国失去了一个共同的走狗。为了争夺中国，扩大对华侵略，他们就要物色和培植新的代理人，而帝国主义列强间存在着深刻的矛盾及其在中国划定的不同势力范围，决定了他们需要寻找各自的走狗，作为自己的代理人。其次，袁世凯死后，北洋军阀失去了总头目，内部各集团在不同帝国主义国家的支持下，因扩张地盘，争权夺利，而分裂为若干派系。再次，反袁战争结束后，"独立"省区失去了共同的反袁目标，有的即拥军称霸，割据一方，形成地方军阀。最后，护国战争虽然粉碎了袁世凯帝制复辟的阴谋，却未能改变中国半殖民地半封建的社会性质，没有瓦解产生军阀的社会经济基础。这样，护国战争结束后，中国就出现了军阀割据和军阀混战的局面。

最大的北洋军阀分裂为三个主要派系，即皖系、直系、奉系。皖系的头子是段祺瑞，因段是安徽（简称皖）合肥人而得名。袁世凯死后，段即控制了北京政权，并控制着华北地区及安徽、浙江、福建等地盘。皖系以日本帝国主义为靠山。直系的头子是冯国璋，因冯是直隶（今河北）河间人而得名，控制着长江中下游的湖北、江西、江苏及直隶等省地盘。直系投靠英、美帝国主义。奉系的头子是张作霖，因张是奉天（今辽宁）海城人而得名。奉系以东三省为其地盘，以日本帝国主义为靠山。除了皖、直、奉系三大派系外，还有依附于他们或从他们中孳生出来的若干较小军阀或派系。当时，全国除南方六省区外，差不多都处在北洋军阀的控制之下。他们有的割据一省称"督军"，有的割据一省中的某一些地区称

"镇守使",拥兵自立,实行军事武装割据。

在南方六省区,逐渐出现了与北洋军阀相对而言的西南军阀。西南军阀指中国南方或西南方,有六个基本上不属于北洋军阀势力范围的省区,即广东、四川、云南、贵州、广西、湖南,形成相对独立的分成许多派系的若干地方军阀集团。西南军阀中,以唐继尧为首的滇系和以陆荣廷为首的桂系势力最大。这六个省区,又大体上分为两类地区,滇系唐继尧控制了云南、贵州两省,并力图向四川扩张;桂系陆荣廷控制了广西、广东两省,湖南也在其势力影响之下。

南、北军阀的出现,是半殖民地半封建社会畸形发展的结果,是近代中国的一对孪生怪胎。南、北军阀本质上没有多大差别,然而却有许多不同点,在中国近代史上的作用亦有差异。它们各自的割据及不断的混战,成为民初社会的一个重要特点。

二 蔡锷督川及四川政局

护国战争结束后,原副总统黎元洪继任为总统,而以皖系首领段祺瑞为国务总理,然而北京政权事实上掌握在握有军权的段祺瑞手中。其时,蔡锷所想到的并不是扩张实力,而是"收束兵事,保国治安,维持财政"三点善后要务。蔡锷通电声明,护国第一军"出征以来,未滥招一兵,未滥收一钱。师行所至,所部士兵未擅取民间一草一木"。因而本军"收束甚易"。同时表示,"锷锋镝余生,无意问世,且夙疴未痊,亟待疗养。俟本军部署稍定,即行解甲归休"。① 蔡锷还多次声明,他不为争个人权利而奋斗。可是,在护国战争刚刚结束的时候,他却为此而放弃了与北洋军阀势力的斗争,则是其局限性的表现。因此他说:"现项城(袁世凯)出缺,黄陂(黎元洪)继任,两军(指护国军与北洋军)即属一家。"②

在紧张的战争结束之后,蔡锷的病情迅速恶化了,喉病日剧,几至不能发音,十分痛苦,因此表示要请假离职,专门治疗。然而,1916年6月24日,北京政府却发布命令,以蔡锷为益武将军,督理四川军务。但是蔡锷病情日益恶化,遂于7月5日致电北京政府,再次请假东渡日本治

---

① 蔡锷:《致北京各部院及各省电》,《蔡松坡集》,上海人民出版社1984年版,第1144—1145页。

② 蔡锷:《致张敬尧电》,《蔡松坡集》,第1142页。

病，希望"乞假数月，东渡养疴"。① 这个请假电报，未获批准，加上四川战乱又起，各方打电报来要求，欢迎蔡锷早日赴任。

原来，陈宧宣布四川独立时，袁世凯采用借刀杀人之计，于6月3日提升川军第一师师长、重庆镇守使周骏为崇武将军、督理四川军务，唆使其进攻成都，驱逐陈宧。而在袁世凯死后，周骏在段祺瑞、曹锟的暗中支持下，继续进兵成都。在周骏所部的进攻下，陈宧向蔡锷告急。蔡锷于6月25日派罗佩金率领顾品珍梯团往援成都。但援军尚未到，陈宧已支持不住，于6月26日逃出成都，周骏入城后自为四川督军。罗佩金联络刘存厚等部川军，进军成都，周骏不支，又逃离成都。刘存厚进入成都后，暂行代理四川军民事务。到7月6日，北京政府不仅不同意蔡锷请假治病，反而进一步任命他为四川督军兼省长。蔡锷不得不临危受命。

7月29日，蔡锷到达成都视事。蔡锷在成都任职虽只有10天，但仍大刀阔斧，整理在川军队，统一财政收支，制订军队、官吏奖惩条例等。同时对军队和政府人事作了安排，以周道刚为川军第一师师长，移住合川；刘存厚仍任川军第二师师长，又升任川军第一军军长，驻成成都；钟体道为川军第三师师长，驻成川西北；以陈泽霈率领之护国军，编为川军第四师，陈任师长，驻成川西；以熊克武统率之护国军四川招讨军，编为川军第五师，熊任师长兼重庆镇守使，驻成重庆。滇军顾品珍、赵又新两梯团，改编为入川滇军第一、二师，后又称川军第六、七师，驻扎川南及川东一带。任命尹昌龄为省署政务厅长，邹宪章为财政厅长，稽祖佑为全省警务处长，殷承瓛为川边镇守使，钟文虎为川西道尹，修承浩为川东道尹，熊廷权为川边道尹兼川边财政分厅长等。这个人事安排，虽能暂时稳定川省局势，对于滇军继续留川及滇、黔人士掌握川省权力是有利的，但事实上埋下了后患。

由于蔡锷病情没有任何好转，实在难以坚持工作，乃再电北京政府请假治疗，并保荐原护国第一军总参谋长、云南人罗佩金代理川督，原护国军滇黔联军右翼军司令、贵州人戴戡为代理省长兼会办四川军务。8月7日，北京政府终于批准，给蔡锷两个月假期治病。

8月9日，蔡锷在成都视事10天，稍作安排后，即带领随从离开成都。他曾作《告别蜀中父老文》，表示将来回蜀，再报答川人。这篇文

---

① 蔡锷：《致段祺瑞电》，《蔡松坡集》，第1180页。

章,"情词真切,传诵一时"。① 而蔡锷离开成都时,四川人舍不得他走,甚至有人"烧着香,拦着路不准他走"。② 蔡锷先到泸州,然后乘船经长江东下,于8月26日到达上海,再乘海轮于9月10日到达日本,转入日本九州福冈医科大学医院治疗。延至11月8日,蔡锷终因积劳病重,医治无效病逝,享年34岁。蔡锷逝世引起全国人民的悲痛,北京政府慑于各方面的压力,追赠蔡锷为上将军,并为之举行国葬。蔡锷遗体运回国后,葬于湖南长沙岳麓山万寿寺之后山。蔡锷走了,四川仅维持短暂的安定,即又发生了新的严重的动乱。

三 唐继尧对四川的扩张

护国战争的胜利进行,大大提高了唐继尧的地位和声威。然而,唐继尧却不能自我约束,野心开始膨胀。在护国战争事实上已经结束之后,仍利用护国的声名,扩张实力。在原护国三军之外,又增加了五个军,达八军之多,即将原挺进军改编为第四军,以黄毓成为军长;新设第五军,以叶荃为军长;第六军以张子贞为军长;第七军以刘祖武为军长;暂编警卫一军,以庾恩旸为军长。唐继尧计划第四军出川,第五军由会理、宁远出陕西,第六军出粤,第七军由桂林出长沙,唐继尧拟亲率第三军及警卫军由黔出湘,会师武汉,大举北伐。③ 因袁世凯死了,唐继尧"北伐"失去了题

图10 护国第四军司令部(谢本书供稿)

---

① 祝鸿基:《护国战争》,《云南文史资料选辑》第10辑,第83页。
② 梁启超:《护国之役回顾谈》,《饮冰室合集·文集之三十九》,中华书局1932年版,第97页。
③ 庾恩旸:《云南首义拥护共和始末记》下册,云南图书馆印1917年版,第77页。

目，才未有"会师武汉"之举。

可是，在获知袁世凯死后，唐继尧仍加紧派兵往四川的部署，企图利用北洋军阀内部分崩离析的时机和护国军的声威，扩张地盘，抢夺护国战争的胜利果实。刘存厚当时就说："当袁世凯死的时候，唐继尧密电滇黔军将领，入川的滇黔军队要长久在四川驻扎，就是蔡松公（蔡锷）令撤回，也要得他的同意，非有唐的命令，不能离川。"这是唐继尧占据四川的阴谋。[①]

7月6日，北京政府正式任命唐继尧为云南督军、任可澄为云南省长。唐继尧以这个头衔，直接控制和掌握驻川滇军。8月13日，北京政府正式任命罗佩金暂署四川督军，戴戡暂署四川省长兼军务会办。罗佩金本来是"一切按唐的意旨办事"的，[②]即使坐在四川督军的位子上，也是听命于唐继尧的指挥。11月8日，蔡锷病逝后，罗佩金自以为川督的地位已无后顾之忧，便根据唐继尧的旨意，无所顾忌地推进滇系图川的计划，并利用黔军的臂助，以维持"滇黔共治"的局面。

首先，罗佩金借四川的地盘、人力和财力，置四川于滇黔军武力控制之下。他大肆扩军，由云南招募7000徒手兵入川，使滇军由3500人扩大到万余人之多，用四川枪械装备武装滇军。其时在川军队，已整编为川军五师、滇军二师、黔军一旅。但川军除刘存厚一师兵员充足、兵种齐全、枪弹较好外，其余各师兵员均不足额。除上述七师一旅外，在四川的军队还有川边镇守使殷承瓛所部滇军、

图11　护国第五军司令部
（谢本书供稿）

[①] 李岳伦：《护国之役后四川的动乱局面》，《四川军阀史料》第1辑，四川人民出版社1981年版，第95—96页。

[②] 隗瀛涛等：《四川近代史》，四川省社会科学院出版社1985年版，第633页。

罗佩金组编的督军署警卫团、兵工厂卫队营、造币厂卫队等。在滇军驻地内，不允许川军驻扎，初步形成滇黔军队在四川的势力范围。

滇黔军驻扎之地，皆系全川安危及财赋所出。滇军驻扎之叙府、泸州一带，为川南门户，长江上游。黔军驻扎之重庆、綦江一带，扼控川东门户。滇黔军驻地之内，还拥有任用行政长官、勒收赋捐等权力。例如，滇军防地接近自流井，为四川盐税最多的地方。当时，自流井一带盐场的产量，居全国所需五分之一，其盐利、盐税约为四川全省收入的 2/3。黔军驻扎重庆、万县一带，为西南的贸易中心，川东的咽喉。而且滇军控制了四川兵工厂，所出枪支，"全给滇军，不准川请"。①

其次，把持四川行政大权，安插亲信。本来，蔡锷督川时，人事已作了安排，滇人已掌握了一部分行政权力。但罗佩金上台后，又作了较大变动，以李临阳（后为修承浩）代尹昌龄为政务厅长，以杨宝民代邹宪章为财政厅长，以禄国藩代稽祖佑为全省警务处长，委赵又新兼永宁道尹，委贾紫绶为四川督军署警卫团长，以韩凤楼为四川讲武堂堂长等。戴戡署四川省长兼军务会办时，又在黔军势力范围内擅用官吏和编设警卫团。②

图12 护国第六军总司令部（谢本书供稿）

最后，尽力榨取四川财富，供滇黔军使用。罗佩金以李临阳为总经理，将富滇银行迁到成都，大量发行富滇银行纸币，派员大量吸收市场的黄金、白银，又大量搜括盐税，对川军军饷却又大量克扣。例

---

① 佚名：《丁巳滇川军阀记录》，第131页。转引自谢本书等《西南军阀史》第1卷，贵州人民出版社1991年版，第204页。

② 《国民公报》1917年8月10日。

如，仅从 1916 年 8 月罗佩金上任到 1917 年 4 月，拖欠刘存厚第二师及汉军川边军的饷项即达二百数十万元之巨。①

其结果，在四川"就军事而言，赶走了北洋军，进来了滇黔军。就政治而言，由北方的专制统治，转变为滇黔人的共治"。② 唐继尧对四川的扩张，自然加剧了川、滇、黔的矛盾，这就使在护国战争中联合讨袁的川滇黔军不可避免地产生激烈的矛盾，以致严重的战乱。

四 川滇黔两次成都巷战

护国战争结束后，已进入四川的滇军和黔军不仅拒绝撤军，还要继续增兵川境，大批滇人及部分黔人出任四川各级各地官吏，控制军政大权，这就埋下了川军与滇黔军矛盾的伏笔。其时，段祺瑞政府为了削弱异己力量，下令"收束"军队，责成各省军事当局将以前派出作战的军队撤回原籍，并着手编遣各地民军，以及自护国战争发生以来新扩充的军队。段祺瑞拟就了一套裁兵计划，全国陆军规定为 40 个师，每师 1 万人，另编 20 个独立旅，每旅 5000 人，合计 50 万人。此外，各省可保留一些非正规性质的警备队，但全国警备队不得超过 200 营，每营 500 人，合计 10 万人。北京政府的裁兵计划，实际上只裁南方军队。南方军队自然不会在这个与自己生死攸关的问题上俯首听命，然而这个计划却引发了川滇黔两次成都巷战。

根据北京政府"收束军队"的意见，川督罗佩金依据唐继尧之命令，采取"强滇弱川"的裁兵计划，将在川的滇军改编为 1 师 1 旅，在川的黔军改编为 1 混成旅 1 独立团。滇黔军编为中央军，取得驻川的合法权利和地位。川军原有 5 个师，缩编 3 师 1 旅，改为地方军。这件事引起川军的强烈不满，认为"编遣不公"，罗佩金却要强制执行。

罗佩金为了杀鸡给猴看，乃从力量较弱的川军第四师裁兵入手。该师师长陈泽霈原属滇军系统，但自任川军师长后，逐渐靠拢川军将领。罗下令将川军第四师缩编为 1 混成旅，陈泽霈却要求缩编为 1 混成旅及 1 个团，同时要求发清欠饷，这实际上是拒绝执行命令。罗却令第七旅旅长卢

---

① 北京《晨钟》报，1917 年 5 月 9 日。
② 熊克武：《大革命前四川国民党的内讧及与南北政府的关系》，《文史资料选辑》第 3 辑，第 12 页。

师谛接管该师,将该师在成都城内部队全部缴械,并扣押了陈泽霈等人。这样川军五师长联名,以刘存厚领衔发出通电,指责罗"强滇弱川,编遣不公",① 矛盾尖锐化。

1917年4月18日,滇军一部由德阳押送整编收缴的川军陈泽霈部枪支1000余件,子弹10余万发,至成都北门外,川军第一军军长兼第二师师长刘存厚下令截夺,开枪射击。当场滇军死十余人,余均禁闭。② 滇军另一部从灌县返回成都,也遭刘存厚下令射击。这就引起了在成都的川、滇两军互相炮击,于是川滇之间的成都巷战爆发,炮声隆隆,杀声四起。此次巷战又称为"刘罗"战争(刘存厚与罗佩金之战),双方都指责对方挑起事端。

图13　护国第七军司令部(谢本书供稿)

这次战争的双方都以争权夺利为目的,而不惜以人民遭受巨大灾难为代价。4月19日,滇军顾品珍令王秉钧旅纵兵焚烧皇城周围民房,声言"亮城",防止川军利用民房伏击。皇城上滇军发射燃烧弹,机枪步枪交织扫射,禁阻警察前往救火。刘存厚为诿罪滇军,亦派兵数百名,伪装成

---

① 吴光骏:《刘存厚的早期活动与"刘罗""刘戴"战争》,《四川军阀史料》第1辑,四川人民出版社1982年版,第125页。

② 《刘存厚叛乱始末记》,《近代史资料》1958年第6期,第95页。

滇军，伙同流氓地痞分头放火，抢劫财物。一时黑烟蔽天，红焰照地，人民奔逃，哭声载道。火势一直烧到 4 月 22 日。滇军两旅分路猛扑刘存厚军的防线，以占领北校场刘的军部为目标。川军拼命阻击，白刃肉搏，双方都有严重伤亡。川滇两省议会亦相互指责，而入川黔军则作壁上观，保持"中立"。

由于成都绅商、外国领事和北京政府出面调停，罗佩金于 4 月 24 日率军由东门撤出成都，次日刘存厚也率军由西门退出成都，"刘罗"战争逐渐停下来。据统计，这次战争，仅百姓伤亡即在 3000 人以上，财产损失达 47 万余元，烧毁民房 780 户，被抢劫的民户达 1194 户。

"刘罗"战争结束不到 3 个月，第二次成都巷战，即"刘戴"战争（刘存厚与戴戡之战）又爆发。还在"刘罗"战争之际，戴戡与刘存厚暗中约定，待罗佩金下台后，就把军务会办一职让与刘存厚。罗佩金出走后，北京政府以戴戡代四川督军，而戴手握督军、省长、军务会办三颗印，却不愿让出会办。刘存厚甚为不满，知黔军弱于滇军，乃对戴施加压力，并杀害戴的军需课长。戴难以忍受，决定报复。

1917 年 7 月 1 日，张勋扶持溥仪复辟，任命刘存厚为"四川巡抚"，刘并未表示就职。戴戡即以此为名，讨伐刘存厚。7 月 5 日晚，"刘戴"战争爆发，戴戡命令旅长熊其勋向北校场刘存厚的军部等地进攻。刘存厚早有准备，立即进行反击。黔军力弱，被迫后退，沿途烧毁民房，以图阻止川军的追击。"刘戴"战争几乎是"刘罗"战争的翻版。在省议会、外国领事的调停下，戴戡率部于 7 月 17 日从南门退出成都，向华阳、仁寿方向退走。7 月 21 日，戴戡所率黔军行至仁寿县秦皇寺附近，遭到刘存厚军拦腰阻击，黔军旅长熊其勋被川军所俘后斩首，戴戡亦同时为川军所害（一说为自杀）。"刘戴"战争以刘存厚胜利而结束。这次战争，仅红十字会医院收容统计，兵士死者 364 人，伤者 661 人；市民死者 110 人，伤者 310 人。

与成都巷战差不多同时或稍后，川滇又发生两次战争，这就是"青（神）眉（山）争夺战"和"资（阳）内（江）争夺战"。这两次战争是两次成都巷战的继续，是刘存厚企图乘胜追击，把滇黔军全部赶出川境；而唐继尧却不甘失败，要继续控制四川引起的。这两次战争，刘存厚占了上风。然而稍后，滇黔军又出其不意，分路奇袭重庆，局势又发生新的变化，川军不得不从川南撤退。

1917年的川、滇、黔两次成都巷战及其稍后的战争，乃是典型的争权夺利的军阀混战性质的战争。对于战争的各方来说都不具有正义性，而战争所采取的残害民众、烧毁民房等手段也是令人发指的。正因为如此，可以把"一九一七年川滇黔成都巷战视为西南各省军事头目堕落为封建军阀的重要标志"，① 也是西南各派军阀卷入混战的开始。

第二节　响应护法的靖国战争

一　孙中山领导的护法运动

袁世凯死后，黎元洪继任总统，人们以为从此可以安定一个时期，以从事建设事业。孙中山此时发愤著述《民权初步》，希望团结人心，纠合群力，建设国家。但是接踵而来的许多事变，不断打破孙中山对段祺瑞政府"恢复约法、尊重国会"，不"重蹈天下于纠纷"的希望。段祺瑞积极投靠日本帝国主义，大借外债，扩军备战，蔑弃国会和约法，专横暴虐，这都给孙中山很大刺激。人民大失所望，志士为之扼腕。他们惊呼："袁世凯未死！袁世凯复活！"必须以"血刃割除"。② 孙中山愤于北洋军阀的倒行逆施，决心维护《临时约法》和国会，开始筹备反对段祺瑞军事独裁的护法运动，其主要内容是反对假共和，维护真共和。然而缺乏实力的孙中山，把护法希望寄托于南方，尤其寄希望于桂系陆荣廷和滇系唐继尧等实力派身上，这是他长期以来"依南讨北"思想的继续。孙中山认为："君主专政之气在北，共和立宪之风在南。""今日欲图巩固共和，而为扫污荡垢，拔本塞源之事，则不能不倚重南方"。③ 为此，孙中山又指出："唯西南六省，为民国干净土，应请火速协商，建设临时政府，公推临时总统，以图恢复。"④

孙中山把《临时约法》和国会看作是资产阶级民主制度的象征。他

---

①　谢本书：《西南军阀形成的重要标志》，《西南军阀史研究丛刊》第3辑，云南人民出版社1985年版，第30页。

②　陈独秀：《袁世凯复活》，《新青年》2卷4号；又见《独秀文存》，安徽人民出版社1987年版，第90页。

③　《答广州某报记者问》，《孙中山全集》第4卷，中华书局1985年版，第125页。

④　《致西南六省各界电》，《孙中山全集》第4卷，第111页。

认为：“约法与国会，共和国之命脉也。”① 以维护临时约法为己任，因而掀起了护法运动。1917年7月中旬，孙中山率领舰队由上海出发，到达广州。孙中山即通过上海、天津各报馆电邀国会议员到广州参加护法，并派专人迎接议员南下。8月中旬，到广州国会议员已达150多人，虽未满法定人数，但在非常时期，可召开非常国会。8月25日起在广州召开国会非常会议，宣布成立中华民国军政府。国会选举孙中山为军政府大元帅，唐继尧、陆荣廷为元帅，并推举了军政府各部总长。9月10日，孙中山正式就任军政府海陆军大元帅职，表示"当荷戈援枹，为士卒先，与天下共击破坏共和者"，② 从而正式揭开了护法运动的帷幕，发动了轰动一时的护法战争。

还在1917年7月，段祺瑞即派兵入湘，妄图依恃日本帝国主义的势力，实现其"武力统一"南北的野心。段祺瑞计划分兵两路，向南进攻，一路经四川攻滇、黔，一路入湖南攻广西。在直系军队进入湖南时，湖南零陵镇守使刘建藩在零陵、湘军第一师第二旅旅长林修梅在衡阳，于9月18日宣布自主，陆荣廷也命令桂军援湘，于是护法战争就此打响了。

护法战端一开，直皖两系争夺地盘的矛盾表面化了。在前线直系军队消极怠战，使段祺瑞"武力统一"政策受到挫折。当孙中山领导的护法战争正取得胜利之际，北方直皖两系矛盾加深，南方护法军政府内部也发生了新的变化，护法运动面临着严峻的考验。

二　唐继尧主持的靖国战争

孙中山寄希望于滇系唐继尧、桂系陆荣廷，并力主推举他们为军政府元帅。但是，唐继尧、陆荣廷却对孙中山采取两面态度，表面上拥护孙中山护法，壮大护法声势，实际上暗中拆台，另搞一套，以谋自身势力的发展。所以，陆荣廷控制两广，打出的旗号是"自主"；而唐继尧控制滇黔，宣称的却是"靖国"。

1917年7月初，张勋复辟，唐继尧即连发数电，表示拥护共和讨逆，并组织"靖国军"。他说："本督军义愤填膺，匡扶有责。为此躬率三军，

---

① 《孙中山先生之乐观——东京归客述》，《民国日报》1916年5月6日。
② 《就海陆军大元帅布告》，《孙中山全集》第4卷，第140页。

克日由滇省出发，誓将会师武汉，立马幽燕，廓彼妖气，式靖区宇，旌旗卷地而来，霹雳从天而下。"① "集中所部，编成靖国军，克日出发"。② 也就是说，孙中山在酝酿护法之际，唐继尧即打出了"靖国"的旗号。为什么叫靖国？唐继尧没有明确的解释，而文公直的解释是，靖国"含有别种在外滇军之意，非仅因护法之故"。③ 实际上"护法"是其外衣，靖国"图川"才是实质。滇军在川的扩张，就是在"靖国"的旗号下进行的。可见，孙中山的护法与唐继尧的靖国，在反对北方军阀一点上有相互交叉之处，而其内容及其目的，则是大不相同的。

当1917年9月1日，广州非常国会推举孙中山为大元帅，唐继尧、陆荣廷为元帅后，唐继尧、陆荣廷拒绝就任。唐在9月7日、8日先后致孙中山和广州非常国会各一电，拒绝就任元帅职务说："元帅一职，愧不敢当。"④ 这个电报发出后，舆论哗然，滇军军官多人先后给唐电报，请其勿辞职。但唐继尧固执己见，不为所动。

然而，唐继尧却利用护法之名，打着靖国的旗号，发动靖国战争，把滇军势力向四川及邻省扩展。唐在给孙中山并各界的函电中声明，要趁此时机，把"攘窃权利之徒"，彻底肃清，乃"决心亲督三军，长驱北上，第川事于中作梗，不先戡定，终难免内顾之忧，思维此征，宜先靖蜀"⑤。为此，唐继尧组织靖国军，自任总司令，把所部编为六个军，以顾品珍、赵又新、庾恩旸、黄毓成、张开儒、方声涛分任第一、二、三、四、五、六军总司令。他在给孙中山电报中说得明白："继尧靖国护法，夙有同心，载造元黄，此物此志。今政局鼬臲，川乱尤亟，不先戡定，祸弥全国。矧滇蜀比邻，势切唇齿，一发之动，全身耆慄。观火隔岸，决不忍为。披发缨冠，在所必救。居今之计，唯有一意恤邻，建设问题不得不暂时抑置。"⑥ 唐继尧的靖国图川，是下了大决心的。

---

① 《唐继尧驰檄讨逆通告全国电》，《护法运动》（档案丛编），档案出版社1993年版，第5页。
② 《唐继尧编滇军为靖国军誓为共和通电》《护法运动》，第6页。
③ 文公直：《最近三十年军事史》第2编，上海太平洋书店1930年版，第380页。
④ 《唐继尧辞谢元帅职电》，《护法运动》，第415页。
⑤ 《唐继尧致孙中山支持戡定川局函》，《云南档案史料》第1期，第43页。
⑥ 《复广东孙中山电》，《会泽靖国文牍》卷二，前靖国联军总司令部秘书厅印行，1923年，第8页。

为此，唐继尧以川军刘存厚阻碍滇军北伐为词，亲至贵州毕节，就任滇黔靖国联军总司令职，率滇黔联军入川。11月，滇军顾品珍部由泸州东下，联合黔军王文华部突袭重庆，川军周道刚及北洋派的四川查办使吴光新部撤出重庆，滇黔联军于12月4日控制重庆。随即向川南进击，于12月14日再占泸州。此时川军无主，北洋政府乃于12月18日，任命刘存厚为四川督军。刘受任后，号令川军第一、二、三师重新部署，以对付滇黔联军的进攻。

12月21日，川军熊克武、但懋辛、石青阳等通电加入靖国军，推唐继尧为"川滇黔靖国联军总司令"。这样，军事形势发生了有利于靖国军的变化，到1918年2月20日，滇川黔三省靖国军先头部队进入成都，刘存厚等不支，率部退往陕南汉中地区。到此，唐继尧以夺取和控制四川为目标的靖国战争暂时取得胜利，并告一段落。

唐继尧控制了川滇黔三省，声势显赫，气焰嚣张。1918年2月25日，唐继尧避开广州军政府，以"联军总司令"名义，直接任命熊克武为四川督军兼省长（4月，孙中山无可奈何，才补充任命熊克武为四川督军），并促其速赴成都就职。3、4月内，唐继尧借援鄂、援陕名义，连续任命了八个总司令：援鄂第一、二、三、四路军总司令，援陕第一、二、三、四路军总司令，还安插王文华为重庆镇守使，赵又新为四川军务会办，顾品珍为叙泸镇守使，叶荃为夔万镇守使。唐继尧俨然以川滇黔的最高统治者自居了。

三 第一次护法运动的失败

广州非常国会给唐继尧送来了元帅证书，其文如下："兹依中华民国军政府组织大纲第二条，选举唐继尧为元帅。此证。国会非常会议正、副议长吴景濂、王正廷。中华民国六年九月一日。"同时送来了《致唐元帅词》。[①] 唐继尧却拒绝就任，由于反映强烈，他在9月12日密电孙中山解释说："自维才望无似，不欲冒君子上人之戒；又惧蒙世俗权利之嫌，故已沥诚奉辞，非取矫激鸣高，实欲循分见志。"[②] 孙中山见唐继尧再三推辞，乃派军政府秘书长章太炎往云南劝驾，并反复劝唐："今日国运颠

---

① "证书"及"致词"，均见昆明圆通山唐继尧坟前石刻。
② 《唐继尧密电》，《护法运动》，第420页。

危，吾人以身许国，久无权利之志，义务实不容辞。惟望我公体国步之艰难，鉴于议员之诚意，早日就职，毋为世俗流言所误。"①"乞即日宣布就职，与救危亡"。②广州非常国会亦致电唐："望公如岁，愿勿固辞"。③唐仍不为所动。10月下旬，章太炎经越南到达昆明，"特制了两面特大的红旗，挑选两个年轻力大的人扛着，作为先导，以壮行色兼示隆重之意，一时传为美谈"。④章太炎到昆明时间不算短，代表孙中山和广州军政府多方工作，唐继尧收下了证书和证件，却仍不愿宣誓就元帅职。他在给其亲信的密电中，却道出了不愿就职的原委说："中山举动，本嫌唐突，惟既已发表，似勿庸积极反对。有彼在，则对内对外亦有一种助力，将来取消亦得一番交换之利益，故此间虽辞元帅，未言其他，以免内部太形纷歧，反授人以隙也。"⑤孙中山不知其奥妙，仍多次电唐，望其就职，又电章太炎转唐："就元帅职，则西南护法根本上不致动摇。"⑥

孙中山痛心之余，于1918年2月22日发出通电指出："约法为民国命脉，国会为法律本原。在特定条件下，开国会非常会议，组织军政府，垂绝之国脉，赖是仅存一线。然元帅及各部总长多逊让未就，及今半载矣。"⑦孙中山呼吁护法各省首领支持军政府，可是由于唐、陆不愿就职，各省军政府大多不吭声。滇军将领、广州军政府陆军总长张开儒实在忍无可忍，即于次日（2月23日）给唐继尧密电，请唐"毅然就职，不为簧言所动"。并说："两元帅就职迁延，各总长意存观望。既曰护法靖国无权利之争，何有此徘徊携贰之行？"唐不仅不理，其秘书长竟在电文旁批"胡说"二字。⑧随后，孙中山在3月1日、13日、29日、4月1日、2日又多次致电唐继尧，劝其就职，苦苦哀求说："尚冀毅力首出担当，则桂人自难立异，而他省亦可景从。苟达护法，文无不可退让。"⑨孙中山连电唐继尧，苦口婆心，耐心劝说。电文之多，可以看作是民国政坛上的

---

① 《孙文密电》，《护法运动》，第420页。
② 《孙文复密电》，《护法运动》，第421页。
③ 《国会非常会议推举唐继尧为元帅电》，《护法运动》，第424页。
④ 汤志钧编：《章太炎年谱长编》，中华书局1979年版，第570页。
⑤ 《唐继尧解释不就元帅职原因密电》，《护法运动》，第423页。
⑥ 《复章炳麟电》，《孙中山全集》第4卷，第268页。
⑦ 《通告护法各省军政府首领支持军政府电》，《孙中山全集》第4卷，第384—350页。
⑧ 《张开儒请唐继尧就任元帅职电》，《护法运动》，第493—494页。
⑨ 《复唐继尧电》，《孙中山全集》第4卷，第428页。

一大奇观,可是唐继尧始终不为所动。

　　孙中山频频劝说唐继尧的同时,还对唐作了若干让步和迁就。其中比较重要的是承认他自称的靖国军总司令,并提出"设川滇黔三省靖国军司令,由唐公担任,统率既归于一,庶振臂之效可期"。① 但孙中山的苦心迁就和耐心等待,终未能达到目的。由于唐继尧的这种态度,也就直接支持了陆荣廷对孙中山军政府的干扰和破坏。孙中山虽是大元帅,却无权指挥军政府的北伐战争,唐继尧入川,陆荣廷入湘都是从扩大滇、桂系的地盘着眼,只要私利有所满足,就不肯越雷池一步。桂军攻下长沙与岳阳,本是北伐的有利时机,却为了与直系冯国璋、吴佩孚拉关系,不肯继续进军,甚至干脆宣布停战。当湖南各界代表公举程潜为省长,四川拥护但懋辛为代理省长时,因程、但比较靠近孙中山,竟然为陆荣廷、唐继尧下令褫夺。

　　陆荣廷还指使广东督军莫荣新等,有计划地谋害支持孙中山的干部和身边卫士,如杀害孙中山任命的潮梅前敌司令金国治等。又分化瓦解支持孙中山的驻粤滇军。1918年5月4日,桂系假唐继尧之命,强行剥夺了滇军将领、军政府陆军总长张开儒的兵权。唐继尧得报后,竟欣然同意说:"既已发表,惟有承认而已。"5月12日,桂系又强行拘捕张开儒和张的秘书长、军政府陆军部次长兼交通部次长崔文藻,随即将崔文藻枪杀于广州东郊。唐获悉,不仅称赞莫荣新"处理甚为适当",而且要求把张开儒押送回滇,"依法处办"。② 滇桂系勾结,囚禁张开儒,杀害崔文藻,使孙中山处于更加孤立的地位。

　　1918年4月12日,在滇桂系和政学系政客的积极活动下,广州非常国会居然通过了《中华民国军政府组织大纲修正案》,决定改组军政府,取消大元帅一长制,改为总裁合议制,以排斥孙中山的领导。孙中山明确表示反对,并于5月4日发表了《辞大元帅通电》,指出护法之际,"滇桂之师皆由地方问题而起,而所谓宣告自主者,其态度犹属暧昧,似尚置根本大法于不问"。"顾吾国之大患,莫大于武人之争雄,南与北如一丘

---

① 《号召川滇黔军事统一通电》,《孙中山全集》第4卷,第230页。
② 参见唐继尧在莫荣新1918年5月8日密电上的批语及《唐继尧复李根源密电》,档案资料,转引自谢本书《唐继尧评传》,河南教育出版社1985年版,第96页。

之貉。虽号称护法之省，亦莫肯俯首于法律及民意之下"。① 桂系看到这个电报，大为愤怒。唐继尧更是气急败坏，竟然在这个电报上批："一片胡说""无耻之极"②。

5月20日，广州非常国会不顾孙中山的警告，悍然改组军政府，将大元帅制改为总裁制，推举唐绍仪、唐继尧、孙中山、伍廷芳、林葆怿、陆荣廷、岑春煊七人为军政府总裁，又以岑春煊为主席总裁。孙中山虽名列七总裁之一，却处于无权的地位，不过是一块招牌。在这种情况下，孙中山无法实现自己的主张，乃于5月21日离开广州，前往上海。这样，孙中山领导的第一次护法运动就以失败而告终。

曾经拒绝就任军政府元帅职的陆荣廷、唐继尧，在军政府改组后，立即宣布就总裁职。唐继尧就职通电说："承推总裁，本不克当，国难方殷，未敢自息。"③ 又表示："军府改组，同深庆慰。谬承不弃，托以总裁。自惭德薄，曷克胜此。唯国家兴亡，匹夫有责，忝总兵戎，敢忘私义。谨随诸公，遥领责守。扬鞭立马，敬赞鸿图。"④ 这种态度，与他拒绝就任元帅职务态度相比，完全变成了两个人。这就说明了"靖国"与"护国"虽有共同反对北洋军阀一点，却有更多的差异性。章太炎到云南接触唐继尧，有深刻的感受，指出唐继尧等人搞"西南主义"，其"言和不过希恩泽，言战不过谋吓诈"，"西南与北方者，一丘之貉而已"，"广西不过欲得湖南，云南不过欲得四川，借护法之虚名，收蚕食鹰攫之实效"。"外人独见其宣布明电，慷慨自矜，而密电私议，实多不可告人之语"。⑤ 章太炎的观察是细致的、深刻的，孙中山关于"南与北如一丘之貉"的见解，实际上也是借用章太炎的话来表达的。

第三节　重庆联军会议与驻粤滇军

一　重庆联军会议

1918年上半年，唐继尧完成了对四川的军事占领后，企图进一步向

---

① 《辞大元帅职》，《孙中山全集》第4卷，第471页。
② 唐继尧批语见《护法运动》，第509页。
③ 《唐继尧宣布已就总裁职电》，《护法运动》，第515页。
④ 《唐继尧承领军府总裁电》，《会泽靖国文牍》卷五，第9页。
⑤ 汤志钧编：《章太炎年谱长编》，第588—589页。

陕西、湖南扩张，乃以商讨北伐为名，决定于1918年9月在重庆召开川滇黔鄂豫五省联军会议，同时隆重就任"军政府总裁"和"五省靖国联军总司令"职。出席会议的人员除唐继尧外，尚有四川督军熊克武、省长杨庶堪，援鄂援陕各路军部分总司令颜德基、夏之时、石青阳、黄复生，滇军军长顾品珍、赵又新，黔军总司令王文华，鄂军总司令黎天才，豫军总司令王天纵等人。

9月17日，唐继尧在前呼后拥、戒备森严的情况下，由贵州毕节来到重庆。这一天，重庆全城戒备森严，所有码头的渡船均被勒令停靠对岸海棠溪。自太平门到学院衙门行辕，沿途断绝交通，每一铺户站一武装哨兵。沿街商铺及楼上窗户，一律勒令关闭。唐抵海棠溪，鸣炮21响。唐乘坐借来的美军摩托艇渡江，经太平门入城。仪仗隆重，前列为护卫骑兵，次为御用的"侂飞军"（警卫军），头戴钢盔，身背十响枪，手持方天画戟，俨然是帝王巡行的派头；再次为掌旗官，乘高头骏马，手执杏黄滚金丝穗帅旗，上绣斗大的一个"唐"字。后面接着是唐乘坐的八抬绿呢大轿，轿内放着绣龙金黄褥靠垫；轿后为唐的坐骑黄骠马，紫金鞍。殿后是其护卫大队长龙云率领的护卫大队。唐入城后即乘坐黄骠马，足登金蹬，浩浩荡荡，进入行辕。行辕大门之上，高悬"军政府总裁"大旗，以显威风。唐到重庆后即声明："今日省界二字，本不值识者一笑。"其意思就是要打破省界来兼并四川，甚至扩及他省。这时已排斥孙中山的广州军政府，竟然吹捧唐继尧说"西南半壁，付托得人"。① 唐继尧俨然以"西南王""东大陆主人"自居了。

9月28日，唐继尧在其行辕举行了隆重的"军政府总裁就职典礼"。大典仪式精心安排，制定了"典礼程序"21条，规定赍送总裁证书进入礼堂时，侂飞军沿途肃立迎候；各军派步兵一连，沿途列队迎送；少校以上军官着军礼服参加行礼；由国会议员代表捧证书呈给唐继尧；奏国乐、军乐，鸣礼炮101响；国会议员致辞；军政各官员对唐继尧行三鞠躬礼等。岑春煊以军政府主席总裁的名义，特派国会议员舒祖勋向唐继尧赍送"总裁证书"，由广州赴重庆，并代表岑春煊致"颂词"。唐继尧又一次大显威风。

---

① 《重庆联军会议前后》，《西南军阀史料》第2辑，四川人民出版社1983年版，第38—39页。

威风虽然显了，但重庆联军会议并没有给唐继尧以面子。在重庆会议上，唐继尧抛出以"准备北伐案"为题目的所谓"川滇黔三省同盟计划书"。唐继尧和贵州督军刘显世已在同盟书上签了字，就等四川督军熊克武签字，同盟即告成立。这个同盟书的内容可以归纳为以下几点：第一，四川兵工厂作北伐军械弹补充，归联军管辖支配，实则全归滇黔所有。第二，造币厂亦归联军管辖支配。第三，四川全省的厘税，包括盐税、关税、酒税等，作北伐军军饷的补充，实则作滇黔军军饷。第四，资中、资阳、简阳、叙府、泸州、重庆、万县、自流井、荣县、威远、会理、宁远、酉阳、秀山各属，四川东南财富之区，悉作滇黔军防地，仅以面积计算，已占当时四川全省的2/3。第五，上述各项由联帅总部在重庆特设机构主持办理。唐继尧拿出这个同盟证书条款，逼迫熊克武签字。熊克武深感事情重大，一签字就等于正式承认四川划入云南的势力范围，因而表示无权处理说："这样重大事件要经过省议会通过，即使我个人同意也没有用。"① 因而拒绝签字。

唐继尧从9月17日到重庆，10月8日离开重庆的20天内，翻来覆去地就同盟书条款与熊克武谈判。又根据同盟书要求，滇军提出每月需四川协济32万元，黔军提出每月需协济28万元，这样一年共需720万元。熊克武再以四川无力负担如此巨款要求重议，滇军坚持不能少，黔军则减为每月23万元。熊克武仍然不同意，会议只得不了了之。② 据唐的秘书长周钟岳记载，后来滇军每月改为要求补助28万元，黔军要求补助18万元，熊克武仍未允许。结果"这次会议，效果殊少也"。③ 会议未达目的，唐继尧不得已于10月8日灰溜溜地离开了重庆。

与此同时，陕西、湖南、福建等省部分军事首脑，亦以"靖国"相号召。这样，唐继尧就以川、滇、黔、鄂、豫、陕、湘、闽八省靖国联军总司令自居了。④

唐继尧"靖国"战争时期及其威风凛凛地召开重庆联军会议时期，是其一身声望达到顶峰时期，也是其走下坡路的开始。在这以后的阶段，

---

① 熊克武：《四川护法期间内部分裂与滇军入侵》，《四川军阀史料》第2辑，第17页。
② 《四川军阀史料》第2辑，第40页。
③ 《惺庵回顾续录》，《云南文史资料选辑》第3辑，第213页。
④ 东南编译社编述，《唐继尧》一书第二十章说："唐氏所指挥之靖国军，其区域则达八九省，人数则有二十余万。"昆明震亚图书局1925年发行。

唐继尧作为滇系首领、云南的统治者，在省内经济建设及文教建设（如创办东陆大学）的某些方面不能说毫无建树，亦有一定的业绩，但是在政治上走下坡路，并逐渐走向自己的反面，却是历史事实。重庆联军会议的失败，已经埋下了1920年川滇战争的伏笔。

二　驻粤滇军对孙中山的支持

护法时期，尽管唐继尧、陆荣廷对孙中山领导的广州军政府采取两面态度，表面上拥护护法，实际上暗中拆台，然而这一时期驻粤滇军对孙中山广州军政府的支持却是真诚的、积极的。

驻粤滇军是云南滇军长期驻省外的一支比较特殊的部队。在粤十年的这支部队，对广州政府、对南方革命势力都有重大影响，特别是在第一次护法运动时期，对孙中山广州军政府的支持，值得加以肯定。

驻粤滇军的起因，可以追溯到反袁护国战争时期。护国战争开始后，李烈钧任护国第二军总司令，率张开儒、方声涛两梯团东出，其兵力不足4000人，武器亦不精良，但在全国人民讨袁的浪涛中，一举击溃侵扰护国军后方的龙觐光部队及滇南土司武装的叛乱，然后进入广西、广东，以巩固南方护国基地，出师北伐，推翻袁世凯统治。

李烈钧率部到达广东肇庆时，护国军军务院刚成立，该部被确定为军务院的直属部队。李烈钧根据军务院的计划，拟经广东，转湖南、江西北伐。此时，已宣布独立的广东龙济光，对其兄龙觐光部被歼一事，仍耿耿于怀，阻滞、破坏李烈钧部的北伐。当李部到达粤北重镇韶关时，韶光镇守使、龙济光所部朱福全企图阻止其向北前进。1916年5月，龙军拆毁铁路10余丈，企图截断滇军运输。5月18日，龙军又杀害滇军数人，并于城楼炮轰滇军。张开儒梯团指挥部队，以帆布作桥渡河，发第一炮击毙朱福全部100余人，发第二炮击毁镇守使署，发第三炮击毁南门。5月19日晨，李烈钧所部攻克韶关，当时即有所谓"张开儒三炮定韶关"之说，朱福全求降。护国战争结束后，护国第二军奉命驻守在韶关为中心的粤北地区。李烈钧因故离去，部队由张开儒、方声涛率领。张开儒被任命为滇军第三师师长，驻粤北地区；方声涛被任命为滇军第四师师长，移驻广州及其附近地区。

1917年9月，孙中山在广州成立中华民国军政府，掀起了护法运动。可是广州军政府成立后，表面上拥护护法的唐继尧、陆荣廷却拒绝就任军

图14 滇军军长、广东军政府陆军部总长张开儒（谢本书供稿）

政府元帅职，拆孙中山的台，军政府许多总长也迁延不就职。被孙中山任命为军政府陆军总长的张开儒，首先宣布就任陆军总长职，并明确表示支持孙中山的护法主张。当时张开儒曾发出祝孙中山就大元帅职通电，表示"惟我大元帅神武是赖。赫哉！"① 早在军政府正式成立前，张开儒即以滇军师长名义，发表公开拥护护法通电。唐继尧很不高兴，在张的电报上批道："应电饬勿再乱说。"复电张开儒说："该师通电，言太激烈，有损无益。"张开儒的秘书长崔文藻亦致电唐继尧，建议滇军东下武汉和通电拥护非常国会及广州军政府，唐更加反感，批道"崔极荒唐，不理！"② 可是，孙中山却任命崔文藻为广州军政府陆军部次长兼交通部次长。其时，北洋军阀的高级密探马凤池，在1917年7月25日向北京政府密报，孙中山将在广州成立军政府，所持的势力，陆军只有张开儒、方声涛两师及林虎一旅，而林虎旅远在雷州，"实只有张、方两师可资号召"。③ 可见，张开儒、方声涛及崔文藻等驻粤滇军将领，对孙中山的支持是很得力的。

护法军政府成立后，张开儒被任命为陆军部总长，方声涛被任命为广州卫戍司令。张就任总长以后，宣布"国会及军政府在此，不能不有重兵震慑。开儒即以国会之所在即民国正统之所在，故屯兵于此，以资保护"。④ 并派兵监督广州税收机关，督促其向军政府提供财政费用。由于驻粤滇军的支持，桂系陆荣廷、滇系唐继尧不敢对护法军政府轻举妄动。

---

① 《张开儒贺孙中山就大元帅职电》，《护法运动》，第418页。
② 《唐继尧指责张开儒电太激烈电》（1917年8月2日）、《崔文藻致唐继尧密电》（1917年11月20日、12月5日），档案资料，转见谢本书《唐继尧评传》，河南教育出版社1985年版，第89—90页。
③ 《马凤池密报》，《近代史资料》1978年第1期，第62页。
④ 转引谢本书《民国劲旅，滇军风云》，云南人民出版社2004年版，第155页。

然而，桂系并不甘心，为了破坏护法，搞垮孙中山的军政府，他们使用阴谋手段，通过利诱收买，拉拢海军，使支持孙中山的一部分海军转而依附桂系。在分化海军的同时，又企图收买驻粤滇军，但遭到张开儒等人的坚决拒绝。"当时张开儒拥护孙中山先生的意志绝不动摇"。① 桂系无可奈何，只好强行夺取驻粤滇军的兵权。先是通过唐继尧下令改组驻粤滇军，免去张开儒滇军军长兼第三师师长的职务，任命李根源为军长，指挥全部驻粤滇军。但遭到驻粤滇军中相当一部分官兵的反对，要求唐继尧"收回成命"。唐继尧任命郑开文为滇军第三师师长，郑也不敢前往接任。桂系一不做二不休，用武力强行解除张开儒的兵权。1918年5月4日，当张开儒从外地回广州，桂系广东督军莫荣新，竟派兵包围了广州车站，当场扣押了张开儒，解除了张开儒的兵权。稍后，莫荣新又逮捕了崔文藻，并将其杀害于广州东郊。

由于张开儒被拘（两年后才释放），崔文藻被害，使孙中山失去了不遗余力支持自己的驻粤滇军，军政府的继续维持也就成了问题，孙中山领导的第一次护法运动失败的命运也就无可挽回了。

由于驻粤滇军失去了张开儒、崔文藻这样的将领，最终导致驻粤滇军的分裂。这是第一次护法运动时期的驻粤滇军，也是驻粤滇军历史上的一个辉煌时期。以后还有第二次驻粤滇军，不过已超出第一次护法运动时期的历史时限，又当另论。

---

① 孙天霖：《护法期间驻粤滇军内部矛盾见闻录》，《云南文史集粹》第1辑，云南人民出版社2004年版，第363页。

第十章

近代前期的云南经济(上)

第一节 农业与农村经济

鸦片战争爆发之际，元明以来的云南山区开发进程仍在推进，农业和农村经济获得了进一步发展。但这一进程却受到了西方殖民经济的干扰和侵袭，受到了历时 20 年的战争破坏。① 云南农业和农村经济严重衰退。在封建主义和殖民主义的双重夹击下，虽然农业和农村经济艰难挣扎并从中出现了一些新的因素，但始终没有走上健康快速发展的轨道。

一 农业和农村经济的衰退

清代嘉庆、道光年间，云南人口和在册耕地面积继续稳步持续增长。咸丰元年（1851 年）实际人口数估计已达到 1267.5 万人，② 全省"各项田地共九万三千一百七十七顷九十亩，官庄田八百二十顷二十一亩，夷田八百八十三段。"③ 突破了历史纪录。但总体上资源开发程度、农业劳动生产率、农产品商品率不高。也正是在这一时期，以鸦片的产销为先导，云南农村经济中的半殖民地半封建因素亦开始潜滋暗长，鸦片战争的阴影悄悄向云南农村袭来。

在西方殖民势力的驱使下，鸦片种植、加工、贩运很快从南亚、东南

---

① 杜文秀起义中，大理政权曾采取一系列措施发展经济，取得了较好的效果。参见本书第一章。但在清政府的残酷镇压下，杜文秀起义失败，云南经济在战乱中受到了更为严重的破坏。

② 葛剑雄主编，曹树基著：《中国人口史》第 5 卷，下册，复旦大学出版社 2005 年版，第 567 页。

③ 《新纂云南通志》卷一三八，《农业考》一。

亚向云南渗透。诚如郭嵩焘所言："查鸦片烟之禁，始自雍正时。其初，但充药品贩运内地，所持政教修明，官吏称职，民间凛凛畏法，无敢吸食。至道光初，其风始炽，浸寻由印度传至云南，而南土兴矣……"① 道光十一年（1831年），云贵总督阮元承认："滇省沿边夷民，向有私种罂粟，收取花浆煎膏，名为芙蓉，以充鸦片；内地民人亦复栽种渔利。"且"民间私种罂粟，缘费工少而获利多，积习已久。"② 清廷开始在云南加强了查禁鸦片的工作。但是，云南鸦片产销不仅没有因为清廷查禁力度的加强而销声匿迹，反而愈演愈烈。至道光十八年（1838年），已是"云南广种罂粟，熬烟者日多，贩烟者日繁，吸烟者遂日众，是此等浇风，惟该省为甚。"究其原因，不仅因为"云南地方寥廓，深山邃谷之中，种植罂粟花，取浆熬烟，其利十倍于种稻。"而且"自各衙门官亲、幕友、跟役、书差以及各城市文武生、监、商贾、军民人等，吸烟者十居五六。并有明目张胆，开设烟馆，贩卖烟膏者，其价廉于他省。近复贩运出境，以图重利。"③ 次年，原籍云南的御史陆应谷称："臣籍隶云南，夙闻通省栽种罂粟之地甚多，故吸食鸦烟之风愈炽。彼富民、呈贡、禄劝等县，附近省垣，尚有奸民偷种。而蒙自、广南、开远、景东、赵州（大理）、蒙化等各府厅州县，地方辽阔，接壤边陲，昔种豆麦之田，今罂粟之地，彼州县地方官岂无见闻，何以任其蔓延。若此总因民间栽种罂粟获利较多，钱粮亦能及早完纳，而地方官利其催征之易，只知自顾考成，并不计民间利弊，所以听民栽种而不为之禁也。"④

道光年间，清政府对云南鸦片产销束手无策，反之，以夷制夷、制造民族矛盾的封建政策，却得到了全面推行，云南内部的阶级矛盾、民族矛盾日益激化。咸丰年间，波及全省的杜文秀起义、李文学起义先后爆发，云南卷入了长达20年之久的战乱之中。战争结束后，云南农业和农村经济却进一步受到西方殖民经济的侵袭，云南农业和农村经济明显衰退，全

---

① 朱寿朋：《光绪朝东华录》。转引自秦和平《云南鸦片问题与禁烟运动》，四川民族出版社1998年版，第19页。

② 云南省历史研究所编《〈清实录〉有关云南史料汇编》卷四，云南人民出版社1986年版，第746页。

③ 同上书，第747页。

④ 中国第一历史档案馆藏道光十九年十二月十七日御史陆应谷奏折。《清宣宗实录》卷三一九。转引自秦和平《云南鸦片问题与禁烟运动》，四川民族出版社1998年版，第20页。

省农业生产已经走到了崩溃的边缘。

　　首先，长年战争造成人口锐减，农业劳动力奇缺。咸同年间清政府对各族人民大起义进行了残酷镇压，作为农业生产主体的农民遭到了清政府的血腥屠杀。在杜文秀起义的中心地区被杀的农民（主要是回民），永平、宾川、漾濞各有3000多户，蒙化有6000多户，大理则达万户，共计5万余人，① 道光十年（1830年）大理府人口10万多户，到光绪十年（1884年）减至3万多户②。毫无疑问，上述因被杀戮、逃难减少的人口中，绝大多数是当地农民。云贵总督岑毓英也说，至同治末年"各属地方被害稍轻者，户口十存七八，或十存五六，被害较重者十存二三，约计通省户口不过承平时十分之五"。③ 即使充分考虑人口因战乱迁移、人口统计中的错漏因素，估计咸同年间全省尽减人口数也在241.6万人左右，人口总数回落到1123万人。④ 农村人口锐减意味着农业劳动力的奇缺，使云南农业生产遭到了致命的打击。

　　其次，鸦片种植的进一步泛滥，对农业生产和农村经济造成了严重危害。如前所述，道光年间鸦片种植已在云南全省蔓延，清政府或多或少还采取了一些禁烟措施。但鸦片战争后，烟禁中止，鸦片流毒全面泛滥。而咸同年间的战乱中，清政府为了筹集战争经费，云贵总督劳崇光奏准实行寓禁于征的政策，规定每百两烟土收取厘金1两。鸦片种植和贩运不仅取得合法地位，而且受到鼓励，种植面积迅速增加。有学者估算，1893—1898年鸦片种植面积在30万亩左右，而1899—1908年则达到了70万亩。⑤ 鸦片种植面积的扩大，大量侵占良田，排挤正常的农作物种植，严重影响了农业生产的发展。特别是在光绪年间战乱结束、自然灾害频繁、瘟疫流行的情况下，进一步加剧了农村劳动力的紧缺，导致了粮食生产大幅度滑坡。鸦片种植面积的增加，还进一步扩大了农村人口吸毒受害的范围，加剧了农村经济的凋敝程度。

---

　　① 中央访问团调查、刘树生整理《大理专区的民族关系》，《中央访问团第二分团云南民族情况汇集》上册，云南民族出版社1986年版，第262页。
　　② 《新纂云南通志》卷一二五，《庶政考》五。
　　③ 《遵旨清查荒熟田地折》，《岑襄勤公奏稿》卷一一，光绪二十三年武昌督粮官署刻本。
　　④ 葛剑雄主编、曹树基著：《中国人口史》第5卷，下册，复旦大学出版社2005年版，第567页。
　　⑤ 秦和平：《云南鸦片问题与禁烟运动》，四川民族出版社1998年版，第25页。

不仅如此，清末民初云南各地灾害十分频繁，时有瘟疫流行，给农业生产和农村经济的恢复发展带来了严重的困难。据统计，"在光绪一朝34年中，有灾情记载的就有27次，宣统朝的3年中就有两次"，其中1893年全省共有40余州、县受灾。① 1908年全省27县不同程度受到水、旱、雹灾的侵袭。1912年至1919年，每年都有相当规模的自然灾害。其中1913年"旱潦叠呈，实遍三迤"，1919年"雨量过多，水灾遍布全省"。② 在战祸接连不断、自然灾害频繁的条件下，不少地区瘟疫流行。道光二十一年、二十五年（1841年、1845年）元江、楚雄发生大疫。此后，自道光三十年（1850年）至光绪十七年（1901年）的50年间，见于记载的"疫疠流行"明显增多，共波及40个州、县，而"同治元年、十一、十二、十三年以至光绪元年大疫几遍三迤""罗平自光绪八年至十七年大疫乃止、人口死亡及半、烟户甚稀"。③

再次，农民负担不断加重，抗御自然灾害的能力明显下降，生活更加艰难困苦。由于近代云南农业自身的积累急剧减少，致使农民抵御自然灾害和病疫的能力不断下降。一方面，广大农民遭受着政府当局及封建地主阶级日益加重的剥削，农业生产获得的收入，越来越多地被转移到非农生产领域。就直接从农业中征收的田赋而言，嘉庆年间云南曾数次减征，而道光、咸丰年间正值云南农业几于崩溃之际，却不仅没有蠲免减征记载，而且苛捐杂税层出不穷。同治十三年（1874年）战争结束后，云南年田赋征收额增加到银31万余两，米麦22万石，已远远超过全省农民的实际负担能力。田赋正额虽经岑毓英奏准，按六成八分减征，但人口减少幅度仍大于田赋减征幅度。而至光绪十年（1884年），清政府又进一步削减减征幅度，改按七成五分征收条丁等银，按七成八分征收米粮。但各种附加、摊派不断增加。延至清末，全省正杂田赋种类增加为23种，即地丁一项下包括正赋、奏平、公耗、积谷、藉田、随粮夫马、津贴、随粮团费、随粮铁路股本、额外摊丁10项，秋税米包括米折、永折、荞折、款费、坐平、运脚，租课有官租、藩司衙门收入、学司衙门收入、财政公所

---

① 李培林：《云南近代农业概述》，《云南近代经济史文集》，《经济问题探索》杂志社，1988年，第136—137页。
② 云南近代史编写组：《云南近代史》，云南人民出版社1994年版，第152页。
③ 《新纂云南通志》卷一六一，《荒政考》三。

收入、警务公所收入、昆明县收入、杂课（如酒课、窑课、芦课、茶课、棉花课等）、土司折租等9项。① 民国初年，云南田赋"仍沿前清钱粮旧制"，② 农民负担并无减少。至1917年云南组织整理赋税委员会，"将旧有之各色名目删繁就简，合并定名为'田赋'与'租课'两种"，共计征收银圆1461086元。按银圆每元法定重量为库平银7钱2分计，共合清末库平银100万余两，③ 与清末相比亦不逊色。

与此同时，近代以来，云南农村中贫富分化日益加剧，广大农民在承担政府征收的田赋的同时，还受到封建地主、高利贷者的层层盘剥。在昆明地区，清末民初谷物产量每亩平均2石多，而1912年上则田的地租高达每亩平均1石1斗。④ 在德宏地区，1883—1884年，干崖土司刀盈廷将每箩种田征收的官租，由3钱银子提高到2两，增加6倍多。⑤ 1920年猛卯土司征收的租谷则为地价的25%至30%。⑥ 与此同时，云南农村中高利贷盛行，清末昆明有当铺20余家，取息由1分5厘至3分不等。⑦ 在较为偏远的民族聚居山区，高利贷更为猖獗，如景东县"重利放贷，二、三月一换木刻，不过期年，一两之银可至十数两，每酒一壶，换粮食一斗，零星记账，至一、两年开始照数收取。故夷人终岁苦作，不得自食，尽以偿债"。⑧

最后，由于云南农村经济日益卷入世界市场的旋涡，在市场机制的作用下，物价不断上涨与农民购买力日益低下形成明显反差。近代以来，由于农业衰退，粮食供给不足，导致粮食价格不断上涨，而其他必需生活品的价格涨幅则更大，尤其是食盐等工业品与农产品价格的差距越拉越大，致使农民收入中的相当一部分，通过流通领域转移到其他行业，这就严重

---

① 《新纂云南通志》卷一五〇，《财政考》一。
② 《续云南通志长编》中册，云南省地方志编纂委员会办公室铅印本，1985年，第507页。
③ 同上书，第728、689页。
④ 李培林：《云南近代农业概述》，《云南近代经济史文集》，《经济问题探索》杂志社，1988年，第147页。
⑤ 刀安禄、杨永生编著：《刀安仁年谱》，德宏民族出版社1984年版，第5—6页。
⑥ 《猛卯经济调查材料摘抄》，见《德宏史志资料》第9辑，德宏民族出版社1986年版，第28页。
⑦ 董孟雄：《云南地方经济史研究》，云南人民出版社1991年版，第105页。
⑧ 《景东县志稿》卷二二，杂录，民国10年修。

影响了农业生产的自身积累。以谷米和食盐的比价为例,在光绪二十一年以前,行销昆明的黑井盐每百斤卖价银3两,到光绪二十一年提价为每百斤3两4钱4分9厘,① 民国元年至9年平均售价高达每百斤9元,② 合清末库平银6两4钱8分8厘,比光绪二十一年上涨88.1%,比光绪以前涨116.3%。但是,在光绪十五年至二十二年(1889—1896年)间,昆明谷价平均每市石为银5两3钱8分6厘,③ 民国"初元以至七、八年间……每米一市石(一百二十斤)常在四元四五角以至五元三四角",平均每石不过5元,合清代库平银不到4两。④ 这样,光绪中叶每出售1石粮食可买回食盐179斤,而民国初期的近10年间,出售1石粮食仅可换回食盐50多斤。在盐价监督较严而粮食供给严重不足的昆明尚且如此,而那些粮食供给较为充足的地方情况就更糟。如在猛卯土司地,民国初年稻谷"除自给外,年运英缅者约50万箩,每箩重36斤,价约3元。豆出境2千箩,每箩30斤,价3元5角"。因本地不产盐,滇盐亦难销至此,故当地年销由缅甸造运的海盐2500驮,每驮约15元,⑤ 即5箩稻谷(约180斤)方值海盐1驮。此外,近代以来棉纱、棉布、煤油等大量洋货涌入,其价格虽不一定比本地棉纱、土布、菜油昂贵,但是,这一类洋货的销售,不仅直接打击了与农村经济息息相关的有关行业,而且改变了社会财富的流向。一部分原通过土布、菜油的销售流入农村的资金,转而流入了殖民者的腰包。同样,前述行销猛卯的海盐,获利者亦非当地农民。更进一步,在昆明行销滇盐的获利者是清末民初的政府和盐商。其获取的收益既未返回农业生产领域,亦未增加食盐生产的积累,其流向主要有三:一为政府掌握,成为政府庞大军费的重要来源;二为盐商掌握,这一部分除盐商继续用于贩卖食盐及自身生活消费外,部分用于在农村购置田产和放高利贷,进一步加剧了农村的贫困;三为殖民主义者通过不平等条约所

---

① 《新纂云南通志》卷一四九,《盐务考》三。
② 《续云南通志长编》中册,云南省地方志编纂委员会办公室铅印本,1985年,第1135页。
③ 《新纂云南通志》卷一五九,《荒政考》一。
④ 《续云南通志长编》下册,卷七四,商业一,云南省地方志编纂委员会办公室铅印本,1985年,第541页。
⑤ 《猛卯经济调查材料摘抄》,见《德宏史志资料》第9辑,德宏民族出版社1986年版,第28页。

获取。

因此，清末民初的云南农业生产，不仅劳动力急剧减少，耕地大量荒芜，自然灾害频繁，而且农业生产中鸦片种植泛滥，农业积累严重下降，连简单再生产都几乎难以为继。岑毓英在同治十三年（1874年）称，农村"村舍丘墟，既无可糊口，亦无可栖身，触目伤心，不堪言状"。① 时隔30多年后，民国云南地方政府也不得不承认"地多旷土而未能自辟，人多游民而鲜能自食己力"，"每遇州县，则鹑衣鹄食之辈，纷然载途"。②

二 农业政策的调整与农村经济的新变化

面对云南农业的衰退，清政府和民国政府在加强剥夺农民的同时，也局部调整农业政策，曾采取一些措施，以期促进云南农业的恢复和发展。

云南各族人民大起义被镇压后，清政府对战乱之后确已无法征收的田赋、徭役，进行了一定程度的减免。自同治十三年（1874年）后，赋额减征32%，对"最为民病"的伕马之役，也作了裁革。③ 同时，清政府采取措施，安辑流亡，筹发籽种、耕牛，鼓励农耕。在部分地区修复了战争期间损坏的水利工程，如同治年间修治昆明六河河道，同治、光绪年间加固，疏理松花坝礁台闸坝，同治十三年（1874年）修整海口堤岸、闸坝、河道等。④ 针对禁种大烟带来的财政、经济困难，积极帮助、鼓励、劝导种桑、植棉、养蚕，甚至无偿供给籽种、秧苗，编印、宣讲《蚕桑浅要》《裨农最要》《蚕桑弹词》等相关知识。宣统年间部分州、县还设立蚕桑研究所、农业学堂等，切实试种、推广。光绪三十三年、三十四年两年（1907—1908年），仅武定直隶州即领种桑秧1.5万株。⑤

民国元年以后，云南地方政府重视农业经济的恢复，在实业司下设立了农林局作为全省农业的主管机构，"凡关于农林蚕桑一切事宜，责令该

---

① 《遵旨清查荒熟田地折》，《岑襄勤公奏稿》卷一一，光绪二十三年武昌督粮官署刻本。
② 周钟岳：《呈大总统文》，载《惺庵文牍》。见谢本书等编《云南辛亥革命资料》，云南人民出版社1981年版，第237页。
③ 《裁革夫马筹款支销以苏民困折》，《岑襄勤公奏稿》卷一八，光绪二十三年武昌督粮官署刻本。
④ 《新纂云南通志》卷一三九，《农业考》二。
⑤ 《清末民初云南禁种大烟劝办桑棉档案史料之一》，《云南档案史料》总第34期。

局实地办理，每年经费约一万元。"下设农、林、蚕等股，重点办理"棉业、推广蚕林、交换各地籽种，以资改良"等工作。1912年9月，还正式成立云南省农会，并由实业司将原归政府收取的归化寺、华亭寺两寺官租拨作省农会经费，每年收租米46石2斗，地租钱200余千文。至民国3年，还在全省20个县成立了县农会。省、县农会随之开展了农村调查、选种试验、踏勘水利等工作。[①]

民国元年（1912年），先后拟定颁布了《倡办蚕林实业团章程》《劝民烧煤以保种树》《征集籽种》《垦荒规则》《征集稻种八条》《调查土宜一览表式》《调查气候一览表式》《调查水利填表规则》等，重点调查全省农业生产情况和生产条件。《垦荒规则》要求各地切实查清荒芜田地情况，限一年至一年半内垦种。公田逾期，地方官负责；民田逾期，由地方官查收招垦。新垦土地10年后升科纳粮。[②] 在此基础上，扩充清末开办的农事试验场，对粮食、蔬菜、林木、花卉等数千个品种进行种植试验。1914年2月，实业司又在通海设立烟草种植场，"租地59亩，在新兴（玉溪）设立分场，租地15亩，引进美国、土尔其烟叶籽种试种"。[③] 同时，先后筹划修治南盘江，泄出嘉丽泽积水，整治抚仙湖、星云湖，完成了一批小型水利工程的修复、兴建工作[④]。此外，云南地方政府鼓励种棉，植桑、养蚕。就种棉而言，民国政府不仅颁行了《督办棉业章程》，拟订三年计划，而且"先后购美国棉籽万镑以上，通州籽、本省宾川、巧家籽在2万斤以上，自三年以至九年，分发5次"，"各处栽植棉作……靡不竭尽全力"。[⑤]

但是，清末民初上述政策的实行，效果并不明显。[⑥] 云南传统农业在严峻的内忧外患中艰难挣扎。尽管广大农民历尽艰辛，云南农业生产的总体水平仍无明显提高，广大农民群众极为贫困的状况并无多大改善。至宣

[①] 李珪主编：《云南近代经济史》，云南民族出版社1995年版，第241、243页。
[②] 《云南程规汇钞》，第10类·实业，云南省社会科学院藏本。
[③] 李珪主编：《云南近代经济史》，云南民族出版社1995年版，第242页。
[④] 《续云南通志长编》下册，卷六九、七十，农业，一、二，云南省地方志编纂委员会办公室铅印本，1985年，第279、285—291页。
[⑤] 《续云南通志长编》下册，卷七一，棉业，云南省地方志编纂委员会办公室铅印本，1985年，第292页。
[⑥] 参见王文成《清末民初云南农业政策述论》，《云南社会科学》1995年第6期，第50—55页。

统二年（1910年），全省在册人口仅717万余人。① 实际人口估计也仅为1346.8万人，基本与咸丰元年的人口数持平。② 民国三年（1914年），全省耕地面积只有1149万亩，③ 与道光年间相去不远。

近代前期，云南农业和农村经济在受到严重打击的同时，发生了一系列引人注目的重大变化。主要表现在以下三个方面：

其一，云南农业与市场的关系日益紧密，市场机制对农村经济产生了重大影响。鸦片战争爆发后，英、法等国日益加紧了对云南的侵略步伐，尤其是光绪年间中英、中法间一系列不平等条约的签订以及蒙自、思茅、腾越等海关的被迫开放，使其侵略目标得以部分实现。而这对云南来说，则标志着发展水平较低并长期处于封闭状态的社会经济被迫与近代国际市场直接对接，外国商品、资本开始大量输入，云南工农业初级产品则被大量掠夺，作为云南基础性经济部门的农业生产和农村经济，更深地卷入了世界资本主义市场的旋涡。

云南农副产品的商品化程度迅速提高，部分农副产品的生产已不再是为了满足生产者的需要，而是通过交换实现其商品价值。在市场机制的作用下，云南部分原有的农产品生产难以为继，逐步缩减以至消失，而另一些产品的生产却不断扩大，并逐步引进了一些新品种，农村产业结构发生了一定的变化。以鸦片种植为例，光绪末年鸦片种植已成为云南农业生产中商品率最高，种植面积、产量增长最快的农产品。据统计1889年以后的20年中，云南鸦片出口价值占全省出口总值的比例，多数年份在10%左右，最高时达29.4%。其出口值仅次于大锡，居第二位。1906年云南鸦片产量为7.8万担（1担合50公斤），在全国各省中居第二位。④ 再看云南茶叶生产的情况。近代云南茶叶不仅继续行销川、藏，而且出口额急剧增长，1889年为231公担（1公担合100公斤），1892年就上升到1447公担，1903年更增至2044公担。⑤ 为了适应市场需求，云南产茶区迅速

---

① 《云南全省各属男子、女子口数总表》（1910年），见《云南省档案史料丛编·近代云南人口史料》第2辑，上册，云南省档案馆内部印刷，1987年，第28页。
② 葛剑雄主编，曹树基著：《中国人口史》第5卷，下册，第567页。
③ 云南地志编辑处编：《云南产业志》，云南省社会科学院图书馆藏，第2页。
④ 李珪主编：《云南近代经济史》，云南民族出版社1995年版，第57页。
⑤ 李培林：《云南近代农业概述》，《云南近代经济史文集》，《经济问题探索》杂志社，1988年，第127页。

扩大，产量日益增加，"其发展趋势，大抵由思茅迤南之江城、镇越（镇边）……县，渐移向西北之澜沧、景东、双江、缅宁、云县，而迄于顺宁"，其中双江、缅宁的勐库茶始种于光绪二十五六年（1899—1900年），"顺宁之凤山茶，至光绪末年方见栽培"。① 光绪三十二年（1906年）刀安仁见橡胶种植的市场前景广阔，首次从新加坡购回8000棵橡胶树苗，种于北纬24°以北的干崖新城。② 农产品中粮食的商品率也有所提高。滇越铁路通车后，离蒙自100多公里的路南县，"每年要输往个旧、蒙自米58万石"。③ 而勐卯土司地在民国初年每年出产的100万箩大米、5000箩豆中，50万箩米、2000箩豆销往英缅，④ 其外销售商品率达到了50%和40%。相反由于洋纱、洋油、国外染料的大批量涌入，云南传统的棉花、油料、蓝靛种植大大缩减，以致"今洋纱盛行，不但本省之棉转销外人，即昔日特产……或有或无，竟有询其名而不识者"。⑤ 1920年前后，云南仅剩保山等33县种植蓝靛，产量250万公斤，价值10万余元，而1923年蒙自、思茅、腾越三关输入染料89891海关两，"业经超过蓝靛出产"。⑥

云南农村中传统的自然经济逐步走向瓦解，耕织结合、自给自足的农村经济受到了前所未有的冲击。这一方面使农村社会分工进一步扩大，手工纺织业逐步独立出来。另一方面加剧了农民的贫困化，削弱了农业生产的自身积累，从而制约着农业生产的恢复和发展。云南开埠通商后，外国棉货一直是进口的头号大宗商品，而且一直呈不断增长之势。1890年至1894年间，全省进口洋纱12.8万余担，而1910年至1914年间，增至53.3万担，增长了413%。⑦ 进口棉纱成为各地织布业的主要原料，无论是"几有衣被全省之势"的新兴、河西，还是名冠滇西的鹤庆，其使用

---

① 《续云南通志长编》下册，云南省地方志编纂委员会办公室铅印本，1985年，第606页。
② 刀安禄、杨永生编著：《刀安仁年谱》，德宏民族出版社1984年版，第31页。
③ 李培林：《云南近代农业概述》，《云南近代经济史文集》，《经济问题探索》杂志社，1988年，第128页。
④ 《勐卯经济调查材料摘抄》，见《德宏史志资料》第9辑，德宏民族出版社1986年版，第29页。
⑤ 刘盛堂编：《云南地志》，光绪三十四年（1908年）印，第5页。
⑥ 云南地志编辑处编：《云南产业志》，云南省社会科学院图书馆藏，第76页。
⑦ 万湘澄：《云南对外贸易概观》，新云南丛书社1946年版，第174—175页。

的棉纱已全部是洋纱，手工织布与农业生产的联系已被割断。同时，各地织户因"不能自纺，获利有限"，① 纷纷停业。

其二，近代云南农村经济中另一个值得注意的变化，是部分地区农村生产关系也发生了一些局部的变化，这主要表现在以下三个方面：

（1）在绝大部分已经确立了地主制经济的地区，土地兼并加剧，大量土地集中到少数地主手中。如光绪末年，昆明武举李树功即有"东西城外水田60工，又坐落陈家河等处水田201工"。② 在纳西族聚居的丽江县鲁甸里扎米处，光绪三十四年（1908年）和占元一次租出山地两块，年收租净粮7斗5升，毛粮7斗5升。民国7年、9年，先后两次接受李德泰当入土地，付价大洋18元，川元47元，"制钱贰拾柒仟伍佰文"。③ 据统计，1912年云南无地、少地的佃农和半自耕农，已占农户总数的54%，自耕农占45%，而地主仅占1%。④

（2）在昆明等地开始出现了零星的资本主义农业经营。当清末倡办蚕桑之际，光绪三十年（1904年），职员蒋怀勋向杨应煃租借昆明响水闸山地，借银350两，请领桑苗万余株，招工人种桑养蚕，创办了"响水闸桑会"。蒋每年向杨付地租银20两，借银息2厘，桑园未见成效，蒋姓不能归还，而"所有已种植之树（桑树）木，均归杨姓管理"。5年后"响水闸桑会"已"十成六七……收效尚属可期"。响水闸桑会创办2年后，寄居安宁的四川商人吕光明"爰集地方绅商赵彬……"，"招商集股，以义成蚕桑股份有限公司为名，以本城公地1200余工永远租为植桑之地"，集资银3500两，种植桑树近6万株，任命曾佑极为总经理，进行资本主义农业经营。宣统二年（1910年）六月，附生王肇元也在大板桥外应明寺开办了"大板桥蚕桑会"。⑤

（3）在德宏一带，19世纪中叶以降，原属土司、头人及公有的土地逐步转化为私人财产，进入流通领域。《德宏史志资料》收集的1841

---

① 刘盛堂编：《云南地志》，光绪三十四年（1908年）印，第5页。
② 《昆明市志长编》卷六，昆明市地方志编纂委员会编印，1983年，第5页。
③ 《纳西族社会历史调查》，云南民族出版社1983年版，第188—189页。
④ 李培林：《云南近代农业概述》，《云南近代经济史文集》，《经济问题探索》杂志社，1988年，第147页。
⑤ 《云南商务总会一切桑蚕卷宗》，见《昆明市志长编》卷七，近代之二，昆明市志编纂委员会编印，1984年，第177—180页。

年至1918年间的30份土地典当买卖契约中,广泛涉及了傣、汉、景颇、傈僳等民族,出卖出租土地的有土司属官、同官、头人,也有一般农户。封建领主制经济开始向地主制经济过渡。同样,部分景颇族山区则由土地村社所有制向私有制过渡,一些土地被山官占有,一些则变为个体家庭私有。① 在怒江一带的傈僳族聚居区,民国初年殖边队进驻后,实行了"开笼放雀"政策,打击了存在于当地的奴隶制。在此基础上,1912—1928年间出现了长工及土地租佃关系,地主制经济开始发展。② 而在西盟佤族地区,1873年以"三佛祖"为代表的拉祜族武装,联合傈僳、汉族武装进入西盟,促进了这一地区生产力的发展,雇工和奴隶劳动开始产生。③

其三,清末民初云南农村经济另一个值得注意的变化是,边疆民族地区生产力得到了一定的发展,农业生产水平有所提高。

在清末民初的近80年中,云南接连不断地出现了三次有一定规模的人口流动。咸同年间,云南各族人民面对清政府的残酷屠杀,大量向边远民族地区迁移,其中尤其是回族人口的流动数量最多,范围最广。如勐海的"帕西傣",中甸、德钦的"藏回",德宏的"保黑回"及沧源的班弄回族,有相当一部分就是这一时期迁入的。④ 此后,光绪年间随着蒙自、思茅、腾越三关的开辟和清政府在边境沿线的设治有所加强,内地汉、白、彝等民族也大量流入边疆民族地区。光绪四年(1908年)夏瑚提出了在独龙江流域"宜广招开垦以实边地"等10项建议。民元以后,随着怒俅殖边督办公署、普思沿边行政总局及各行政区的建立和云南沿边对外贸易的进一步发展,又一批内地人口迁移于边疆民族地区,白族、汉族商人在知子罗、上帕开设了最初的百货商号"天宝号"、"鸿兴号";"汉族商人在西双版纳,特别是在勐海地区从事制茶的商号如雨后春笋,相继诞生,并有傣族建立的利利茶庄"。⑤ 金河行政区治地王布田,总人口仅300

---

① 《景颇族简史》,云南人民出版社1983年版,第64—67页。
② 同上书,第101—105页。
③ 李小生、田继周等调查:《西盟佤族社会经济调查报告》,见《佤族社会历史调查》(一),云南人民出版社1983年版,第8页。
④ 荆德新:《杜文秀起义》,云南民族出版社1991年版,第248页。
⑤ 宋恩常:《西双版纳自然概况》,《西双版纳傣族社会综合调查》(一),云南民族出版社1983年版,第6页。

多人，但"北城有湖南会馆，北门外有两粤会馆"，城内的两个施棺会中，还有一个是由"四川客民经理"。部分山区畜牧业生产在市场引导下，获得了进一步发展。据民国年间调查，全省仅马匹数量已达30万匹，有驴12万头，猪148万3千余头。马产量超过甘、新两省，驴的数量与湖北、吉林等省相埒，猪的数量与直隶、吉林、山东等省相埒。其中，"寻甸、镇雄、禄劝、晋宁、大理、永北、保山等县则又为省内产马之中心区域"。①

清末民初云南内地掌握了较先进的生产技术的汉、回、白、彝、纳西等民族，向边疆民族地区的移动，给当地带来了新商品、新工具、新信息，带来了劳动力、农耕技术和新的作物品种，在各族民众的相互友好往来中，经过共同努力开发，使边疆地区生产力获得了一定的发展，部分地区也正是在此时开始了使用铁器和牛耕的历史。

第二节　工矿业经济

鸦片战争以后，传统手工业、铜矿采冶业日益衰落，制盐业艰难维持，锡矿业突飞猛进，云南工矿业经济在激烈的结构调整中，迈开了艰难曲折的近代化步伐。

一　道光以后传统工矿业的衰落

嘉庆道光年间，云南盛极一时的铜矿采冶业在白银外流等多种因素作用下，日益衰落。咸同年间的战乱，进一步使传统工矿业受到重创。更重要的是，随着殖民主义对云南侵略的不断加深，传统手工业受到了洋货输入的强烈冲击，在激烈的市场竞争中，云南传统的工矿业经济，全面走向衰落。

嘉庆年间，由于鸦片输入和白银大量外流，全国银贵钱贱，以白银为单位的铜矿采冶实际成本成倍攀升。这首先迫使清政府不断增加铜本支出。而清朝中央政府和各省在银贵钱贱的压力下，在财政状况日益恶化的情况下，已难同步增加云南铜矿的采冶成本。云南矿业面临着有效投资不足、资金链断裂的危险。而"放本收铜"政策的诸多弊端的日益暴露，

---

①　《新纂云南通志》卷五八，《物产考》一。

更使这一政策难以为继。不仅如此，部分矿产资源枯竭，矿区生态恶化，冶炼的薪炭供给困难，传统的铜矿采冶技术条件也难以适应新的形势。因此，滇铜产量急剧下滑。① 鸦片战争爆发后，清政府穷于应付，各省协济云南承办京铜的款项停解。至咸丰同治年间，以东川一带为主的滇铜产区，因"兵燹连年迭起，军差络驿，丁逃业荡，厂户骚然，停办者十之六七，一蹶不振"。② 咸丰十年至同治十二年（1860—1873 年）滇铜差不多全部停止了生产。③ 与此同时，云南金、银、铅各矿亦几陷于停顿，其中金矿课税由清初的每年 70 余两（金）锐减至 20 余两，银铅生产乾隆时规模较大，清政府征收矿税的银矿达 30 余厂，咸同以后，大小各银铅厂矿"十九停业"。④

云南"盐井遍三迤，取用不竭"。但是，嘉、道年间，黑、白盐井开始出现了"煎盐既久，柴薪维艰，采办须涉远道"的情况，有的盐井"矿硐开挖日久，矿路愈远，兼以出矿夹泥带沙，煎炼更难"。延至咸同年间，战乱对食盐生产造成了重大影响，"三迤半遭蹂躏，盐务遂堕于地"。⑤ 食盐生产受到了严重打击。至同治年间，"滇省盐务废驰多年"，产量、销量均"遽难规复旧额"。清政府财政的大宗收入盐课，嘉庆八年（1803 年）为 37.2 万两，同治间年均仅 20 余万两，至光绪十年（1884 年），仍是"滇盐煎销未畅，养廉役食仍难依限启征"。⑥

清代中叶，云南各地农村家庭手工业长期存在且分布十分广泛，区域差异显著。经济发展水平较低的边远山区，也普遍存在着简单的家庭内部竹木工具加工、粮食加工、家庭纺织等工业。不少手工业者在长期实践中，积累了丰富的经验，总结、创造了独特的民间工艺，生产出了远近闻名的优质手工业品。如"石屏之乌铜，鹤庆、丽江、腾冲之棉纸等，则又为地方之特产，精工之创制，为他省人所称誉者"。⑦

但咸同之际，由于大规模的战乱，这种十分脆弱的家庭手工业受到

---

① 张增祺：《云南冶金史》，云南美术出版社 2000 年版，第 110—115 页。
② 《新纂云南通志》卷一四六，《矿业考》二。
③ 云南大学历史系、云南省历史研究所编：《云南冶金史》，云南人民出版社，第 95 页。
④ 《新纂云南通志》卷一四五，《矿业考》一。
⑤ 《新纂云南通志》卷一四七，《盐务考》一。
⑥ 《新纂云南通志》卷一四七、一四九，《盐务考》一、三。
⑦ 《新纂云南通志》卷一四二，《工业考》。

了严重冲击。更为严峻的是，鸦片战争后，英法先后占领了印度支那半岛，棉纱、洋油、燃料等以大机器工业为后盾的洋货的大量输入，严重摧残了业已凋敝不堪的民间手工业。如昆明纺纱业，"咸同以前，城乡居民类能习此以织土布，故名曰土线"，但"迨洋纱入口，织者遂不用土线，纺者亦因以失业"。① 蒙自"从前新街、蛮耗沿江一带草棉运销时，新安所妇女自纺自织以制衣服，暖而经久。自洋纱入境充抵，草棉日渐减少，织者多而纺者少"。② 鹤庆的手工制针原为"各属所需"，"嗣以洋针物美价廉，浅见者遂自弃其所制而用之"。③ 这样，在鸦片战争后的相当长一段时期，云南广泛存在的其他手工业也受到了较大冲击，有的已濒临崩溃。

二 光绪、宣统年间工业近代化的开端

在传统工业基础几近崩溃的条件下，清末云南工业开始迈开了近代化的步伐。光绪年间，在激烈的市场竞争中，部分传统手工工场获得了新的发展，开始采用一些简单的机械。同时，在近代市场机制的作用下，一些使用机器设备和采取资本主义经营方式的工矿企业开始出现，加入了云南工业近代化的行列。④ 洋务运动尤其是清末预备立宪后，云南创办的官商合办、官督商办及官办企业，亦构成了云南近代工业的重要组成部分。

首先，在光绪年间，原已出现手工工场经营方式的云南部分手工行业，得到了一定的恢复和发展。在矿冶业中，清初即已开始出现的"炉、马、碳、碏"⑤继续存在，而且"各地都有，数目繁多"，他们虽雇用工人不多，在采冶中沿用土法，但它构成了云南矿冶业中雇用工人生产商品的重要组成部分。尤为突出的是，在国际市场的影响下，云南大锡的出口量猛增，价格逐年上涨，吸引投资者扩大规模，发展生产。个旧光绪年间

---

① （民国）《续修昆明县志》卷五，《物产志》三，《纺纱》。
② 《续蒙自县志》卷二，《物产·制造物》。上海古籍书店影印线装本，1961年，第2册，第71页。
③ 云南近代史编写组：《云南近代史》，云南人民出版社1993年版，第157页。
④ 云南大学历史系、云南省历史研究所编：《云南冶金史》，云南人民出版社，第86页。
⑤ 即主要从事矿产品冶炼的"炉户"、开采冶炼主要原料"碳"的运输经销者"马碳户"及经营矿石开采的"碏户"（硐主）。他们拥有自己的资本，较多采用雇工劳动。

图15 个旧市博物馆收藏的锡矿石碾（王文成摄）

开办的"地宝炉"，宣统年间开办的"汉鼎炉"，至民国初年分别已拥有资金 4 万—5 万元，雇佣工人 20—30 人，年产锡 7 万—8 万斤。[1] 据宣统三年（1911 年）调查，"个地锡厂，向系蒙、个绅炉采炼者多。如个旧则李绅光翰、张绅德举、谢绅鸿恩，蒙自则周顺成号、杜荣昌号、建水朱恒泰号、沈镕成利号，石屏则张鼎之亨号、袁同广号等炉户及江西、湖南、四川各客籍自行筹借资本开办，或砂丁数人与出银钱油米之供头拼颗（夥）采办……合计大小不下一千二百余家。"其中"李万发、朱恒泰等旺洞，则用八九人不等，每人或管砂丁数百或数十。"[2] 众多锡矿厂中，较大的矿厂已达 40 个，矿工 10 万余人。个旧大锡产量也由 1889 年前的不到 1000 吨，到 1910 年达到了 6000 吨左右，成为世界上主要锡产地之一。[3]

在纺织、印染业中，虽然大量棉纱进口，使原有的纺纱、土靛业受到致命打击。但使用洋纱织土布、洋靛染土布的手工工场不断增多，规模不断扩大。在织布业中，形成了一些"土布"织造中心，如每年"河西产

---

[1] 云南地志编辑处编：《云南产业志》，云南省社会科学院图书馆藏，第 150 页。
[2] 《云南临安府个旧厅按年查报工厂人数表·附：说明》，见《云南近代矿业档案史料选编》第 3 辑，上册，云南省档案馆、云南省经济研究所编印，1990 年，第 2—3 页。
[3] 李珪主编：《云南近代经济史》，云南民族出版社 1995 年版，第 111 页。

60余万疋，新兴35万疋"，蒙自有布机3万多架，年产土布40余万疋，老鸦滩"布机有1万余架"。其中新兴土布不仅"光滑细致，为各县冠"，而且"能染各项颜色"。永昌织布"光绪间始有大小改良布之出产"。①又如在大理县，光绪中叶各手工业、手工工场均有一定发展，制鞋业有20余户，其中兴发号、鸿盛号、福顺号较大，有工人10—20余人，染布业、缝纫业分别有二三十余家，一般雇用工人5—10人；木匠铺18家，其中四川人开办9家，剑川人开办6家，每家雇工7—10人；金银首饰业有天宝号、三元号、恒丰号等，雇工6人左右。②

其次，光绪末年，云南一批拥有一定资金的商人、官僚、地主，开始投资创办了若干小型工矿企业，部分企业还采取了股份制的方式，招股集资，投入生产。在织布业中，如鹤庆经营庆昌和商号的官僚丁槐，光绪十三年（1887年）从四川请来织布师傅，购买洋纱，用木机生产土布。③在矿冶业中，湖南富绅曾开办澜沧募乃老厂，雇工200至300人进行土法炼银。光绪二十二年（1896年），巧家地主"朱三老爷"开办锌矿、禄劝绅商办铅矿等均属此类。④少数较大的商号，也开始投资工业，如洪盛祥于宣统年间开始将6个石磺矿租来自己生产，同庆丰不仅投资于官商合办企业，而且垄断了昆明干海子的"碗花"（钴）矿。清末昆明地区出现了私人开办的小煤矿、小铁矿共20多个。上述企业，多数采用资本主义的公司形式组织生产，有些还使用了机器生产。如光绪二十八年（1902年）会泽开办的鑫泰公司，宣统元年（1909年）个旧设立的宝兴公司，昆明开办的开成玻璃公司，云丰机器面粉股份有限公司、广同昌铜铁机器公司等。据不完全统计，清末商办的20余家企业，涉及了矿冶、纺织、服装、烟草、食品、五金、机械等行业。⑤

特别值得一提的是，清末民营资本开始投资于电力、煤炭、火柴等领

---

① 《新纂云南通志》卷一四二，《工业考》。
② 徐宗元等调查，梁冠凡整理：《大理手工业调查报告》，见《白族社会历史调查》，云南人民出版社1983年版，第178—183页。
③ 熊元正：《鹤庆土布小史》，大理州政协文史资料委员会编《大理州文史资料选辑》第2辑，内部印刷，第124页。
④ 云南大学历史系、云南省历史研究所编：《云南冶金史》，云南人民出版社1980年版，第85页。
⑤ 云南近代史编写组编：《云南近代史》，云南人民出版社1993年版，第160—162页。

域，使之从无到有，获得了较大发展。在电力行业，1909年云南总商会筹建商办"云南耀龙电灯公司"，推举商会总理王鸿图为总董事，以股份制形式招股创办。每股银币10元，预定招股2.5万股，共银币25万元。并从德国礼和洋行引进机器设备和技术。次年，石龙坝发电站开工，1912年4月建成发电。电站装机容量460千瓦，可供16支光的电灯2.6万盏照明使用。中国第一座水力发电站——石龙坝水电站建成，云南近代电力工业由此诞生。

在煤炭开采方面，虽然"清初即知用煤冶炼白铅"，但无论是盛极一时的矿冶业还是民众日常生活中，都很少用煤。在矿冶业中木炭供应已严重不足，才出现"邻近煤厂各区渐试用煤以代"。"然当时亦不过宜良、嵩明、沾益、宣威、平彝、昭通、镇雄、彝良、大关、永善、绥江之一部分而已"。[1] 清末部分地区开始出现一定规模的公司，投资开采煤炭。其中有1904年保山县成立的益求煤炭公司、1909年成立的昆阳开济公司，以及在昆明、晋宁、澄江采煤的裕通煤厂，呈贡成立的协和公司、利兴公司等。据宣统元年（1909年）不完全统计，"当时全省有煤矿公司1个，小煤厂38个，小煤窑12个，共51个。到宣统三年（1911年）全省开办煤厂达100多处"。[2] 滇越铁路通车，对煤的需求大增，"沿路煤厂依次开发"。"嵩明、宜良两属之大煤山，产出较丰，但以运至可保村车站，供给滇越铁路公司为其重要销路。昆明之西山、昆阳之二街，呈贡之水塘，阿迷之布沼、小龙潭，弥勒之庄凹、腰街，陆良之雾露顶，祥云之云南驿等处，均有煤厂次第开办。除云南驿之煤田近销迤西、大理一带以外，余均供给省城附近及蒙、个一带，且虞不足。工厂居民，亦渐知用煤为燃料。"[3]

火柴工业是广泛涉及民众生活的新兴产业，也是云南民营资本投资见效较快、发展较好的行业。光绪二十六年（1900年）一名四川籍人在富民县创立小火柴厂，雇工5—6人，生产黄磷火柴。后又与人合资在昆明设厂，曾达到日产火柴2000多盒的规模。此后，光绪三十四年（1908

---

[1]《新纂云南通志》卷一四五，《矿业考》一。

[2]《云南省按年查报工厂人数表》，见云南省档案馆藏；云南省煤炭厅：《云南煤矿简史》（稿）。转引自李珪主编《云南近代经济史》，云南民族出版社1995年版，第102、112页。

[3]《新纂云南通志》卷一四五，《矿业考》一。

年），王子厚、周静斋等集资3万元，在昆明开设了"裕通火柴有限公司"。宣统二年（1900年）刘椿、周锦文创办"隆昌火柴公司"，次年与陈阶等人合资，改称"云昌火柴公司"。1909年刘茂亭开办的"云兴火柴公司"，制造三尾鱼牌黄磷火柴，日产量达到了1200盒。① 为民国时期云南火柴工业的长足发展奠定了一定的基础。

光绪年间清朝中央政府和云南地方政府，迫切需要恢复云南以铜矿采冶为核心的矿冶业。然而，光绪初年建立的云南官办铜矿企业已纷纷破产。为摆脱窘境，改善铜矿生产情况，光绪九年（1883年）清政府决定"招集商股"，与官本相辅而行，开采滇矿。② 于是，在云南矿业中开始出现官督商办、官商合办企业。当年云南成立矿务招商局，并在上海设立办事处，"拟集资百万两"，"所有应用各机器饬即分别采办运滇"。③ 至1887年，该局获资290多万两，购入了部分设备，然而开采、冶炼均无起色，反而"旧欠未清，新负已积"。次年，唐炯另创矿务局，专门招股开采云南铜、锡，并在东川矿区使用了机器生产。但是，东川铜矿仍无起色，主要业务仍只是代政府"放本收铜""定价收购个旧大锡"。④ 此外，光绪三十四年（1908年）"宝华锑矿公司，官商合办，于蒙自县属之芷村设立制炼厂"，但因"售价不高，未见获利"⑤。在近代云南工业中，官商合办、官督商办企业出现的时间不算太晚，但经济效益不佳。

最后，云南官办近代工业，是由军事工业开始的。在同治末年，云南巡抚兼署云贵总督岑毓英等为镇压云南各族人民大起义，在昆明创设军火局，制造明火枪炮、叉杆、刀矛等。光绪初年改为军械分所，设厂制造各项枪炮、军器。同时设立火药局，用木碾、石碓等制造火药。光绪十年（1884年），岑毓英派卓维芳到广东、上海、福州等处"雇募工匠来滇，试制铜帽、笔码等件"，开办了云南机器局，自此近代云南官营军事工业

---

① 《昆明市志长编》卷七，近代之二，昆明市志编纂委员会编印，1984年，第174—175页。

② 云南省历史研究所编：《〈清实录〉有关云南史料江编》卷四，云南人民出版社1984年版，第249页。

③ 孙毓棠编：《中国近代工业史资料》第1辑，下册，三联书店1957年版，第700页。

④ 云南大学历史系、云南省历史研究所编：《云南冶金史》，云南人民出版社1980年版，第82—83页。

⑤ 《新纂云南通志》卷一四五，《矿业考》一。

开始出现。云南机器局事实上是云南近代工业的开端。经过光绪十七年（1891年）和三十四年（1908年）两次扩建，工匠达到200余人，"器具略具，厂房宏阔，用出笔码十二三万并能搭造军刀军械等件"。① 此后，直至光绪三十四年（1908年），因云南编练新军的需要，创办了另一个军事企业陆军制革厂。由陆军督练处拨银2万多两，购买器具、置备材料，后又拨借银10万两，"充厂中资金"。厂中设制革、皮包、铜器、靴鞋等科，有生产工人200余人，聘用日本人任经理和技师。"厂中所制物品，先尽陆军需用，其余之货则列为商品，平价相售。"②

清政府宣布预备立宪后，云南官办近代工业开始涉足民用工业。1905年云南政府派谢宇俊等"往沪定购机器"，添购民地建筑厂房，用银93340两，在原宝云局基础上，建成云南银元局（后改名度支部云南造币分厂），开始鼓铸银币、铜钱。③ 1909—1910年，在昆明先后设立幼孩工厂和印刷局、劝工总局等官办的民用工业。其中，宣统元年（1909年），劝业道刘芩舫将附设于罪犯习艺所的"平民习艺所"和1906年开办的以工代赈的"赈工厂"合并改组为"劝工局"，"局内设锡工、铜工、铁工、木工、车工、雕工、织工、染工、琉璃工、骨角工、箔工、细篾工、纸工等普通工艺。全局共有技师2人，学徒180人"。④ 综观整个清末的官营企业，虽然开办时间较早，但企业数量不多。除银元局（造币厂）外，其余效益均不佳。

三　民国初年云南近代工业的发展

辛亥革命后，民国云南地方政府采取了一系列措施，积极发展近代工业，为工业近代化的继续推进创造了一个相对较好的社会环境。

云南地方政府认为"非急振实业，无以为自立之地"，由于实业中"以盐务、矿务为最"，所以重点整顿盐政，倡办矿业。⑤ 在整顿盐务方面，主要是统一税率，核定成本，扩大销路，增加财政收入，而直接发展

---

① 《新纂云南通志》卷一三〇，《军制考》四。
② 《新纂云南通志》卷一三〇，《军制考》三。
③ （民国）《续修昆明县志》卷二，《政典志》一，《建置·造币厂》。
④ 李珪主编：《云南近代经济史》，云南民族出版社1995年版，第106页。
⑤ 周钟岳总纂，蔡锷审定：《云南光复纪要》，云南省文史研究馆、云南省社会科学院文献研究室整理，内部印刷，1991年，第30页。

盐业生产的措施并不多。在矿业方面，1912年2月颁行《矿务暂行章程》，明确规定"本章程于云南全省矿务，以开放为宗旨，有中华民国矿商，如能恪守本章程之规定及无他之窒碍者，均一律维护，以辟利源"。对民营矿业予以奖励，规定"凡于矿业开采炼冶之事能新发明改良方法及其器械而适用，确有实效者应受一等奖励，能仿效他人新法新器改良土法而适用，确有实效者受二等奖励"，集资20万元以上、10万元以上、2万元以上办矿者，亦分别给予一、二、三等奖励，所出矿产次年比上一年增加10倍、5倍和2倍，且成色加优者亦分别奖励。同年5月，又颁布了"开办硝磺及抽税暂行简章并票式执照"，取消了清代一直坚持的禁开硝磺政策。"调查矿山简章"则以"调查云南全省矿山于未办、兴办、已办者，设法改良"，摸清全省矿业情况，为发展矿业创造条件。

1912年9月，云南地方政府制定了《筹办工商各项大纲》，首次提出一套系统的云南工业发展方案，分别对工业、矿业作了较全面的规划：在工业方面，主要是举办全省工艺出品调查，实施工业教育，筹设全省模范工厂、缫丝工厂、纺纱厂、造纸厂、造糖厂、染织厂。在矿业方面，拟继续调查全省矿产，弛禁硝磺，贯彻"云南矿务暂行章程"，设立矿物化验所、地质调查所，创办模范矿山，开展矿业教育，改良官办各矿炼冶法，筹设中央制炼所，矿山用机械工场，按矿务暂行章程规定奖励民营矿山，筹办矿警。①

上述规划除部分因资金短缺未办外，其余都得到了不同程度的贯彻，尽管各官办企业的效益仍不理想，未起到预期的模范作用，但它表明了云南地方政府对发展工矿业采取了积极的态度，这对发展云南工矿业，无疑起到了促进作用。

此外，民国初年云南工业生产的发展还获得了以下有利条件：

（1）滇越铁路的通车，大大改善了云南的交通条件。滇越铁路作为法帝国主义插入云南的一根吸血管，无疑大大加剧了云南的半殖民地化进程，给云南经济发展带来了深重的灾难。但从经济技术意义上看，作为云南第一条辐射滇中、滇南、通达出海口的铁路，客观上对云南近代工业的发展产生了重大影响。一方面，发展云南近代工业所必需的机器设备及先进技术，得以通过该铁路从国外引进。滇越铁路通车后，蒙自关进口商品

---

① 《云南程规汇钞》下册，第十类·实业，云南省社会科学院藏本。

中增加了机器及工具、车辆及零件等品种;① 另一方面,滇越铁路的通车,把云南与国际市场更紧密地联系起来,使在国际市场上日益被看好的大锡、猪鬃、皮货、铅、锑等商品,从云南批量出口成为可能,这对云南工业的发展,起到了巨大的推动作用。

（2）国内外经济环境的变化出现了对云南工业发展有利的形势。在国内,由于各省独立后输入云南的工业品有所减少,而使云南工业品市场得以相应扩大;民国云南地方政府在统一货币、度量衡等方面作出了努力,设立富滇银行、殖边银行,向华侨招股开办矿业并给予优惠等,都有利于云南工业的发展。同时,在国际上,各帝国主义国家间的矛盾日益激化,英法对云南的经济侵略有所放松。尤其是1914年第一次世界大战爆发后,国外输入云南的工业品减少,而对云南工矿业产品的需求急增,在客观上给云南工业的发展带来了难得的机遇。

在各种有利条件的促进下,云南近代工业经营者积累了更多的生产、管理经验,民国初期的云南工业获得了较快的发展,工业近代化的程度得到了一定的提高。

首先,民元以后云南近代工业企业数量大大增加,规模有所扩大。就官营企业来说,民初除继续经营兵工厂、制革厂、造币厂、官印局、个旧锡务公司外,又投资17.5万元,开办官商合办的东川矿业公司,同时新办实业所平民女子工厂,省会女子职业厂,将原劝工局改建为模范工艺厂,各县政府亦由地方实业局开办了40多家"平民工厂",云南地方官僚资本初步形成。在民营企业方面,据调查,1912年至1914年间,全省有16个县先后新开矿厂17家,矿产品有铜、铁、铅、锡、煤等。其中民国2年（1913年）云昌公司开办的打矿山银、铜矿,年产量达40万斤,裕昌号开办的个旧花打口、黄茅山锡矿,年产1.2万斤。1912年张法开办的广通东区煤矿,年产700余万斤。② 成勋昌在个旧开办的锡矿采冶厂,有工人100人,资本8万元,年出锡14万斤。在其他工业行业,1919年全省共有民营企业近200家,资本总额近200万元,其中纺织、

---

① 李珪、梅丹:《云南近代对外贸易史略》,见《云南文史资料选辑》第42辑,云南人民出版社1993年版,第14页。

② 《云南矿业一览表》,见云南省档案馆、云南省经济研究所编《云南近代矿业档案史料选编》第3辑,上册,1990年,第74—212页。

火柴、印刷、肥皂、食品、卷烟、造纸、皮革、建筑等业较集中，部分企业规模较大，雇用工人在百人以上。如昆明猪鬃厂有工人300人，年产猪鬃1000担，丽日火柴厂资本8万元，工人1000人。德茂源、全盛祥、福盛源等3家卷烟工厂，各厂工人人数均在百人以上，3厂合计年产卷烟118万盒。此外，在昆明以外地区，也出现了规模较大的工厂，如民国元年创办的苴却织布厂，有工人150人。①

其次，云南工矿业的行业结构发生了一些明显的变化，部分行业发展成为云南新的骨干产业。在民国初年的云南矿业中，大锡生产的地位得到进一步巩固，在云南矿业中占据了绝对的支配地位。大锡年产量自原来的5000多吨上升到1917年的11070吨，1912—1919年年均7565吨。②此外，全省煤矿开采业发展迅速，1915年全省共开办各种采掘点场100余处，并出现了年产煤上亿斤以上的煤矿（如弥勒的庄户煤矿等，年产量达4亿多斤）。1917年庾恩旸等人接手宜良可保村开济公司，集股10万元，改建为云南煤矿股份有限公司，"每年共出生煤1万4千吨，熟煤6千吨，共值银3万元"。甚至其投资规模、生产规模曾使法国人也感到不安。③此外，火柴工业的发展亦较为突出。云南火柴工业起步于1905年，至辛亥革命时已有裕通、松茂、云兴、云祥、德昌、云昌6家有一定规模的火柴公司，民元以后丽日、利华、永通等火柴企业相继开办，这3家的年产量即达2.6万箱，以致"民国十年以后，日货火柴渐被土产所代替以致绝迹"。④其他如卷烟、造纸、印刷、猪鬃加工、制茶、皮革等工业，也有一定发展。

最后，云南工矿业的资金来源有所增加，投资结构进一步多元化。这一时期，新增加了一批华侨投资和外商投资企业。辛亥革命后，云南军政府派吕志伊为特派员，"前赴南洋募股开办滇省各处矿产"，并制定了华侨投资云南矿业的优惠政策。此后华侨杜润昌、黄顺全、尤列、陈叔平等

---

① 云南地志编辑处编：《云南产业志》，云南省社会科学院图书馆藏，第143—154页。
② 云南大学历史系、云南省历史研究所编：《云南冶金史》，云南人民出版社1980年版，第136页。
③ 《云南矿业一览表》，云南煤矿股份有限公司《营业概算书》，《法国驻云南省交涉员干涉云南煤炭公司成立及所订煤价呈》，《云南生长公署令》，见云南省档案馆、云南省经济研究所编《云南近代矿业档案史料选编》第3辑，上册，1990年，第74—212，291—293页。
④ 《昆明市志长编》卷一二，近代之七，昆明市志编纂委员会编印，1983年，第279页。

人先后来云南考察、洽谈、投资办矿事宜。① 1914年2月，华侨商人郭荫贤等在滇开办广利源矿物有限公司，1918年张桐阶不仅呈请开办云南矿业，而且还邀集新加坡、庇能、苏门答腊等地侨商赴滇开办实业。② 与此同时，外国商人也设法插足投资云南工矿业。如1917年法商徐壁雅洋行在昆明设立大型洗鬃厂，招募了50多名工人，次年工人数增至100多人。③ 1918年云南政府代表刘祖武等"呈准督军兼省长唐继尧，与美国人安德森议定勘矿条件14项"，由美商和云南政府合资成立云南明兴矿业公司。这样，由商人与官僚、地主、高利贷者的投资，构成了云南工业资本的主要组成部分，在云南工业中民营工业占据着举足轻重的地位。华侨和外商投资开办的企业虽意义重大，但为数不多。

尽管这一时期云南近代工业获得了较快的发展，但从总体上看，无论是生产的技术含量，还是组织管理、经营的水平都仍然较低，封建和半殖民地因素，严重地阻碍着工业近代化的推进。1918年第一次世界大战结束后，云南近代工业又面临着一次十分严峻的考验。

第三节　交通运输和通信

云南境内山高谷深，交通运输的自然条件较差。清代嘉、道年间，交通运输依托传统驿路和少量水路，主要依靠人力畜力搬运物资、传递信息，交通、运输、通信的发展水平较低。清末民初，在西方殖民者不断扩大侵略、云南快速卷入国际市场的背景下，传统交通运输的格局长期延续，潜力得到了充分挖掘。同时，以铁路、邮政、电讯为代表的近代交通通信，开始移植到了云南。云南交通通信获得了较大发展。

一　传统交通运输格局的延续

鸦片战争爆发前，云南形成了以陆路驿运为主体、以少量水运为补充，完全依靠人力畜力修路架桥、整治河道、搬运物资的交通运输格局。

---

① 《蔡锷派员赵（赴）南洋招华侨来滇开矿给予优惠解决资金与技术》，《云南近代矿业档案史料选编》第3辑，上册，云南省档案馆、云南省经济研究所编印，1990年，第59—67页。
② 董孟雄：《云南近代地方经济史研究》，云南人民出版社1991年版，第271—272页。
③ 李正邦：《云南猪鬃业之发展概况》，《云南文史资料选辑》第9辑，云南人民出版社1989年版，第125页。

近代前期，尽管这一格局局部发生了一些细微的变化，但总体上仍较为完整的延续了下来。

（1）驿路的延续与桥梁的修治

嘉、道年间，云南驿路经过元、明两代和清初的开辟整治，已形成了以昆明为中心较为系统的网络。近代前期，这一网络总体格局没有发生太大的变化。维修和整治驿路、津渡，特别是修复受灾损毁的桥梁，根据驿路变化的需要，改建、扩建或新建桥梁，保持驿路的畅通，成为这一时期通道建设中的主要内容。

近代前期云南驿路网络的主干道主要有[①]：

①滇黔路共2条：从昆明经曲靖，一条经平彝入贵州普安，一条经宣威入贵州威宁，达贵阳。其中，从昆明至贵州普安386公里，需10日程。

②滇川路共3条：由昆明经曲靖、宣威，过贵州毕节，入四川叙永、泸县。其中，从昆明至贵州毕节里程为596公里，需16日程；由昆明经会泽、昭通、盐津，入四川宜宾，里程976公里，日程24天；由昆明经武定、元谋，入四川会理至西昌，里程563公里，日程18天。

③滇桂路：由昆明经玉溪、通海、建水、蒙自、文山、广南、富州、剥隘，入广西百色，里程1090公里，日程28天。

④滇藏线：由昆明经下关、丽江、维西、阿敦子，入藏区巴安，里程1742公里，日程43天。

⑤滇缅路：由昆明经禄丰、楚雄、下关、保山、腾冲，入缅甸八莫，里程1173公里，日程33天。

⑥滇缅、滇泰、滇越路：由昆明经玉溪、元江、普洱、思茅、车里，"由车里西南行，至缅掸部之康东，西行至蛮德勒而迄仰光；南行至暹罗之景迈而达曼谷；又由车里南行，入安南之老挝，抵东京"。其中，从昆明至车里891公里，日程为25天。

上述驿路中，滇黔驿路通湖南常德，"北走河朔，东通淮海"，"为滇省与国内交通之主动脉"。[②]

光绪末年，随着蒙自、思茅、腾越先后被迫设关通商，对外贸易迅速

[①]《新纂云南通志》卷五十六，《交通考》一。
[②]《续云南通志长编》中册，云南省地方志编纂委员会办公室铅印本，1985年，第1045页。

发展，部分地区的传统驿路的走向局部改道，以适应外贸商路的变化。①如蒙自开关后，从昆明经罗平、凉水井至百色的商路行人稀少，大量改走蒙自转至百色。而从蒙自出发，"经红河水运，由蛮耗直达海防，通海既近，驿亦短"。②因此，由昆明经蒙自出海的商路，相当一部分改走蛮耗，海关也因此专门在蛮耗设立了分关。可是，蛮耗所依托的红河水运存在种种不便，后来滇越铁路通车，蛮耗转而为河口取代，古老的驿路失去了往日的繁荣。同样，腾越开关前后，云南与英属缅甸之间的贸易迅速发展，从腾越至八莫间的"红蚌河路"路途艰险，商旅新开"古哩卡路"。"新路开辟后，由于商旅多走新路，旧路渐被废弃，蛮允在滇缅交通中的重要性便开始下降了"。③

为维护上述驿路主干道的畅通，近代前期对部分桥梁进行必要的维修，并改建、新建了部分桥梁。如清道光二十年至三十年（1840—1850年）间，腾越回族商人"明清宠等三人首倡捐修潞江中屯铁索惠仁桥，花了几十万两银子，数千民工，历时10年完成。清道光皇帝因此赏他们三人盐运使衔"。④同治四年（1865年）宣威"南通六诏、北达三巴"的五福桥，"冲决于大水，客民刘兴顺倡捐重修"。⑤光绪十九年（1893年），清政府委派督办云南矿务大臣唐炯筹资兴建了京铜运输线上，从汤丹经乌龙至昆明必经的安顺桥。桥身由8根直径8厘米的铁索组成，桥身长24.3米，宽1.75米。⑥这一时期见于记载、较为重大的桥梁工程主要有道光十二年（1832年）重修禄丰西门外全长119.88米、净宽9米的星宿桥；道光十九年（1839年）续建建水县全长147.8米、宽2.5—4.5米的双龙桥；光绪三年（1877年）改建下关清风桥为5孔石桥，改名"黑龙桥"；光绪五年（1879年）在永胜新建长131.6米、宽3.5米，跨径92米的梓里江铁索桥，等等。其中，光绪十一年（1885年）重修潞江上的

---

① 参见陆韧《云南对外交通史》第四章第三节《云南开埠通商及对外交通的局部变化》，云南民族出版社1997年版，第340—374页。
② 《新纂云南通志》卷五十六，《交通考》一。
③ 陆韧：《云南对外交通史》，云南民族出版社1997年版，第346页。
④ 马维良：《云南回族的对外贸易》，《回族研究》1992年第2期。
⑤ 光绪《宣威州志补》卷二。见中共宣威市委党史研究室、宣威市人民政府地方志办公室搜集整理《宣威旧志汇编》，内部印刷，2005年，第131—132页。
⑥ 杨光昆主编：《东川市文物志》，云南民族出版社1992年版，第49页。

惠仁桥,"在跨径大的一孔增铁索为20股,承重索18股",成为云南古桥史上承重索最多的铁索桥。① 除主要驿路干道外,各府州之间、府州与县城之间,以及各地村镇之间也普遍存在支线驿路和山村小路。为保障和改善支线驿路和农村交通的通达,各地也不同程度地开展了道路、桥梁的修建。而随着近代农村经济市场化程度的加深,相关工程还出现了不断增加的趋势。

（2）水运的延续与变迁

云南传统水运由于缺乏必要的通航条件,仅在少数湖泊、河段、渡口进行。如宣威境内的德泽江,上游直通嵩明杨林,清代曾一度试运京铜。清末宣威"邑绅陈姓开办怡昌隆商号,又尝于杨林城外西村放船,经菓子园、古城等处,顺流直下,至德泽登陆,另换牛车运货入城,省费实多"。但"后因两岸石岩坍阻,路线始废"。② 1917年丽江也曾开始使用金沙江航运拖轮,沿金沙江运输客货。③ 但实际成效不大。

直至民国年间,全省"本无河道或有而不能行船者,约计四十二县","既有河道而仅能行小船运柴薪等物,或于渡口设置渡船或竹筏以渡行人者",计有晋宁、宜良、寻甸、永仁、禄劝、巧家、永善、建水、文山、蒙化、云县、顺宁、澜沧、车里、阿墩、镇康、泸水、佛海、菖蒲桶行政区20县（区）。"有河川可通航运者",计有昆明、呈贡、安宁、会泽、宣威、永北、绥江、盐津、个旧、靖边、墨江、富州12县（区）。其中,水运情况最好的为绥江至四川宜宾的金沙江河段。"计陆程三百里,下水一日可达。……大船载重五万斤,有十余只；其次载重三万斤,约二十余只；小船颇多,无舱无篷,只能载附近居民赶街等用。"其次为靖边蛮耗河段,通航里程150余公里。"当清末季,滇越铁路未通车时,对外交通厥惟此河是赖。蛮耗、新街等地,均成为繁胜埠头。但因江小水急,只能载运帆船,汽船不能行驶。"渡口则以永北的金沙江流域较为集中。永北县境内有河门口等12个渡口,通常有60多名"水夫"。其中金江渡口的水夫在清代"置有田亩,各有口粮,以世其役。余渡水夫,则

---

① 浦光宗主编:《云南公路史》第1册,国际文化出版公司1989年版,第35—43页。
② 《新纂云南通志》卷五十七,《交通考》二。
③ 李珪主编:《云南近代经济史》,云南民族出版社1995年版,第327页。

自行谋生。"①

此外，云南拥有滇池等9大高原湖泊，各湖泊流域不同程度形成了一些小规模的水运线路。其中，滇池流域经济发展水平相对较高，水运条件较好。"沿湖县分如昆明、昆阳、呈贡、晋宁、安宁之航运，直接均利赖之。其他则玉溪、峨山、新平、思普一带之货物，以及迤西各井之食盐，亦由此湖转运至省"。早期运输船只全部为篷船，大者载重3万斤，小的数千斤，按船主属地或运输地点，分为西门船、西山船、昆阳船等11种②。清代末年，滇池水运开始引进火轮，以公司制的组织形式，创办近代民营运输企业，在云南水运史上增添了新的内容。光绪三十四年（1908年），昆明商人张绍明呈准，购进火轮，开办轮船公司，开辟了滇池水路机械运输线。③1917年又开办了滇济轮船公司，在滇池行驶小火轮，从事客货运输。④但从云南的交通运输全局来看，其实际发挥的作用仍旧有限。

二　铁路的铺设与交通近代化的开端

近代前期，云南在延续传统交通运输格局的同时，通道建设中直接运用近代科技成果和工业文明的成果，兴建了外连世界市场，内接深山矿区，直达云南政治经济文化中心的滇越铁路和个碧铁路。在人类交通发展史上，具有标志性意义的铁路，开始植入云南。云南交通通道建设，迈出了近代化的步伐。

鸦片战争后，英法等国一直设法夺取云南的铁路修筑权，不断加紧对云南的侵略步伐。光绪年间，法国取得了修筑滇越铁路的权利，并于光绪二十七年（1901年）开始动工修筑越南境内一段，云南境内一段也于两年后动工，至1910年全线建成通车，全长845公里。云南境内465公里，起于昆明，止于河口。滇越铁路的修筑，在云南境内首次开通了近代交通线，不失为云南交通发展的一个重要标志，在云南交通建设史上具有划时代的意义。但它同时夺去了上万云南人民的生命，而且使法帝国主义获得

---

① 《新纂云南通志》卷五十七，《交通考》二。
② 同上。
③ （民国）《续修昆明县志》卷二，《政典志》十六，《实业》。
④ 李珪主编：《云南近代经济史》，云南民族出版社1995年版，第327页。

图 16　滇越铁路上的"人字桥"（王文成摄）

了一条伸入云南的吸血管。

　　法国夺取了滇越铁路筑路权后，云南各界痛感主权丧失，积极行动起来，掀起了筹集资金、自主修路的热潮。光绪三十一年（1905年），"急议修筑滇蜀铁路，官商合办，筹集盐、粮各股，组成'滇蜀铁路公司'"。计划修建从昆明经曲靖、昭通、绥江至四川叙州，全长1567公里的滇蜀铁路。经多方努力，"即集盐、粮诸股，亦已达三百数十万两之多"。①

　　与此同时，英国也迫不及待地加紧对云南路权的攫夺，英国驻滇领事正式提出了修建从缅甸经腾越直达昆明的"滇缅铁路"的要求。时值全国保路风潮兴起，云南各族民众正筹组滇蜀铁路公司。因此，在全省各界的压力下，英方的目的终未能得逞。而云南方面则把滇缅路纳入正在拟议中的滇蜀铁路计划中，拟修建从腾越经永昌、大理、楚雄、昆明，到四川叙州的铁路，铁路公司也改名为"滇蜀腾越铁路公司"。但是，铁路的修建工作由于种种原因难以付诸实施，"路未成修而路股已耗去二百余万两"。宣统二年（1910年），按清政府的要求，公司收归国有，并缓修滇

---

　　① 《新纂云南通志》卷五十七，《交通考》二。

蜀路，修路的实际工作告停。①

在筹集滇蜀腾越铁路股本的过程中，由于云南自由认股为数不多，故决定除筹集盐、粮股本外，"再由个旧出产之锡，每张抽银五十两，谓之滇蜀路锡股；又炼锡所用之炭，每烧一昼夜，名曰一个，每个抽银三元，谓之滇蜀路炭股。两项合计，议定认股一百万两，抽足既止。"②宣统年间，100万两即将抽足，但滇蜀铁路开工仍遥遥无期。反之，法国在滇越铁路开工后，继续积极夺取滇越铁路支线的筑路权，图谋接修通往个旧的铁路，以便更直接地攫取个旧锡矿。个旧绅商为抵制法国殖民者的侵略，便利锡矿开采和运输，提议以滇蜀路锡股、炭股为基础，按同样方法继续筹集资金，兴修临安、个旧支线。这一方案得到了民国云南地方政府的大力支持。民国2年，云南"都督府召股东代表进省会议，决由滇蜀铁路公司与个旧股东组织官商合办公司，同入股本，修筑个碧临屏铁路。先由个碧段着手，咨部立案，名曰个碧铁路公司。预定集股二百万两。"其中从滇蜀铁路公司出资100万两作为官股，个旧绅商由锡砂炭抽股100万两。经民国3年报交通部立案，云南都督府先后委任陈性圃为总理，陈鹤亭、周柏斋为总协理，聘请外国工程师，正式开始兴修个旧到碧色寨的铁路。民国6年，云南地方政府决定抽回"官股"，"拨还锡炭股东，自行直接加入个旧路股。"官商合办个碧铁路公司相应改为完全商办。

1920年，经过历时5年多的艰苦努力，从碧色寨到个旧鸡街的铁路修通，次年续修至乍甸。1921年11月，又完成了从乍甸到个旧的施工，全长73公里、实际耗资440多万元的个碧铁路终于全线贯通，正式投入运营。个碧铁路从海拔1355米的碧色寨出发，下行至海拔1241米的鸡街，然后攀升至海拔1687米的个旧。其间，由鸡街西上至个旧，"山势险峻，斜度达百分之三以上，山洞最多，尤以第七号洞最长，且洞中路线转折，故工程最巨。"但修筑中除总工程师聘用外国人外，其余全是本国人员。铁路修通后，"每日上下行各一次"，取代了原有的牛车、骡马运输，运出大锡，运入"被服、工具、炼锡所需之木炭"等，成为"个旧锡厂

---

① 《新纂云南通志》卷五十七，《交通考》二。
② 《续云南通志长编》中册，云南省地方志编纂委员会办公室铅印本，1985年，第1015页。

图17 个碧石寸轨铁路机车（实物）（存红河州博物馆，王文成摄）

之命脉"。① 这是云南第一条自主修筑并对全省经济社会产生重大影响的铁路，是中国第一条、也是唯一一条民营铁路。个碧铁路的修通，还极大地鼓舞了云南、特别是个旧民众的信心，为进一步续修从个旧到建水、石屏的铁路，奠定了坚实的基础。

三 铁路运输与马帮运输的共同发展

近代前期云南的陆路运输，在滇越铁路通车前全靠人力畜力。滇越铁路、个碧铁路的通车，标志着运载能力空前的批量高效运输方式——铁路运输开始扎根云南，近代铁路运输的优势得到了充分展现。然而，铁路运输的出现，不仅没有也不可能取代传统的运输，而且还在一定程度上进一步促进了云南人力畜力运输的发展。近代云南运输业中，出现了人力畜力运输，特别是马帮运输与铁路运输共同发展的态势。

滇越铁路从海防至昆明设36站，列车运行时间约需35小时（客运分海防至河口、河口至阿迷、阿迷至昆明4段运送，每段对开，夜间停驶，全程需4天）。② 因工程技术难度大，轨距设计为宽1米的窄轨铁路，机车动力较小，运力比其他铁路要小。通车初期，年均货运量均在10万

---

① 《续云南通志长编》中册，云南省地方志编纂委员会办公室铅印本，1985年，第1017页。
② 《新纂云南通志》卷五十七，《交通考》二。

吨左右。但仍是云南出海时间最短、运输能力最强的近代化通道。因此，"自滇越铁路通车后，本省对外贸易顿形活跃。蒙自关每年对外贸易额占全省总额百分之八十五以上，即本省对外贸易有百分之八十五以上之数额借本路运输出入。"① 其大批量、快速运输的优势，远非传统运输可比拟。

诚然，作为法国殖民者侵略云南的重要工具，滇越铁路由设在巴黎的滇越铁路法国公司经营，公司委派1名总管，驻河内负责铁路的管理，在云南蒙自设公司代办所。滇越铁路运营中，采取越币定价、高价收费、多重收费、不断增加运费等手段，榨取超额利润。其中，按第四等货物计算，每吨运费合越币115.8元，仅1913—1920年间，就5次增加运费。因此，滇越铁路"对云南文化及经济之发展，其功不可没。以其权操于法人，故对本省经济生活所发生之反效用，为害亦烈。况本路军事意义，人所共知，或拟之如深入本省心腹之一毒蛇，良有以也。"② 这一系列因素，又在一定程度上限制了铁路技术优势的充分发挥。

个碧铁路作为云南自主建设的铁路，没有了滇越铁路的上述弊病。其"设备简陋，与滇越铁路略同"。但限于资本等原因，轨距选择了0.6米宽的寸轨。通车之初，使用从法国和国内扬子机器厂购买的机车，马力较小。后购置美国机车15辆，动力有较大提高。全路共有货厢120辆，机车每天上下行各1次。"自个碧段通车以来，客货拥挤，营业旺盛。唯因轨窄车小，运输力弱"。但不仅个旧大锡全部经个碧铁路运出，而且"举凡十数万矿工所需粮食、被服、工具及炼锡所需之木炭，均赖本路运输供给"，"故谓本路为个旧锡厂之命脉，更不为过也"。③

然而，滇越铁路、个碧铁路没有也不可能取代清末民初的云南人力畜力运输。个碧铁路虽然从线路上说，相当于滇越铁路的支线，但由于两条铁路轨距不同，也不能直接连通。两条铁路上的货物转运，必须先卸载，然后重新装载。因此，所有经两条铁路转运的货物，都不可避免地靠人力畜力搬运。不仅如此，滇越铁路在云南境内长期无支线，更未与其他铁路

---

① 《续云南通志长编》中册，云南省地方志编纂委员会办公室铅印本，1985年，第1013页。
② 同上书，第1012—1014页。
③ 同上书，第1016—1017页。

图18 滇越铁路与个碧石铁路交会点——碧色寨车站（王文成摄）

干线相连。经由铁路运入云南的货物，绝大多数仍由马帮分运各地。由滇越铁路输出的货物，同样主要由马帮运至各地车站，再由铁路转运出境。由于铁路运量大，速度快，在与传统运输方式对接的时候，还反过来对人力畜力运输，提出了更大的需求。滇越铁路通车前三年（1907—1909年），蒙自海关进出口总额为30574806海关两，通车后三年（1911—1913年）共达50678711海关两，增长65.75%。[①] 这新增部分无疑与滇越铁路的通车密切相关，而这些货物装车前的贩运和卸载后的分销，显然主要是由沿线马帮完成的。

近代全省的马帮运输，不仅与两条铁路的运输实现了对接，而且在思茅、腾越也相继开关后，承担着从事跨国长途贩运的重任，并继续承担着以往民间长途贩运的任务。云南传统的马帮运输，在清末民初进入了空前的鼎盛时期。早在光绪年间，云南马帮行会就有所增加，先后成立了迤东、迤南、迤西三个骡马行。光绪三十二年（1906年），清政府"传谕各行户换帖纳课"时，22行户合计认缴银8350两，其中上述3个骡马行认

---

① 侯厚培、杨端六：《六十五年来中国国际贸易统计》，中央研究院社会科学研究所编印，专刊第4号，1931年，第89页。

缴2700两，占认缴总数的32%。① 有学者估计，滇越铁路通车前，仅昆明—玉溪—思茅和昆明—蒙自—广西（或越南）两条驿路上，"每年至少有20万匹驮马由蒙自到河口、河内运输各种进出口商品，其中每年运输大锡的驮马即达10万多匹；运输竹园、开远食糖的马帮即达2万多匹，运输各盐井食盐的驮马达2万—3万匹，运输个旧二十万矿工的日用必需品需驮马5万多匹。"到清末民初，云南各地的大马帮有凤仪帮、蒙化帮、丽江帮、中甸帮、保山帮、永平帮、云龙帮、顺宁帮、景东帮、思茅帮、磨黑帮、临安帮、迤萨帮、石屏帮、沙甸帮、广南帮、开化（文山）帮、竹园帮、阿迷（开远）帮、寻甸帮、玉溪帮、通海帮、峨山帮、曲靖帮、宣威帮、鲁甸帮、昭通帮、会泽帮等20余个大马帮，中小型马帮数以百计②。每个专业马帮拥有的马匹，少则数十批，多者上千匹。如民国初年滇西包文彩、黄锡朱、滇东彭光祖等，是全省有名的大马锅头，仅包文彩马帮就有1000匹马。③ 而不少较大的商号，也拥有一定数量马匹的马帮，如洪盛祥商号，民初也"拥有200多匹骡马"④。这样，在云南铁路开辟了近代运输新纪元的同时，由数十个马帮、数十万匹马匹完成的畜力运输，也发展到了一个新的阶段。

最后，有必要说明的是，在铁路运输和马帮运输共同繁荣的同时，近代前期云南的人力运输，也随着云南农村经济市场化程度、各地城市化程度的提高，随着全省交通领域的发展，发生了相应的变化。"背子""挑夫"一类近距离人力运输，其数量虽无精确统计，但其规模显然比近代以前有所扩大。"在蒙自和腾越关口，背子与马帮一同报关入货。在思普产茶区，来自迤东宣威一带的背子也很多。他们趁农闲成群结队地进入思茅，背一背茶叶回返，到省城卸货后，将赚得的少许工钱在省城买点小货带回家中，继续务农。"⑤ 而在大理地区，"人背的运输方式"，不仅近代前期"广为民间所运用"，而且"直到二十世纪中期，民间运输仍以人背

---

① （民国）《续修昆明县志》卷二，《政典志》十，《关榷》。
② 杨毓才：《云南各民族经济发展史》，云南民族出版社1989年版，第311、307页。
③ 施次鲁：《福春恒的兴衰》，《云南文史资料选辑》第42辑，云南人民出版社1993年版，第63页。
④ 王应鹏：《民国时期的大理、凤仪的马帮》，《云南文史资料选辑》第42辑，云南人民出版社1993年版，第309—310页。
⑤ 刘云明：《清代云南市场研究》，云南大学出版社1996年版，第79页。

为主"。① 此外，这一时期，昆明等地开始出现了更为专业化的人力运输。昆明早在光绪年间曾开设有"夫店"。宣统元年（1909年）在粮道街开设夫店的"客民"吴洪兴等，"邀集商号公司酌议，仿照他省创设立行，设立夫局所，仍将夫力招募互保入局，造册编号发牌，转运商货"。② 同年七月，人力车公司由"职员周成珠、曾昭文等呈准，自南门外商埠以至聚奎楼马路行用"。③ 清末民初，昆明不仅"轿铺""肩舆业"、夫行、人力车公司齐备，而且1910年仅轿辅已达145户，成为昆明拥有百家以上规模的行业之一。④ 特别是滇越铁路、个碧铁路通车后，沿线形成了一支规模浩大的搬运工人队伍。人力搬运工人，在恶劣的劳动、生活条件下，用自己的辛劳和汗水，谱写了近代云南短途运输和搬运装卸发展史。近代云南人力运输和马帮运输的发展，与两条近代铁路运输一道，共同促成了全省近代统一市场的形成和发展，大大加速了省内外及国际间的物资流通。

四　从驿传、民信到邮政、电信

清代嘉、道年间，云南的官方通信完全依托驿路，通过驿递完成。民间通讯，主要依托以马帮为主体的物资和人口流动进行。清代末年，开始出现近代邮政、电信，且民国初年得到了一定的发展。而传统的驿递和民间通讯方式，随之终结。近代邮政和电信的出现，标志着信息流量急速增长，信息传递时间大大缩短，对云南经济社会诸多领域产生了深刻影响。

清代中叶，云南各地官方通讯主要是在各驿路设驿站，用驿马、驿夫传递重要公文。不通驿路的地方，"则别置堡，附于驿站，用堡夫分递"。有战事发生设军站，"驿递军报及军需品等，军事平后又多裁去"。全省"置驿八十五处，内计驿站十九，堡十二，军站五十四，额设夫役等一千六百七十四名，额设驿马五百零八匹"。驿、堡之外，又根据各地通讯需

---

①　杨聪编著：《大理经济发展史稿》，云南民族出版社1986年版，第192页。
②　昆明市工商联档案：《各项公司立案全卷》，宣统元年（1909年）二月二十三日。见《昆明市志长编》卷七，近代之二，昆明市志编纂委员会编印，1984年，第215—216页。
③　《续修昆明县志》卷二，《政典志》十六，《实业》。
④　《昆明市志长编》卷七，近代之二，昆明市志编纂委员会编印，1984年，第189—190页。

要，在驿下设铺460多处，铺兵额931名。夫马工食、草料由各地从地丁银中开支。① 道光年间，云南不少驿站出现了"驿号夫马，多不足额"的现象。② 以后，不少驿站夫逃马散。咸同年间，受战火影响，驿堡更名存实亡。光绪初年，清政府镇压云南各族人民大起义后，除鹤庆观音山堡改为驿、裁除了部分驿站外，"易堡夫为健夫，裁减旧额，别添书号，力谋整顿。卒以积重难返，日趋衰落"③。光绪二十九年（1903年），刘坤一、张之洞奏请改设邮政，废除驿站，"嗣是驿遂废不用"。④ 云南驿递制度亦走向终结。

  清代云南民间信息传递，主要依靠马帮、商人代转代递。道光年间，重庆人陈松柏在创办了"松柏长民信局"⑤，在昆明建立有分支机构。光绪年间，还有四川张鸿发、王鸿顺等在云南创办了规模较小的民信局。⑥ 咸丰二年（1852年）四川人陈洪义在昆明创办了"麻乡约信轿行"，固定开展民信传递。⑦ 同治五年（1866年）进而在重庆成立了"麻乡约"总局，在成都、嘉定（乐山）、泸州、贵阳、昆明、打箭炉等地设立分局，民间通信业务获得了较大发展，除寄信外，"还办理运货、汇兑，以及马、轿载客等业务，全名叫'麻乡约大帮信轿行'。"⑧ 光绪年间昆明设的"长夫行"也承担了大量通信任务。民信局寄信每封邮资80—180文，限期20—50日，每月寄送3—9次。云南民信局出现后，"开办多年，颇便人民。惜其墨守信用，不讲规模，尚未尽邮便之利"。⑨ 其中，"麻乡约"经营得当，得到了较快发展。甚至在近代邮政和电信业出现后，仍旧能够维持业务，后来成为全国西南地区实力较强、规模较大的民营通讯企业。

  正值云南传统驿递衰落、民信逐步发展之际，西方殖民者积极图谋侵

---

① 《新纂云南通志》卷五十六，《交通考》一。
② 云南省历史研究所编：《〈清实录〉有关云南史料江编》卷四，云南人民出版社1984年版，第399页。
③ 《新纂云南通志》卷五十六，《交通考》一。
④ 《清史稿》卷一四一，《兵》十二。
⑤ 黄鉴辉：《民信局兴亡简史》，《浙江学刊》1986年第6期，第41页。
⑥ 刘云明：《清代云南市场研究》，云南大学出版社1996年版，第82页。
⑦ 刘国良：《麻乡约补证》，《集邮博览》1994年第9期，第25页。
⑧ 刘广实、郑德堃：《关于"麻乡约"民信局的史实》，《集邮》1964年第4期，第11页。
⑨ 《新纂云南通志》卷五七，《交通考》二。

入中国通讯领域。1842年英国占领香港不久，率先设立了邮局。1834年又在广州、澳门设立收信所，未经清政府许可的非法"客邮"不断向中国内地渗透。在云南，法国殖民者抢先一步，在滇越铁路修建过程中，于蒙自开设邮局，"既复代为收递阿迷、拉里黑、宜良、禄丰村等处，每星期由蒙至省转递三次"。①

与此同时，英国对中国邮政权的攫取也步步加紧，总税务司赫德于1878年得到清政府同意，由海关试办中国邮政。以中国政府名义，"开设京城、天津、烟台、牛庄、上海五处，略仿泰西邮政办法，交赫德管理"②。因此，后来清政府的"大清邮政"在云南开办时，也设在了海关。云南同样"先设局于蒙自，名曰大清邮政局。另设分局于云南府、腾越、思茅三处。即以蒙自海关为邮务区，以海关税务司兼理邮务长事，局、所亦附设于海关内"。直至宣统三年（1911年）清政府灭亡前夕，邮政才与海关分离，云南邮政总局迁至昆明，设邮务长一人。"以行政区域为标准"，设立分局。分局之下，根据情况设立代办所、城市信柜、乡村信柜等代办机构。③ 此后邮路进一步扩大，形成了以滇越铁路为依托，经云南转口进入国内、国际干线邮路以及昆明至盐津、昆明至腾越达缅甸、昆明至亦资孔达贵州的3条省内干线邮路，邮政通信范围已基本覆盖全省。④

近代云南邮政机构的建立，除采取了西方邮政的组织形式外，信息传递手段仍靠人工递送。与近代邮政不同，电信的出现，却使云南传统信息传输方式、传输速度发生了根本性的变化。中法战争中，清朝政府从上到下都深刻感受到了依靠传统的驿递传送战事消息的迟滞，认为"滇省程途遥远，文报稽迟，嗣后边防、商务，均关紧要，自应安设电线，以期迅速"。决定"由广西南宁接设电线，直达云南"。光绪十一年（1885年）

---

① 《新纂云南通志》卷五七，《交通考》二。
② 楼祖诒：《中国邮驿发达史》，中华书局1948年版。见《民国丛书》编委会编，《民国丛书》第3编，35册，上海书店1991年版，第334页。
③ 《新纂云南通志》卷五十七，《交通考》二。
④ 《续云南通志长编》中册，云南省地方志编纂委员会办公室铅印本，1985年，第1052页。

经李鸿章奏请,"筹造云南电线,拟改接鄂线,由川入滇"。① 在云南架设电线、开通电报的工作正式提上日程。次年十一月蒙自开工,十二月成立云贵电报总局,开通昆明至蒙自的电报。光绪十三年(1887年)二月,与四川电线接通,云南与内地首次开通了电报通讯,近代电信在云南诞生。

此后,云南用了10年的时间,先后架设了滇桂线(昆明至百色接入广西)、滇黔线(昆明至贵阳)、腾越线(昆明至腾越)、思茅线(昆明至思茅),省内干线基本接通。其中,昆明至蒙自一线,又延长到河口,与法属越南老街线接通;腾越线也经蛮允,入缅甸八莫,与英属缅甸的电报线接通,并在省内陆续架设支线,设立子局。"截至清末为止,总计本省有电线东、西、南三路干线级各支线,其通外省者有滇川、滇黔、滇桂三线,通外国者有滇越、滇缅及通暹逻孟乌之三线。"② 宣统三年(1911年)共有电报局30所,年营业收入达到48160余两,其中80%以上来自国内外私人电报。③ 民国初年,除裁革通海分局、他郎等分局因"匪患"线路被毁外,全省增加了由永平至鲁掌、永昌至顺宁、大理至阿敦子等线,电报通报范围进一步扩大。④

清朝末年,云南改练新军,创办新式学堂,分别在总督署和提学司设立督练公所和学务公所。为便于指挥监督,在两个公所安装了电话交换机,揭开了云南电话史的第一章。宣统二年(1910年)云贵电报局又购置安装了"总机约一百号"的新交换机,在政署、警署和城南商埠等地安装了电话。民国初年,除有装机有少量增加外,增设了个旧、蒙自两个电话分局,首次开通了昆明至个、蒙的长途电话。⑤

电报、电话的出现,赋予了云南通信全新的意义。云南各地、云南与内地以及云南与东南亚之间的信息沟通,发生了划时代的变化。制约、困扰云南数千年的信息封闭问题,出现了彻底变革的希望。当然,近代前期

---

① 云南省历史研究所编:《〈清实录〉有关云南史料江编》卷四,云南人民出版社1984年版,第428页。
② 《新纂云南通志》卷五十七,《交通考》二。
③ 刘云明:《清代云南市场研究》,云南大学出版社1996年版,第82页。
④ 《续云南通志长编》中册,云南省地方志编纂委员会办公室铅印本,1985年,第1067页。
⑤ 同上。

刚刚出现的云南电信，不仅技术水平不高，易受复杂的自然条件的干扰，线路覆盖面严重不足，通信能力仍旧较弱，而且这一时期的电信、电话，还主要局限于昆明等主要城市，对云南经济发展的促进作用，还有待于进一步发挥。

第十一章

近代前期的云南经济(下)

第一节 对外贸易与商业

云南地处祖国西南边疆，毗邻东南亚、南亚，与周边国家和地区有着悠久的贸易往来。近代前期，随着西方殖民者侵略的步步推进，云南对外贸易发生了重大的转变，传统自然经济占主导地位的云南经济，直接与近代世界市场对接。在世界市场的影响下，云南城乡市场商品流通、市场网络和商人阶层发生了重要变化，商业贸易艰难地迈出了近代化的步伐。

一 对外贸易的急剧转型

嘉庆、道光年间，中国云南的对外跨国贸易形成了传统贡赐贸易、边境小额贸易并存的格局。近代前期，这一传统格局被西方殖民者用鸦片和枪炮打开了缺口，贡赐贸易终结，边境贸易更直接地纳入了近代国际贸易的体系。云南传统对外经贸关系，以约开商埠为起点，逐步形成了"以通商口岸为依托的全球性、综合性的世界贸易为主体，以边境贸易、边民互市和走私贸易为补充"的格局。① 云南经济迅速卷入了世界市场的旋涡，对外贸易急剧转型。

咸丰、同治年间，由于国内发生太平天国起义，云南也发生了以杜文秀起义为主体的各族人民大起义，云南周边诸国虽先后提出按例入贡的请求，但因中道阻隔，清政府曾做出了"暂行展缓"等决定。咸丰元年(1851年)暹罗入贡，但"贡使竟不能至，入贡中国亦於此止。此后暹罗

---

① 王文成：《约开商埠与清末云南对外经贸关系的变迁》，见《云南社会科学》2008年第3期，第128页。

遂为自主之国矣。"缅甸在英国已占领下缅甸后，同治末年恢复入贡，但同治十三年（1874年）缅甸雍籍牙王朝遣使入贡，次年八月入京，成为"缅甸沦为英国殖民地之前最后一次遣使访问北京"。① 而此后安南、南掌、缅甸等相继沦为法国和英国的殖民地，中国与东南亚周边国家传统的贡赐贸易宣告结束。② 光绪十二年（1886年）六月己卯，总理各国事务衙门与英方商定条约时，虽然曾一度约定"因缅甸每届十年，有派员呈进方物成例，英国允由驻缅大臣循例举行"。但同时规定："中国允英国在缅甸现时所秉政权，均听其便"。③ 实际上英属缅甸与中国的贡赐贸易已成了一句空话。

英、法在完成对印度支那半岛的武力侵略的过程中，还进一步越过缅甸、南掌和安南，加紧侵略中国西南边疆。马嘉理事件和中法战争后，英、法相继强迫清政府签订了中英《烟台条约》《中英滇缅条约》《续议滇缅界、商务条款》、中法《天津条约》《中法会订越南条款》《越南边界通商章程》、《续议商务专条》等一系列不平等条约。以上述不平等条约为依据，法国于光绪十五年（1889年）八月，在滇南蒙自正式设立海关，在蛮耗设立分关（1897年7月改设于河口），光绪二十三年（1897年）一月设立思茅海关和易武、勐烈

图19　昆明自开商埠界址碑（王文成摄）

---

①　余定邦：《1824—1885年的中缅交往》，见《中外关系史论丛》第2辑，世界知识出版社1987年版，第145页。
②　《清史稿》卷五二七、五二八，《越南》、《缅甸》、《暹罗》、《南掌》。
③　云南省历史研究所编：《〈清实录〉越南缅甸泰国老挝史料摘抄》，云南人民出版社1986年版，第860页。

分关。英国紧随其后，于光绪二十年（1894年）取得了在滇西蛮允、盏西通商，在蛮允派员驻扎的特权。三年后将蛮允领事移驻腾越，光绪二十八年（1902年）正式在腾越设立海关，并于蛮允、弄璋街、遮放（后改龙陵）设立分关。英法两国通过与清政府签订的不平等条约，在云南开辟商埠，相继设立了海关。光绪三十一年（1905年），在全国纷纷自辟商埠的背景下，云南地方人士也出于保护本地商业的愿望，提出了将昆明自辟为商埠的要求。经清政府批准，制定了《云南省城南关外商埠总章》，按照"埠内一切事权均由中国并由本埠自设商埠总局专理其事"的原则，正式宣布开埠通商。[①] 云南对外贸易开始从传统贡赐贸易、边境贸易，向开埠通商转变。

开埠通商后，与云南直接开展商品贸易的对象国增加，但海关管理权和关税决定权丧失，关税税率很低。在设关通商前，云南主要与周边国家发生贸易关系。设关通商后，主要贸易对象国被英、法等西方国家取代。清朝末年，"本省贸易范围遍及英、美、日、法等国，而以法国为主。至贸易区域则以安南、印度、香港为主要市场。"[②] 但是，新设置的海关却由英、法等国派员管理，关税由清政府与英法政府"协定"。其中，中法《续议商务专条》议定的关税税率是"凡由北圻入中国滇、粤通商处所之洋货，即按照中国通商海关税则减十分之四收纳正税。其出口至北圻之中国土货，即按照中国通商海关税则减十分之四收纳正税。"[③] 1894年中英《续议滇缅界、商务条款》不仅也议定了同样的税率：凡输入中国的商品，"完税照海关税则减十分之三"，从中国输出缅甸，"完税照海关税则减十分之四"。[④]

在不平等条约的保护下，西方工业品大量输入云南，而云南生产的原料出口大增，云南商品进出口贸易规模迅速扩大，进出口商品货值迅猛增长。蒙自海关设关当年，四个多月进出口货值即达到149929海关两。光绪十六年（1890年）全年达到927282两，宣统三年（1911年）增至11398300两，是开关第二年的12.29倍。思茅、腾越开关后，全省外贸

[①] 《新纂云南通志》卷一四三，《商业考》一。
[②] 《新纂云南通志》卷一四四，《商业考》二。
[③] 王铁崖：《中外旧约章汇编》第1册，生活·读书·新知三联书店1957年版，1982年10月页2次印刷，第515页。
[④] 同上书，第578—579页。

总额进一步迅速增加，1902 年蒙自、思茅、腾越三关进出口贸易总值为 8220856 两，1904 年突破千万两，达到 13099786 两。此后虽有波动，但始终保持在千万两以上。1912 年突破两千万两，达到 22339587 两。1914—1916 年间，虽曾一度降至两千万两以下，但 1912 年至 1918 年 7 年，年均进出口贸易总额仍保持在两千万两以上①。特别值得注意的是，从 1910 年起，云南三关出口贸易值超过进口值，出现了近代中国对外贸易史上为数不多的出超现象。1910 年当年出超 299389 两。此后，1910 年至 1918 年的 9 年间，除 1914 年一度入超 106 万余两外，其余 8 年全部实现出超，共出超 1600 余万两。抵扣 1914 年的出超额之后，云南对外贸易出现了 9 年累计出超 1500 余万两的现象。

不仅如此，云南开关之际，正值西方国家对华资本输出的高潮。因此，英法两国也把资本输出的目标指向云南。虽然英国修建滇蜀铁路的计划、英商华昌公司、英法合组隆兴公司谋划投资云南矿冶业的计划，因云南各族民众的强烈反对等原因而无果。但法国 1901 年在巴黎成立滇越铁路公司，实际投资 1.5846 亿法郎，② 于 1901 年至 1910 年间完成了滇越铁路的修建，并取得了铁路的经营管理权。滇越铁路成为近代史上外国资本输入云南的最大项目，也是法国在华直接投资的最大项目。③ 在西方商品大量输入云南的同时，帝国主义资本输出的浪潮，也向云南席卷而来。

以约开商埠为标志，云南对外贸易的性质、规模、主体和内容均发生了重大的变化。云南对外贸易的主权严重丧失，云南与一衣带水的周边邻国之间的贸易，已直接与全球国际贸易接轨。云南商品市场、劳务市场、资本市场几乎同时全面向世界市场开放。长期地处内陆边疆的云南市场，通过周边的英、法殖民地，与世界市场更加紧密地联系在一起，传统的对外贸易完成了向近代的转型。甚至在离蒙自、腾越有相当距离的大理，当时人们也已深刻地感受到："惟吾邑自咸同以前，初无所谓洋货。光绪

---

① 侯厚培、杨端六：《六十五年来中国国际贸易统计》，中央研究院社会科学研究所编印，1931 年。

② 《续云南通志长编》中册，云南省地方志编纂委员会办公室铅印本，1985 年，第 1000 页。

③ 据吴承明先生估计，法国在华投资总额 1914 年为 282.5 百万美元（含借款）。同年滇越铁路投资为 32 百万美元，占法国投资总额的 11.3%，占全部帝国主义在华直接投资于铁路的 11%。见《帝国主义在旧中国的投资》，人民出版社 1956 年版，第 45、168 页。

初，洋货始渐输入，洎越亡于法，缅沦于英，于是洋货充斥。近则商所售售洋货；人所市市洋货；数千年之变迁，未有甚于今昔。"①

二 商品流通与市场网络的演变

鸦片战争前后，以传统市场的发展为基础，以对外贸易的转型为先导，云南城乡市场发生了重大变化，除政府专卖物资和部分农产品的运销互有消长外，云南商品流通与市场网络，总体上呈现出快速发展的态势。

图20 茶盐古道上的剑川沙溪古镇（王文成摄）

在国际、国内市场波动的影响下，铜、茶、盐的专卖日益走向衰落。在滇铜专卖方面，嘉庆年间滇铜产量急剧下降，"虽因积欠过多，奏准减运，迄未议停"。而各省的采买，则随着运费的增长和本省财政、货币问题的恶化，大幅度减少。"咸同之乱，厂情大衰，军兴停办数十年，直至同治十三年，始议恢复京运"，但"办理十余年，成效未睹，逋欠转多"。至光绪二十五年，"只解运京铜一百万斤，供京鼓铸外，以五十万斤留滇试办铸钱，分批起解"。民元以后，最终连为数不多的京铜，也干脆停运。② 云南茶叶专卖实行的是完全就场专卖，但光绪间，云贵总督在普洱

---

① 民国《大理县志稿》卷六，《社交部》。
② 《新纂云南通志》卷一四六，《矿业考》二。

府设盐茶道，下设官茶局，对茶商、茶农的苛派加重，甚至出现"普洱产茶颇为民害"的现象。茶叶产销量也明显滑坡，普洱年产量从 8 万担减少到 5 万担。① 其中销川入藏者仅万余担，价值不足百万两。民国初年方才有所回升，销川茶增至"年约二百万两"。② 食盐作为本省民众生活必需品，需求弹性较为稳定，清政府在与食盐生产者、销售者的博弈中，先后数次调整专卖体制，力促云南食盐运销的发展。但其实际效果并不理想。道光年间实行较为彻底的就场专卖，食盐销量曾一度达到 5500 万斤。但光绪年间盐法再变，全省年销盐又一度下降到 4534 万斤③。民元以后川盐、粤盐销滇受到查禁，采取了"改定新额并责成黑、白、磨三区督销督煎，总办实销实报"等措施，食盐销量"数年之间，递有增加"。从民国元年的 414128.5 担，增至民国 8 年（1919 年）的 821484.31 担。④

粮食、布匹和牲畜是民间贩运的大宗商品，清末这三种大宗商品的流通获得了一定发展。咸同以后，全省粮食总产量下降，粮价上涨，刺激了粮食运销的发展。但由于交通条件限制及供给弹性小，实际进入流通的粮食不多。滇越铁路沿线则开始大量运销越南进口的大米。云南棉货运销发展最快，棉纱在云南进口货物中始终居首位，进口后在省内及川、黔间贩运，成为云南省内、省际流通中的大宗商品。但另一方面，由于大量洋纱进口，用洋纱织成的土布行销全省，原由四川、湖北销往云南的土布数量大大下降。1897 年由四川输入的纱布土布仅 6 万包，200 多万匹，⑤ 仅及以前的 1/5。牲畜贸易随着畜力运输的发展和对外贸易中皮革等畜产品需求的激增，有了较大发展，"大理三月街，鹤庆松桂会，把月邓川鱼塘坡，均有骡马市场，远近争集，一切选种购买，均于此等市行之"。⑥ 其中，大理地区不仅三月街每年有千匹以上骡马成交，平时逢街期集市也有

---

① 刘云明：《清代云南市场研究》，云南大学出版社 1996 年版，第 96 页。
② 《续云南通志长编》下册，云南省地方志编纂委员会办公室铅印本，1985 年，第 610 页。
③ 《新纂云南通志》卷一四九，《盐务考》三；卷一四八，《盐务考》二。
④ 《续云南通志长编》中册，云南省地方志编纂委员会办公室铅印本，1985 年，第 1153、1161 页。
⑤ Report of the Mission to china of the Blackurnb Chamber of commerce 1896 - 1897, Nevitte and Betty's section. p. 259. 转引自王福明《近代云南区域市场研究》（1875—1911），载彭泽益主编《中国社会经济变迁》，中国财政经济出版社 1990 年版，第 389 页。
⑥ 《新纂云南通志》卷五十八，《物产考》一。

数十和上百匹成交。鹤庆松桂会每次成交骡马也不下700—800匹。①

由于近代前期云南对外贸易的迅速发展,省内与进口商品有替代性的传统商品销售受到强烈冲击,而为出口所需的商品流通量却大大增长。如传统的蓝靛、植物油、刀烟等逐步为洋货所取代。进口洋货不仅行销全省,而且一部分转销四川、贵州。而作为国际市场上需求量较大的大锡、石磺等,则从云南大量外运。甚至云南产量有限的生丝制品及牛羊皮,由于出口需要遂促使云南从四川、西藏大量贩入,转输出境。清末福春恒、永昌祥还直接在四川嘉定、成都"收购土丝,设厂改纺",然后经云南运销出口。② 此外,咸同年间清政府开征烟厘,鸦片贸易急剧增长,成为充斥云南市场的大宗商品。仅从云南销往重庆的鸦片,1899年为2833担,计价合银875085海关两。宣统元年(1909年)又增至4657担,平均年销3000担左右。③

与商品流通的变化相适应,近代前期云南集镇的兴衰此起彼伏,部分市镇辐射区域超过所属政区,成长为区域性的商贸中心。刘云明专门就洱海地区11个州、厅、县的情况进行了分析,认为:这一地区的平均集市数,"清初为6.7个,清后期为11.8个,增长率为75%;每市月均开市的次数,在可比的两县中(云南县、浪穹县),清初为5次,清末为7次,增长率为40%"④。集镇得到了较大发展。但广西州原有县城、爵册、牛街等13处集市,"在蒙自未开关前,滇桂交通以此为必经之地,广商之集此者众。迨蒙自开关后,遂渐衰落矣"⑤。

这一时期,昭通、曲靖、罗平、大理太和、下关、丽江、腾越、保山、新兴(玉溪)、思茅、蒙自、个旧等集镇,获得了较大发展。其中,大理太和"为全滇市集之最大者";新兴县城单日赶集,附近还有北城街、研和街,"为滇中物货集散之中枢";罗平"以板桥、者黑、富罗厂

---

① 杨毓才:《云南各民族经济发展史》,云南民族出版社1989年版,第308—309页。
② 《续云南通志长编》下册,云南省地方志编纂委员会办公室铅印本,1985年,第612页。
③ Returns of Trade and Trade Reports, 1889–1911, Mengtze, Chungking. 转引自王福明《近代云南区域市场研究》(1875—1911),载彭泽益主编《中国社会经济变迁》,中国财政经济出版社1990年版,第386页。
④ 刘云明:《清代云南市场研究》,云南大学出版社1996年版,第45页。
⑤ 《新纂云南通志》卷一四三,《商业考》一。

三市集为最著……盖滇黔之交易中枢也"。保山"以首善之五城市为最著名。……其余各区均有市集，有一区数市集者。"腾越因与缅甸相邻，"故商业至为繁盛也。"① 而这一时期发展最快的当数下关。在雍正年以前，"下关尚无商号出现，仍然是农村集市性质。约从雍正到道光年间（约1723—1850年），滇川、滇藏贸易加强，下关逐渐成为迤西的商业交通要道，省内临安、鹤庆、腾冲、丽江、昆明等地的商人，纷纷而来，才陆续有商人定居于此，开设堆店和商号，专门从事商业活动。……到道光末年咸丰初年（约1850年前后），堆店增至七八家，商号发展到三四十家。"杜文秀起义期间，大理政权也高度重视商业发展，下关商号发展到40多家。光绪年间，设在下关的商号更成倍增长，达到七八十家，光绪末年"下关商号发展到百多家，堆店有18家，大小商店由1875年以前的七八十家猛增到300余家"②。下关从雍正年间的农村集市，一跃发展成为辐射昆明、四川、西藏，对外辐射缅甸、印度的区域性商业都会，在云南商业中占有举足轻重的地位。

最后，近代昆明工商业快速发展，特别是1905年的自开商埠，1911年滇越铁路通车，进一步促进了昆明的发展。谢本书先生认为，昆明城市近代化经历了三个台阶，而近代前期的昆明，自身的城市化和近代化迈上了起步的第一台阶，开始向第二步迈进③。宣统元年（1909年）城内东、南、西、北、中5个区，城外西区，商埠3个区，丁口总数达到101377人，另有外国人139人。④ 民国中期（抗日战争爆发前）昆明城市近代化迈上第二个台阶后，人口发展到了20万人。⑤ 昆明作为商业都会的地位进一步巩固，面向国内的辐射范围近达川、藏、黔、桂，远至江浙、两湖、两广；国外近达东南亚，远接印度、日本乃至欧美。

这样，近代前期的云南市场，形成了以昆明为中心，以昭通、下关、蒙自（个旧）、腾越（保山）等区域中心城市、府州县集镇和农村集市、

---

① 《新纂云南通志》卷一四三，《商业考》一。
② 梁冠凡等调查整理：《下关工商业调查报告》，见《白族社会历史调查》，云南人民出版社1983年版，第123—129页。
③ 谢本书等主编：《近代昆明城市史》，云南大学出版社1997年版，第18—20页。
④ 《云南巡警总局调查省城巡警九区户口一数一览表》，见云南省档案馆编《云南省档案史料丛编·近代云南人口史料》第2辑，上，第17—18页。
⑤ 谢本书等主编：《近代昆明城市史》，云南大学出版社1997年版，第24页。

乡村商贩为结点，以近代铁路和传统驿路、津渡桥梁为纽带，同时面向国内国外、互相联系、层次分明的市场网络。云南城乡市场的互动加强，市场网络化程度得到了进一步提高。也正是借助日益网络化的市场，以洋货为代表的工业品和以茶叶、皮革为代表的农产品，通过不等价交换，从云南农村摄取了巨额财富，加剧了云南农村的贫困。

三 商人、商帮与行会、商会

清代中叶，省外商人在云南的活动十分活跃，在云南商品流通中占据了主导地位。嘉庆、道光以后，这一局面发生了重大改变，不仅云南本土商人迅速壮大，实力明显增强，而且出现了洋商和买办商人。商人组织也经历了由商业帮会、封建行会向近代商会的转变。

清代嘉庆、道光年间，云南商人主要从事零星小额贩运贸易，仅有少数地区出现了具有一定规模的商号。如昆明有"高嵩、李济两家，在省会规模甚大"①。滇西商人明清宠创办的"三盛号"，资产雄厚，有"明百万"之称。② 国内不少富商大贾，也挟资入滇开矿；一些著名的商号、商帮，则在云南设置了分支机构，加入到云南商品贸易中来。③ 其中，"在清中世，外省商之贸易于滇者，最早为江西帮"。且获得了较大发展，故"江西帮之万寿宫遍于各地"。湖南、四川帮进入云南也较早，其后则两广、北京帮相继而来。④ 云南的商人队伍，形成了以内地商号、商帮为主，云南商人为辅的格局。

咸同年间，云南各族人民大起义爆发，同时全国也爆发了规模浩大的太平天国起义。长江、珠江流域与云南本地均受到了战火的严重影响，内地商人在云南的活动受到阻隔，经营活动衰落。杜文秀领导建立的大理政权，对商业和对外贸易高度重视，支持各商号、商帮继续开展商业贸易，⑤ 而且杜文秀还派人在八莫、仰光两地开设滇缅贸易的了几家商号。⑥ 云南商人队伍有了一定发展。咸同以后，不少流离失所的农民，改而经

---

① 《新纂云南通志》卷一四三，《商业考》一。
② 刘云明：《清代云南市场研究》，云南大学出版社1996年版，第150页。
③ 同上书，第153—155页。
④ 《新纂云南通志》卷一四三，《商业考》一。
⑤ 荆德新：《杜文秀起义》，云南民族出版社1991年版，第195—198页。
⑥ 王绳祖：《中英关系史论丛》，人民出版社1981年版，第74页。

商，加入商人队伍；不少商人抓住商机，获得了较大的发展；一些地主、官僚，也看到了投资商业的利益所在，纷纷创办商号，经营商业。云南本地商人队伍迅速壮大起来。

图 21　清末实业家王炽（右二）次子婚礼迎妆
（方苏雅摄，殷晓俊提供）

在商业最发达的昆明，宣统元年（1909 年）云南巡警局调查省城户口，明确登记为商人的达 11538 人，占"有职业者"人口总数 51752 人的 22.3%。另登记为工人的 19615 人中，也有不少同时从事商业活动。商人和工人累计达 31153 人，占"有职业者"人数的 60.2%。[①] 同时，部分商人艰辛创业，积累了丰富的经验，抓住有利时机，大力拓展业务，所经营的工商企业迅速壮大，实力大幅度增强。《新纂云南通志》专立《实业传》，不仅简要记载了鹤庆"舒裕厚、杨玉宝、杨甲寿、赵根润、李恒春辈皆以能商闻，李鸿康赀尤巨，世谓之'李百万家'"，而且还专门为经商起家、最有实力并信誉卓著的清末云南实业家——王炽、舒金和、何云 3 人立传。[②]

正当云南本地商人快速成长之际，蒙自、思茅、腾越相继开埠通商，

[①]《云南省巡警局调查省城巡警九区户口总数一览表》，见云南省档案馆编《近代云南人口史料》，第 2 辑，上册，云南省档案馆 1987 年版，第 18 页。

[②]《新纂云南通志》卷二三五，《实业传》。

外国商人随之进入云南，在云南设立了商号和分支机构。在云南经营商业的人员构成，发生了新的变化。早在光绪二十五年（1899年），法国商人就到蒙自开设了安兴洋行。此后在蒙自开设的洋行有亚细亚水火油公司代理局、滇越铁路公司酒吧间、福鼎酒店、戛波比盎洋行、哥胪士洋行、和田洋行、博劳当洋行、礼和洋行代理处等。有学者统计，滇越铁路通车至抗日战争爆发，仅在蒙自的外国洋行就曾达二十多家，昆明截止到1923年，则有法、英、美、日、德、希腊、土耳其等8国开设的洋行34家，主要从事五金、纺织品、药材、钢铁、煤油、机械、各色杂货的经营[①]。不仅如此，部分云南本地商号，在激烈的竞争中开始成为外国洋行的代理商。如英美烟草公司在昆明的推销机构"同济号"，"系由香烟业中的同泰祥、铨盛祥、东兴隆、鸿庆号（以上四家为正代理）、鸿盛祥、义兴号、盛宝祥、云茂祥、宝兴号、元和昌（以上六家为副代理）等十家合作的推销机构，由四家正代理按年推选轮流担任同济号经理，向公司办理代理推销商品业务，交纳押金三万元，扣佣5%"。[②] 云南少量商人，开始从事买办业务。整个商人队伍中，出现了新的买办商人。

随着商人队伍的壮大和结构的变化，近代前期云南的商人组织也逐步发生了一系列变化。主要从事长途贩运贸易的云南各大商号，更多地通过业缘关系和地缘关系，自发地组成了较为松散的地域性商业帮会。嘉道年间，云南本地商人则逐步形成了腾越帮、临安帮、迤西帮等。光绪以前，昆明城东太平铺有"迤西士民公建"的"彩云观"（即迤西会馆），城南门外有建水士民修建的"建阳会馆"。[③] 清代末年，云南比较大的商帮有经营于缅甸的腾冲、鹤庆商帮，主要经营于香港的临安商帮等。[④] 在大理喜洲，清末严镇圭创办"永昌祥"后，民国年间又形成了4大家、8中家、12小家的喜洲商帮。"喜洲所谓四大家、八中家、十二小家，实际上

---

① 李珪主编：《云南近代经济史》，云南民族出版社1995年版，第232—233页。
② 《昆明市私营进出口商业社会主义改造资料》，见《昆明市志长编》卷七，近代之二，昆明市志编纂委员会编印，1984年，第90页。
③ 《昆明市志长编》卷六，近代之一，昆明市地方志委员会编印，1984年，第383—384页。
④ 《新纂云南通志》卷一四三，《商业考》一。

即是以四大家为首的资本家家族集团。"① 商帮内部各商号之间除业缘关系、地缘关系外，还有着十分密切的血缘关系。

除了自发形成具有浓厚地域色彩的商帮外，清代中期的云南商号还按封建行会的方式，组建为不同的商业行会，保护本行商人的利益，规定同行中人的权利和义务，独占行业的经营。与手工业行会相比，只是商业行会的组织和行规相对松散一些。② 其中，在城市坐贾与外地行商之间，专门设有牙行，沟通行商与坐贾之间的联系，从事中介贸易。但清代嘉、道以后，传统的商业行会和牙行已不能适应商品经济的快速发展，"于是清末昆明各商业行业破坏帮规和牙行制度的事情屡屡发生，人们对帮规牙行的消极作用也有所认识，并力图摆脱其束缚"。有的行帮也对行规作了修改，限制有所松动。③ 而在下关，1903年鹤庆、腾冲、临安、四川等4大商帮在财神殿成立"丝花会馆"，由主要经营川丝和棉花的商号，共同推举会董1人，帮董3人，处理有关丝绸、花纱交易事宜。④ 在滇商号，打破省内外、府州内外的界限，自发地以行业经营活动为中心，建立了自己的协调组织。

与此同时，全国的商人队伍也获得了重大发展，创建近代商会的呼声不断高涨。光绪三十年（1904年）清政府最终颁布了《商会简明章程》26条，并令各省"凡属商务繁富之区，不论系会垣，系城埠，宜设立商务总会。而于商务稍次之地，设立分会，仍就省分隶于商务总会"⑤。云南省按照清政府的要求，由马启元、王鸿图、董润章、祁奎、王连升、施复初等发起筹备，以"振兴商务"、"开通商智"、"扶持商业"为宗旨，于光绪三十二年（1906年）正式成立了云南省商务总会。总会设总理1人，协理1人，会董、帮董各10人。在昆明的58个原有商业行帮，加入商务总会。⑥ 省内商业较发达、商号较多的下关、蒙自等地，也相应设立

---

① 朱家桢等调查整理：《大理县喜洲白族社会经济调查报告》，见《白族社会历史调查》，云南人民出版社1983年版，第49—50页。
② 李珪主编：《云南近代经济史》，云南民族出版社1995年版，第126页。
③ 谢本书等主编：《近代昆明城市史》，云南民族出版社1997年版，第66—67页。
④ 杨毓才：《云南各民族经济发展史》，云南民族出版社1989年版，第467页。
⑤ 彭泽益：《中国工商行会史料集》，中华书局1995年版，第972页。
⑥ 《续云南通志长编》下册，云南省地方志编纂委员会办公室铅印本，1985年，第536页。

了分会。至 1916 年，云南商务总会改称云南总商会，设会董 60 人，特别会董 10 人。云南商务总会和后来的云南总商会建立后，开展了商务仲裁、公断，设立商团，人员培训、组织参加各种商品赛会等活动，在一定程度上发挥了近代商人团体的作用。云南商人的组织形式得到了进一步发展。

第二节　地方财政体制的形成

清朝财政实行高度中央集权的管理体制，从严格意义上说，清代初期云南并非一级独立财政。但鸦片战争后，在严重的经费收支危机压力下，云南经费收支的独立性增强，地方财政逐步形成。民元以后，云南与中央财政的关系几近中断，形成了一套独立的地方财政体制。

一　清末财政危机的不断加深

道光年间以前，清政府在云南的主要财源来源于田赋、盐课、工商税收和铸币余利等收入。从常年收支的总体情况看，清朝财政在云南收少支多。云南在全国"仅敷"、"有余"、"不足"三类财政区划中，当然地被列入了"不足"一类。常常"不仅不解交京饷，还得要邻省协济"。[1]

咸丰、同治年间，全国和云南均爆发了各族人民大起义，清政府传统的财政收入急剧减少，以军费为主的支出大幅度增长。在云南，由于滇南、滇中、滇西不少府州为起义军占领，清廷的财源断绝。战乱结束后，田赋被迫按原额的六成八分减征，首次减征期限为十年；盐课嘉庆年间年收 37.3 万两，同治十三年至光绪三年（1874—1877 年）4 年共收 81.3 万两，年均仅 20 余万两[2]；铜课因铜厂停办而"暂行停抽"；商税咸同以前每年额定征收数为 46303 两余，而咸同以后实际仅能征收 9695 两余；牲畜税也由 10035 两余，减至 3885 两余。[3] 同时，在太平天国起义的沉重打击下，清政府对云南的协济款项大幅度减少。同治十年（1871 年）仅四川等省欠解总额达 254 万两，同治八年至十二年（1869—1873 年），广东

---

[1] 彭泽益：《清代财政管理体制与收支结构》，《中国社会科学院研究生院学报》1009 年第 2 期，第 50 页。
[2] 《新纂云南通志》卷一四八，《盐政考》二。
[3] 《新纂云南通志》卷一五二，《财政考》三。

省积欠达440余万两。①

  为了摆脱财政困境，云南地方政府早在咸同年间即开始自谋出路，大力增收税收苛杂，扩张财政。在镇压云南各族人民大起义中，清政府"军费不足，则加赋税；赋税不足，则抽厘金；厘金不足，则逼捐输"。而在军事行动中，"其行兵也，沿途需索，到处滋扰，油盐柴草，粮秫夫役，格外之苛求不一而足。"②其中，对清代财政影响最大的当数开征厘金。同治年间，云贵总督劳崇光开始仿效内地，创设厘金局，在云南开征厘金。对坐商按月征收板厘，对行商设卡征收活厘。"对于抽收的货物种类、数量及抽收的金额，上级无法进行监督和稽查，事实上是完全放任各级地方政权对商贾进行肆意掠夺。"③同治十三年（1874年），云南开办牙厘，更是"三迤自行分界抽收，藉供兵饷，章程错出，款目难稽"。④

  同治十三年（1874年），杜文秀起义失败，清政府在云南的统治秩序恢复。但云南地方政府仍旧继续推行财政扩张政策，不断增加各种收入。在厘金征收方面，光绪初年"始由厘金总局拟定画一征率，分行各局，遵照办理"。经整理后的云南厘金，计有百货厘、红糖厘、川烟厘、土烟厘、土酒厘、绸缎厘、鹿茸厘、麝香厘、大锡厘、省货厘、各项杂收（含随厘加色、开支扣获平余、核减各局开支、包收省城牲畜油酒厘、罚款）等11类，全省厘金收入每年达到36万—37万两。⑤

  除厘金外，云南在盐税正额之外增加了学堂经费、团费、路捐、练兵经费、添针、解费、房费、委员公费、盐务公费、边岸经费等11种杂捐⑥；在田赋正额之外增加了米捐、钱粮、杂款、杂支、随粮铁路股本、随粮团费、随粮积谷、钱捐、额外摊丁、坐平、款费、杂租、杂课、公耗银、杂费银、针费、票钱、耗米、规费、地盘米等；通过"裁革夫马"，征收随粮夫马津贴（每纳秋粮1升，征钱3文），把"力役之征"变成了

---

  ① 云南省历史研究所编：《〈清实录〉有关云南史料汇编》卷二，云南人民出版社1984年版，第53—54页。
  ② 《晓谕滇垣绅民》，见白寿彝主编《中国近代史料丛刊》第4种，《回民起义》Ⅱ，神州国光出版社1952年版，第72页。
  ③ 李珪主编：《云南近代经济史》，云南民族出版社1995年版，第156页。
  ④ 《新纂云南通志》卷一五三，《财政考》四。
  ⑤ 同上。
  ⑥ 《新纂云南通志》卷一五二，《财政考》三。

征收钱粮①。此外,云南蒙自、思茅、腾越开关后,关税也开始成为清朝财政在云南取得的经常性大宗收入。以库平两计,蒙自关开关当年,收关税39846两,次年全年收入54076两。至1902年腾越开关,蒙自、思茅、腾越三关合计收入237745两,1906年曾一度增至334950两。其他年份一般均能保持在20万两以上。②

然而,征收厘金、增加苛杂、收取关税,并没有改善云南的财政状况。清末云南以赔款(洋款)、军费、新政费用为主的各项新增支出大幅度增加。仅光绪二十二年至二十七年(1896—1901年),云南就直接承担了"解还俄法英德借款"、"解沪关克萨镑款"、"解沪关汇丰洋款"、"分摊赔款"4笔外债、每年45.7万两的偿还任务。③ 至光绪三十二年(1906年)后,还因维西教案向法国赔款20万两。④ 在军费方面,光绪年间虽不止一次裁减兵员,但实际上"边防紧要,兵勇碍难裁减"。甚至中法战争期间,清廷还不得不继续往外省调兵入滇,令四川"遵拨五营交提督鲍超带赴云南",增加云南驻军。⑤ 中法战争之后,云南组建土兵、添练防军、办理团练、筹设警察、办理巡警、编练新军、举办新政等,更使云南军政开支有增无减。其中,编练新军的经费,仅"光绪三十四年、宣统元年统计,开办经费需筹银三百七十万两,除由本省自筹银一百二十万两外,其余二百五十万两,经云贵总督先后奏请,指拨各省厘税等项,以资开办。"⑥

更重要的是,云南地方政府的财权不断加大,财政独立性迅速增强,与中央和其他省份的财政联系逐步削弱。在财政收入方面,不少赋税收入已明确一定比例由地方留用。如盐课收入正课、溢课、漏报溢课等清末年收共计48万余两,"其中正课内以24万两解司库充兵饷,以6万两作官员养廉费及役杂开支,剩下9000余两积存盐道以备边防需要。溢课银中,1.3802万两划抵报部候拨,3万两用作全省团练经费,4万两用于购置新

---

① 李珪主编:《云南近代经济史》,云南民族出版社1995年版,第163、169页。
② 汤象龙编著:《中国近代海关税收和分配统计》,中华书局1992年版,第77页。
③ 李珪主编:《云南近代经济史》,云南民族出版社1995年版,第159—160页。
④ 《新纂云南通志》卷一五七,《财政考》八。
⑤ 云南省历史研究所编:《〈清实录〉有关云南史料汇编》卷一,云南人民出版社1984年版,第664、652页。
⑥ 《新纂云南通志》卷一五三,《财政考》四。

式枪炮，2.2396万两作为团营薪饷，剩下1.6万两积存盐道以备边防之用。漏报溢课银全部汇解江苏湖北机器局购买新式枪炮及弹药。"① 经过整顿后的厘金，"以正厘、加厘分别报销。所收正厘按半年一次汇齐，各局报收数通盘合计，以三之二为报部正款，以三分之一为本省外销。"② 且厘金局职员及稽查委员的薪水、伙食，"按官阶之大小，定银数之多寡，由所收正厘项下坐支"。③

同时，云南承担的部分解部款项，也更多地经清廷批准，留地方使用。如蒙自关解京关税，光绪三十年（1904年）清政府已同意"随时奏拨，定为滇省常年铜本的款。"滇越铁路通车时，云南奉命组建铁路营十营，清廷准拨协滇铁路营饷20万两。虽然名义上"由宜昌关税拨银十二万两，重庆关税拨银捌万两。"但实际上"自宣统元年起，仍由云南应解沪关新案赔款银三十万两内，提银二十万两，截留拨放。"④ 至清末云南编练新军，所需款项巨大，经清廷批准，原需解京的练兵经费、解还赔款、应解洋款（含沪关克萨镑款、沪关汇丰洋款、解还俄法英德借款）基本全额留滇，用作新军编练费。⑤

相应地，随着清廷对全国各省的财政调剂能力明显下降，云南外来协饷大幅度减少。其中，仅光绪三十年至宣统元年（1904—1909年），各省常年协饷指定山西、陕西、江西、湖南、江苏、安徽、两淮、四川协济132万两，云南实际收到87万两，欠解45万两。外省临时加拨协滇铜本银两指拨93万两，欠解12万两。⑥

宣统元年（1909年）清政府曾下令设立财政公所，以期整顿财政秩序，重新划分中央和地方财权。云南于宣统二年（1910年）裁并善后、厘金两局，设立财政公所，统一财权。清政府颁行"清理财政章程"后，云南设立清理财政局，拟通过清理、调查，准备实行分税制，明确中央与地方的财政关系，从制度上正式认可地方财政。然而时隔不久，武昌起义爆发，清政府尚未完成中央与地方财权的划分，最终正式确立省级地方财

---

① 李珪主编：《云南近代经济史》，云南民族出版社1995年版，第160—170页。
② 《新纂云南通志》卷一五三，《财政考》四。
③ 《新纂云南通志》卷一五五，《财政考》六。
④ 《新纂云南通志》卷一五三，《财政考》四。
⑤ 《新纂云南通志》卷一五六，《财政考》七。
⑥ 《新纂云南通志》卷一五三，《财政考》四。

政制度，已退出了历史舞台。

二 民国初年地方财政体制的形成

1912年中华民国成立，当年3月，袁世凯就任临时大总统，北洋政府正式继承了清朝财政留下的遗产，于1912年5月筹设财政部。11月财政部正式成立，下设会计、赋税、财务、公债、库藏5个司。重九起义后，云南军政府"废止藩司财政公所与清理财政局各种旧制，改设云南财政司"①，负责全省财政工作。

然而，北洋政府对如何管理全国财政，却并无明确可行的方案。只是参照国外的做法，开始编制全国财政预算，按分税制的思路，要求各省设立国税司。实际财政收入除沿袭清末的部分收入外，主要靠举债度日②。至财政部编制民国3年预算时，"将各省出入相抵盈余之数，责令解部"，地方预算经中央核准，不足由中央拨款。而云南既无盈余，无从解款；除"获中央允许，将本省应行解部盐税，拨为滇军协饷"外③，也始终未收到中央拨款④。民国2年，云南曾按北洋政府的要求，在财政司之外，另设国税厅筹备处，其地位与财政司相等。但次年7月，云南都督府决定，"国税厅筹备处及财政司一并裁撤，合组为云南省财政厅，直辖于中央财政部，而受云南巡按使指挥监督。"⑤

由于云南在清代为受协省份，民元以后各省协款完全停止，但云南"内戡匪乱，外固国防，加以援蜀、援黔、援藏，先后出师，供亿浩繁，所费百数十万"，财政开支较大。为此，1912年至1915年间，云南地方政府采取了一系列措施，开源节流，整理财政收支，按照分税制的原则，

---

① 《续云南通志长编》中册，云南省地方志编纂委员会办公室铅印本，1985年，第711页。

② 董长芝：《民国财政经济史》，辽宁师范大学出版社1997年版，第84—85页。

③ 《续云南通志长编》中册，云南省地方志编纂委员会办公室铅印本，1985年，第636页；《为陆军电中央》，(1912年5月14日)，《附：袁世凯复电》(1912年5月16日)，见谢本书等编《云南辛亥革命资料》，云南人民出版社1981年版，第180—181页。

④ 杨汝梅：《民国财政论》，商务印书馆1927年版，第30—34页。

⑤ 《续云南通志长编》中册，云南省地方志编纂委员会办公室铅印本，1985年，第711页。

明确中央与云南的财政关系，建立地方财政体制：①

（一）增加财政收入。云南地方政府通过发行爱国公债，"计先后所入 10 余万"；"办契税、烟酒税以救目前之急"；改订盐税税则，"实行现场征收，变通引岸以整顿盐务"；厘税招商承办，收入"较昔年加旺"；一度成立"收销存土公司"，抽收鸦片烟税。

（二）削减财政支出。汰除浮冗，"凡机关之复设，人员之闲散者，悉归裁并"；节减俸给，先后三次裁减薪金；遣散冗兵数十营，节省军饷。

（三）整顿财政制度。省府按当时财政收入数及"地方之繁简"，核定政费，编制预算；地方收入之款，"悉令缴解"，"去陋规，惩赃私，皆著于法"，以期涓滴归公；设立"会计检查厅"，首创审计制度。

（四）协调与中央的财政关系。建议中央统一财政，编制全国预算。当中央国税、地税划分方案及预算下达后，按国税、地税之别记账，并力争将国税中的盐税划为中央协款，留作云南国防开支。

此外，云南军都督府以"调剂全省金融，奖励储蓄，扶助实业为主旨"，创办富滇银行，发行纸币 100 万元。②

上述措施的实行，初步统一了云南全省的财政权。省内财政制度较为健全，财政收入严重流失的状况得到改善。相应地，本省财政收入增加，开支压缩，收支开始趋于平衡。其中，作为全省财政支柱之一的田赋地丁，虽由于"清丈田亩以裕国课"未能推行而增加不多外，厘金由 20 多万元增至 50 余万元，造币厂余利由民国元年的 39852 元增至民国 5 年的 8.3 万元，1917 年突破 10 万元。③ 在财政支出中，"又经裁减薪金，厘剔冗费，刻意节流，每年政费可节省 50 余万"④，1912 年、1913 年的陆军

---

① 周钟岳总纂、蔡锷审定《云南光复纪要》，《建设篇》，见《云南贵州辛亥革命资料》，科学出版社 1959 年版；云南近代史编写组《云南近代史》，云南人民出版社 1993 年版，第 228—230 页；云南省历史学会、云南省中国近现代史研究会编《云南辛亥革命史》，云南大学出版社 1991 年版，第 161—164 页。

② 《续云南通志长编》中册，云南省地方志编纂委员会办公室铅印本，1985 年，第 696 页。

③ 同上书，第 695 页。

④ 《为财政事致中央电》（1912 年 5 月 18 日），谢本书等编《云南辛亥革命资料》，云南人民出版社 1981 年版，第 186 页。

月支薪饷等费仅 18.5 万元，1915 年亦仅 30 万元，远比清末为少。① 这样，民初云南财政总体状况明显改善，1912 年至 1915 年的 4 年中，有两年入不敷出，收支相差 100 万元，而另外两年却有节余，共计节余 207 万元，4 年收支相抵仍余 100 余万元。② 其中，1912 年北洋政府因财政困难拟向六国银行团借款 6000 万镑时，云南还鉴于"外人乘我之急，垄断债权，并要求财政监察裁兵，债约既成，国权尽失，"立即通电反对，并"先筹解中央二十万元，以应急需"。③ 向中央汇解了部分经费。

但是，云南财力紧张，向中央解款毕竟为数不多。因此，在中央停止向云南调剂划拨经费、云南财政能勉力实现平衡、分税制未及时明确的条件下，中央与云南的财政关系已日益弱化，收支往来和财务管理均联系不多。特别是袁世凯卖国称帝的行径逐步暴露后，云南与中央的关系发生逆转，地方财政进一步走向独立。1913 年袁世凯举办善后大借款，将全国盐税作抵押，要求云南盐税尽解中央，云南方面"一再电呈困难"，而拒绝执行。1914 年，北京政府被迫允准自是年 9 月起云南每月拨留盐税 12.5 万元，全年合计 150 万元，余款解稽核分所专存。云南留用数占盐课收入的 70%。袁世凯称帝后，云南首举护国义旗，通电出兵，讨伐袁世凯，曾向中央上解的部分盐课，也全部截留云南使用，云南地方政府与北洋政府的财政联系实际已断绝。④

护国运动胜利后，云南财政面临着严重的收支平衡问题。护国战争中，除云南本省借垫 700 万元外，入川滇军恤赏、欠饷、借款计 200 万元，入粤滇军实欠饷 130 万元，月需军费 35 万元，但北京政府仅下拨 40 万元，所余亏空难以弥补。在此情况下，云南地方政府却不仅不裁兵节饷、减少财政开支，反而自 1917 年后采取了以武力强行敛财、开烟禁收烟厘、扩大货币发行、以"靖国"名义全数截留了税收等手段增加收入，

---

① 《续云南通志长编》中册，云南省地方志编纂委员会办公室铅印本，1985 年，第 636 页。
② 万湘澄：《云南对外贸易概观》，新云南丛书社 1946 年版，第 183—184 页。
③ 《为募集公债事通电》（1912 年 6 月 1 日）,《为拨款中央事通电》（1912 年 6 月 6 日），见谢本书等编《云南辛亥革命资料》，云南人民出版社 1981 年版，第 195、196 页。
④ 《续云南通志长编》中册，云南省地方志编纂委员会办公室铅印本，1985 年，第 1211 页。

地方收支完全独立。① 甚至在财政管理机构上，也在从民国 6 年的靖国之役后，"云南财政厅遂先后直辖于云南都督府暨云南省长公署及联军总司令部"②。云南地方财政与中央财政的关系长期完全断绝，服务于地方实力派的地方财政体制，在战火硝烟中正式形成。

第三节　货币与金融

清代云南与内地的流通币初步实现了统一，银两和制钱成为云南的通货，银钱并用的货币流通制度在云南确立。而银钱并用的货币流通格局，在清末民初又一次发生了急剧变化，经历了一个日益复杂化的历程，但总体上出现了逐步向银元单一本位过渡的趋势。在金融领域，近代云南传统金融兴而复衰，近代银行、汇兑迅速发展。金融业的近代化也在十分艰难的环境中，缓慢向前推进。

一　货币的铸造、发行与兑换

清代道光以后，云南通行的货币仍以白银和铜钱为主。其中，白银逐步取得了主要货币的地位，在大宗交易和部分小额交易中广泛使用。"所用银锭，统称银锞，又曰礌银。"清政府没有设立官营的铸币机构，市场上流通的白银均由各地银号、银铺、钱庄铸行，银锭无统一规格，成色也有较大出入，低者九成，高者九九五，甚至"十足"。光绪十年（1884年）前后，昆明各兼销铺集会议决，创销"方长八角形"之银锭，名为"牌坊锭"。定为每锭重五两上下，成色以九八为标准。"嗣后因各号倾销，成色多不足九八，而一律照九八成色倾销者仅数家。于是公推此数家为公估商，呈报官厅立案。凡兼销铺销成之牌坊锭，必经估商审定，加印公估戳记，始得以公估银通用。"并明确规定："所有商民完纳赋税，及各州县官报解正供款项，一律以公估牌坊锭加色上兑，不得异议。市面交易亦以公估为标准。"③

---

①　王文成：《1915 年至 1920 年云南财政与政局浅论》，见云南省社会科学院历史研究所编：《研究集刊》1989 年第 1 期，第 202—219 页。

②　《续云南通志长编》中册，云南省地方志编纂委员会办公室铅印本，1985 年，第 696 页。

③　《新纂云南通志》卷一五八，《币制考》。

除牌坊锭和其他本省银锞外，清末外省白银还通过鸦片贸易等渠道，大量流入云南。"当光绪中，鸦片产量极丰。商人贩运者，本省号家外，有广帮、川帮、湖南帮之分。广、湖两帮运来银两，有龟宝、方宝、广东方漕、广西足银、湖南票银、湖北沙锭、关锭等类，川帮运来者概为川白锭（有新票、老票之分），均系足色。统计年约输入数百万之巨。"①

铜钱的铸行由清朝政府垄断，民间不得私铸。道光年间，在云南流通的制钱有顺治、康熙、雍正、乾隆、嘉庆、道光钱等。其中，顺治、康熙钱每千重8.5斤，雍正、乾隆钱每千重10斤，嘉道钱，每千重8斤。铜铅成分，铜占90%，白铅9%，黑镰1%。②

咸丰初年，清政府财政危机加剧，而太平天国起义和云南各族人民大起义爆发，滇运京铜不济，清政府严令各省设立官钱局，铸行虚价大钱。咸丰四年（1854年）云南正式铸行当十、当五十钱样（分别重4钱4分、1两2钱）。但因大钱的名义价值与实际价值严重背离，造成物价飞涨，大钱无法正常发行流通。咸丰八年（1858年），清政府被迫同意云南收回大钱，改铸制钱。并将"制钱铜斤酌减。"③ 此后，"同光钱愈轻，每千重只四斤，而配宝云局铸合成分竟铜四铅六矣。式小形薄，轮廓不完，文字不明，铅多质脆，触手辄碎，私钱易混，盗铸云起，甚至杂以錽钱锡钱，官府不能禁革。"咸同年间，迤南文山、马关一带，因受战争影响，铜钱不至，曾有铁钱（当10大文钱）流通。④ 此后，光绪十五年（1889年）云南铸"每千足重七斤"大钱，三十年（1904年）严庆祺不计工本铸每千重五斤十两、铜铅各占80%和20%的"严官钱"，均不能解决制钱恶薄、盗铸严重及费用高昂等问题。"而钱法大坏，民间病之，遂患钱荒矣。"⑤ 1907年宝云局停止铸钱，⑥ 银钱并用条件下的制钱流通，开始逐步退出历史舞台。

---

① 《新纂云南通志》卷一五八，《币制考》。
② 同上。
③ 云南省历史研究所编：《〈清实录〉有关云南史料江编》卷四，云南人民出版社1984年版，第350页。
④ 《云南近代金融档案史料选编》第1辑，上册，云南省档案馆、云南省经济研究所编印，1992年，第2页。
⑤ 《新纂云南通志》卷一五八，《币制考》。
⑥ 汤国彦主编：《云南历史货币》，云南人民出版社1989年版，第20页。

在钱法紊乱、制钱逐步退出流通的过程中，内地各省开始铸行机制银元。"湖北龙元，是云南通行最早的本国银币。"光绪二十四年（1898年）"搭解协饷到滇"，省城就开始行用以枚计数的湖北龙元。[①] 光绪三十一年（1905年）云贵总督锡良从四川、湖北"换运大小银币，在省城设局兑换"[②]，银元开始在云南广泛流通。次年，云南奏请"添设云南造币分厂一局"，铸行银元，得到了中央许可。[③] 同年，清廷颁布《币制则例》，明确采用银本位制，以元为单位，重库平7钱2分，成色900‰，名"大清银币"。云南即按这一规定正式铸币。至宣统三年（1911年），共铸造一元银元2891539枚，半元银币5432274元，二角银币74304枚。[④] 云南流通的称量银两，开始向以枚计数的银元转变。同时，云南开埠通商后，"外币输入滇境日渐增加，约略计之，有法圆、墨圆、德圆及英缅特殊之小洋等类。"[⑤] 特别是滇越铁路动工后，法属越南专门鼓铸银元750万元银元，供支发路工之用。光绪三十年至三十三年（1904—1907年）间，先后从越南运入值关平银7176394两的法元。[⑥] 英属缅甸的卢比，"亦因滇缅商务兴盛，由边疆潜流入境"。清末"卢比之流入本省者，每年约达80万左右。"[⑦] 外国银币的流入，进一步加剧了云南货币流通的混乱，不仅使英、法金融机构攫取了部分铸币权，从云南获取了可观的铸币收益，客观上也进一步加剧了清末云南币制的演进。[⑧]

在制钱终结、银元流通之际，光绪三十年（1904年），贩卖鸦片的商人"从四川、湖南、湖北等省运入新式铜元，与制钱相辅而行"[⑨]，揭开了云南流通铜元的序幕。次年锡良从川、鄂运入银元的同时，还从"四

---

① 万湘澄：《云南对外贸易概观》，新云南丛书社1946年版。
② 《新纂云南通志》卷一五八，《币制考》。
③ 云南省历史研究所编：《〈清实录〉有关云南史料江编》卷四，云南人民出版社1984年版，第352页。
④ 汤国彦主编：《云南历史货币》，云南人民出版社1989年版，第27页。
⑤ 《新纂云南通志》卷一五八，《币制考》。
⑥ 万湘澄：《云南对外贸易概观》，新云南丛书社1946年版，第95页。
⑦ 《续云南通志长编》中册，云南省地方志编纂委员会办公室铅印本，1985年，第690页。
⑧ 王文成：《法元、卢比的流入与清末云南币制变迁》，《云南社会科学》2007年第4期，第125页。
⑨ 汤国彦主编：《云南历史货币》，云南人民出版社1989年版，第32页。

川运来铜圆数千驮，抵当制钱通用"。① 光绪三十三年（1907年）设立的造币厂，除鼓铸银元外，同时铸行铜元。1907年至1910年，云南造币分厂铸当十"大清铜币"约167万枚，当二十约50万枚。尽管铜元仍明确标明当制钱十文、二十文，面值与制钱挂钩。但与制钱不同的是，铜元的价值与实际重量脱钩，其中，当十钱重7.7克，当二十重10克②。实际流通中"按面额规定100枚当十铜元折合一元银元。"③ 铜元开始向银元的辅币转化，为传统银钱并用，向单一银元本位演变打开了缺口。

除银铜外，清末云南还有少量纸币流通。咸丰年间云南地方政府按清廷的要求，在省内发行了10万两的户部官票。咸丰五年（1855年）云南布政使司印刷和发行了滇藩司钞，"这是云南最早印刷和发行的地方纸币"。面额有200文至2千文、5千文、20千文、50千文和100千文数种。④ 光绪三十三年（1907年），刀安仁在干崖成立新成银庄，"为交易便利起见，仿照内地都市商埠各银钱庄行，使纸票用代实银钱"，发行了面额为纹银1两、5两、10两等银票⑤。光绪三十四年（1908年）云南在造币厂挂名成立官钱局，"印刷五元、一元银币票、一千文钱票三种，发市试用"。⑥ 宣统二年（1910年）大清银行昆明分行成立，"曾发行大清地钞10余万两。"⑦

1912年，民国中央政府通令实行废两改元，从法律上正式确立银元为货币本位。云南则经军都督府批准，创设富滇银行，发行"富滇银行纸币"和银元。纸币面额有1元、5元、10元、50元、100元5种，银元分1元、5角、2角、1角4种。同年二月九日富滇银行正式开展营业，"发行各种纸币与银元一律通行"。规定"凡一切钱粮厘税均用此种纸币缴纳，军饷官俸亦用此种纸币开支。民间买卖物品亦用此种纸币交易，不准私自折扣，妄加抑勒。"承诺持纸币到富滇银行"兑换银元者，无不立

---

① 《新纂云南通志》卷一五八，《币制考》。
② 云南省钱币学会编：《云南货币简史》，云南民族出版社2002年版，第186页。
③ 汤国彦主编：《云南历史货币》，云南人民出版社1989年版，第33页。
④ 同上书，第41页。
⑤ 刀安禄、杨永生编著：《刀安仁年谱》，德宏民族出版社1984年版，第41页。
⑥ 《云南近代金融档案史料选编》第1辑，上册，云南省档案馆、云南省经济研究所编印，1992年，第15页。
⑦ 万湘澄：《云南对外贸易概观》，新云南丛书社1946年版，第154页。

即兑付"。① 同时明令禁用外国货币。但事实上外国货币、旧有银元、制钱仍在流通，大清银行的纸币亦继续使用，造币厂继续鼓铸银元、铜元。1916年成立的云南中国银行，也发行了辅币兑换券（军票）5角、2角、1角3种。② 造币厂又鼓铸金币和铜币，以作纪念拥护共和之用。其中，金币为当银币10元、5元2种，铜币为当50文制钱的1种。③ 这样，民国初年云南货币种类五花八门，新旧银锭、银元、制钱、铜币、纸币、国外货币均在市场上流通。

由于云南多种货币并存，而商业和外贸的迅速发展，各商号、商帮和广大民众在商贸活动中迫切要求便捷地完成货币兑换。因此，道光（1821—1850年）之后，云南的本地货币兑换业迅速发展起来。其中，主要经营货币兑换的钱庄，清末昆明"南门至马市口一带无虑数十家之多"④，较大的有新源、永福昌、鸿茂源、官义昌、银香号、贵发祥等。主要从事银锭兼销的兼销业也获得了较大发展。宣统年间（1909—1911年）以后，由于机制银元和铜元的流通、银行的设立和废两改元的推行，加之云南纸币信誉较高，货币兑换业务有所衰落。民国初年，多数钱庄的主要业务已转变为存放款，而1914年新成立的溥源钱庄，主要业务"除存放款及抵押外，并办救济小商贩及农民贷款"，仅具钱庄之名而已。⑤

二 传统金融与近代金融的相互交织

近代前期，随着云南省内及与内地经济联系的加强，跨地区的资金调拨、民间借贷逐步发展，形成了官府调拨钱粮、放贷生息银两，民间赊会融资与高利贷并行、钱庄兼营存放款、当铺主营质押抵当、票号主营汇兑和存放款等多种金融方式并存的格局。清末民初，上述各种金融方式相互交织，兴衰起伏。特别是国内外近代专业金融机构——银行在云南相继设

---

① 《云南财政实业司民国元年二月初四日为发行纸币告示》，《云南省实业司实业科档案》，见中国人民银行云南省分行金融研究所编印《云南近代货币史资料汇编》，第106页。
② 《护国时期的云南中国银行》，《云南档案史料》第30期。
③ 《云南近代金融档案史料选编》第1辑，上册，云南省档案馆、云南省经济研究所编印，1992年，第2页。
④ 《新纂云南通志》卷一四四，《商业考》二。
⑤ 《续云南通志长编》中册，云南省地方志编纂委员会办公室铅印本，1985年，第702页。

立，进一步促使近代云南金融发生了深刻变化。

清代道光年间，清政府不同地区的款项调拨，主要由中央或各地直接派员押送。咸同年间镇压云南各民族人民大起义的战争中，政府派员押解款项的办法，难以适应战时经费调拨的需要，云南地方政府开始委托票号代为汇兑。随着云南地方财权的不断扩大和财政危机的加深，地方政府的财政收支日益与金融业相互关联。一方面，各级政府开始将财政收入部分贷出，收取利息。如清代的昭忠祠经费，光绪年间曾将"公款项下，计发商生息银六千两，月收息银三十两，专为种树之用"①。劝工局经费中，赈款"由赈局摊存同庆丰银壹万两，立摺取息"，生息款"由善后局筹银叁千两，分交同信公、戴天源两商号，每月共得息银贰拾肆两"。②另一方面，云南地方政府在急需大额经费或面临巨大亏空之时，越来越多地向民间甚至国外借款。光绪元年（1875年）云南协饷不继，"各将领往返奔驰，匪特不能领获实银"，致使"滇省各营弁勇，在省等待日久，实属无法摒挡"，云南已先后向同庆丰、云丰泰、乾盛亨各商号以月息一分五厘"借用银三十九万八千一百两"，使部队"稍免哗溃之忧"③。此后，中法战争爆发，云贵总督岑毓英再次"饬昆明各汇号月借饷银六万两"，最后向同庆丰票号借支了这6万两的军费④。宣统三年（1911年）云南地方政府又向英法隆兴矿业公司借款180万两（年利5厘）以维持开支。⑤

近代前期云南民间直接金融广泛存在，既有自发集资的民间赊会，也有个人间的各种货币借贷和实物借贷。⑥在高利贷方面，随着农村贫困化的不断加剧，高利贷更为盛行，利率不断上升，而且边远农村的利率远比城镇高。清末民初，高利贷的主要剥削方式有筋斗利、实典利租、劳役

---

① 《新纂云南通志》卷一五六，《财政考》七。
② 《新纂云南通志》卷一五七，《财政考》八。
③ 《云南巡抚潘鼎新奏折附片》、《署理云南巡抚存政使杜瑞联奏折》，见史若民《票商兴衰史》，中国经济出版社1992年版，第232页。
④ 陈鹤峰：《王兴斋在清末经营的南帮票号——同庆丰天顺祥简史》，《云南文史资料选辑》第28辑，云南人民出版社1986年版，第152页。
⑤ 《续云南通志长编》中册，云南省地方志编纂委员会办公室铅印本，1985年，第780页。
⑥ 李珪主编：《云南近代经济史》，云南民族出版社1995年版，第177—178页。

利、实物利等数种。在昆明借钱或借米都是加倍的利息①。"有些地区年息为30%—60%，月息为75%，甚至100%或150%。"② 景东县"重利放贷，二、三月一换木刻，不过期年，一两之银可至数十两。每酒一壶，换粮食一斗，零星记帐，至一、两年始照数收取。"③ 在丽江农村，嘉庆二十一年（1816年）借钱还谷，借银1两月息交谷1斗。至光绪十一年（1885年），1两银的月息已升至小麦3斗。④

近代云南具有一定规模的民间间接金融，以典当和汇兑为主。近代前期，传统的云南典当业和高利贷仍较为活跃，甚至还有所发展。光绪以前，云南典当业最集中的昆明，不仅"其领当帖设质库者，山右人居其太半"，而且当铺总数不多，其具体业务有典、当、质、押4种。"典之资本最大，利息最轻"，押则时间最短，利息最高。"其外尚有所谓当者，多设于乡农小邑。"⑤ 咸同之后，尤其是光绪年间，典当业进一步发展，一批当铺、押号纷纷开业。至1919年昆明地区主要的当铺、押号，有兴文、聚华、兴顺、悦来、长春、祥美、顺庆、天顺、永裕、瑞丰、长美、同盛、兴盛、聚宝、协盛、元顺、益丰、瑞华、吉顺、宏昌、兴宝、豫川、福顺、德华、万庆、福兴、春华、万美、长顺等户。其中同治年间开业的5家，光绪年间开业的8家，宣统年间开业的2家，民国初年开业的5家。⑥ 其中规模和影响最大的当数兴文当。该当原由盐法道及王炽等人倡办，政府与绅商合股银1.8万两，于1889年开业。其当息每两收1分5厘，并"以质当利息收入，维持经正书院高材生之膏火及赴京会试举子之卷金"。"民国肇造，兴文当隶属实业司"成为云南地方政府官办的、规模最大、实力最雄厚的当铺。⑦ 此外，清末民初，各当铺收取的利息越来越高，赎取期则日益缩短。一般当铺取赎时间由16至18个月

---

① 董孟雄：《滇系军阀和地方势力统治时期的土地兼并和鸦片问题》，见《云南近代地方经济史研究》，云南人民出版社1991年版，第157页。
② 云南近代史编写组编：《云南近代史》，云南人民出版社1993年版，第151页。
③ 《景东县志稿》卷二二，杂录，民国10年修。
④ 《纳西族社会历史调查》，云南人民出版社1983年版，第182、179页。
⑤ 《新纂云南通志》卷一四四，《商业考》二。
⑥ 《昆明市志长编》卷十二，近代之七，昆明市志编纂委员会编印，1983年，第420—424页。
⑦ 《云南兴文银行沿革》，见云南省经济研究所、云南省档案馆合编《云南兴文银行始末》，内部印刷，第1页。

逐步缩短至 10 至 12 个月，取息上升至每两 2 至 3 分。民国 4 年、5 年新开的瑞华、吉顺、宏昌 3 个当铺，取息均为 3 分，其赎期吉顺和宏昌均为一年，瑞华为 10 个月。小押号的"月息最少不能下三分，抵当最长期限只 3 个月"。[①]

道光年间云南民间从事汇兑的票号主要有山西帮的百川通、宝丰隆等，浙江帮的乾盛等商号亦兼营汇兑。咸同以后，云南不仅出现了主营汇兑的票号同庆丰（省外称天顺祥），而且绝大多数从事长途贩运的商号也设有附属票号。同庆丰先后在重庆、北京、上海、广东、江西、汉口、常德、成都、叙府、贵阳设立分号。顺成号除经营银、锡、茶叶等外，又在四川、汉口、香港、景迈、个旧、蒙自等地设有汇兑分号。[②] 宣统年间至民国初年，云南票号由于银行的设立、电汇的出现等多种原因而受到冲击，兴顺号破产歇业，"山西帮之百川通、宝丰隆两号早已收庄回晋"，但仍有不少商号继续兼营汇兑。[③]

清末民初，云南新的金融机构——银行开始出现。光绪末年，云南在自办铁路、筹集路款的基础上，筹备成立铁路公司总银行，名为"云兴银行"。宣统元年（1909 年）六月正式启用"云兴银行"木质关防。光绪三十四年（1908 年）清政府将 1905 年成立的户部银行改称大清银行，总行设于京都，在全国各地设分行分号。宣统元年（1909 年），度支部派余子清到昆明，正式在云南设立分行，"其初基金不过百万元，后存款渐多，营业日盛"。[④]

辛亥革命后，云南成立大清银行清理处，追缴原贷出款项，并请求中央政府将其改组为中国银行的分行。1915 年虽获允许，但尚未正式开行。护国运动中改设云南中国银行，正式开展业务，发行印有"云南"字样的纸币 200 万元。1916 年 7 月，因缺乏现金而停业，后与大清银行清理处一道归并于富滇银行。[⑤] 辛亥革命后，云南地方政府还筹集资金，开办

[①] 《昆明市志长编》卷十二，近代之七，昆明市志编纂委员会编印，1983 年，第 413—424 页。

[②] 《新纂云南通志》卷一四四，《商业考》二。

[③] 《云南近代金融档案史料选编》第 1 辑，上册，云南省档案馆、云南省经济研究所编印，1992 年，第 25 页。

[④] 《新纂云南通志》卷一四四，《商业考》二。

[⑤] 《护国时期的云南中国银行》，《云南档案史料》第 30 期。

省属富滇银行，任命黄凤祥、解永嘉分别为总理、协理，办理发行辅币存放款、汇兑、贴现等业务，"并规定在不妨碍营业的范围内，得依云南政府的命令，筹付款项，以供财政上的需要。"① 该行先后在上海、香港等地设立分行，"信用卓著，营业发达"，"时滇币对外汇兑，常与沪、港平衡"。1915年以后，富滇银行已成为云南金融的中枢。②

1912年8月，云南商务总局呈请拨基本金成立商业钱庄，云南地方政府虽未允准核拨基金，但亦认为"由殷实商家组织完全商业银行，以维市面而振商业，自为目前最要之图"，③ 鼓励和支持开办商业银行。次年，内地商办殖边银行云南分行在昆明成立，并代总行"推行纸币"，但"资金由本省召集，系独立性质"。1914年成立个旧铁路银号，"专放款于厂商生息"。1918年建立的个碧铁路银行，发行兑换券200万元，流通于个旧、蒙自、建水、石屏、阿迷一带。在保险业方面，1912—1913年，太平洋保险公司、华商金星人寿保险公司先后在昆明开设分公司，"人民保险者不少"。1914年开办的溥源钱庄，虽以钱庄为名，但实际"营业除放款及抵押外，并办救济小商贩及农民贷款，以十吊至五十吊为率，按月退还。"④

清末民初，英法等国曾试图来云南建立银行，以扩大其经济侵略。早在昆明自辟为商埠后，法国东方汇理银行就曾计划到昆明设立分行，但因遭到云南各界反对而未果。1913年10月该行获准在蒙自组建分行，此为在云南开设的第一家外国银行。⑤ 同年，中法合资的万国储蓄会在云南设立分会，该会设立有奖储蓄，"储户日益踊跃"。1917年英国永年人寿保

---

① 万湘澄：《云南对外贸易概观》，新云南丛书社1946年版，第22页。
② 《续云南通志长编》中册，卷四五，财政三，云南省地方志编纂委员会办公室铅印本，1985年，第696页。
③ 《省实业、财政两司拨借基本金组织商业钱庄意见呈》（1912年8月23日），《云南近代金融档案史料选编》第1辑，上册，云南省档案馆、云南省经济研究所编印，1992年，第49—50页。
④ 《续云南通志长编》中册，卷四十五，财政三，云南省地方志编纂委员会办公室铅印本，1985年，第698—702页。
⑤ 《云南近代金融档案史料选编》第1辑，上册，云南省档案馆、云南省经济研究所编印，1992年，第29—31页。

险公司在昆设立。次年，东方汇理银行蒙自分行在昆明设立办事处。①

近代云南金融领域，票号兴而复衰，近代银行相继设立，金融业逐步成为独立的行业，开始了地方金融近代化历程。金融业的近代化，为资金融通和发展商业、外贸创造了有利条件。但是，近代云南金融在一定程度上是外国殖民者、云南官僚、商人、高利贷者牟取暴利的重要手段，是从属于云南地方财政的摇钱树，对加剧云南贫富分化和贫困化过程起了推波助澜的作用。而金融业增加生产领域投资、成功地推动云南经济发展的功能，并未得到充分、有效的发挥。

---

① 《续云南通志长编》中册，卷四十五，《财政》三，云南省地方志编纂委员会办公室铅印本，1985年，第703、708页。

第十二章

近代前期的云南文化

第一节 民主思想的传播和民众文化的兴起

一 从维新思潮到国家、民族意识的觉醒

从鸦片战争到中法战争和甲午战争，中国传统的天人合一、帝王中心、君臣父子、忠孝为本等与封建制相适应的思想体系受到了极大的冲击和震动，而这种冲击是伴随着严峻的民族危机产生的。因此，中国人民在认识近代世界时，也必须起来投身于挽救民族危亡和反抗西方帝国主义侵略的斗争。其实，在鸦片战争前，清朝封建专制政权就已无可挽救地呈现败象，社会矛盾尖锐、危机日深。此后又遭到以太平天国起义为代表的连绵不绝的农民运动的沉重打击。

清王朝在残酷镇压农民起义的同时，对外则屈服妥协，丧权卖国以换取帝国主义列强的承认或支持。在经济上清政府为了维持其庞大的财政支出，不断加强对人民的盘剥，使人民群众赋税负担不断加重。据统计，咸丰、同治年间云南战乱后，各种苛捐杂税多达30余种，[①] 而战乱中开征的厘金，至光绪年间已多达15类300余种。地方官吏还要层层加码，正如云贵总督岑毓英所说："夫马之役，最为民病，其弊在地方官苛派。各府厅县……派用民夫……甚至已派夫马又复折价……层层剥削，其何以堪？"[②]

上述种种社会矛盾的激化和民族危机的加深，在思想意识和文化上引

---

① 李珪主编：《云南近代经济史》，云南民族出版社1995年版，第61页。
② 李文治：《中国近代农业史资料》第1辑，生活·读书·新知三联书店1957年版，第382页。

起了两方面的深远影响：一是社会各阶层人民在西方列强野蛮侵略面前激发出强烈的爱国热情，要求挽救民族的危亡；二是在此基础上对自身传统文化的重新审视和新知识、新思维的吸收。从鸦片战争到20世纪初期，这一过程大体经历了三个发展阶段：其一是抵抗外来武力侵略和殖民统治的爱国主义热情唤醒和凝集起逐渐广泛的社会阶层和群众，在近百年的斗争中形成了中华民族的最基本特征；其二是忧国忧民的知识分子所倡导的以"师夷长技以制夷"、学习西方先进技术为核心的"维新"思潮，主张变法图存、改良图强；其三是民主革命思想影响不断扩大并发展成为指导革命运动的政治纲领。

20世纪前后曾经出现的许多社会思潮，就其主流及其对此后中国社会产生的重大影响而言，一是近代民族、国家意识逐渐为大众所接受，民主革命思想影响日益广泛并形成资产阶级革命派；二是"五四"运动前后马克思主义的传播并由此号召和团结了占人口绝大多数的工农群众和其他社会阶层。这两点，在云南都有突出的表现和反映。

英、法两国在侵占缅甸、越南后，均将中国视为在远东实行殖民侵略的最终目标，认为"中国才是我们将来的真正的市场"①。他们由武装探测道路、"商务"考察和教会渗透开始，继而以武装侵略为后盾，从而胁迫清政府签订丧权割地的通商条约，最终在云南及全国划分势力范围。自19世纪中叶以来，云南各族人民对帝国主义侵略进行了不屈不挠的斗争，充分体现出近代民族意识和爱国主义精神。

一是捍卫国家领土主权的完整。当时云南滇西北滇南的边境地区，主要是傈僳、怒、景颇、傣、佤、哈尼、苗、壮等少数民族的聚居区。在这些地区，曾先后出现了反对英军武装入侵的马嘉理事件、片马人民的抗英斗争、苗族首领项从周领导的武装抗法等大小数十次抵抗，保卫了云南边疆地区的领土和主权。

二是维护中华民族的民族尊严和统一性。光绪年初，英国由缅甸侵略我陇川边境地区，并对我边民进行威胁、诱招。当地景颇族人民"在汉族、傣族人民配合下，坚决以武力反抗"。1893年虎踞关盆干寨景颇族群众对英国人的百般利诱"屡招不从，继以兵威，犹力拒不屈。英兵死者

---

① ［英］伯尔考维茨：《中国通与英国外交部》，中译本，江载华、陈衍译，商务印书馆1959年版，第189页。

千余，该寨丁亦死亡大半"。① 英军入侵滇西边境地区时，各族群众集会商议表示："我们都是天朝的百姓，这些年来天朝不管我们，所以才让英国人派兵来打我们。我们要和英人打一仗，打胜了我们还是天朝的百姓。"② 强烈地表达了中华多民族的国家意识。

近代爱国主义思想的影响还经历了一个向社会各阶层不断扩大的过程。在反对英、法掠夺我路权、矿权的斗争中，就曾有部分官员、士绅的参与。如1899年，"全省士绅陈荣昌、罗瑞图、张学智等62人，以法人来滇勘修铁路，并于省城东门外勘地插旗，民心惊惶。嘱代表公呈督抚恳求阻止。"③ 又如在20世纪初，法国隆兴公司强占我七府矿产，激起全省人民强烈反对。各族各界人民掀起规模宏大的废约斗争。此次斗争由云南留日学生首先发起，他们致电政府，要求废除矿务章程并撤换云贵总督，接着绅商也发电要求废除矿约。1910年当滇越铁路通车、法方欲开采滇省矿产之际，全省爆发了更大规模的集会、游行活动，表示坚决反对。群众自发组织"云南死绝会"，呼吁收回矿权、路权，由云南人民自行开采和修筑，旋又组成"保存云南矿产会"（简称"保矿会"）。参加运动的有工人、农民、学生、民族工商业人士、开明士绅和政府官员等。在云南各阶层人民的坚决反对下，侵略者强加给云南人民的《隆兴公司矿务章程》终被废除。这是在爱国主义精神号召下云南各族各界人民团结斗争，最终迫使帝国主义侵略者做出让步的一次成功的运动。在多民族聚居区的云南，汉族与各民族经历数千年的交往和交流，和睦相处、共同发展始终是各族关系史中的主旋律。在长期的历史发展过程中，以汉文化为主体、包括多种民族文化内容的中华文化逐渐为各族人民所接受并形成云南各族人民共同文化的基础，多民族中华国家意识已为各族人民认同。近代边疆各族人民在爱国主义的旗帜下，为了保卫家乡保卫祖国的领土和主权，对外来侵略者进行了坚决的斗争。经过长期英勇卓绝的斗争，增强了中华民族的凝聚力，促进了各族人民之间的团结与友谊。

---

① 见《永昌府文征·记载》。参阅《景颇族简史》，云南人民出版社1983年版，第52页。
② 李生庄：《云南第一殖边区域内之人种调查》，《云南边地问题研究》上卷，云南省立昆明民众教育馆，1933年，第115页。
③ 《新纂云南通志》卷五十七。

二 民主革命思想的传播及其影响

以康有为、梁启超为代表的资产阶级改良派发动的百日维新运动及清政府实行的"新政",对云南产生了较为深远的影响。一是在"新政"和"预备立宪"期间,云南地方实施了若干改良举措,诸如废科举、办新学、编练新军、设警察、筹备地方自治和选举、改变政府机构和设立民意机关等;二是改良主义思想在云南有相当影响。

在"公车上书"活动中,云南在京举人王佩玱、白嘉澍、段荣嘉和张锴等15人曾参加签名;① 1898年"保国会"成立后,云南举人旋即成立"保滇会",以"激厉愤发,刻念国耻。讲求保国、保种、保教之事"为宗旨。② 这是云南最早的民间政治性团体之一。

然而改良派在滇并未形成气候,各种"新政"也是在清地方政府主持下推行和实施的。但当时有两件事对此后民主革命思想的传播产生了重要的影响,这就是改变学制和编练新军与兴办云南陆军讲武堂。留学和在各地新式学校读书的滇籍学生以及云南新军中的许多士兵,成为鼓吹革命、号召救亡的新兴力量,学堂和新军成了发动革命的重要阵地和基本力量。1903年,云南开始派官费留学生东渡日本留学。在边疆危机日益加重的形势下,"滇人士逼于外患,渡海求学者,先后达千人"。他们"或习师范,或习法政,或习陆军,多以救国自任。而陆军生尤激烈。杨振鸿又陆军生中之尤激烈者。"③ 先后进入日本东京振武学校学习军事的云南学生有李根源、罗佩金、唐继尧、庾恩旸、顾品珍、张开儒、李鸿祥、叶荃、赵又新、谢汝翼等人。

1905年孙中山在日本组织资产阶级革命派的政党同盟会,云南数十名留日学生首批入盟,并于次年成立同盟会云南支部。同盟会机关报《民报》创办后,孙中山、黄兴约云南革命党人杨振鸿、赵伸、罗佩金、吕志伊和李根源等谈话,指出"云南最近有两个导致革命之因素:一件是官吏贪污,如丁振铎、兴禄之贪污行为,已引起全省人民之愤慨;另一件是外侮日亟,英占缅甸,法占安南,皆以云南为其侵略之目标。滇省人

---

① 昆明市志编纂委员会:《昆明市志长编》卷七,第317、318页。
② 参阅汤志钧《戊戌变法史》,人民出版社1984年版,第318页。
③ 云南省志编纂委员会:《续云南通志长编》卷一,第2页。

民在官吏压榨与外侮侵凌之下，易于鼓动奋起。故筹办云南地方刊物为刻不容缓之任务"。① 1906 年 4 月，《云南》杂志社在东京成立，10 月出版创刊号。刊物以"开通风气，鼓舞国民精神为本旨"，在"发刊词"中提出，"本编宗旨，改良思想。思想之要，厥有数端。（一）国家思想。积人成国，国人一体。强弱存亡，责任在己。人果无国，人何以存。人竟忘国，国乃凋残。（二）团结思想。物竞酷烈，势强者胜。乱石散沙，何以能竞。同心同德，群策群力。万死不懈，以抗强敌"。提倡公益思想、进取思想、冒险思想、尚武思想、实业思想、地方自治思想和男女平等思想。②

《云南》杂志刊行期间，正当英法加紧侵略中国，滇越铁路修筑和法国隆兴公司强夺我七府矿产等一系列事件发生之际。在此情势下，《云南》杂志成为反对外来侵略，揭露清政府及其各级官吏丑行、号召人民团结奋斗和激发爱国思想的宣传中心。杨振鸿、吕志伊、李根源等写了大量时评、报道和评论文章，影响范围相当广泛，其中部分文章还编辑成书广为散发，如杨振鸿的《暮鼓晨钟》等。③ 除宣传救亡救国思想外，《云南》杂志还以调查记、时事述评和报道、大事表以及白话小说等形式，及时报道国内外和省内外大事，介绍云南地理民情、古迹人物，结合实际，阐释革命派的思想主张，对广大群众起到了巨大的警醒和教育作用。

以《云南》杂志为代表的云南资产阶级革命派所宣传的思想和主张，表明他们已经逐步走向政治上的成熟，他们以革命理论武装自己，重视舆论工具的作用，把反对帝国主义侵略与反对清朝封建专制主义统治的斗争结合起来。杨振鸿指出："吾滇今日之陷于悲境，所在被外人分攘割据者，非外人能为之，乃官吏之卖我以为之也。""吾滇今日，欲御外寇，先杀内奸，若内奸之不杀，彼将日为欺我卖我，以为外寇导也。"④ 资产阶级革命派还从人民群众在反帝反封建运动中所激发出来的爱国热情中受到鼓舞，开始看到人民群众的力量所在。"呜呼，我国民，其各奋尔决心，尽尔实力，以无量铁血，保无缺金瓯。以众志成城，卫一片净土"。⑤

---

① 李根源：《云南杂志选辑·序》，科学出版社 1958 年版，第 1 页。
② 《〈云南〉杂志发刊词》，《云南杂志选辑》，第 4、5 页。
③ 参阅云南省史学会编《云南辛亥革命史》，云南大学出版社 1991 年版，第 46 页。
④ 崇实：《论滇省当兴女学》，《云南杂志选辑》，第 352、354 页。
⑤ 侠少：《论国民保存国土之法》，《云南杂志选辑》，第 77、78 页。

故《云南》杂志刊登了大量文章阐述近代国家、民权、民主的理论,介绍西方国家、民族发展历史,如《论国民之责任》、《国民的国家观念》、《造就国民说》、《国民能力与国家进步之关系》、《论地方自治之精神》等。这也在相当程度上启发、教育和鼓舞了各阶层群众。"于是革命思潮,遂浸润于三迤",① 为辛亥云南起义乃至以后的护国运动奠定了思想基础。这是五四运动前云南民主革命思想发展史上的一个重要阶段,为马克思主义在云南的传播作了必要的准备。

三 民众社会文化的发展

"社会文化"主要指社会团体、文化传播、大众娱乐形式等方面的内容。在近代,它经历了一个由士绅阶层和知识分子向社会各阶层的传播、扩展和转化的过程,亦即出现近代意义上的民众文化。此种民众文化,主要以城市为中心,随着城市居民人数的增加以及消费的多样性,产生了许多新的文化形式和社会团体。由于社会文化的本质决定,这一时期出现的社会团体、文化形式所反映的内容,最多最重要的仍然是民族振兴与救亡图存这一主题。

(一)社会团体。光绪年间"新政"推行后,云南出现了较多的社会团体。主要有以下几种类型:

其一是行业协会,如农会、教育会、商会、报界公会、律师公会等。这些社团的成立"依部颁法规办理",② 由官方或半官方出面组织。一般按官方所制定的规矩活动。它除制定和实施行业规则、行业保护等普遍性活动外,还举办培训、业务改良与技术推广活动,组织文化学习和时事讲座,"推行新生活运动"③ 等等。云南省商会、农会和教育会均成立于光绪末年,在各县、设治局设有分会组织。云南省工会在宣统二年(1910年)开始筹备,正式成立则较晚。④ 这些社团对科学文化知识的普及和生活习俗的改良起了积极作用。

其二是政治性团体。除1898年成立的"保滇会"和1905年成立的同

---

① 《续云南通志长编》卷一,第2页。
② 《续云南通志长编》卷六十七。
③ 《续云南通志长编》卷六十八。
④ 《昆明市志长编》卷七。

盟会云南支部外，清末民初出现的政治性社团数量较多，多以号召救亡、呼吁民族团结爱国和普及知识、"推进文明"为宗旨。参加者以青年学生、爱国士绅和知识分子为多。主要的政治性社团如下：

誓死会。1904年由云南高等学堂的李伯东等人相约组织。它坚决反对清政府出卖云南路权，"誓与清王朝偕亡，宣传反清思想，成为云南以推翻清王朝统治为目的的第一个群众社团。"①

云南公学会。1906年由杨振鸿等人在昆组织。此前已有大理等府设同学会，"以仅有府同学会而无全省公学会，则学界团体，仍非完善。极力奔走提倡，去岁八月，公学会于是乎成。会中抱定三大宗旨：一曰开拓社会文明，一曰增进国民幸福，一曰拯救本省危局。"②该会规模较大，成立时已有省内各府代表参加，次年分会发展到60余县。

兴汉会。1906年由李伯东等人秘密组织，以习武练拳术为名。1907年李伯东又在昆明学生中联络组织"敢死会"。

滇学会。1906年由云南籍北京学生及同乡京官组织。成立时适逢英国向清政府强索腾越铁路筑路权，学会即"上禀外务部，请向英使交涉，转电阻驻滇英领。"③此后多次上书清廷有关部门，并以电文陈述云南各界反对英法占我路权、矿权情状。李伯东还在昆明老师中组织"滇学会"。

省城演说会。1907年由革命党人徐濂设立。徐为留越南学生，痛感越南、缅甸沦为殖民地之惨状，多次在家乡各地演说陈述，"乃设桌备灯，独演于高等学堂门外，十夕接续，表同情者渐众，愿登演台者亦渐多。遂相谋建一演说会，而演台则已扩充至五六处矣。"④除演说外，"尤以改良戏曲为其第二目的，编制和演唱新曲"。

云南独立会。1908年云南河口起义时，杨振鸿、吕志伊等留日学生得知"清廷有借外兵平内乱议"，遂"发起云南独立会于日京，为义军声援，宣言与清廷断绝关系。"⑤杨振鸿等10余人随即回滇参加起义。同时革命党人张清成在缅甸成立"死绝会"，"宣告滇人应与北京政府断绝……

---

① 谢本书、李江主编：《近代昆明城市史》，云南大学出版社1997年版，第79页。
② 本省中央访事员《公学会之成立》，《云南杂志选辑》，第85、86页。
③ 雪生：《云南杂志选辑》，大事月表，第4号、第5号。
④ 本省中央访员《省城演说会之成立》，《云南杂志选辑》，第233页。
⑤ 《续云南通志长编》，吕志伊传。

时与会者近万人"。①

其三是其他社团。此类组织的背景较为多样和复杂，据《云南通志长编》《昆明市志》等记载，② 五四运动以前成立的主要社团如表12—1所示：

表12—1　　　　五四运动以前云南省主要社团一览表

名称	成立时间	发起人	宗旨或主要活动
云南民治实进会	1920	周钟岳	发扬民治、实力进行
云南实业改进会	1918	童振藻	联络海内外具有实业学识经验者改良促进实业
神州医药总会云南分会	1913	李学仁	曾协助官厅办理防疫事项
三迤总会	1912	李南宾	提倡三迤公益事业
云南英语学会	1915	李仲选	造成考送欧美大学人才，有9人经政府考送入香港大学肄业
佛教总会	1912	由德润	研究佛学、阐扬佛经奥义
中国回教俱进会云南支部	1913	马殿选	振兴教化、发扬爱国精神，会员一千余人，并办学校3所
中国道教总会云南支部			阐扬道教、附设研究所
云南中华基督教青年会	1912	李复初	注重德智体三育培植青年，务以养成完全人格。办有英文学校
中华圣公会	1916		宣传耶稣福音，曾办惠滇医院
华侨学生俱乐部	1919	旅滇华侨学生	联络感情，交换智识
尚志学社	1916		研究学术、促进文化，编印《尚志》杂志20余期
广帮商业研究社	1920		联络感情，研究发展同帮商业

---

① 《永昌府文征》，张清成传。
② 张维翰修，童振藻纂《昆明市志》，台湾学生书局1968年版。

上述各类社团，就其社会影响而言，其主流是以挽救民族危亡为己任的社会政治团体，它们对社会各阶层的广大群众进行了组织和教育工作，为五四运动以后政治上更加成熟的群众社团的产生、为新民主主义思想在云南的传播提供了广泛的社会基础和组织准备。它们的出现反映了市民社会的出现和初步形成，也是近代民众性的社会文化开始出现的一个重要标志。

（二）报纸和期刊。报纸、期刊是最主要的大众文化传播工具之一，在当时具有重要的地位。它们作为各类新闻的载体，也成为沟通学术、学理与通俗文化的渠道，起着不可代替的重要作用，更是政党社团宣传政治理想和主张的基本阵地。

云南最早的报纸出现在光绪末年，至宣统二年（1910年），"由钱用中筹款创办《云南日报》，[①] 公推由云龙、赵式铭为主笔。……自民国后，省城报馆日益加剧，迄于今日报馆林立，每一报出，几于人手一纸，不出户而知世界大势也"。[②] 据初步统计，截至1920年，在省城昆明创办并仍在发行、或中间曾一度停刊、或已经改刊的报纸杂志共有46种（有少部分停刊的）。[③] 择其主要者分述如下：

《滇南钞报》创办于清光绪二十九年（1903年）。官办。四版小报。以刊载谕旨、奏折、文牍，本省辕门钞等官方文件为主；另有外省、外国新闻、省城市价、广告等专栏；亦刊登过一些西方进化论、天赋人权论等方面文章。1908年停刊。时云南宪政调查局成立，改办《云南政治官报》。[④]

《云南官报》1910年由《云南政治官报》改办。云贵总督署主办。仍以刊载官府文牍为主。辛亥革命后停刊。[⑤]

《云南政治公报》1912年2月云南军都督府法制局创办，每月3册。同年冬改名为《云南政报》，每日1册。省行政公署总务处编。1916年改

[①] 另说《云南日报》由云南教育总会、自治总局等机构合办。1909年10月1日创刊，1914年秋停刊。（参见《云南辞典》，云南人民出版社1993年版，第402页）。

[②] 《续云南通志长编》卷六十四。

[③] 据《续云南通志长编》、《昆明市志》、《昆明市志长编》等资料。

[④] 黎新：《评清末云南的两种日报》，《云南辛亥革命史》，第205页。

[⑤] 《续云南通志长编》卷六十七，《昆明市志》（新闻杂志）。

名为《云南公报》，1927年又改名为《云南省政府公报》。所刊内容以政令、法规和文牍为主。①

《义声报》1916年4月出版。编辑主任为孙向旭。日报，对开2张。刊登新闻、时评、文苑等内容。

《滇话报》1908年1月创刊于日本，月刊。编辑刘钟华。在昆明、缅甸及省内府州城市设有发行所或分支机构。以"输入文明，鼓舞国民精神"为宗旨，提倡普及教育和兴办女学。文章均用白话，内容有评论、小说、戏曲、演说词、时评和记载等。是有关当时云南时事的主要期刊之一。

《筹滇》1908年5月发行。邓镕等人编辑。为滇事论述专刊，刊期不详。

《云南旬报》1909年7月刊行。徐濂等人先后任编辑兼发行人，旬刊。以评论、调查、各地报道等形式述评滇事，并有戏曲、白话说唱词等内容。

《云南南针》杂志1913年6月创刊。月刊，主编席聘臣。以"化除党私、发挥政见、交换知识"为宗旨。刊载论著、时事、法令、文苑、随笔和译述等内容。②

《云南实业》杂志1913年7月创刊。云南行政公署实业司编辑，月刊，以宣传振兴实业，促进农工商发育滋长为宗旨，刊登论说、文牍、专件、章则、调查、纪事、译述和杂录等内容。对云南农工商各业情况多有记录，并附图画、表册等，较有史料价值。③ 1915年停刊。

《云南农业丛刊》1914年4月刊行，月刊，云南省农会编辑。以提倡农业，输进农民生计常识和交换农家学识经验为宗旨。刊登论说、文牍、专件、调查、时评和纪事等内容，并有图画。

《清真》月刊1915年2月创刊。云南回教俱进会编辑。以阐扬真主教义以正人心，拯救危亡为主旨。刊登论说、法令、文牍、要闻、规章、译林以及小说等内容。

《尚志》1917年11月创刊，月刊，由尚志学社编辑发行。以研究学

---

① 《云南辞典》，第405页。
② 参阅李生萩《云南期刊录》（上）、《云南出版史志资料》第2辑。
③ 参阅《云南实业杂志》第1卷3期。

术、讨论社会问题为宗旨，属文史哲综合性的学术刊物。主要刊载关于云南历史、实业、教育等方面的内容。重要撰稿人有章炳麟、由云龙、袁嘉谷、陈度和龚自知等。刊行遍及全省，较有影响。1922年3月停刊。①

《救国日刊》1918年刊行。时日本利用向北京段祺瑞政府借款之机在中国大肆攫取政治经济特权，因此激起全国人民强烈反对。5月留日学生在东京游行抗议。张天放、杨宝昌等滇籍学生被派回云南组织救国团体并创办该刊。以唤醒群众，反对日本侵略我国和揭露段祺瑞卖国行径为宗旨。日出报2张，多登论文，次年初停刊。

（三）图书馆。宣统元年（1909年）设立省图书馆。图书来源为经正、五华、育才3书院及云南学务公所藏书。赵藩、秦光玉先后任馆长。"首先开办博物实习科，由何小泉等人采集并制作了许多动植矿物标本。1911年7月，博物部门开放展览，改馆名为云南图书博物馆。"20世纪20年代后期，该馆"设置普通阅览室、妇女、儿童阅览室、期刊室、阅报室、参考室等，大量增添新书报，使图书馆成为一个拥有较多读者的园地"。② 辛亥革命前后，云南许多县设有图书馆，一般附设在劝学所内，"购置新书新报供给各界人士随意阅览"③ 在昆明、晋宁等县，还由教育部门举办演讲所，"开办通俗演讲，并设妇女演讲所，及组织巡回讲演团，临时于通衢或剧场等处，举行宣讲"，④ 或"召集区中人民，在学校内演讲公民须知、国民浅注，并关于一切公益事件"。⑤

（四）社会风俗。辛亥革命后，军都督府提倡改良风俗，又经革命党人、青年学生的身体力行，"创办新学，宣传新风气。感到尊卑长幼之间，礼节太繁了。于是由跪拜礼节，改为行鞠躬礼。婚丧嫁娶处赴宴，从过去穿袍挂珠子礼服改为简便衫褂礼服。关于举行婚礼期间，过去是要9日完结的，现已缩减到3日结束。丧葬的一些繁礼，过去孝子有职位的'丁馆'3年，改为请'丧假'约半月，以丧事办毕为止。"⑥ 但在广大乡

---

① 参阅龚自知《五四运动在云南报刊的反应和对文体的影响》，《云南文史资料选辑》第7辑。
② 于乃义：《云南图书馆30年见闻录》、《云南文史资料选辑》第7辑。
③ 《昆明市志长编》卷十三。
④ 《续云南通志长编》卷五十二。
⑤ 《云南教育杂志》第7号，1920年，《云南各县教育概况》。
⑥ 《昆明市志长编》卷十三。

图 22　云南省图书馆成立纪念（1911 年）（云南省图书馆供稿）

村，"其行于民间者，在都因沿故习，醇驳相间"①，改变不大。此类风俗，因地、因民族而异，不可一概而论。辛亥革命后，一般汉族地区都出现了剪辫、放足等新风俗。例如鹤庆县，"当时 40 岁以下的男人几乎都剪了辫子"，妇女也"很快形成了放足和天足潮流"。②

第二节　近代教育的产生和初步发展

一　教育制度的变革

清末民初教育制度的变革，是当时社会变化大潮中最为引人注目的。由于这种变革并不仅仅局限于制度本身，也涉及教学的内容、目标，等等，甚至波及整个原有的社会秩序和社会思潮，所产生的社会影响是巨大而深远的。

清初形成的封建教育制度是与科举这一封建专制政权的官吏选拔制紧

---

①　《续云南通志长编》卷六十六。
②　舒家骅、刘麟先：《从辛亥革命到解放前鹤庆的习俗改革》，《大理州文史资料》第 8 辑，第 181 页。

密结合的。昆明的几个省级书院（五华、经正、育才）和各府州（厅）县学宫，其教学的唯一目的即是为科举服务，均有文武学额限制。道光年中至光绪初年，主要的变化仅仅是"恩诏乡试云南加额十名"① 以及增加庙学等等。至光绪末年，在维新思潮的冲击和全国各阶层的强烈要求下，学制改革被作为"新政"的主要内容之一开始逐步实行。其实施过程分以下两个阶段：

图 23　1903 年云南进士李坤、施汝清、袁嘉谷（右一）其中袁嘉谷中经济特科第一名（方苏雅摄、殷晓俊提供）

第一阶段是兴办学堂，改变教学内容，吸纳近代科学和实用技艺，科举制开始松弛。光绪二十四年（1898 年），清廷陆续下诏令各省兴办学堂，各类书院"一律改为兼习中学西学之学校。以省会之大书院为高等学，郡城（府）之书院为中等学州县之书院为小学。……一律中西兼习，以广造就。"② 光绪二十五年（1899 年），云南设武备学堂，并"于堂内附设方言学堂，专授外国语，为留学之准备，嗣后，复另设东文学堂，旋并入方言学堂，迄武备学堂改为陆军小学堂，于是方言学堂遂独立，分为

① 光绪《云南通志》11 卷一五〇，选举志。
② 《清实录·德宗实录》卷四二〇。

日、英、法三科。"① 光绪二十七年（1901年）清政府又颁布关于学堂的章程、授课内容等法令。"其教法当以四书五经纲常大义为主，以历代史鉴及中外政治艺学为辅。"② 规定学堂毕业生考试及格后可得进士、举人或贡生等资格。云南武备学堂的学生"毕业后，仍视其成绩，分别委充管带、督队官、队排长等职"。③

第二阶段是废除科举，省府县各级分别建立学堂。光绪三十一年（1905年）九月，清政府下令停止一切科举考试。在课程上，除仍以"忠君、尊孔、尚公、尚武、尚实"为宗旨，并以经学为必修科目外，较为重视近代科学和实用知识，例如军事、外语、师范等。同时，北京设学部、各省设提学使司，置提学使一员专管学堂事务。1906年设学务处，下设专门教育、普通教育、实业教育和审定、文案等处。1907年，省内各厅州县均按学部所颁章程设立劝学所，以地方官为监督，置劝学总董一员。至1910年，省内"各属劝学所均经先后具报成立。"④《劝学所章程》规定："劝学员……查有学龄儿童，随时册记，挨户劝学，并任介绍送入学堂之责。"⑤

宣统元年（1909年），设立云南教育总会，以陈荣昌、由云龙分任会长、副会长，辛亥革命后改称云南省教育会。该会在推行各教育事业发展方面发挥了较重要的作用。

二　学校教育的改革

清末将各级书院和府、县学改制为学堂，逐步形成了高等学堂、中等学堂和初等学堂，这样形式上已具备三级教育的近代教育体系。然而改制之初，各地各级进展不一，互相间关系未能理顺。以致学生并非逐级递进。民国成立后，1912—1913年间陆续颁布各种学制系统规程，各级学校开始规范办理。当时的学制如下：

小学校：4年毕业后得入高等小学校。系义务教育。

高等小学校：3年毕业后得入中学校、师范学校或实业学校。

---

① 《新纂云南通志》学制考。
② 《光绪朝东华录》四。
③ 《新纂云南通志》学制考。
④ 同上。
⑤ 《国民党云南省政府民、财、建、教各厅档案》，《昆明市志长编》卷七，第388页。

中学校：4年毕业后得入大学或专业学校，或高等师范学校。

大学：本科3年或4年毕业，预科3年。

师范学校：本科4年毕业，预科1年。

高等师范学校：本科3年毕业，预科1年。

专门学校：本科3年或4年毕业，预科1年。①

至20世纪20年代初，云南三级学堂基本设立并有不同程度的发展。兹分述如下：

高等学堂　1903年以原五华书院改设高等学堂。先后以陈荣昌、李坤主持。其生源最初由于中等学堂尚未有毕业学生，故"仅就通省举贡生童生，择其文理清通、年力富强者，或由省城考取，或由各地方官申送者入之。"② 课程初设理财、兵学、交涉3科。1906年聘日本教习3名，设文、数理化、博物3科，有英文1堂（班）、法文小学堂和东文（日文）1堂以及师范部。1907年改为云南两级师范学堂，增设教育、史地等科，以培养中小学师资为主旨。辛亥革命后改名为云南省会师范学校，1917年改称省立第一师范学校，1933年又改称省立昆华师范。③ 学制改革之初，高等学堂在省内地位极为重要，除教学外，还兼理全省学务。改两级师范后，各府直隶厅州始设师范传习所。至辛亥革命前，各地师范传习所已建17处。④

光绪三十二年（1906年），以课吏馆改办政法学堂。初设生、员两部，前者以候补官吏、后者以举贡生员为学生，讲授"浅近之政法学说"。次年设讲习科、别科和正科，学制分别为1年半、3年和5年。1912年政法学堂改称云南政法学校，后又改称公立政法专门学校。

宣统二年（1910年），开办高等工矿学堂。有高等生1班，招收云贵两省优级师范理化、博物两类毕业生，另设中等生4班。辛亥革命后，因"学生星散"而改办省会工业学校，专办中等班。1913年改称云南甲种工业学校。

清末民初，云南的高等教育较薄弱。上述几所高等学校中，有的后来

---

① 《昆明市志长编》卷十三。该学制称"壬子癸丑学制"。

② 《新纂云南通志》学制考。

③ 刘中兴：《从云南省高等学堂到昆华师范》，《昆明文史资料选辑》第15辑。

④ 《新纂云南通志》学制考。

又转为中等学校。在护国运动时期云南省政当局已开始筹划另行组建高校，因经费困难、政局动荡等原因，直至1923年方创建东陆大学。

中等学堂 云南最早的中学堂为普洱府于光绪二十八年（1902年）所创办。"新政"实施后，各府直隶厅州遵令一律开办中学堂，至1905年基本完成。次年，当局又令各地中学堂一律改为师范传习所。昆明则以原经正书院设省会中学堂，1908年改为两级师范附属中学堂，1913年又改称模范第一中学堂，另于大理、蒙自设第二、第三模范中学堂。辛亥革命后为解决办学经费，省政当局令各府所属县筹办联合中学，至1922年成立的有：昆明联合中学（11县），姚安联合中学（4县），丽江联合中学（6县），蒙自联合中学（13县），文山联合中学（4县），大理联合中学（8县），腾冲联合中学（干崖、盏达、勐腊、陇川4行政区）、普洱道立中学。此外，保山、顺宁（今凤庆）、蒙化（巍山）、建水、阿迷（今开远）等县已设县立中学。1917年推广省立中学校，昆明、昭通、丽江、保山等地分别设立省立第一、第二、第三、第四中学。①

民国初，还出现了私立中学，主要有昆明私立第一中学校，正则中学、成德中学等。大理、宜良等地方创办有私立中学。不少私立中学后又改为公立中学。

中学教学一般设有国文、数学、外文、史地、理化、音乐、手工、体操等课程。国文课教学以文言文为主，条件较好的学校如昆明省立一中还附设英、法文专修科和留日预备班。②

初等学校 光绪三十一年（1905年），按学部所颁章程，小学按学生程度分高初两等，初级师范开办附属小学。至民国初，大多数县城均普及初等小学。"女子初小逐渐发展，除省会外，每县至少设有一校，高等小学亦逐渐推广。至四年（民国4年，1915年），不惟县立较前增多，乡立高等小学亦陆续具报成立。"③ 各地亦有私立小学出现。

在边疆民族区域，教育事业也受到社会各界重视。光绪末，永昌、顺宁、普洱3府和镇边直隶厅（今澜沧县），"各府守厅丞县令极力提倡……各地方绅董暨土司头目热心匡助"，由省藩库拨银2万两，举办

---

① 《新纂云南通志》学制考。《续云南通志长编》卷五十。
② 参阅尹明德《民国初年云南省立第一中学校片断回忆》，《云南文史资料选辑》第7辑。
③ 《续云南通志长编》卷五十一。

土民简易识字学塾 128 所,① 称为"土民学塾"。每所招学生 20—40 人,以少数民族学生为主,"实行以民族语文教学为主的双语教学法",教师就地培养当地民族教师。"这些特殊措施基本上体现了因民族施教,至今仍具有现实意义。"② 辛亥革命后,边疆各设治局都开设了民族小学。

三 职业教育及其他教育

鉴于中法战争后,英法在滇争夺路、矿权等一系列事件的刺激,清末云南各界要求练兵卫国和自己筑路开矿的呼声甚高。反映在教育思想上,则是尚武和推崇实业、技艺教育。在近代教育兴起之初,这类学校占的比重并不低。

云南陆军讲武堂 光绪二十五年(1899 年)创办的武备学堂和三十二年(1906 年)创办的云南陆军小学堂为讲武堂的开办提供了基础。随着云南新军的组建,为解决中下级军官"恒苦乏才"的局面,省政当局于 1908 年始建云南陆军讲武堂。次年秋开学,设甲、乙两班,"由(云贵)总督札调各军官司入堂肄习",即招陆军第 19 镇的军官入学。最初由胡文澜、高尔登任总办,开学不久改由李根源接任。后又增开丙班,招收中等学堂毕业的青年经考试录取。开办之初,全校有学生 630 人。后又招收第二期 160 人。辛亥革命后该校备受军都督府重视,多以军政界要员任校长。1912 年改称"云南陆军讲武学校",对原有科别、课程、教员等多有调整。主要科别为步、骑、炮、工等。至 1919 年,第 14 期学员已增至 425 人。1921 年第 15 期学员又增至 450 人。1935 年 8 月按国民政府要求以讲武学校原址开设"中央陆军军官学校昆明分校"(1938 年改为"第五分校"),云南陆军讲武学校结束。讲武堂及讲武学校共办 22 期,培养学生 9000 多人。③ 这些学生中的不少人曾在云南乃至全国产生了重大影响,辛亥革命前云南新编陆军 80% 的团以上军官来源于讲武堂师生,基层连营的指挥官基本由讲武堂毕业学生担任,在辛亥云南起义中发挥了骨干作用。讲武堂的两位毕业生朱德、叶剑英以后成为新中国第一届党和国家重要领导人之一;辛亥革命以后全国政治军事

---

① 《新纂云南通志》学制考。
② 董建中:《云南少数民族教育发展与改革》,云南民族出版社 1993 年版,第 16 页。
③ 参阅马继孔、陆复初等著《云南陆军讲武堂史》,云南民族出版社 1993 年版。

方面的不少重要人物如朱培德、金汉鼎、范石生、龙云、卢汉、杨希闵、唐淮源等均系该校学生；此外，讲武堂招收过的一些外籍学生也有成为国家领导人或担任重要职务的，如朝鲜民主主义人民共和国副主席崔庸健、韩国国务总理李范奭（1948年）和越南临时政府主席武海秋（1945年）等。

艺徒学堂 光绪三十二年（1906年）在昆明开设10所半日制学堂，传授各类技艺，次年合并为5所艺徒学堂。学生半日学习，半日实习，设纸笺、织布、靴鞋、裁缝4科及工厂。1910年开办初等工业学堂，以艺徒学堂作为附设于该校，"并附设工业补习普通学堂"。[①]

农业学堂 最初的农业初等学堂是光绪三十一年（1905年）在澄江、丽江等地设立。1907年，已发展至20余所（处）。一般开设蚕桑、农业、林业和兽医等4科。辛亥革命前已开办30余所。1907年，将在此之前开办的昆明蚕桑、森林学堂合并为省会中等农业学堂，设农、林、蚕3科，附设农业教员讲习所。1913年改名为省立甲种农业学校，并一度增设染织科、女子蚕桑讲习班等。

光绪、宣统年间，云南还先后开办了女子职业学堂（1910年）、商业学堂（1910年）和速成铁道学堂（1908年）等职业学校。

此外，云南地方政府采取措施鼓励和资助云南青年出国留学、出省上学，以为云南培养各方面的人才。从1902年云南省选送留日学生10名后，在省内出现了留学热潮，仅1904年留日学生就达100余人，另有20余人分别留学缅甸、越南两国。宣统年间（1909—1911年），留欧学生有3名。1905年后，"多有自费赴日者"。当时云南地方当局颁布鼓励、资助留日学生章程，规定：凡自费生考入日本各官立专门大学者，准改为官费。于是留日自费生愈发踊跃，而考入专门大学得享受官费者亦日渐增多。"迄宣统末年，约达数百人。毕业后陆续回滇，均任要职"。[②] 1913年，云南高等学堂英、法文专修科毕业生20余人分别赴美国和欧洲以及我国香港地区留学。其中留美的有缪嘉铭等6人，留法、比（利时）的有熊庆来等7人。是该时期赴欧美留学人数较多的一次。[③]

---

① 《续修昆明县志》卷二。
② 《新纂云南通志》学制考。
③ 尹明德：《民国初年云南省立第一中学校片断回忆》，《云南文史资料选辑》第7辑。

留学生除较多选修军事、政法、师范等科外，还广泛涉及工业学、医学、农学、矿业学等科目。留学生毕业回云南后，绝大多数人成为云南辛亥革命及各项建设事业中的重要力量。

同时，出省到北京、上海、成都等地上学的学生亦逐年增多。1912年后省政当局对考入国立大学的学生给予津贴以资鼓励。1925年，该项津贴额核定为每年100名。[①]

第三节　科学技术、史志编修与文学艺术

一　自然科学与技术

云南传统科学技术是中原地区古代科学技术体系不断随移民传入、并与各少数民族的生产、生活知识长期融合所形成的，其中在天文历法、建筑和医学等方面有许多迄今仍值得认真总结和研究的重要成就。到了近代，西方的工业生产技术和科学体系的逐渐传入，一方面，丰富了云南科学技术的内容，另一方面，由于这种传入是以帝国主义的殖民侵略为先导，这就使得对西方工业技术与科学理论精华吸纳、消化的过程变得崎岖。至少在20年代初期，这一过程远未结束。

18世纪到19世纪末期，西方近代工业技术取得了一系列对世界产生深远影响的成果，这主要表现在：以纺织为代表的工具机的改革使其逐渐摆脱对人力驱动的依赖，如最初将水力用于纺织，以后又以蒸汽机作为原动力并广泛代替人力、畜力、风力和水力，至19世纪蒸汽机广泛运用于轮船、铁路、矿冶等工业和交通领域；将煤气发生炉用于冶炼，电报被发明和广泛使用。这一切意味着工业时代的到来。然而，同时期的中国仍处于传统农业社会中，在科学技术上与西方的差距被拉大了。英、法等西方国家并非以先进科学技术沟通世界，而是以此开拓市场、进行殖民侵略，以致中国人最先看到的西方先进技术就是"坚船利炮"。19世纪中晚期，中国掀起了以学习和利用西方技术为重要内容的洋务运动。

军事工业　1884年云南开办机器局，其目的最初是解决购入的洋枪修理问题。从广东等地雇请工匠，略置机器，"不过制造铜帽、修理笔码

[①]　《续云南通志长编》卷四九。

之零件器具，而整部机器尚阙如也"。1891年扩充厂家，购入弹子机、滚铜皮机和加工机械，开始制造子弹，开花炮弹，单响毛瑟快枪备具等。后因"滇中钢铁提炼未纯，造出之枪终不及外购者"①，复又只专造子弹。这是云南最早采用机械制造的军事工业，辛亥革命后该厂改为陆军兵工厂。20世纪20年代后，自法、德等国购进造弹机等工具机，原动力则为电力、蒸汽力和人力，钢、炸药等原料亦购自外国，② 开始制造步枪、机关枪。

矿冶工业 明代至清末，由于云南铜、锡、银等方面的矿藏量优势和长期采掘积累，矿冶技术一直处于全国领先地位，从探矿、采选到冶炼有一整套相对成熟的技术规程，并在此基础上出现了若干重要的科技著作，如戴瑞徵的《云南铜志》、无名氏的《铜政便览》、严其庆的《迤东铜务纪略》等。其中技术含量与价值较高的应首推吴其濬的《滇南矿厂工器图略》一书。③ 该书分为上、下两部，上部记生产，从探矿、开采、通风、排水到运矿、选矿、冶炼以及供应、管理的全过程，进行了详细记载和总结，并附有5幅图。下部记云南各府州矿厂分布和运输途程，附有23幅图。该书是传统土法矿冶技术的集大成之作。

清末民初，东川、个旧等地开始购进外国选矿、冶炼、化验、运输等机械、化学分析设备和工具，引进新式锅炉、发电机、电动机等动力机。以空压机进行矿道通风和起动风钻凿岩，建立架设索道运送矿石。1909年购入德国新式炼炉。选矿方面，1913年，个旧锡务公司从德国购入整套碎矿、磨矿和选矿设备，此前从外国进口机器设备仍属部分引进，许多地方仍维持着土法采选冶炼，因而导致产品成色不一。④ 近代云南矿冶业是引进和使用新式设备与技术较为集中的行业之一。

交通业 随着蒸汽机车的运用和铁路线的开辟，交通业在19世纪晚期得到了迅速的发展，帝国主义国家也以发展近代交通作为其对外侵略和实行殖民统治的主要手段之一。滇越铁路筑路权为法国攫取后，云南朝野对法国的掠夺意图是有较深刻认识的。当法国人欲建支线至个旧开采锡矿

---

① 《新纂云南通志》工业考。
② 《云南实业公报》1923年第8期。
③ 吴其濬（？—1846）字哲甫，河南固始人。清嘉庆状元，授翰林院修撰，历官鄂、赣、湘等地。1843年任云南巡抚，整顿东川矿务。著有《植物名实图考》等。
④ 参阅夏光辅等《云南科学技术史稿》，云南科技出版社1992年版，第203、204页。

时，激起了全省各阶层人民的强烈反对。各界遂议聚官、商股，筹资修筑个碧石铁路。该路1913年开始分段修筑，碧色寨（滇越铁路线上个碧石铁路起点站）—鸡街—个旧一段，于1921年10月通车，鸡街—建水一段，1928年通车，建水—石屏段，1932年通车。原拟以米轨修筑，并由云南铁路学堂毕业的一批技术人员与美籍工程师多莱勘测设计了一条由碧色寨至个旧的线路，然负责筹建的个碧铁路公司董事会由于各方面原因，最终采用了另一名法籍工程师尼复礼士的设计方案，将轨距定为6公寸，致使该路不能与滇越铁路接轨联运。① 从1922年修筑第二段（鸡街—建水）开始，总工程师与技术人员全由中国人担任。先后任总工程师的是萨福钧（福建人，留美学生）、李国钧（广东人，留美学生）和吴融清（浙江人，北洋大学毕业）。轨距仍为6公寸，但路基按米轨修建。个碧石铁路全长177公里，有隧道18个，大小桥梁200余座。②

以铁路为代表的近代交通业在当时是中外差距表现最为明显的部门。云南人民出于爱国热情修筑个碧石铁路，在一定程度上缩小了这种差距，并促进了铁路沿线地区经济的发展，其意义是深远的。

电力业 这是云南近代工业中较早系统引进先进技术的部门，它与滇越铁路的修筑有密切联系。1908年法国要求清政府允准其在滇池出水口的螳螂川上建水电站以供修筑铁路用电，由于云南各界反对而未获批准。省会绅商力主自行修建，于是由商家筹集股本，设云南耀龙电灯公司，筹建石龙坝水电站。1910年8月开工，聘德籍工程师麦华德、毛士地亚二人负责施工和培训，云南及江浙、广东等地各类工匠1000余人参加建设。主要工程为安装两台德产240千瓦水轮发电机，而修筑拦河坝、水渠、机房、办公楼等为附属工程。此外，架设23千伏输电线路至昆明小西门（全长34公里），安装降压站和分配、变电设备。1912年5月，该水电站建成发电，它"只比我国国土上出现的第一个小型水电厂、即英商魏克迈等人1882年开办的上海电光公司晚30年，比1875年世界上第一个使用弧光灯的法国巴黎北火车站晚37年"。③

19世纪末，云南开始出现有线电报。1886年设云贵电报总局。1897

---

① 《续云南通志长编》卷五五。
② 夏光辅等：《云南科学技术史稿》，第224页。
③ 参阅《云南省志·电力工业志》，云南人民出版社1994年版。

年，云南有线电报通至贵阳、百色、泸州和省内蒙自、大理、腾冲、思茅、河口、昭通等地。1910 年，昆明开始使用电话，1920 年接通至蒙自、个旧。

农业 1912 年在昆明设立农事试验场对水稻、大小麦、豆类、高粱以及蔬菜的选种、育种、移植、施肥和病虫害防治进行试验；对家畜的饲养、繁殖、杂交繁殖也进行了研究和试验。省立农业甲种学校也建立了试验农场。同年，省政当局在开远、元江、宾川和弥渡等地建立棉业试验场，引入省外及国外棉籽优良品种，推广棉花种植。

基础理论科学方面较有影响的有气象学和地质地震学。其代表人物是陈一得和童振藻。陈一得（1883—1958），天文气象学家，字彝德，原名秉仁，盐津县人。清末民初就学于云南高等学堂和优级师范学堂，曾考取比利时留学生。1912 年开始在昆明长期进行气象和星宿观测并结合理论进行研究。他首创"步天规"，绘出第一张《昆明恒星图》，积累和整理了大量有关云南气象的资料。其重要著作有《云南气象》、《云南气象要素之分布》、《云南的云》等。编修《新纂云南通志》之"气象考"和《盐津县志》等。

童振藻（？—1939），原籍江苏淮安，清末举人，以候补知县赴云南履任。历任省立两级师范和省立中学教员，民初开始研究云南地震。在实际考察和查阅大量有关资料的基础上写成《云南地震考》，1926 年出版后受到学术界重视。还著有《云南温泉志补》、《大理等属地震区域图说》、《洱海附近地震述要》等。

医学医疗方面，1914 年昆明设警察医院，后改名宏济医院，1922 年改为市立医院，有中、西医科。另有法国人于 1901 年开办医院一所。1922 年在昆明市政公所通过两年考试取得医士资格者共 173 名，其中西医仅 24 人。[1] 中医则有较大发展，其代表人物有曲焕章、姚敬轩、吴佩衡、葛继皋、戴显臣、康成之、吕重安、李继昌、聂仪庭、陈少畴和郭乐山等多人。[2]

曲焕章（1880—1938），云南江川人，彝族。长于骨伤科和治疗跌打损伤，对中药有很深研究，所研制的"百宝丹"在 1916 年被省有关部门

---

[1] 《昆明市志》，第 224 页。
[2] 《昆明市志长编》卷十三。

立案列为优等药品。是云南白药创始人。

二 史志编修与文学艺术

地方志与文献丛书 近代前期，云南传统的地方志编纂取得了长足发展。从清末到民国初年，省内编纂了一批省、府、州、县志书，取得了令人瞩目的成果。现择其要者简介如下：①

（光绪）《云南通志》岑毓英等修，陈灿、罗瑞图纂。共242卷，首4卷。体例门类子目多与阮元《云南通志稿》同，仅细目略增补为66。全书分天文、地理、建置、食货、学校、祠祀、武备、秩官、选举、人物、南蛮、艺文和杂志。附忠义录32卷，忠义备考1卷，烈女录8卷。详记道光十五年（1835年）至光绪初年事，尤以咸同间兵事叙述特详。《戎事》、《职官》、《人物》诸门，多有采访失实、文字讹误之处。此书光绪九年（1883年）议修，十七年（1891年）成书，二十年（1894年）刊毕，共220册。北京、南京、昆明等省市图书馆均有藏本。

（光绪）《续云南通志稿》王文韶等修，唐炯、汤寿铭、陈灿等纂。194卷，卷首6卷。分天文、地理、食货、学校、祠祀、武备、洋务、秩官、选举、人物、南蛮诸志和杂志。洋务为以前诸志所无。光绪二十五年（1899年），巡抚衔督办云南矿务唐炯以岑毓英等修《云南通志》事迹多据传闻，及洋务、盐矿、裁兵诸大政竟付阙如而议续修。二十七年（1901年）刊印毕，计100册。北京、南京和云南省图书馆均有藏本。

此外还有刘盛堂编《云南地志》（3卷）、李诚撰《云南山川考》、杨觐东撰《滇事危言初集》、《滇事危言二集》等专书。

省内各地亦大修方志，如余泽春修、茅紫芳等纂、冯誉骢增修《东川府续志》（1897年刊行），吴光汉修、宋承基等纂《镇雄州志》（1887年刊本），崇谦等修、沈宗舜等纂（宣统）《楚雄县志》12卷，钞本，等等。据云南省志编委会编《明清云南地方志目录》载，从道光二十年（1840年）至宣统三年（1911年）仅府、州（厅）、县志就编纂和刊行57种，是研究云南近代历史、社会、民族、经济文化的最重要参考资料

---

① 参阅李小缘《云南书目》，宋光淑《云南近现代社会科学研究书目》，云南人民出版社1996年版。

之一。

民国初，许多学者对云南地方文献进行系统地整理和考校，并编成大型丛书《云南丛书》。《云南丛书》由赵藩、陈荣昌、袁嘉谷先后任总纂，由云龙、周钟岳、唐尔镛、秦光玉任总经理。该丛书选辑云南历史名著，分批刻印发行。按经、史、子、集分类，内容涉及文、史、哲、经以及天文、地理、民族、语言、宗教、医学、外事等。初集于民国三年（1914年）开始刻印发行，选定152种、1122卷。凡旧版尚存的以旧版印行，残缺或无存的或补缺，或另行刊刻，金石印谱之类以石印印行，也有用铅字排印的。至1923年，实际刻印142种、1064册。另刻印《云南丛书总目》一册。初集篇首有唐继尧撰《云南丛书序》。各书首页均标卷，册数及作者籍贯姓名。《初编》经部有《周易标义》（3卷，清弥渡李彪撰）、《诗经原始》（18卷，广南方玉润撰）等15种；史部有《滇云历年传》（12卷，清昆明倪蜕撰）、《滇系》（40卷，清赵州师范辑）、《云南备征志》（21卷，清洱源王崧撰）等12种；子部有《三艾遗书》（2卷，清邓川艾自新、艾自修撰）、《医门揽要》及《滇南本草》（均为嵩明兰茂撰）等29种；集部计96种，诗较多，有《石淙诗钞》（15卷，明安宁杨一清撰）、《李中溪全集》（10卷，明大理李元阳撰）、《担当遗诗》（8卷，明晋宁担当和尚撰）等。因印数较少，且多有散失，现云南省图书馆已不能配齐一部完整的《云南丛书》。

图24 《云南丛书》封面（王文成摄）

文史著作 清末民初的许多学者具有如下一些特点：其一，由于传统学术文、史不分，他们或由私塾出身，进而在学堂学习中、西科学知识，因而既具有扎实的经史、诸子、典章等旧学基础，近代知识体系又使他们开阔了视野和思路、掌握了新的治学方法，可说是文史兼修、学贯中西，因此他们中的许多人不仅纂修志书，还著书立说。其二，由于科举制的影响，他们中的不少人担任了官职或社会公职，卸职后又往往成为社会名流。因此他们的著述很多与经历相关，具有较大的社会影响。其三，当时中国社会的历史背景和现状，使他们中的绝大多数人具有强烈的民族自尊和爱国热情。"难释爱乡之念，不胜报国之心"，是近代教育家陈荣昌的名言。这些学者的著作切近社会现实，一改过去史家只叙前朝、不记当代的风格，这类具有时代感和较高学术研究和资料价值的著作，除前文所述杨振鸿、吕志伊等人在《云南》杂志上发表的文论外，还有袁嘉谷的《滇绎》、《移山簃随笔》、《云南大事记》，夏光南的《云南文化史》，何小泉的《滇事拾遗》，方树梅的《滇南碑传集》、《续滇南碑传集》等。

关于涉及近代前期云南社会重大历史事件的主要著述，简述如下：

一是关于近代初期云南各族人民大起义的有：延祉、陈炽等纂修《钦定平定云南回匪方略》，李玉振撰《滇事述闻》，白寿彝编著《回民起义》Ⅰ、Ⅱ，吴乾就著《云南回族的历史与现状》等。

二是关于帝国主义侵略我领土及云南边界边疆问题的有：黄诚沅编《滇南界务陈牍》，姚文栋撰《云南勘界筹边记》，李根源编撰《滇西兵要界务图注》，王锡麟撰《猛乌、乌得记》等。

三是关于辛亥革命的有：周钟岳纂《云南光复纪要》、《天南电光集》，蔡锷撰《滇省光复始末记》，庾恩旸撰《云南北伐军援黔纪事》等。

四是关于护国首义的有：由云龙撰《护国史稿》，庾恩旸撰《云南首义拥护共和始末记》、白之瀚撰《护国简史》等。云南护国影响广泛，时人留下大量实录、笔记、回忆以及诗歌辞章等作品。

文学、戏剧与电影 在纯文学方面，传统诗词、笔记、散文有所发展，作品内容更广泛地涉及社会生活，反映社会矛盾。并且出现了系统整理、收集和研究前人诗文的各类总集、合集，成就较著者如下：

赵藩（1851—1927），字樾村，又字蟠仙，号介庵。剑川人，白族，晚清举人。曾历官川、滇两省，参与护国运动。除著有《向湖村舍诗初集》、《二集》、《小欧波馆词钞》、《介庵楹联句正续合钞》和《桐花馆梦缘集》等诗文外，还收集、编纂《滇词丛录》3卷和《滇六家诗选》6卷等，由他与袁嘉谷主持编纂的《云南丛书》中收录历代诗人二千余人的诗作，编为《滇诗丛录》。有学者评价其为"云南晚清诗坛上成就最高的诗人"。① 此外还编著有《云南咸同兵事记》、《岑襄勤公年谱》和《剑川县志》等。

朱庭诊（1846—1911），字舜臣，一字筱园。石屏人。清光绪进士。著有《穆清堂诗集》及《续集》。在当时较有影响，其诗论集《筱园诗话》，"有很强的理论色彩，许多论点新见迭出，精彩纷呈"②。

许印芳（1832—1901），字茚山，又字麟篆。石屏人。著有《五塘诗草》、《五塘杂俎》等。光绪间"辑光绪以前文逾十家，诗逾四十，先刻诗编，仿嗣音例，命曰《重充集》"。初刻18卷，尚有"未刻诗百七十余家"，③ 后由袁嘉谷等人收入《云南丛书》。

袁嘉谷（1872—1937），字树五，又字树圃。石屏人。清进士，光绪二十九年（1903年）经济特科第一名，授翰林院编修。1904年奉派赴日本考察学务、政务，著《东游日记》4卷。1905年回国任职于国史馆和学部编译局等，1909年任浙江提学使，辛亥革命后回滇，历任省参议员、省务委员、东陆大学教授。文名驰于清末民初，著有《卧雪堂文集》、《滇绎》等，编纂《云南丛书》、《石屏县志》等。其诗作多反映云南地方风物民情。

陈荣昌（1860—1935），字小圃，号虚斋。昆明人，清光绪进士，晚清云南教育家。有《虚斋文集》、《虚斋诗集》、《桐村骈文》、《滇诗拾遗》等著述。《滇诗拾遗》系作者"于乡先辈之诗……必择其尤雅者以存诸册，盖欲于袁氏《诗略》、黄氏《嗣音集》、许氏《重光集》之外，广其搜罗也"。④《滇诗嗣音集》是清道光进士、昆明人黄琮（字象坤，号矩卿）编纂的规模较大的诗集，收录诗家200余人的作品。

随着白话文的提倡和普及，开始出现白话小说。前述1908年创刊的以推广白话文为己任的《滇话报》即刊载白话小说，"其言论纯用全国通行汉语演出……务使人人能读，妇孺皆知"。⑤ 革命党人所办《云南》杂志亦连载回目历史小说《死中求话》，并有《新殖民地仲尼岛》等短篇小

---

① 张福三主编：《云南地方文学史》（古代卷），云南人民出版社1997年版，第388页。
② 同上书，第390页。
③ 袁嘉谷：《滇诗重光集》序。《昆明市志长编》卷七，第476页。
④ 陈荣昌：《滇诗拾遗》序。
⑤ 《滇话报》发刊辞。《昆明市志长编》卷七，第472页。

说，内容亦多涉及社会现实。①

云南的白话文运动开展较早，其先驱者之一为赵式铭（1873—1942）。赵为剑川白族，字星海，号弢父。1906—1909年，先后在丽江等地创办和主编《丽江白话报》、《永昌白话报》，并研究文学理论，主张写小说应继承传统章回小说如《三国演义》、《水浒传》、《红楼梦》等的优良传统，同时"借鉴西洋的冒险小说、社会小说、言情小说、家庭教育小说、科学小说等说部的'异样精彩'的'摹写'"，其目的在于"鼓舞人的进取精神，铸造人的尚武精神，唤起人的任侠心肠，培养人的坚强意志，增强人的高尚理想，诱起人的审美感情，鼓吹人的民族主义，团结人的爱国摄力"。② 此外还著有《白子文解诂》、《白文解音》、《爨文考》、《摩些文考》、《滇志辩略》和《滇南金石考》等。

清末是云南地方戏剧发展较快的时期。主要剧种有滇剧、花灯以及白剧、壮剧、傣剧和彝剧等民族戏剧。此外，各地还有关索戏、唱书、大本曲、赞哈等曲艺形式。光绪年间（1875—1908年），滇剧在昆明以及滇西各地盛行，一般在寺庙演出。昆明有专门的戏园，如在城南公园（今昆华医院内）有云华茶园，演出时，首先演京剧，后演地方剧。有泰洪、福寿、福升和庆寿等职业滇剧班，演出剧目以传统剧较多。辛亥革命前后，革命党人倡导戏剧改良，编写出一些具有时代特征的剧目，如《党人血》、《姐妹投军》、《悲滇》等，"在当时的人民群众中引起强烈反响……收到了很好的社会效果"。花灯原属民间地方小戏，"清末民初，玉溪花灯的兴起，使云南花灯的发展跨进了一个新的阶段。这种经过改革的花灯，一般称为'新灯'"，③ 吸收了四川传入的唱本，曲调也有所改变，在云南各地属于演出最多的剧种之一。京剧在昆明市等地亦很有观众，一些内地京剧名角偕戏班赴昆演出，对云南戏剧的发展产生了不小影响。在辛亥革命前后，曾一度出现以表现时事为主的新戏，革命党人"组织新剧团，乃有新民社之成立，出演剧约有七八次……首次演出者

---

① 对镜狂呼客等：《死中求活》，载《云南杂志》第1—19号。海外野人：《新殖民地仲尼岛》，载《云南杂志》第19、20号。

② 王光间：《清末白话文运动的先驱赵式铭》，载《云南文史丛刊》1990年第1期，第85页。

③ 张福三主编：《云南地方文学史》古代卷，云南人民出版社1997年版，第634页。

即为《拥护共和》全本"。①

滇越铁路通车后,开始出现电影。民国初,"有蒋范卿于昆明市翠湖的水月轩,首创了一个影场……放映无声电影,片子均为默片"。② 1916年出现由邓和风创办的正规影院——新世界影院,在教子巷内。"当时所映的影片,其来源有英、美、法、日、德等帝国主义的福斯、鹰狮、派拉蒙、好莱坞……公司的外国影片,约占90%以上。"③ 随着中国自己电影拍摄业的出现,30年代上映的中国影片逐渐多起来。

---

① 《昆明市志长编》卷一十三。
② 赵宗朴:《昆明电影放映事业40年史话》、《云南文史资料选辑》第21辑。
③ 《昆明市志长编》卷一十三。

大事记

咸丰五年（1855 年）

云南布政使司印制并发行"滇藩司钞"，为云南本地最早印制发行的地方纸币。

咸丰六年（1856 年）

5月，临安（今建水）"厂匪"勾结地主团练，制造了屠杀昆明回民的惨案。

同月，彝族农民李文学在弥度瓦卢村率众举行武装起义。

9月，以杜文秀为首的回民起义军攻占迤西重镇大理城。杜文秀被推举为"总统兵马大元帅"，建帅府于大理城，宣告以回民为主体的迤西各族人民反清政权正式成立。

咸丰七年（1857 年）

4月，提督文祥率清军向大理起义军发动进攻，被起义军击退。

7月，马德新（字复初）率迤东南回民起义军向省城昆明进军，对昆明进行包围，云贵总督恒春畏罪自杀身亡。

11月，清廷任命吴振棫为云贵总督。

咸丰八年（1858 年）

2月，清政府云南地方当局与马德新等签订和解合同，起义军撤除对昆明的包围。

8月，李文学和哈尼族起义军首领田四浪会盟，决定两支起义军联合。

10 月，昭通府恩安县农民李永和率农民起义军攻占大关县屯上，不久，贵州威宁州农民蓝朝鼎率领一支农民起义军前来屯上会师。

咸丰九年（1859 年）

1 月，云贵总督吴振棫被迫辞职，清廷任命张亮基代理云贵总督，任命徐之铭为云南巡抚。

10 月，李蓝起义军入川作战。

咸丰十年（1860 年）

3 月，署云南提督褚克昌奉命"西征"，对大理起义军发动进攻。

9 月，大理起义军在马如龙部的配合下粉碎褚克昌部的进攻。

12 月，迤东南回民起义军发动第二次包围昆明的攻势，一月后被清军击退。

是月，入川作战的李蓝起义军迅速发展壮大，人数达 30 万。

咸丰十一年（1861 年）

11—12 月，马如龙率迤东南回族人民起义军第三次包围昆明。

12 月，蓝朝鼎在四川丹棱作战失利阵亡，其余部退入陕西，此为最早转战陕西的李蓝起义军。

杜文秀颁布具法律性质的《管理军政条例》，规定了起义军军政机构的规章制度和组织纪律。

同治元年（1862 年）

3 月，马如龙、马德新率部接受清朝云南当局招抚。清廷颁布谕令：马如龙以总兵用，并赏戴花翎，马德新被赏予二品伯克顶戴，其余部将亦分别予以奖赏。

9 月，李永和在四川八角寨作战突围时被俘，后被杀害于成都，部下将士 5000 余人全部被清军杀害。

同治二年（1863 年）

3 月，武定营参将马荣在昆明发动兵变，杀死署云贵总督潘铎，一度占据昆明。

7月，署布政使岑毓英奉命率清军"西征"，向大理政权发动军事进攻。

同治三年（1864年）

9月，陕西李蓝起义军余部与太平军余部共2万余人，组成联军后转战甘肃。

同治五年（1866年）

9月，署提督马如龙奉命率部"西征"，对大理政权发动进攻。

同治六年（1867年）

6月，大理起义军击退马如龙清军的进攻后，发起"东征"战役。

同治七年（1868年）

3月，大理起义军从西、北、南三面实施对昆明城的军事包围。

是月，清廷任命云南巡抚刘岳昭为云贵总督，布政使岑毓英为云南巡抚。

是月，法国"探险队"到达大理后被大理政权驱逐出境。

5月，英国人斯莱顿率领的代表团从缅甸到达腾越，与当地起义军领导人进行了关于通商问题的谈判。

英印殖民当局派遣武装探路队进入腾越考察，提出了修筑八莫（属缅甸）—腾越—大理的铁路计划。

同治八年（1869年）

6月，大理起义军驻防嵩明、寻甸将领先后投降清军。

9月，清军攻陷大理起义军昆明大本营江右馆，起义军的"东征"战役失败。

同治九年（1870年）

刘道衡上书杜文秀，建议派使臣赴英法两国求援。

同治十一年（1872 年）

5月，刘道衡打着"杜文秀义子"的旗号到达伦敦，递交《上英王表》、献大理石，表示"献土称臣"，请求英国发兵援助大理。刘的行径因遭到英方拒绝而破产。

6月，清军同时攻占大理政权的军事重镇上关和下关，自此大理樊篱尽失，形势险恶。

12月，在大理城陷落前夕，大理政权领导人杜文秀服毒后往见清军总兵杨玉科，请求他免杀大理起义军民。

同治十二年（1873 年）

1月，在岑毓英、杨玉科的阴谋策划下，清军在大理城及其郊区屠杀起义军民（主要是回民）4 万余人。

同治十三年（1874 年）

5月，起义军领导人李文学在南涧牛街被清军杀害。

是月，李文学起义政权首府蜜滴被清军攻占。

光绪元年（1875 年）

2月，英国军官柏郎与英国上海领事馆职员马嘉理率领英国"探路队"从缅甸进入云南。马嘉理行经盈江县蛮允时施暴枪杀当地边民一人，旋即被当地边民击毙，此为引发中英严重外交交涉的马嘉理事件。

光绪二年（1876 年）

7月，清廷派李鸿章与英国驻华公使威妥玛为马嘉理案签订了丧权辱国的《烟台条约》（该条约于1886 年5月开始生效）。

光绪九年（1883 年）

5月，刘永福指挥黑旗军，在越南河内纸桥大败法国侵略军，击毙侵略军头目李维业。

12月，法国侵略军大举进攻中国军队驻防的越北军事重镇山西，中法战争正式开始。

云贵总督岑毓英奉命统率滇军 20 营开赴越南兴化、宣光等地驻防。

浪穹（今洱源县）人民举行反洋教斗争，杀死作恶多端的法国天主教司铎张若望。

云南矿务招商局宣告成立。

岑毓英等修、陈灿等纂《云南通志》议修，于 1891 年成书，1894 年刊毕，全书共 220 册。

光绪十年（1884 年）

5 月，李鸿章与法国代表福禄诺签订《简明条约》五款，承认法国对越南的"保护权"。

8 月 26 日，清政府正式对法宣战。清廷命云贵总督岑毓英、广西巡抚潘鼎新各率所部进入越南。

12 月，中国军队（滇军）在黑旗军配合下，对法国侵略军重兵驻防的越北重镇宣光城实施军事包围，围城 70 多天，侵略军伤亡惨重。

云南机器局在昆明开办，其任务是解决购入洋枪的修理。这是云南近代官办军事工业的开端。辛亥革命后，改称陆军兵工厂。

光绪十一年（1885 年）

3 月，中国军队越北东西两个战场分别取得了镇南关大捷和临洮大捷，给法国侵略军以重创。

6 月，中法两国代表签订《中法会订越南条约》，中国承认法国对越南的保护权，允许法国在滇桂两省拥有开埠通商和修筑铁路的权利。

8 月，清政府派内阁学士周德润，会同云贵总督岑毓英、云南巡抚张凯嵩与法国代表耿隆等，会勘中国云南与越南边界。

光绪十二年（1886 年）

10 月，中法代表于越南老街签订《滇越边界勘界节略》。

12 月，成立云贵电报总局，开通昆明至蒙自的电报。次年 2 月，与四川电线接通，云南与内地首次开通电报通讯。

光绪十三年（1887 年）

6 月 23 日，中法签订《续议商务专条》，规定蒙自对外开埠通商。次年 8 月，正式设立蒙自海关。

光绪十七年（1891 年）

6 月 20 日，根据中法《续议商务专条附章》规定，思茅对外开埠通商。1897 年正式设立思茅海关和易武、勐烈分关。

英国"缅甸有限公司"侵入我阿佤山邦海地区擅自开采银矿。

光绪二十一年（1895 年）

6 月，中、法在北京签订《续议界务专条附章》。该条约规定，清政府将云南省临安府属猛梭、猛赖、猛蚌"三猛"割让给法属越南。

9 月，法国以干涉日本还辽有功，逼迫清政府把普洱府属猛乌、乌得两地割让给法国，划归老挝界内。

光绪二十三年（1897 年）

清政府派开化府知府刘春霖与法国代表本义德在越南保胜签订《滇越界约》。

光绪二十四年（1898 年）

4 月，清政府答应给予法国从河口至昆明的铁路修筑权。

清廷陆续下诏，令各省兴办学堂，各类书院改为兼习中学、西学之学校。

光绪二十五年（1899 年）

1 月，蒙自锡矿工人杨自元领导数千矿工举行武装起义，遭到清朝地方政府的武装镇压。

云南武备学堂在昆明成立，后改为陆军小学堂。

王文韶等修、唐炯等纂《续云南通志稿》启动，1901 年成书并刊印毕，全书共 100 册。

光绪二十六年（1900 年）

法国昆明总领事方苏雅偷运大批军火来昆明，以配合法国在我省的侵略活动。

光绪二十七年（1901 年）

8月，法国"滇越铁路公司"在巴黎成立，决定动工修筑滇越铁路越南海防至老街的铁路。

10月，法国公使和清政府签订《滇越铁路章程》，该铁路自越南海防经河内到云南府（昆明）。

（光绪）《续云南通志稿》刊印毕。

英法两国合组"隆兴公司"，共同开发云南矿产。

光绪二十八年（1902 年）

清政府与英法隆兴公司签订《承办七府矿务章程》，使英法两国获得了在云南五府一州一厅等7个地区开矿的特权。

个旧锡矿工人周迎祥领导矿工、农民举行武装起义，提出"抗官仇洋"、"阻洋占厂"、"拒洋修路"等口号，遭到清政府的血腥镇压。

设立腾越海关和蛮允、弄璋街、遮放（后改为龙陵）分关。

光绪二十九年（1903 年）

云南开始派遣官费留学生赴日本留学。

五华书院改名为高等学堂，1907年改名为云南两级师范学堂，1917年又改名为省立第一师范学校。

光绪三十年（1904 年）

滇越铁路公司开始修筑河口至昆明的铁路。

李伯东等人发起成立"誓死会"，表示坚决反对清政府出卖云南路权。

光绪三十一年（1905 年）

云南地方当局在宝元局基础上建立云南银元局（后改称度支部云南造币分厂），开始鼓铸银元、铜钱。

云南各界人士发起成立"滇蜀铁路公司"，后改名为"滇蜀腾越铁路公司"，拟筹资修筑腾越经昆明至四川的铁路。

清政府批准《云南省城南关外商埠总章》，昆明自辟为商埠。

孙中山在日本组建资产阶级政党性质的"同盟会"，数十名云南留日学生首批入盟，次年成立同盟会云南支部。

清政府下令停止一切科举考试。

光绪三十二年（1906 年）

4月，云南留日学生吕志伊、李根源等在日本东京成立云南杂志社，10月，出版《云南》创刊号。

云南省商务总会正式成立，1916年改名为总商会。

云南籍北京学生和同乡京官成立"滇学会"，反对英国向清政府强索腾越铁路筑路权。

以课吏馆改办政法学堂。1912年政法学堂改称云南政法学校，后又改称公立政法专门学校。

光绪三十三年（1907 年）

革命党人徐濂发起成立省城演说会。除演说外，以改良戏曲为第二目的，编制和演唱新曲。

光绪三十四年（1908 年）

4月30日，同盟会成员黄明堂在云南河口举行武装起义。

云南留日学生杨振鸿、吕志伊等在日本东京成立"云南独立会"，声援河口起义。年底，又发动永昌起义。

云南陆军讲武堂成立，次年开学，1912年改名为"云南陆军讲武学校"。

宣统元年（1909 年）

大清银行昆明分行正式成立。

云南教育总会成立，辛亥革命后改名为云南省教育会。

省图书馆成立，著名云南学者赵藩、秦光玉先后任馆长。1911年改名为云南图书博物馆。

宣统二年（1910 年）

4月1日，滇越铁路全线建成通车，全长845公里。

英国军队入侵我片马地区，制造了震惊全国的"片马事件"。

在云南各阶层人民的坚决斗争下，请政府以150万两白银赎回云南七府矿权，废除《隆兴公司承办七府矿务章程》。

个旧大锡年产量达6000吨，成为全球锡主产区之一。

昆明开始使用电话。

开办高等工矿学堂。1913年改称云南甲种工业学校。

宣统三年（1911年）

1月，英军再次入侵片马，并对该地实行军事占领。

10月27日，腾越爆发张文光领导的武装起义，响应武昌起义，张文光被推举为滇西军都督府都督。

10月30日（旧历九月初九），蔡锷、李根源等在昆明举行武装起义，次日昆明光复，史称"重九起义"。

11月1日，云南军都督府成立，蔡锷被推举为都督。

同日，临安（今建水）新军举行起义，次日成立南军军政府，朱朝瑛被推举为军政府统领。

11月4日，大理响应省城重九起义，成立迤西自治总机关，推举赵藩为总理。

民国元年（1912年）

2月，民国云南地方政府颁布《矿务暂行章程》，鼓励发展民营矿业。

是月，云南都督府法制局创办《云南政治公报》。后多次改名，刊发内容以政令、法规和文牍为主。

3月，富滇银行开始营业，发行纸币，与银元通行。

3月3日，唐继尧部（滇军）攻占贵阳，推翻贵州军政府。在贵州宪政党的支持下，唐继尧出任贵州省临时都督（后被袁世凯任命为都督）。

4月，云南耀龙电灯公司石龙坝发电站建成投产，该电站总装机容量为460千瓦，为中国第一座水电站。

9月，云南省农民会成立。

是月，云南地方当局制订《筹办工商各项大纲》，提出云南工业发展方案。

民国二年（1913 年）

10 月，法国东方汇理银行获准在蒙自成立分行，此为在云南开设的第一家外国银行。

11 月，原贵州都督唐继尧奉命回滇任云南都督。

12 月 8 日，杨春魁率大理地区哥老会成员和部分军人在大理举行起义，响应"二次革命"，宣布脱离袁世凯政权。

云南个碧铁路公司成立，官商合办修筑个旧至碧色寨的铁路，后来官股退出，成为完全商办。

云南高等学堂英、法文专修科毕业生 20 余人，分别赴美国和欧洲留学。

民国三年（1914 年）

《云南丛书》选辑云南历史名著，分批刊印发行，选定 152 种，1122 卷，至 1923 年实际刊印 142 种、1064 卷。

民国四年（1915 年）

9—11 月，以唐继尧为首的云南人士先后召开三次秘密军事会议，商议反对袁世凯帝制问题。

12 月，蔡锷到达昆明后，和唐继尧等云南人士召开秘密军事会议，对反袁武装起义作出了具体安排。

12 月 25 日，蔡锷、唐继尧等人联名发出通电，宣布云南独立讨袁，宣告成立讨袁护国军、护国军云南都督府。

民国五年（1916 年）

1 月 1 日，云南护国三军总司令蔡锷、李烈钧、唐继尧发表《讨袁檄文》，列举袁世凯 20 条罪状。

5 月 8 日，护国军军务院在广东肇庆宣告成立，它具有南方独立各省临时政府性质。

11 月 8 日，蔡锷在日本医院治喉疾无效去世，享年 34 岁。

云南中国银行成立，后因缺乏现金停业，与大清银行清理处一起归并于富滇银行。

曲焕章研制的"百宝丹"被有关部门立案列为优等药品。

民国六年（1917年）

7月，唐继尧组织"靖国军"，宣告拥护共和，反对张勋复辟。

8月，在广州召开的国会非常会议宣告成立中华民国军政府，选举孙中山为军政府大元帅，唐继尧、陆荣廷等人为元帅，但唐、陆拒绝就任元帅职。

9月，唐继尧以四川将领刘存厚阻碍滇军北伐为名，赴贵州毕节就任滇黔靖国联军总司令职，率领滇黔联军入川讨伐。

11月，《尚志》月刊创刊，为文、史、哲综合性学术刊物。

12月4日，滇黔联军控制重庆。

12月21日，川军将领熊克武等通电加入靖国联军，推唐继尧为川滇黔靖国联军总司令。

推广省立中学校。昆明、昭通、丽江、保山等地分别设立省立第一、第二、第三、第四中学。

民国七年（1918年）

2月20日，川滇黔靖国联军进入成都，唐继尧以夺取和控制四川为目标的靖国战争暂时取得胜利。

5月4日，滇桂军阀合谋，强行剥夺中华民国军政府陆军总长、在粤滇军将领张开儒的兵权。

5月20日，广州非常国会不顾孙中山的反对，悍然改组军政府，推举唐绍仪、唐继尧、陆荣廷、岑春煊等七人为总裁，岑春煊为主席总裁。孙中山的第一次护法运动以失败告终。

9月，唐继尧在其重庆行辕举行"军政府总裁就职典礼"。同时，在重庆举行川、滇、黔、鄂、豫五省联军会议，唐继尧在会议上抛出"川滇黔三省同盟计划书"，企图全面控制四川，但因遭到四川督军熊克武的抵制而未能得逞。

参考文献

《新纂云南通志》（民国）。

《云南通志》（光绪）。

《续云南通志稿》。

云南省历史研究所编：《〈清实录〉有关云南史料汇编》卷一至卷三，云南人民出版社1984年版。

中国史学会主编：《中国近代史资料丛刊·回民起义》Ⅰ、Ⅱ册，神州国光出版社1952年版。

荆德新编：《云南回民起义史料》，云南民族出版社1986年版。

吴乾就：《云南回族的历史和现状》，连刊于云南省历史研究所编《研究集刊》1982年第1—2期、1983年第1期。

云南少数民族社会历史调查资料丛刊《云南回族社会历史调查》（一）、（二），云南人民出版社1985、1986年版。

［法］罗舍：《云南回族革命见闻秘记》，李耀商译，牛街清真书报社印。

荆德新编著：《杜文秀起义》，云南民族出版社1991年版。

何慧青：《杜文秀建国十八年始末记》，中国回教救国协会云南省分会编印。

田汝康：《有关杜文秀对外关系的几个问题》，载《历史研究》1963年第4期。

黄嘉谟：《滇西回民政权的联英外交》，台北"中央研究院近代史研究所"编印、发行，1976年版。

田汝康：《杜文秀对外关系以及刘道衡"使英"问题的研究》，载云南民族研究所编《民族学报》1981 年第 1 期。

昆明市志编委会编：《昆明市志长编》卷六。

夏正寅：《哀牢夷雄列传》，中国社会科学院民族研究所图书室 1982 年编印。

邹知白：《李永和、蓝朝鼎起义始末》，载《光明日报》1955 年 4 月 14 日。

隗瀛涛等著：《四川近代史》，四川省社会科学院出版社 1985 年版。

杨兆钧主编：《云南回族史》（修订本），云南民族出版社 1994 年版。

雷麦：《外人在华投资论》，蒋学模等译，商务印书馆 1937 年版。

中国史学会主编：《中国近代史资料丛刊·中法战争》，上海人民出版社 1955 年版。

于乃仁等编：《马嘉理事件始末》，德宏民族出版社 1992 年版。

［美］马士：《中华帝国对外关系史》第 2 卷，商务印书馆 1963 年版。

［英］伯尔考维茨：《中国通与英国外交部》，商务印书馆 1959 年版。

李根源：《纪马嘉理案》，见《曲石文录》卷 2。

《清季外交史料》，书目文献出版社 1987 年版。

王绳祖：《中英关系史论丛》，人民出版社 1981 年版。

云南省历史研究所编：《〈清实录〉有关云南史料汇编》卷四，云南人民出版社 1986 年版。

王铁崖：《中外旧约章汇编》第 1 册，三联书店 1957 年版。

胡绳：《从鸦片战争到五四运动》上册，人民出版社 1981 年版。

云南省历史研究所编：《〈清实录〉越南缅甸泰国老挝史料摘抄》，云南人民出版社 1986 年版。

《1901—1920 年中国基督教调查资料》下卷，中国社会科学出版社 1987 年版。

《云南近代史》编写组：《云南近代史》，云南人民出版社 1993 年版。

《云南杂志选辑》，科学出版社 1958 年版。

《剑桥中国晚清史》，中国社会科学出版社 1985 年版。

方国瑜著：《中国西南历史地理考释》，中华书局 1987 年版。

尤中著：《中国西南边疆变迁史》，云南教育出版社 1987 年版。

张凤岐：《云南外交问题》，商务印书馆 1936 年版。

余汉华：《英法两帝国主义夹攻下之西南滇边》，见《边事研究》创刊号（1934年）。

云南省人民政府外事处档案：《中缅北段未定界问题》、《中缅南段未定界问题》（1954年6月印）。

方国瑜：《滇西边区考察记》，1943年国立云南大学西南文化研究室印。

高鸿志：《英国与中国边疆危机（1673—1912）》，黑龙江教育出版社1998年版。

陆韧：《云南对外交通史》，云南民族出版社1997年版。

云南大学历史系、云南省历史研究所编：《云南冶金史》，云南人民出版社1980年版。

宓汝成编：《中国近代铁路史资料》第2册，中华书局1963年版。

《云南贵州辛亥革命资料》，科学出版社1959年版。

孙种因：《重九战记》，见中国近代史资料丛刊《辛亥革命》（六）。

杨克成：《永昌祥简史》，见《云南文史资料选辑》第9辑。

《中国海关与中法战争》，中华书局1983年版。

汪敬虞：《中国近代工业史资料》第2辑上册，科学出版社1957年版。

刀安禄、杨永生编著：《刀安仁年谱》，德宏民族出版社1984年版。

张大义：《同盟会云南分部之成立及其活动》，见《革命文献》第66辑。

祝鸿基：《陆军第十九镇及云南讲武堂与云南辛亥革命的关系》，见《云南文史资料选辑》第1辑。

《戊申云南河口革命军实录》，见冯自由著《革命逸史》第5集。

故宫档案馆：《云南河口起义清方档案》，见中国近代史资料丛刊《辛亥革命》（三）。

《云南辛亥革命资料》，云南人民出版社1981年版。

何畏：《杨振鸿滇西革命纪略》，见《辛亥革命回忆录》（三），文史资料出版社1981年版。

《云南光复诸人事略·李印泉先生传》，见《云南文史资料选辑》第17辑。

云南文史研究馆、云南社科院文献研究室整理：《云南光复纪要》建设篇，1991年。

梁启超：《护国之役回顾录》，见《饮冰室合集·文集之三十九》，中华书局1932年版。

何慧青：《云南起义与国民党之关系》，见《南强月刊》（云南起义号）第1卷第3期，1936年12月南京版。

白之瀚：《云南护国简史》，新云南丛书，1946年。

庾恩旸：《云南首义拥护共和始末记》上册，云南省图书馆1917年版。

由龙云：《护国史稿》，见《近代史资料》1957年第1期。

白蕉：《袁世凯与中华民国》，上海人文月刊社，1936年。

[美]史沫特莱：《伟大的道路——朱德的生平和时代》，生活·读书·新知三联书店1979年版。

《蔡松坡集》，上海人民出版社1984年版。

谢本书等：《护国运动史》，贵州人民出版社1984年版。

《会泽首义文牍》上册，云南省图书馆刊印，1917年。

李希泌等编：《护国运动资料选编》下册，中华书局1984年版。

谢本书等：《西南军阀史》第1卷，贵州人民出版社1991年版。

《护法运动》（档案丛编），北京档案出版社1993年版。

谢本书：《唐继尧评传》，河南教育出版社1985年版。

《西南军阀史料》第2辑，四川人民出版社1985年版。

汤志钧编：《章太炎年谱长编》，中华书局1979年版。

秦和平：《云南鸦片问题与禁烟运动》，四川民族出版社1998年版。

李珪主编：《云南近代经济史》，云南民族出版社1995年版。

李培林：《云南近代农业概述》，见《云南近代经济史文集》，《经济问题探索》杂志社1988年。

《续云南通志长编》中册、下册，云南省地方志编纂委员会办公室铅印本，1985年。

云南地志编辑处编：《云南产业志》，云南省社会科学院图书馆藏。

张增祺：《云南冶金史》，云南美术出版社2000年版。

《云南近代矿业档案史料选编》第3辑上册，云南省档案馆、云南省经济研究所1990年编印。

李珪、梅丹：《云南近代对外贸易史略》，见《云南文史资料选辑》

第 42 辑，云南人民出版社 1993 年版。

浦光宗主编：《云南公路史》第 1 册，国际文化出版公司 1989 年版。

侯厚培、杨端六：《六十五年来中国国际贸易统计》，中央研究院社会科学研究所 1931 年编印。

杨毓才：《云南各民族经济发展史》，云南民族出版社 1989 年版。

刘云明：《清代云南市场研究》，云南大学出版社 1996 年版。

余定邦：《1824—1885 年的中缅交往》，见《中外关系史论丛》第 2 辑，世界知识出版社 1987 年版。

王福明：《近代云南区域市场研究（1875—1911）》，见彭泽益主编《中国社会经济变迁》，中国财政经济出版社 1990 年版。

谢本书等主编：《近代昆明城市史》，云南大学出版社 1997 年版。

云南省档案馆编：《近代云南人口史料》第 2 辑，云南省档案馆 1987 年版。

《云南近代金融档案史料选编》第 1 卷上册，云南省档案馆、云南省经济研究所 1992 年编印。

汤国彦主编：《云南历史货币》，云南人民出版社 1989 年版。

《护国时期的云南中国银行》，见《云南档案史料》第 30 期。

云南省经济研究所、云南省档案馆合编：《云南兴文银行始末》（内部印刷）。

李文治：《中国近代农业史资料》第 1 辑，生活·读书·新知三联书店 1957 年版。

李生莁：《云南期刊录》上，见《云南文史资料选辑》第 2 辑。

刘中兴：《从云南省高等学堂到昆华师范》，见《昆明文史资料选辑》第 15 辑。

马继孔、陆复初等：《云南陆军讲武堂史》，云南民族出版社 1993 年版。

夏光辅等著：《云南科学技术史稿》，云南科技出版社 1992 年版。

张福三主编：《云南地方文学史》古代卷，云南人民出版社 1997 年版。

赵宗朴：《昆明电影放映事业 40 年史话》，见《云南文史资料选辑》第 21 辑。

张海鹏：《简明中国近代史图集》，长城出版社 1984 年版。

郭利民编制，林增平审订：《中国近史参考地图》（1840—1919年），湖南教育出版社1984年版。

中共云南省委党史研究室编：《为了云南各族人民的解放》，云南人民出版社2001年版。

后　记

1840—1919年，是云南近代史前期。本卷撰稿同人，力求客观、全面、深入地反映这段历史的真实面貌，探索规律，总结经验，为人们了解、学习、研究这段历史，提供可靠的材料，为承前启后、继往开来，促进云南科学发展提供有益的借鉴。我们历经十三载，数易其稿，终于完成全部书稿。然而，由于我们的水平所限，书中难免存在错谬、偏颇、肤浅等问题，尚希望学术界同仁和读者给予批评指正。

本卷撰稿人分工合作，共同研讨，集体完成了书稿。撰稿人具体执笔章节情况如下：

蒋中礼　第一章第二节第二目、第三节，第二章，第三章，第四章第二节，大事记，主要参考书目。

荆德新　第六章、第七章，第四章第一节。

蒋文中　第四章第三节。

孙代兴　第五章。

谢本书　本卷前言，第一章第一节，第二节第一目，第八章，第九章。

王文成　第十章、第十一章。

牛鸿斌　第十二章。

全书统编过程中，谢本书同志对第二稿全部稿件进行了审阅。

编者

二〇〇九年十月